"十二五"普通高等教育本科国家级规划教材

吉林省普通本科高校省级重点教材

Qiche Yunyong Gongcheng
汽车运用工程

（第6版）

许洪国　主　编

人民交通出版社股份有限公司

北　京

内 容 摘 要

本书为"十二五"普通高等教育本科国家级规划教材。全书共分九章,主要内容包括汽车使用条件及性能指标、汽车动力性、汽车使用经济性、汽车行驶安全性、汽车公害、汽车通过性和汽车平顺性、汽车在特殊条件下的使用、汽车技术状况的变化和汽车使用寿命。

本教材主要供普通高等院校本科交通运输、汽车服务工程等专业师生使用,也可供从事汽车技术、汽车服务、汽车维修和汽车机务管理的技术人员参考。

图书在版编目(CIP)数据

汽车运用工程/许洪国主编. —6版. —北京:人民交通出版社股份有限公司,2021.9(2024.11重印)
ISBN 978-7-114-17425-4

Ⅰ.①汽… Ⅱ.①许… Ⅲ.①汽车工程—高等学校—教材 Ⅳ.①U46

中国版本图书馆 CIP 数据核字(2021)第 125395 号

书 名:	汽车运用工程(第6版)
著 作 者:	许洪国
责任编辑:	李 良
责任校对:	孙国靖 卢 弦
责任印制:	刘高彤
出版发行:	人民交通出版社股份有限公司
地 址:	(100011)北京市朝阳区安定门外外馆斜街3号
网 址:	http://www.ccpcl.com.cn
销售电话:	(010)85285911
总 经 销:	人民交通出版社股份有限公司发行部
经 销:	各地新华书店
印 刷:	北京市密东印刷有限公司
开 本:	787×1092 1/16
印 张:	18.75
字 数:	456 千
版 次:	1990年6月 第1版
	1999年6月 第2版
	2004年4月 第3版
	2009年1月 第4版
	2014年8月 第5版
	2021年9月 第6版
印 次:	2024年11月 第6版 第3次印刷 累计第39次印刷
书 号:	ISBN 978-7-114-17425-4
定 价:	52.00元

(有印刷、装订质量问题的图书,由本公司负责调换)

前 言
Qianyan

2012年,国家教育部公布了新的本科专业目录,汽车服务工程成为目录内的普通本科专业,2020年2月,在教育部发布的《普通高等学校本科专业目录(2020年版)》中,汽车服务工程专业隶属于工学、机械类(0802),专业代码为080208。该专业顺应了我国社会机动化和汽车普及化的时代发展要求,面向汽车使用领域和汽车服务领域,培养应用型、复合型、创新型乃至创业型的高级人才。"懂技术、擅经营、会服务"是这个新兴专业对其毕业生的基本能力素质要求。为了实现人才培养目标,汽车服务工程专业需要高水平教材支撑课程教学。

当前,汽车产业正处于深度的调整和变革进程中。一是汽车科技日新月异,正在向着轻量化、电动化、智能化、网联化等方向纵深发展,新能源汽车、智能汽车、网联汽车等新品不断涌现,无人驾驶、虚拟现实、增强现实、生物识别等人工智能技术在汽车上的应用越来越多,"互联网+"与汽车研发、制造、营销、运用和服务等领域的融合越来越深刻,这些变化将彻底改变传统的市场调研、汽车开发、营销与服务的方式,改变企业的生产经营模式,甚至诞生跨界经营,进而引起产业生态的变革;二是我国汽车市场在经历21世纪初十余年的快速发展,并在2009年超越美国成为世界最大的新车消费市场之后,汽车需求从宏观总量上看必将转入低微增长乃至震荡波动的发展形态,市场趋于饱和,企业竞争逐渐加剧,这种变化必将导致企业的营销方式大不同于以往,市场经营范围也将由以国内市场为主转向国际和国内两个市场并重,真正实现全球经营。另一方面,我国的高等教育也同样处于调整变革进程中。一是国家调整高等教育的建设方式,由以前的"985工程"和"211工程"模式调整为"双一流"建设模式,更加注重学科(专业)特色优势的建设;二是创新创业教育和高等教育的国际化步伐加快,特别是在工科教育方面,我国已于2016年正式成为《华盛顿协定》的成员国,各高校均以工程教育国际认证为契机,全面促进专业的建设发展。

基于此,全国汽车服务工程专业教学指导委员会结合我国汽车维修行业发展动态和工程教育专业认证需要,并在征求行业专家、专业教师的建议基础上,组织编写了"十四五"普通高等教育汽车服务工程专业系列教材。

《汽车运用工程》为本套教材之一,是汽车服务工程专业本科学生的专业课之一。本教材是教育部评定的"十二五"普通高等教育本科国家级规划教材,本书为第6版。本书初版自1990年6月问世以来,共累计印刷36次,累计印数超过14万册,深受广大读者的欢迎和关注,本书第1版、第2版、第3版主编为高延龄教授,第4版、第5版主编为许洪国教授。

  本次修订,重点对全书内容进行全面审阅与修改,进一步对全书中的各章节公式、符号、表述进行了统一,删节了某些过时内容,增加因新技术、新理论、新规范、新标准而变化的内容。例如,更新了第一章第一节有关统计数据和相关标准数据,在第三章中增加电动汽车经济性内容、对政策性措施的内容引入了国外经验的内容、删除了特种轮胎的有关内容,删除了第五章中有关污染物分析仪原理的内容,第七章增加了拖挂运输条件下使用的内容,更新了第八章汽车技术等级分类及具体操作的内容,删除了第九章第五节。随着科学技术的发展,有关理论、技术、规范和标准也必然会不断完善和更新,本书读者应以新规定、新资料为准。

  本版教材由吉林大学许洪国教授担任主编。编者包括长安大学余强教授(第二、四章),吉林大学李显生教授(第八章),长安大学邱兆文教授(第五、七章),吉林大学李世武教授(第三章),吉林大学许洪国教授(第一、六章、第五章中第六节),刘宏飞教授(第九章、各章思考题)。本书由吉林大学许洪国教授统稿。另外,吉林大学金立生教授、长安大学陈焕江教授,也对本书的修订提出了宝贵意见。

  本版教材编写前,向全国选用本教材的高等学校教师和相关专家征求修订意见,得到各校专业同行和相关专家学者的大力支持。全国同行对提高教材修订给予了大力支持和真诚帮助。

  由于编者水平有限,书中难免有错漏之处,恳请使用本书的师生和读者指正。

编 者

2021 年 5 月

目录 Mulu

第一章 汽车使用条件及性能指标 ... 1
- 第一节 汽车使用条件 ... 1
- 第二节 汽车运行工况 ... 12
- 第三节 汽车使用性能量标 ... 15
- 思考题 ... 24

第二章 汽车动力性 ... 25
- 第一节 汽车行驶阻力 ... 25
- 第二节 汽车动力传动系统 ... 35
- 第三节 汽车动力性分析 ... 43
- 第四节 汽车行驶附着条件 ... 47
- 第五节 汽车动力性试验 ... 52
- 思考题 ... 56

第三章 汽车使用经济性 ... 58
- 第一节 汽车燃料经济性 ... 58
- 第二节 提高汽车使用燃料经济性的途径和技术 ... 74
- 第三节 润滑材料的合理使用 ... 86
- 第四节 轮胎的合理使用 ... 95
- 思考题 ... 101

第四章 汽车行驶安全性 ... 103
- 第一节 汽车制动性能 ... 103
- 第二节 汽车操纵稳定性 ... 125
- 第三节 汽车被动安全性 ... 139
- 思考题 ... 147

第五章 汽车公害 ... 151
- 第一节 概述 ... 151
- 第二节 汽车排气污染物的形成及影响因素 ... 153

第三节	汽车排放污染物检测	166
第四节	汽车噪声	172
第五节	汽车噪声检测	183
第六节	电磁波干扰	189
思考题		195

第六章　汽车通过性和汽车平顺性 ··· 196

第一节	汽车通过性	196
第二节	汽车行驶平顺性	211
思考题		219

第七章　汽车在特殊条件下的使用 ··· 222

第一节	汽车的走合期及合理使用	222
第二节	汽车在低温条件下的使用	225
第三节	汽车在高温条件下的使用	233
第四节	汽车在高原和山区条件下的使用	238
第五节	汽车在拖挂运输条件下的使用	245
第六节	汽车在坏路和无路条件下的使用	248
思考题		251

第八章　汽车技术状况的变化 ··· 253

第一节	汽车技术状况与汽车运用性能的变化	253
第二节	汽车技术状况变化的原因与影响因素	255
第三节	汽车技术状况变化的规律	264
第四节	汽车技术状况的分级	268
思考题		278

第九章　汽车使用寿命 ··· 279

第一节	概述	279
第二节	汽车使用寿命评价	281
第三节	更新理论	282
第四节	汽车更新时刻	284
思考题		291

参考文献 ··· 292

第一章 汽车使用条件及性能指标

第一节 汽车使用条件

汽车使用条件是指影响汽车完成运输工作的各类外界条件，主要包括气候条件、道路条件、运输条件和汽车运行技术条件。汽车是在复杂的外界条件下工作的，这些外界条件是随时间和空间而变化的，并影响汽车使用效率。汽车使用效率的发挥取决于驾驶人操作水平、汽车性能以及汽车对外界的适应性，即汽车使用的主要技术经济指标也随外界条件而变化。在汽车运行过程中，汽车需要不断地调节自身的使用性能以适应外界条件的变化。例如，在恶劣的道路条件下，驾驶人通过换入低挡降低汽车行驶速度。另外，汽车的运行速度、燃料经济性、各总成和轮胎可靠性、耐久性以及驾驶人疲劳程度等，都与汽车使用条件有关。

一、气候条件

我国幅员辽阔，各地气候条件差异大。例如，东北最北部地区冬季最低气温可达-40℃，南方炎热地区夏季气温最高可达40℃，西北、西南地区的气候条件变化又极为复杂。环境温度对汽车，特别是对汽车发动机的热工况影响很大。

在寒冷地区冬季，发动机起动困难，运行油耗增加，机件磨损量增大；风窗玻璃容易结雾、结霜和结冰；在冰雪道路上行车，汽车的制动和操纵条件不良，易失控而引发道路交通事故。在寒冷气候条件下，为了保证驾驶人处在适当的工作条件、乘客的舒适和安全、货物的防冻和防损，需对汽车采取相应的结构措施。

在炎热气候条件下，汽车发动机容易发生工作过热现象，工作效率降低，燃料消耗率增加。汽车电气系统的元器件、燃料供给系统组件、汽车轮胎等易因过热导致故障。环境温度过高，若散热不良或燃料品质不佳，容易在燃料供给系统形成气阻或气湿，影响发动机正常工作。高温可能造成润滑脂变质液化，会被热空气从密封条件不良的缝隙挤出。高温也会逐渐烘干里程表、刮水器等机件中的润滑脂，增加运动副磨损，导致这些运动副的机构出现早期工作故障。高温还会导致制动液黏度下降，在液压制动系统中可能形成气阻，导致汽车制动效能降低甚至失效。高温会加速非金属零件的老化及变形。另外，高温影响驾驶人的工作环境，不利于行车安全。

在气候干燥、风沙大的地区，汽车及其各总成的运动副易因风沙微粒侵入而加剧磨损。

在气候潮湿和雨季较长的地区及沿海地区，如果发动机、驾驶室、车厢的防水和泄水不良,将引起零部件锈蚀,使用寿命缩短,以及因潮湿使电气系统工作不可靠。另外,大气湿度过高,会降低发动机汽缸的充气效率,降低发动机的动力性和燃料经济性。

高原地区空气稀薄,使得大气压力减低,水的沸点下降,且昼夜温差大。由此使有的发动机的混合气过浓,冷却液易沸腾,气压制动系统气压不足,以及驾驶人体力下降。

不同气候条件对车辆的结构和使用提出了不同的要求,因而,应针对具体的气候和季节条件,使用相应的变型车辆或对标准配备汽车进行改进,以提高车辆对气候的适应性。汽车运输企业需针对当地的气候特点,合理选配汽车,并制订相应的技术措施,克服或减少气候条件造成的各种不利因素,做到合理使用,取得较佳的使用效果。

二、道路条件

道路条件是指由道路状况决定的,并影响汽车运用效果的因素。汽车结构、汽车运行工况、汽车技术状况都与汽车运行的道路条件密切相关。

汽车运输对道路条件的要求是:在充分发挥汽车速度特性的情况下,保证汽车安全行驶;满足该地区对此道路所要求的最大通行能力;车辆通过方便,乘客有舒适感;汽车运行材料消耗量最低,零部件磨损和损坏最小。

道路条件的主要特征指标是汽车的运行速度和通行能力。它们是确定道路等级、车道宽度、车道数、路面强度以及道路纵断面和横断面的主要依据。

道路条件对汽车运行速度、行驶平顺性及装载质量利用程度的主要影响来自道路等级和道路养护水平。例如,汽车在良好路面上行驶,可获得较高的平均车速和良好的燃料经济性;汽车在崎岖不平的道路上行驶,平均车速低,需要频繁地换挡、加速、减速及停车、起步,加剧了零部件的磨损,增加了汽车的油耗和驾驶人的工作强度;路面颠簸不平也会使零部件受到的冲击载荷增加,加剧汽车行驶系统的损伤和轮胎的磨损。

1. 道路等级

根据公路交通量及其使用任务和性质,《公路工程技术标准》将公路分为高速公路、一级公路、二级公路、三级公路和四级公路,共五个技术等级。

(1)高速公路。专供汽车分方向、分车道行驶,全部控制出入的多车道公路。高速公路的年平均日设计交通量宜在15000辆小客车以上。高速公路设计速度不宜低于100km/h,受地形、地质等条件限制时,可以选用80km/h。

(2)一级公路。供汽车分方向、分车道行驶,可根据需要控制出入的多车道公路。一级公路的年平均日设计交通量宜在15000辆小客车以上。作为干线的一级公路,设计速度宜采用100km/h;受地形、地质等条件限制,可采用80km/h。作为集散的一级公路,设计速度宜采用80km/h;受地形、地质等条件限制,可采用60km/h。

(3)二级公路。供汽车行驶的双车道公路。二级公路的年平均日设计交通量宜为5000~15000辆小客车。作为干线的二级公路,设计速度宜采用80km/h;受地形、地质等条件限制,可采用60km/h。作为集散的二级公路,设计速度宜采用60km/h;受地形、地质等条件限制,可采用40km/h。

(4)三级公路。供汽车、非汽车交通混合行驶的双车道公路。三级公路的年平均日设计交通量宜为2000~6000辆小客车。三级公路设计速度宜采用40km/h;受地形、地质等条件限制,可采用30km/h。

(5)四级公路。供汽车、非汽车交通混合行驶的双车道或单车道公路。双车道四级公路年平均日设计交通量宜在2000辆小客车以下;单车道四级公路年平均日设计交通量宜在400辆小客车以下。四级公路设计速度宜采用30km/h;受地形、地质等条件限制,可采用20km/h。

公路工程技术标准将每级公路规定了相应的技术标准,如车道宽、车道数、最小停车视线距、纵坡、圆曲线半径和路面等级等,见表1-1。该标准中规定的路线参考取值,均在保证设计车速的前提下,考虑了汽车行驶安全性、舒适性、驾驶人的视觉和心理反应。

我国已制订了宏伟的公路发展规划。预计到2030年,我国大陆公路网规模约580万km。其中,国家公路约40万km,占总里程的7%,省级公路占9%,乡村公路占84%;我国高速公路由7条首都放射线、11条南北纵线、18条东西横线,以及地区环线、并行线、联络线等组成,约11.8万km;普通国道和国家高速公路总规模约40万km。

国家公路发展规划的实现,将使我国的道路现状发生根本性的转变,对我国现代化建设将起到巨大的推动作用。

2. 公路技术特性

影响公路线路使用质量和车辆使用效率的主要技术特性,在水平面内是曲线段的平曲线半径,在纵断面内是纵坡、纵坡长度、竖曲线半径,在横断面内是车道宽度、车道数和路肩宽度等。

汽车在弯道行驶时,受离心力的作用可能会出现不同程度的汽车侧滑现象,恶化汽车的操纵稳定性,降低乘员的乘坐舒适性,严重时汽车会发生侧翻事故。车辆在小平曲线半径道路上行驶时,轮胎侧向变形增大,磨损增加,车辆油耗增加。曲线路段影响驾驶人的视线,夜间行车光照距离在曲线段也比直线段短,对行车安全不利。很长直线路段对行车安全也不利,所以公路都避免采用直长路线型。一般都尽量采用大于或等于表1-1所列最小半径。当条件不许可时,可设超高或缓和曲线。缓和曲线可使作用在汽车上的离心力逐渐变化,以便于驾驶人平缓操纵转向盘进行转弯,保证行车安全。

我国各级公路主要技术指标表　　　　　　表1-1

公路等级			高速			一级			二级		三级		四级
计算行车速度(km/h)			120	100	80	100	80	60	80	60	40	30	30	20
车道数			≥4			≥4			≥2		≥2		2(1)
路基宽度(m)	土路肩	一般值	0.75	0.75	0.75	0.75	0.75	0.5	0.75	0.5	0.75	0.5	0.5	0.25(双车道) 0.5(单车道)
		最小值	0.75	0.75	0.75	0.75	0.75	0.5	0.5	0.5				
	右侧硬路肩	一般值	3.0(2.5)	3.0(2.5)	3.0(2.5)	3.0(2.5)	3.0(2.5)	0.75	1.5	0.75				
		最小值	1.5	1.5	1.5	1.5	1.5	0.75	0.75	0.25				
	行车道		3.75	3.75	3.75	3.75	3.75	3.5	3.5	3.5	3.5	3.25	3.25	3.0
	左侧路缘带		1.25	1.0	0.75	1.0	0.75	0.5						

续上表

公路等级			高速			一级			二级		三级		四级	
最小圆曲线半径(m)	最大超高	10%	570	360	220	360	220	115	220	115				
		8%	650	400	250	400	250	125	250	125	60	30	30	15
		6%	710	440	270	440	270	135	270	135	60	35	35	15
		4%	810	500	300	500	300	150	300	150	65	40	40	20
	不设超高路拱	≤2.0%	5500	4000	2500	4000	2500	1500	2500	600	1500	350	350	150
		>2.0%	7500	5250	3350	5250	3350	1900	3350	800	1900	450	450	200
凸形竖曲线最小半径(m)			11000	6500	3000	6500	3000	1400	3000	1400	450	250	250	100
凹形竖曲线最小半径(m)			4000	3000	2000	3000	2000	1000	2000	1000	450	250	250	100
最小竖曲线长度(m)			100	85	75	85	75	50	75	50	35		35	20
停车视距(m)			210	160	110	160	110	75	110	75	40	30	30	20
超车视距(m)									550	350	200	150	150	100
会车视距(m)									220	150	80	60	60	40
最大纵坡(%)			3	4	5	4	5	6	5	6	7	8	8	9
最大坡长(m)		3%	900	1000	1100	1000	1100	1200	1100	1200				
		4%	700	800	900	800	900	1000	900	1000	1100	1100	1100	1200
		5%		600	700	600	700	800	700	800	900	900	900	1000
		6%					500	600	500	600	700	700	700	800
		7%									500	500	500	600
		8%										300	300	400
		9%											200	300
		10%												200
汽车载荷等级			公路Ⅰ级						公路Ⅱ级					

公路纵坡使汽车动力消耗增大,后备功率降低,燃料消耗增加。公路的凸形变更,也影响驾驶人的视距。《公路工程技术标准》规定了各级公路纵坡的许用值。长大纵坡对行车安全的影响重大。例如,公安部2013年公布的"全国十个较危险路段"多是长大下坡路段。

权衡汽车运输指标和修建费用两个方面的要求,是公路修建前进行可行性论证的重要内容之一。

汽车运行工况和安全性与路面质量有关。路面要求具有足够的强度、很高的稳定性、良好的宏观平整度以及适当的微观粗糙度,以保证汽车的附着条件和最小行驶阻力。

路面平整度是路面的主要使用特性之一。它影响汽车运行速度(图1-1)、动载荷、轮胎磨损率、货物完好性及乘员舒适性,从而影响汽车利用指标和使用寿命。

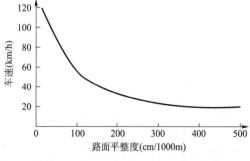

图1-1 汽车允许速度和路面平整度的关系

3.公路养护水平

公路养护水平的两个评定指标是"好路率"和"养护质量综合值(MQI)"。根据交通运输部颁布的《公路养护质量检查评定标准》,现有公路养护质量分为优、良、次、差四个等级。评定项目包括:路面整洁、横坡适度、行车舒适;路肩整洁、边坡稳定、排水畅通;构造物、桥涵及隧道完好;沿线设施完善;绿化协调美观。满分为100分,其中路面、路基和其他分别为50分、20分和30分。公路养护评分值和优、良等级公路要求见表1-2。

公路养护等级评分值　　　　表1-2

公路养护等级	优	良	次	差
总分	≥90	>75	>60	<60
路面	>45	>38		

注:《公路养护质量检查评定标准》(JTJ 075—1994)。

若已知一条公路的总里程L、优等里程L_Y、良等里程L_L、次等里程L_C、差等里程L_{CH},则好路率Q的计算式为

$$Q = \left(\frac{L_Y + L_L}{L}\right) \times 100\% \tag{1-1}$$

2018年,全国公路养护里程475.78万km,占公路总里程的98.2%。全国干线公路平均好路率达到83.1%。

某省2018年高速公路路面状况综合指数(MQI)达96.05,高速公路优良路率达到100%。某地区干、支线公路平均好路率为73.5%;其中,干线好路率为88.8%,支线好路率为71.9%。

某年的全国公路路段抽检结果表明:公路平整度和破损率指标分别为1.9361m/km(每千米颠簸累计值)和0.5862%(破损占总路面面积),达到了优秀标准;高速公路平整度达到1.4266m/km,普通公路达到2.3293m/km。

养护质量综合值P的计算式为

$$P = \frac{4L_Y + 3L_L + 2L_C + 3L_{CH}}{L} \tag{1-2}$$

好路率和养护质量综合值MQI都与车辆运行无关,但它们与直接影响汽车速度、平顺性和总成使用寿命的路面平整度评分有关。因而,它们可粗略地表征道路状况,并可粗略地用于评价道路对汽车运用的影响。

车辆违法超限超载运输,大大缩短道路、桥梁的使用寿命,也严重影响道路的好路率及交通安全。经长期的超载超限治理,货运车辆超限超载率已得到有效遏制。山西曾是车辆违法超载运输最严重的省份之一,经大力治理后,至2018年已连续10年将超限超载率始终控制在0.2%以内,高速公路优良路率保持在99%以上。

4.公路养护水平对汽车使用性能的影响

公路养护水平影响汽车使用性能的发挥。试验统计数据表明,公路养护状况与汽车运行油耗、维修费用、大修间隔里程等使用性能指标密切相关。

1)汽车燃料消耗

为了描述路面质量对汽车百公里油耗的影响,选择典型路段进行汽车油耗试验,测取在不同路段的路面分值和汽车的百公里油耗(表1-3)。试验数据经回归分析得到的指数方程为

$$Q_S = ae^{-bx} \qquad (1\text{-}3)$$

式中：Q_S——定车速下汽车的百公里油耗，L/100km；
　　　x——路面分值；
　　　e——自然常数；
　　　a、b——回归系数。

路面分值与汽车油耗关系的指数回归　　　　　　　　　　　表1-3

车速(km/h)	a	b	相关系数 R	车速(km/h)	a	b	相关系数 R
50	34.1376	0.00483	0.7191	30	30.0541	0.00323	0.8117
40	29.9342	0.00287	0.7461	20	28.1121	0.00323	0.8602

在车速50km/h的情况下，试验路段的路面分值依次为18分和49分时，油耗分别为28.4L/100km和26.0L/100km，即路面分值从18分增至49分，油耗下降8.5%。

2）车辆维修费用

一些研究曾对一些地区的车辆维修费用和道路养护质量的关系进行统计分析，得到表1-4的统计数据。对其进行回归分析，可得

$$y = 0.2265 - 0.1586\ln x \qquad (1\text{-}4)$$

式中：y——每千米维修费用，元/km；
　　　x——道路养护综合值。

车辆维修费用和道路养护综合值　　　　　　　　　　　表1-4

养护综合值	2.48	2.51	2.53	2.58	2.63	2.70	2.78
修费用(元/km)	0.091	0.082	0.073	0.070	0.073	0.067	0.069

由式(1-4)计算可知，道路养护综合值由2.48提高到2.78，车辆维修费用减少22%。即加强道路的养护，便可明显降低车辆故障率，从而节约车辆维修费用。

3）车辆大修费用

河北省某年公路好路率与汽车大修间隔里程统计数据见表1-5。

河北省某年的好路率与大修里程的关系(10^4km)　　　　　表1-5

地区	石家庄	唐山	秦皇岛	邯郸	邢台	保定	承德	沧州
好路率(%)	72.4	76.2	73.3	64.3	68.5	71.0	64.9	73.8
大修里程(10^4km)	15.91	19.64	14.76	12.07	6.64	15.23	9.15	17.09

通过相关分析可知，好路率y与汽车大修里程x之间的关系式为

$$y = 29.909 + 0.6374x \qquad (1\text{-}5)$$

三、运输条件

运输条件是指由运输对象的特点和要求所决定的，影响汽车运用的各种因素。

汽车运输分为货运和客运。货运条件主要包括货物类别、货物运量、货运距离、装卸条

件、运输类型和组织特点等。客运条件是指对汽车使用性能的基本要求以及为旅客提供最佳的便利等。

1. 货物类别

货物是指从接受承运起到送交收货人止的所有商品或物资。一般根据汽车运输过程中的货物装卸方法、运输和保管条件以及批量对货物进行分类。

1) 按装卸方法分类

货物按装卸方法可分为堆积、计件和灌装三类。

对没有包装的,用堆积装卸的货物如煤炭、砂、土和碎石等,按体积或质量计量的货物,宜于采用自卸汽车运输。

对可计个数,并按质量计量装运的货物,如桶装、箱装、袋装的包装货物及无包装货物,可采用普通栏板式货车、厢式货车及保温厢式货车运输。

对于无包装的液体货物,通常采用自卸罐车运输。

2) 按运输和保管条件分类

货物按运输保管条件分类,可分为普通货物和特殊货物。普通货物是指在运输过程中无特殊要求,可用普通车厢运输的货物。特殊货物是指在运输过程中,必须采取特别措施,才能保证完好无损的承运货物。

特殊货物包括特大、沉重、危险和易腐的货物。特大货物是标准车厢(箱)不能容纳的货物。长型货物通常是长度超过标准车身长度1/3的货物。沉重货物是单件质量大于250kg的货物。危险货物是指在运输和保管过程中可能致人伤残或破坏车辆、建筑物和道路的货物。易腐货物是指在运输和保管过程中需专门车辆和库房来维持一定温度的货物。

运输特殊货物需要选用大型或专用汽车,但汽车总体尺寸受国家标准限制,参见《道路车辆外廓尺寸、轴荷及质量限值》(GB 1589—2016)。

3) 按货物批量分类

按一次托运货物的数量,可分为小批和大批货物。小批货物又称零担货物,如食品、邮件和行李等个别少量运输的货物。大批货物指大批量运输的货物,又称大宗货物。

货物批量是选用车辆类型的主要依据。货物运输汽车的车厢构造和尺寸都应同装运的货物相适应。

2. 货运量

在汽车运输中,完成或需要完成的货物运输数量,称为货运量,通常以吨(t)为计量单位。

在汽车运输中,完成或需要完成的货物运输工作量,即货物的数量和运输距离之乘积被称为货物周转量,以复合指标吨公里(t·km)为计量单位。

货运量和货物周转量统称为货物运输量。

按托运货物的批量,货运量可分为零担和整车两类。在我国,凡是一次托运货物在3t以上为整车货物,不足3t为零担货物。需要较长时间和较多车辆,才能运完的整批货物为大宗货物,而短时间内或少数车辆即能全部运完的货物为小宗货物。

货物批量取决社会经济的发展水平。货物批量的形成受多种因素的影响,如托运人的发货条件、货物形成工艺、货物集聚时间,以及由货物价值决定的,经济上合理的集聚量等;

客户要求的交货速度、数量和用货条件;运输组织、道路条件和货物集散时货物批量合并的可能性等。因此,货物不可能都是大宗的。

因工业结构的变化,专业化、协作化的生产,促使客户要求及时、快速地运送货物。商品经济的发展,社会生活水平的提高,都需要快速运输生活日用品、农副产品。这些货物的特点是批量小、运距短、批次多。这类小批量货物适宜轻型汽车运输。大宗货物采用大型车辆运输时技术经济效益较高,应尽可能地组织大宗货物运输。所以,物流运输企业应配备不同吨位的车辆,才能合理地组织运输,提高运输的经济效益。

3. 货物运距

货物运距是货物由装货点至卸货点间的运输距离,一般以公里(km)作为计量单位。

货物运距在很大程度上影响着运输车辆的利用率,并对车辆的结构和性能提出不同的要求。当运距较短时,要求车辆结构能很好地适应货物装卸的要求,以缩短车辆货物的装卸作业时间,提高车辆短运距的生产率。长途运输车辆的运输生产率随着车辆的速度性能的提高和载质量的增大而显著增加,如图1-2和图1-3所示。因此,随着运距的增加,要求增加汽车的装载吨位,但汽车总体长度和最大轴重受到国家法规的限制。

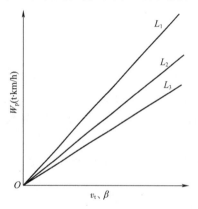
图1-2 汽车运输生产率 W_p 与汽车技术速度 v_t 和行程利用率 β 的关系(L 为货物运距,且 $L_1 < L_2 < L_3$)

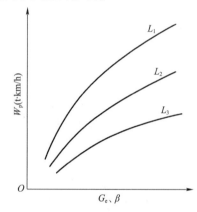
图1-3 汽车运输生产率 W_p 与汽车载质量 G_e 和行程利用率 β 的关系(L 为货物运距,且 $L_1 < L_2 < L_3$)

4. 货物装卸条件

货物的装卸条件决定了汽车装卸作业的停歇时间、装卸货物的劳动量和费用,从而影响汽车运输生产率及运输成本。如图1-4所示,汽车运输的运距 L 越短,装卸条件对运输效率的影响就越明显。

装卸条件受货物类别、运量、装卸点的稳定性、机械化程度以及装卸机械等诸多因素的影响。

一定类别和运量的货物要求相应的装卸机械,也决定了运输车辆的结构特点。例如,运输土、砂石、煤炭等堆积货物的车辆,要考虑铲车装卸货物时,货物对汽车及其机构的冲击载荷,以及汽车的装载质量和车厢容积与铲斗容积的一致,才能保证获得最高的装运生产率。

带自装卸机构的汽车可缩短汽车装卸作业时间,但自装卸机构使汽车的成本及载质量比相同吨位的汽车要小。实践表明,只有在短运距运输时,自装卸汽车才能发挥其优越性,如图1-5所示。

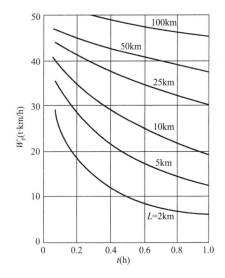

图 1-4 载质量 4t 货车运输生产率 W_p 与汽车每次装卸货停歇时间 t 的关系

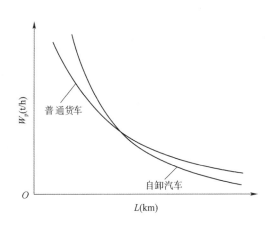

图 1-5 不同车辆运输生产率 W_p 的比较

5. 货运类型及组织特点

货物运输类型有多种分类方法,如短途货运、长途货运、城市货运、城间货运、营运货运、自用货运、分散货运、集中货运等。

自用货运是指车辆所有企业的车辆完成其自身的货运工作。

分散货运是指在同一个运输服务区内,若干汽车货运企业各自独立地调度车辆,分散地从事货运工作。显然,分散货运的车辆、里程、载质量利用率都低,从而使汽车运输生产率降低,运输成本增加。

集中货运是在同一个运输服务区内的车辆和完成某项货运任务的有关企业车辆,集中由一个机构统一调度,组织货物运输工作。这种运输类型可提高车辆的载质量利用率和时间利用率,从而有利于提高汽车运输生产率,降低运输成本。

运输组织的特点主要取决于车辆运行路线。由于货运任务的性质和特点不同,道路条件不同,以及所用车辆类型不同,即使在相同收发货点间完成同样的货运任务,也可采用不同的运行路线方案,并产生不同的运输效益。

货运车辆的运行路线可分为往复式、环形式和汇集式。往复式运行路线是指货运车辆多次重复于两个货运点间行驶的路线。环形式是指将几个货运方向的运行路线依次连接成一条闭合路线。车辆沿环形式路线运行时,每个运次都是运输同一个起讫点的货物。汇集式是指车辆沿运行路线各个货运站点依次分别或同时装卸货物,并且每次运量都小于一辆整车装载量时的运行路线。

货运车辆结构应与选用的路线相适应。长运距的往复式运行路线,就宜使用速度性能优良、载质量大的汽车列车。为了提高车辆运输的时间利用率,牵引车的驾驶室设有卧铺,便于两个驾驶人轮班驾驶,减少因停车休息而延长路线运行时间,也可在中途设站点更换驾驶人驾驶。用于环行驶式或汇集式运行路线的车辆,其载质量应与每个运次的运量相适应,其结构还便于途中装卸货物。

6. 客运的基本要求

客运分为市区客运和公路客运。各种客运应配备不同结构类型的客车。市区公共交通客车采用车厢式多站位车身,座位与站立位置之比为2:1,通道宽,车门数多,车厢地板较低;有的客车为方便残疾人轮椅的上下,车门踏板采用可自动升降式结构;市区公共汽车为了适应乘客高峰满载的需要,要求有较高的动力性;为了适应城市道路的特点,还要求汽车操纵方便。城间客车,要求有较高的行驶速度和乘坐舒适性;通常,座位宽大舒适,椅背倾斜可调,车门数少,其他辅助设施较齐全;为了适应旅游的需要,高级旅游客车还配备卫生间、微型酒吧,以及在汽车两侧下部设有较大空间的行李舱。

四、汽车运用水平

汽车运用水平主要包括汽车驾驶人操作技术水平、汽车运输组织管理水平、汽车保管水平、汽车维修水平以及汽车运行材料供应水平。

汽车货运组织、管理水平用载质量利用系数和里程利用率作为评价指标。显然,货物运输组织、管理水平越高,载质量利用系数和里程利用率就越高。

汽车驾驶人操作水平明显地影响汽车零部件磨损、燃料经济性和污染物排放性能。熟练驾驶人在平路、下缓坡等有利条件下,经常保持车速稳定或滑行状态,很少采取高强度制动。熟练驾驶人不仅能保证汽车安全运行,而且能提高汽车行驶技术速度15%~20%,延长汽车大修里程40%~50%,在相同的交通和道路条件下可节约燃料20%~30%。

汽车维修费用占汽车运输成本的15%~20%。高水平的汽车维修标志是:汽车完好率达90%~93%,总成大修间隔里程较定额高20%~25%,配件消耗减少15%~20%,汽车运行材料消耗减少20%~30%。

五、汽车运行技术条件

1. 机动车运行安全技术条件

为保证车辆安全行驶,运行可靠,必须符合国家标准《机动车运行安全技术条件》(GB 7258—2017)的规定。其中主要技术条件如下:

(1)机动车各零部件应完好,连接牢固,无缺损。车体应周正。

(2)车辆外观整洁,装备齐全,紧固可靠,各部件应完好,并具有正常的技术性能。

(3)发动机动力性能良好,运行平稳,不得有异响;燃料、润滑料消耗正常,无漏油、漏水、漏气、漏电现象。

(4)底盘各总成连接牢固,无过热,无异响,性能良好,各润滑部位不缺润滑料,钢板弹簧无断裂或错位现象,轮胎气压正常,汽车、挂车连接和防护装备齐全、可靠。

(5)转向应轻便灵活,无卡滞现象;应设置转向限位装置;转向系统不应与其他部件有干涉现象;正常行驶时转向轮转向后应有一定回正能力;正常道路条件下行驶时不应有跑偏、摆振现象;转向节及臂、转向横拉杆、转向直拉杆、转向连接球销,应连接可靠,不应有裂纹和损伤,转向球销不应松旷;转向性能良好;前轮定位符合要求。

(6)车辆制动系统中的制动管件不应有老化、开裂、被压扁、鼓包等状况,车辆制动性能符合规定。挂车与牵引车意外脱离后,挂车应能自行制动,牵引车的制动仍然有效。

(7)客车车厢、货车驾驶室内应密封良好,不进尘土,不漏雨,门窗关闭严密,开启灵活;风窗玻璃视线清晰;客车座椅齐全、牢固、整洁;货车车厢无漏洞,栏板销钩牢固、可靠。

(8)车辆的噪声及废气排放应符合有关规定。

(9)灯泡、信号、仪表和其他电气设备应配备齐全,工作正常、可靠。

2. 汽车危险货物运输规则

车辆运载具有易爆、易燃、有毒、放射性等危险货物时,须符合《汽车危险货物运输规则》的规定。其主要技术条件如下:

(1)车辆的车厢、底板平坦良好、栏板牢固、衬垫不得使用松软易燃材料。

(2)运载危险货物的车辆后厢板式罐体后面的几何中心部位附近悬挂黄底黑字的"危险"标志,车辆两侧面厢板几何中心部位附近的适当位置各增加一块危险品标志牌;根据车辆装运危险货物的性质,车辆须配备相应的消防器材等用具;车辆行驶和停车须严格遵守交通、消防、治安等法规要求;须指派熟悉车载危险物性质的人员担任押运人员,严禁搭乘无关人员。

(3)车辆总质量超过桥梁、渡船标定承载质量时,或车辆装载超高、超宽、超长时,均应采取安全有效措施,报请当地交通、公安主管部门批准。未经允许,不得冒险通过。

3. 特种货物运输运行技术条件

车辆装载散装、粉尘、污秽货物时,应使用密闭车厢或加盖篷布,以免洒漏,污染环境。

4. 特殊条件下车辆运行技术条件

车辆在等外公路、危险渡口和桥梁上通过时,或在遇有临时开沟、改线、水毁、塌方、冰坎、翻浆等情况时,须采取确实、有效的技术措施,以保障行车安全。

六、汽车高速公路使用条件

高速公路与高速运输密切相关。高速运输的最显著特点是对汽车动力性、制动性能、操纵稳定性、乘坐舒适性的要求更加严格。汽车在普通公路上运行不存在的问题,在高速行驶中却变得至关重要。

据 2018 年统计,道路交通事故死亡 63196 人,其中 5336 人死于高速公路,占总数的 8.44%,而高速公路仅占公路总里程的 0.3%。在高速公路的交通事故中,汽车机械故障造成的比例较高。在 2018 年,高速公路交通事故有 9243 起,其中机械故障引发的交通事故达 1320 起(14.28%),制动、转向、加减速和其他故障引起的事故分别占总数的 0.97%、0.82%、0.1% 和 12.39%。

1. 高速公路行驶的安全条件

为了避免发生追尾事故,汽车间应保持一定的车间距。当车辆速度为 100km/h 时,纵向行车间距至少应为 100m;车速为 70km/h 时,应至少保持 70m。在潮湿路面上行驶时,应保持上述纵向车间距 2 倍以上。当遇有大风、雨、雾或路面积雪、结冰时,应以更低的速度行驶,以保证行车安全。

高速公路对汽车行驶速度也有限制。汽车在连续高速行驶条件下容易发生交通事故。《中华人民共和国道路交通安全法》规定,最低车速不得低于 60km/h,轿车等小型车辆最高车速不得超过 120km/h,有的高速公路或路段最高速度限制为 100km/h、80km/h,个别甚至 60km/h。高速公路行驶的主要问题是行车安全问题。因此,应注意安全事项如下:

(1)要严格遵守交通法规,按照限速规定行驶。

(2)为了防止汽车在高速公路上发生故障,妨碍交通安全畅通,在进入高速公路前,驾驶人要对汽车的燃料、润滑油、冷却液、转向器、制动器、灯光、轮胎等部件以及汽车的装载和固定情况进行仔细检查,使得车况处于良好状态。

(3) 车辆进入高速公路后应尽快使车速达到 60km/h 以上。通过匝道进入高速公路的汽车须在加速车道提高车速，并在不妨碍行车道其他车辆行驶的情况下，驶入行车道。

(4) 在正常情况下，汽车应在行车道上行驶；只有当前方有障碍物或需要超车时，方可变换到超车道上行驶；通过障碍物或超越前车后，应驶回行车道。不准车辆在超车道长时间行驶或骑压车道分道线行驶。

(5) 为了减轻碰撞时的人员伤亡，汽车驾乘人员应佩戴安全带。货运汽车除驾驶室外，其他部位一律不得载人。大型客车行驶中乘客不许在车中站立和走动。

(6) 汽车行驶时不允许随意停车。为了防止追尾或侧滑的危险，当汽车发生故障时，不得采取紧急制动措施。而应立即打开右转向灯，将车停放在右侧紧急停车带或右侧路肩上。停车后全体驾乘人员应迅速撤至护栏外侧。当汽车故障排除后重新行驶时，应尽快将车速提高到 60km/h 以上，在不影响其他车辆行驶的情况下驶入行车道。当车辆因故障或交通事故无法离开行车道时，须开启车辆危险报警闪光灯，夜间还应开启示宽灯和尾灯，并在车后 100m 以外设置故障三角警告标志，同时应利用手机等通信设备报警和通知消防、急救、路政等部门，不得随意拦截途经车辆。

(7) 当交通受阻时，应有序停车，等待有关人员处置，不得在路肩（或应急车道）上行驶，以防妨碍救护车、公安交通管理车辆、消防车辆和路政管理巡逻车辆的通行。

(8) 在高速公路上，禁止汽车掉头、倒车和穿越中央分隔带，不许在匝道、路肩上超车和停车。

(9) 当遇有大风、雨、雾或路面积雪、结冰时，要注意可变交通标志，遵守公安交通管理部门采取的限速和封闭车道等交通管制措施。

2. 高速公路行驶条件下轮胎的使用

由于子午线轮胎的特点（参见第三章第四节），在高速公路行驶条件下，应选用子午线轮胎，最好使用无内胎轮胎；注意轮胎的花纹和速度级别；区别轿车轮胎和轻型载重胎；注意载重轮胎的层级和负荷；注意轮胎的磨耗、牵引、温度标志和级别；注意轮胎认证机构的认可标志。

第二节　汽车运行工况

汽车是在一定的道路和交通条件下完成运输任务的。为了提高汽车运输生产率，降低运输成本，必须研究汽车在所运行的交通和道路条件下的运行状况。

为了研究汽车与运行条件的适应性，通常采用多参数描述汽车运行状况，并称之为汽车运行工况。即汽车在使用条件下，驾驶人以自身的经验和技艺驾驶车辆，完成一定任务时，汽车及其总成、零部件的各种技术参数变化及运行技术状态。

汽车运行工况的参数包括汽车速度、变速器挡位、发动机转速、节气门开度、制动频度、加速度、油耗、污染物排放等。在特定的汽车运行工况研究中，还包括发动机的曲轴转速、输出功率、输出转矩、油耗、冷却液温度、各总成润滑油温度、各挡使用频度、离合器离合频度等。

汽车运行工况调查的内容，可根据研究任务的需要而增减。通过对测试汽车运行工况数据的统计分析，获得汽车运行工况参数的样本分布规律及其数学特征；进而在无偏性、一致性和有效性的原则下，推断出汽车运行工况参数的总体分布和数学特征。

汽车运行工况实际上是一个随机过程,受到一些使用因素的影响。这些因素包括道路状况、交通流量、气候条件以及汽车自身技术性能的变化等。

汽车运行工况的研究常采用道路试验测试统计方法和计算机数字仿真方法。

一、汽车运行工况调查

在汽车运行工况研究中,运行工况调查是首先要进行的工作。通过运行工况调查,掌握在特定的使用条件下,表征汽车运行状况各参数的变化范围和变化规律,为评价车辆的合理运用以及车辆性能、结构能否满足使用要求提供基础资料。

汽车运行工况的道路测试是汽车运行工况调查的一个重要步骤。通过汽车运行试验及试验后的数据处理和统计分析完成运行工况调查。

汽车运行工况调查的主要内容有:选择反映汽车运行状况具有代表性的路线,并取得道路资料和交通状况的调查数据;同步测取在汽车行驶过程中的车速、发动机转速、油耗、加速踏板开度及挡位使用和变化情况,在调查路线(或路段)内的累计停车次数和累计制动次数等。必要时还要记录交通流情况,如交通量、交通流构成等。

在汽车运行道路试验中,主要使用非电量的电测法,即在测量部位安装将非电量状态参数转换为电信号的传感器,将信号直接或经放大后传送至测量仪表和记录器(如计算机硬盘、磁带机、光线示波器、$x-y$ 记录仪),供统计分析使用。现在,汽车运行工况道路试验更多通过汽车 CAN 总线和卫星定位系统终端记录运行工况参数。

在测试汽车运行工况时,风速、气温、海拔、湿度等试验条件应符合有关规定,或对测试参数进行试验条件的修正。汽车运行试验所用车辆要符合国家标准规定。

汽车运行道路试验中所做的记录称为汽车运行记录。图 1-6 所示为某型载货汽车在某地市区行驶时的运行记录,图 1-7 所示为城市公共汽车典型运行工况分布。

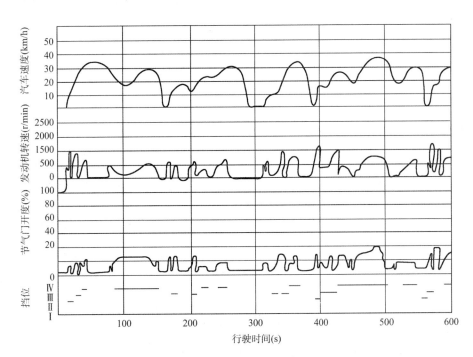

图 1-6 载货汽车市区行驶运行记录

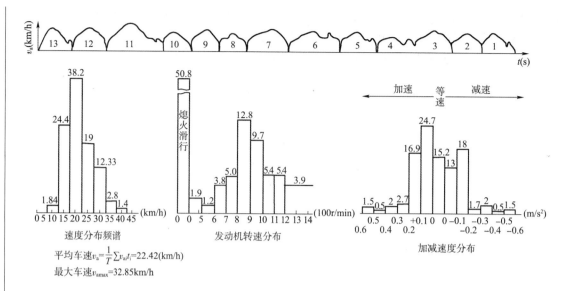

图1-7 城市公共汽车典型运行工况分布

汽车运行工况的计算机模拟方法是采用数学模型方法将汽车运行工况看成由汽车动力传动系统模型、道路模型、驾驶人模型及交通流干扰模型组成系统的输出。输入有关道路及其设施数据、发动机性能数据、汽车传动系统数据、轮胎数据、气温、风速、驾驶习惯、换挡过程时间分布、自由行驶—跟车行驶—超车行驶的概率分布,在计算机上模拟汽车运行模型,并统计出反映汽车运行状态的各个工况参数。

汽车运行工况调查数据处理。在汽车运行试验中得到的试验数据经处理后,才能得到汽车运行工况的统计特征和分布。目前,汽车运行试验数据一般采用硬盘或存储卡存储。在汽车运行试验记录中的汽车速度、汽车加减速度、发动机曲轴转速、曲轴转矩、油门开度等模拟量曲线需要进行数字化处理,然后才能进行分布及统计特征分析。

汽车运行工况测试参数样本中的模拟量,如速度的数字化处理是非常重要的。速度模拟量处理的基本步骤是:将速度时间曲线离散化,即按照香农(Shannon)采样定理确定采样间隔 $\Delta t(s)$,判别并剔除异常数据,求均值,求频率分布并绘制频率分布图。

通过频率分布图可表征汽车运行工况测试样本的一些分布特征,例如,数据的密集位置、离散程度以及分布的大体情况等。

这样,就可对汽车运行工况记录中的挡位使用情况,发动机转速变化情况及节气门开度变化情况等进行数据处理。在汽车运行工况调查中,当有特殊要求时,除了要按需增加测量参数之外,在数据处理时,还可进行数学特征计算、区间估计和分布检验,以便对汽车运行工况进行定量分析。

二、汽车运行工况分析

汽车运行工况数据主要用于确定汽车的常用工况及其特征,并结合汽车的结构和性能,评价汽车常用工况的合理性及其影响因素。

汽车运行中经常出现的工况称为常用工况。汽车行驶的影响因素很多,如车辆性能、道路性质与状况、交通状况、气候条件和驾驶人的技术水平等。因此,汽车常用工况也随时间和行车路线变化。

汽车运行速度分布特征具有如下特点：

(1)车速分布具有统计规律。市区运行车速分布是多种随机因素综合作用的结果,多数具有正态分布的特征。公路运行的车速分布多为具有偏态特征的近似威布尔分布。

(2)交通流密度是常用车速的分布范围和均值的重要影响因素。市区运行条件下,车速均值多在20~30km/h,因各个城市的相应交通状况而差异很大。市区车辆的平均车速受车辆本身结构和动力性能的影响不大。公路运行时,高速运行工况概率可达到50%。公路行驶车速主要受交通安全限制,并与汽车的动力性和平顺性有关。

(3)常用车速偏低,反映出车辆动力利用率不高,造成车辆使用效率下降。常用车速也是油耗量最多的汽车行驶状态,汽车节约燃料的重点应着眼于努力改善常用车速下的燃料经济性。

(4)按时间统计,公路行驶车辆的高挡利用率可达到92%~96%,低挡只占1%~2%。市区运行,低挡利用时间略有增加;公共汽车由运行方式所决定,空挡的利用时间约占50%,而最高挡的利用率明显低于公路行驶,其他各挡的利用率高于公路行驶。因此,城市行驶车辆的低速挡齿轮和离合器片磨损高于公路行驶车辆。由于连续起步、加速、等速、滑行,应重视改善公共车辆发动机过渡工况的燃料经济性,并注意改善驾驶操作条件和提高驾驶技术。

(5)汽车行驶的道路条件越好,发动机功率利用率越低。节气门开度常处于20%~40%,发动机功率利用率约60%。在汽车运行中,发动机转速处于变化状态,油耗率比稳定工况高。

汽车运行工况在环境不变的条件下,还会因自身的装载或拖挂质量的改变发生变化。汽车拖挂运行试验表明,当拖挂载量增加时,将导致汽车运行中换挡次数增加,直接挡或高挡的使用时间相对减少,节气门开度加大,发动机功率利用率增加。

在相同的使用条件下,即使同类汽车,完成同样的运输工作,但汽车运行的效果却有很大差异;如果车型不同,差异会更大。例如,是否保证货物完好、旅客舒适;车辆运输能力是否得到充分利用;每百吨公里或每百车公里的平均油耗量的高低;是否安全行驶;车辆是否正常磨损,有无过度磨损和早期损坏等。

第三节 汽车使用性能量标

一、概述

在一定的使用条件下,汽车以最高效率工作的能力,称为汽车使用性能。它是决定汽车使用效率和方便性的结构特性表征。

择优是汽车选用的标准。汽车运行条件复杂多变,汽车运输任务各异,选用的车型和性能应能满足汽车使用条件的要求。评价汽车工作效率的指标是汽车运输的生产率和成本。基于运输生产率、运输成本与汽车结构之间的内在联系的研究,确定汽车的主要使用量标。我国目前采用的汽车使用性能量标见表1-6。

汽车的动力性、燃料经济性、安全性、通过性和机动性将在其他章节叙述。下面将介绍汽车容量利用、质量利用、使用方便性和乘坐舒适性。

表 1-6　汽车使用性能的主要量标

使用性能		量标和评价参数	使用性能	量标和评价参数
容量		额定装载质量(t) 单位容积装载质量(t/m³) 货厢(箱)单位有效容积(m³/t) 货厢(箱)单位面积(m²/t) 座位数和站位数	速度性能	动力性 平均技术速度(km/h)
使用方便性	操纵方便性	百公里平均操作次数 操作力(N) 驾驶人座椅可调程度 照明、灯光、视野、信号完好	越野性、 机动性	汽车最小离地间隙 接近角 离去角 纵向通过角 前后轴荷分配 轮胎花纹及尺寸 轮胎接地单位压力 前后轮辙重合度 低速挡动力性 驱动轴数 最小转弯半径
	出车迅速性	汽车起动暖车时间		
	乘客上下车 和货物装卸 方便性	车门和踏板尺寸及位置 货厢(箱)地板高度 货箱栏板可倾翻数 有无随车装卸装置		
	可靠性和 耐久性	大修间隔里程(km) 主要总成更换里程(km) 可靠度、故障率(1/1000km) 故障停车时间(h)	安全性	操纵 稳定性：横摆角速度增益 直线行驶稳定性 回正性 操舵力 纵向倾翻条件 横向侧翻条件
	维修性	维修工时 千公里维修费用 对维修设备的要求		制动性能：制动效能 制动效能恒定性 制动方向稳定性
	防公害性	噪声级 CO、HC、NOx、PM 排放量 电磁干扰	乘坐 舒适性	平顺性：振动频率 振动加速度及变化率 振幅
燃料经济性		最低燃料耗量(L/100t·km) 平均最低燃料耗量(L/100t·km)		设备完备：车身类型 空气调节指标 车内噪声指标(dB) 座椅结构

二、容载量

汽车容载量是汽车能够装载货物的数量或乘坐旅客的人数。汽车容载量与汽车的装载质量、车厢(箱)尺寸、货物重度、座位数和站立乘客的地板面积等有关。

载货汽车的容载量常用比装载质量和装载质量利用系数评价，即

$$比装载质量 = \frac{汽车额定装载质量(t)}{货厢(箱)容积(m^3)} \tag{1-6}$$

$$装载质量利用系统 = \frac{货物重度(t/m^3) \times 货箱(厢)容积(m^3)}{汽车额定装载质量(t)} \tag{1-7}$$

比装载质量、装载质量利用系数表征了汽车结构对各种货物需要的适应能力。它们决定了某车型装载何种货物能够装满车厢(箱)，或充分地利用汽车的全部装载能力。普通货

容载量的
评价指标

车装载重度低的货物时,不能充分利用汽车的装载质量。为了避免汽车超载,不许通过增加栏板高度来适应轻泡货物的需要。汽车栏板的标准设计高度一般在600mm或800mm以下(仓栅式货车除外),轻型载货汽车常在货厢侧面喷涂栏板高度。汽车装载质量越大,就越不适合装载重度低的货物。

表1-7给出一些常见散货重度。表1-8是某些载货汽车的比装载质量。

常见散货重度(单位:t/m³)　　　　　　　　　　　　　　表1-7

货物	泥煤	雪	冰	白菜	马铃薯	无烟煤	干土	建筑石料
重度	0.15	0.20	0.90	0.35	0.68	0.80	1.20	1.50
货物	麦	甜菜	燕麦	钢筋	砖	锯材	蔬菜	砂
重度	0.73	0.65	0.47	2.10	1.50	0.80	0.55	1.60

一些汽车货厢(箱)比装载质量　　　　　　　　　表1-8

汽车品牌车型	额定装载质量(kg)	比装载质量(kg/m³)	货箱尺寸(mm)	外廓尺寸(mm)
东风 DFH1040BX2	1495	60.77	4100×2500×2400	5995×2550×3500
东风 DFH1180EX3	9990	999.40	6800×2450×600	9000×2550×3340
东风 DFH1180BX2	10690	1077.35	6750×2450×600	9000×2550×2990
东风 DFH1310D1	19390	1030.51	9600×2450×800	12000×2550×3970
东风 DFH1250D1	14990	796.66	9600×2450×800	12000×2550×3970
江淮 HFC1251P1K3D54S3V	15505	829.32	9500×2460×800	12000×2550×3695
红岩 CQ1186ALDG461	11155	1218.97	6200×2460×600	8440×2550×2950
北奔 ND1319D47J	17950	1036.71	9410×2300×800	11986×2500×3250
解放 CA1251P1K2L7T3EA80	14890	851.83	9500×2300×800	11980×2490×3150
解放 CA1310P66K24L7T4E5	18585	1018.91	9500×2400×800	11990×2500×3680
凯马 KMC1166A48P4	11550	161.03	6210×2100×550	8550×2280×2510
五菱 LZW1029BFA	790	590.11	2710×1520×325	4560×1610×1870
黄海 DD1020H	500	522.32	1480×1470×440	5145×1725×1690
东风 DFL5253XXYAX	13995	55.30	9600×2400×2400	11990×2550×3900
江淮 HFC5160CCYP91K1E1V	9805	240.32	6800×2400×2500	8980×2495×3800
江淮 HFC5043XXYP71K3C2V	1495	65.19	4120×2420×2300	5995×2550×3450
江淮 HFC5041XXYP73K1C7S	1560	87.74	4130×2050×2100	5995×2220×3135
江淮 HFC5322XXYP1K7H43KS	18170	315.12	9300×2480×2500	12000×2550×3980
欧铃 ZB5030CCYBSD0	999	36.91	3020×1750×360	5680×1840×2590
陕汽奥龙 SX3255BM384	12670	655.80	5600×2300×1500	5600×2300×1500
红岩 CQ3254XMG294	12920	835.92	4800×2300×1400	7406×2500×2510
解放 CA3310P66K24L7T4AE5	15975	813.69	8800×2300×970	11920×2500×3600
解放 CA3250P66K2L2T1A2E	12760	825.57	6000×2300×1120	9050×2495×3600
东风 DFH3250A	12370	640.27	5600×2300×1500	8350×2550×3600
东风 DFH3310AX12	15370	531.74	8200×2350×1500	11550×2550×3850

为了充分利用货车的装载能力,装运容积质量小的货物时,在保证货物完整的条件下,可采用适当措施增加装货高度。因此,实际汽车装载质量利用系数一般大于列在表1-9中的数值。

典型汽车装载质量利用系数 表1-9

货物名称	包装	DFH1040	DFH1180E	DFH1180B	DFH1310	DFH1250	HFC1251	CQ1186
泥煤	散装	2.25	0.15	0.14	1.45	0.19	0.18	0.12
雪	散装	3.29	0.20	0.19	0.19	0.25	0.24	0.16
白菜	散装	5.76	0.35	0.32	0.34	0.44	0.42	0.29
燕麦	散装	7.73	0.47	0.44	0.46	0.59	0.57	0.39
蔬菜	散装	9.05	0.55	0.51	0.53	0.69	0.66	0.45
甜菜	散装	10.70	0.65	0.60	4.98	0.63	0.78	0.53
马铃薯	散装	11.19	0.68	0.63	0.66	0.85	0.82	0.56
麦	散装	12.01	0.73	0.68	0.71	0.92	0.88	0.60
无烟煤	散装	13.16	0.80	0.74	0.78	1.00	0.96	0.66
锯材	散装	13.16	0.80	0.74	0.78	1.00	0.96	0.66
冰	散装	13.48	0.90	0.84	0.87	1.13	1.09	0.74
干土	散装	19.75	1.20	1.11	1.16	1.51	1.45	0.98
建筑石料	散装	24.68	1.50	1.39	1.46	1.88	1.81	1.23
砖	散装	24.68	1.50	1.39	1.46	1.88	1.81	1.23
砂	散装	26.33	1.60	1.49	1.55	2.01	1.93	1.31
钢筋	束装	34.56	2.10	1.95	2.04	2.64	2.53	1.72
货物名称	包装	ND1319	CA1251	CA1310	KMC1166	LZW1029	DD1020	DFL5253
泥煤	散装	0.14	0.18	0.15	0.09	0.25	0.29	2.71
雪	散装	0.19	0.23	0.20	0.12	0.34	0.38	3.62
白菜	散装	0.34	0.41	0.34	0.22	0.59	0.67	6.33
燕麦	散装	0.45	0.55	0.46	0.29	0.80	0.90	8.50
蔬菜	散装	0.53	0.65	0.54	0.34	0.93	1.05	9.95
甜菜	散装	0.63	0.76	0.64	0.40	1.10	1.24	11.75
马铃薯	散装	0.66	0.80	0.67	0.42	1.15	1.30	12.30
麦	散装	0.70	0.86	0.72	0.45	1.24	1.40	13.20
无烟煤	散装	0.77	0.94	0.79	0.50	1.36	1.53	14.47
锯材	散装	0.77	0.94	0.79	0.50	1.36	1.53	14.47
冰	散装	0.87	1.13	0.88	0.56	1.53	1.72	16.27
干土	散装	1.16	1.41	1.18	0.75	2.03	2.20	21.70
建筑石料	散装	1.45	1.76	1.47	2.46	2.54	2.87	27.12
砖	散装	1.45	1.76	1.47	2.46	2.54	2.87	27.12
砂	散装	1.54	1.88	1.57	0.99	2.71	3.06	28.93
钢筋	束装	2.03	2.47	2.06	1.30	3.56	4.02	37.97

续上表

货物名称	包 装	HFC5160	HFC5043	HFC5041	HFC5322S	ZB5030	BXL5312	ZZ5047
泥煤	散装	0.62	2.30	1.71	0.48	4.06	0.44	2.06
雪	散装	0.83	3.07	2.28	0.63	5.42	0.59	2.75
白菜	散装	1.46	5.37	3.99	1.11	9.48	1.03	4.80
燕麦	散装	1.96	7.21	5.36	1.49	12.73	1.38	6.45
蔬菜	散装	2.29	8.44	6.27	1.75	14.90	1.61	7.55
甜菜	散装	2.70	9.97	7.41	2.06	17.61	1.91	8.92
马铃薯	散装	2.83	10.43	7.75	2.16	18.42	1.99	9.33
麦	散装	3.04	11.20	8.32	2.32	19.7	2.14	13.20
无烟煤	散装	3.33	12.27	9.12	2.54	21.67	3.35	10.98
锯材	散装	3.33	12.27	9.12	2.54	21.67	3.35	10.98
冰	散装	3.75	13.81	10.26	2.86	24.38	2.64	12.35
干土	散装	4.99	18.41	13.68	3.81	32.51	3.52	16.47
建筑石料	散装	6.24	23.01	17.10	4.76	40.64	4.40	20.59
砖	散装	6.24	23.01	17.10	4.76	40.64	4.40	20.59
砂	散装	6.66	24.54	18.24	5.08	43.35	4.69	21.96
钢筋	束装	8.74	32.21	23.93	6.66	56.90	6.16	28.83
货物名称	包 装	SX3255	CQ3254	ZZ3257	CA3310	CA3250	DFH3250	DFH3310
泥煤	散装	0.23	0.18	0.18	0.18	0.18	0.23	0.28
雪	散装	0.30	0.24	0.24	0.25	0.24	0.31	0.38
白菜	散装	0.53	0.42	0.42	0.43	0.42	0.55	0.66
燕麦	散装	0.72	0.56	0.56	0.58	0.57	0.73	0.88
蔬菜	散装	0.84	0.66	0.66	0.68	0.67	0.86	1.03
甜菜	散装	0.99	0.78	0.78	0.80	0.79	1.02	1.22
马铃薯	散装	1.04	0.81	0.81	0.84	0.82	1.06	1.28
麦	散装	1.11	0.87	0.87	0.90	0.88	1.14	1.37
无烟煤	散装	1.22	0.96	0.96	0.98	0.97	1.25	1.50
锯材	散装	1.22	0.96	0.96	0.98	0.97	1.25	1.50
冰	散装	1.37	1.08	1.07	1.11	1.09	1.41	1.69
干土	散装	1.83	1.44	1.43	1.47	1.45	1.87	2.26
建筑石料	散装	2.29	1.79	1.79	1.84	1.82	2.34	2.82
砖	散装	2.29	1.79	1.79	1.84	1.82	2.34	2.82
砂	散装	2.44	1.91	1.91	1.97	1.94	2.50	3.01
钢筋	束装	3.20	2.51	2.51	2.58	2.54	3.28	3.95

三、汽车质量利用

汽车质量利用描述了汽车整备质量与装载质量的关系。通常,利用质量利用系数或整备质量利用系数作为量标,评价汽车质量利用的优劣。

$$质量利用系数 = \frac{汽车装载质量}{汽车总质量} \quad (1-8)$$

$$整备质量利用系数 = \frac{汽车装载质量}{汽车整备质量} \quad (1-9)$$

有的汽车技术资料未列出汽车的总质量，而只给出汽车的整备质量，所以有时也采用汽车整备质量利用系数。

整备质量利用系数与汽车的部件、总成、结构的完善程度以及轻型材料的使用率有关。它表明汽车主要材料的使用水平，进而反映了该车型的设计、制造水平，也间接反映了汽车的使用燃料经济性。在汽车运输过程中，汽车整备质量将引起非生产性油耗，增加轮胎磨损量，以及发动机功率的损耗。在装载质量相同和使用寿命相同的条件下，整备质量利用系数越高，该车型的结构和制造水平就越高。

整备质量利用系数的提高是现代载货汽车制造技术进步的重要标志之一。除了不断完善汽车结构和制造技术外，降低汽车整备质量的主要途径是利用轻型材料，特别是应用强度高、质量小的高强度铝合金和复合塑料。

汽车整备质量利用系数随载质量的增加而提高，轻型货车约为1.1，中型货车约为1.35，重型货车为1.3~1.7。平头汽车的整备质量利用系数一般比长头汽车高。由货车变型的自卸汽车，因改装后整备质量的增加，整备质量利用系数比基本型汽车低。表1-10为几种货车的整备质量利用系数。

几种国产货车的整备质量利用系数   表1-10

车 型	额定载质量（kg）	整备质量（kg）	整备质量利用系数（%）
东风 DFH1040BX2	1495	2250	0.66
东风 DFH1180EX5A	7925	7880	1.01
东风 DFH1180BX2	10690	7880	1.36
东风 DFH1310D1	19390	11480	1.69
东风 DFH1250D1	14990	9880	1.52
东风 DFL5253XXYAX	13995	10875	1.29
江淮 HFC1251P1K3D54S3V	15505	9400	1.64
江淮 HFC5160CCYP91K1E1V	9805	5600	1.75
江淮 HFC5043XXYP71K3C2V	1495	2805	0.53
江淮 HFC5041XXYP73K1C7S	1560	2806	0.56
江淮 HFC5322XXYP1K7H43KS	18170	13000	1.40
陕汽奥龙 SX3255BM384	12670	12680	1.00
红岩 CQ3254XMG294	12920	11900	1.09
红岩 CQ1186ALDG461	11155	6800	1.64
欧铃 ZB5030CCYBSD0	999	1821	0.55
黄海 DD1020H	500	1480	0.34
北奔 ND1319D47J	17950	12920	1.39
解放 CA1251P1K2L7T3EA80	14890	10080	1.48
解放 CA3310P66K24L7T4AE5	15975	14830	1.08

续上表

车　　型	额定载质量(kg)	整备质量(kg)	整备质量利用系数(%)
解放 CA3250P66K2L2T1A2E	12760	12110	1.05
解放 CA1310P66K24L7T4E5	18585	12220	1.52
东风 DFH3250A	12370	12500	0.99
东风 DFH3310AX12	15370	15500	0.99

四、使用方便性

汽车使用方便性是汽车的一项综合性能。它用于表征汽车在运行过程中，驾驶人和乘客的舒适性和疲劳程度，以及对保证运行货物完好无损和装卸货物的适用性。

1. 操纵轻便性

操纵轻便性决定了驾驶人的工作条件，对减轻驾驶人的疲劳、保证行车安全具有重要作用。它的主要评价量标为操纵力、操作次数、驾驶人座椅参数与调整参数及驾驶人的视野参数。

驾驶人控制操纵机构的力，一般用测力计测定。为降低驾驶人的操纵力，常在转向系统或行车制动系统中设置助力装置。

驾驶人的操作次数通常用换挡、踏离合器踏板和制动踏板的次数表征。驾驶操作次数是通过在该类车常用路况下，在典型道路上的使用试验确定，并将试验路段上各类操作次数换算为 100km 行程的操作次数。一般选用多辆同型号的汽车进行实际道路运行试验，以排除驾驶人技术水平和操作习惯差异的影响。

驾驶人座椅构造和操纵部件的配置是否舒适方便，对汽车使用方便性的影响是显而易见的。适当增加驾驶座椅的高度，减小坐垫与靠背之间的倾角，可显著改善驾驶人工作条件。为了保证不同身高的驾驶人都能有适合的驾驶操作姿势，驾驶座椅设计成可沿着水平和垂直方向调节式，并且座椅的和靠背倾角也可调节；即驾驶座椅应具有多维调节的功能，同时转向盘的位置还应按照驾驶人的需要调节。最新汽车驾驶座椅和转向盘位置均能依据人体工程学原理进行智能化调节。

为了提高汽车操纵轻便性，各种操纵机构应有良好的"接近性"，应设置速度、机油压力、润滑油和冷却液温度、燃料耗量以及电参数等的显示仪表。当被控制参数进入临界值时，发出声、光信号，以便驾驶人及时掌握车辆状况。控制显示仪表应具有必需的显示精度和在暗环境下的照明亮度，以利于驾驶人观察道路交通环境。

为了改善驾驶人的工作环境，提高劳动效率，在驾驶室内应设空调及采暖通风装置。

驾驶人的视野性能主要取决于座椅的布置、高度以及坐垫和靠背的倾角，车窗尺寸、形状、布置及其支柱的结构等。

2. 乘客上下车方便性

乘客上下车方便性作为载客汽车使用方便性之一，也影响公共汽车站点的停车时间，从而影响汽车的线路运行时间。

乘客上下车的方便性，主要取决于车门的布置（轿车）和上车踏步的结构参数。

对于轿车，主要取决于车门立柱的布置。特别是两门轿车保证后座乘员出入方便的影响尤其明显。车门立柱倾斜适当，可改善乘客出入的方便性。

对于大型客车,主要取决于踏步高度、深度、级数、能见度及车门的宽度。踏步高度和深度应与日常生活中所习惯的楼梯台阶相同。有的国家城市公共汽车,为了方便残疾人轮椅和童车的上下,公共汽车的踏板设计成高度可调或自动升降式。

3. 装卸货物方便性

装卸货物方便性,是指车辆对装卸货物的适应性。它用车辆装卸所耗费的时间和劳动力评价。

装卸货物方便性的结构因素主要有:货厢和车身地板的装卸高度;从一面、两面、三面或上面装卸货物的可能性;厢式货车车门的构造、布置和尺寸;有无随车装卸装备及其效率。

在载货汽车技术特性中,一般不给出货厢地板的高度。但此参数在汽车使用中很重要,尤其在人工装卸,或货物批量小的场合,货箱地板的高度越大,装货时间和劳动力消耗就越大。目前,对汽车货厢地板高度尚无统一的标准和要求。在机械化装卸的场合,货厢地板高度对装卸效率无明显影响。

普通栏板式汽车可从三面装货。它较后开门的厢式汽车,栏板货箱易于适应货物装卸点的需要,可减少在装卸点的掉头时间。

4. 紧凑性

紧凑性是评价汽车外形尺寸合理利用的指标。它影响汽车操纵轻便性、机动性、受约束条件下通过性以及停车面积等。重型载货汽车、大型客车较其他车辆要求有较好的紧凑性。

紧凑性的主要评价指标是汽车长度利用系数、汽车外形面积利用系数以及比容载量面积和体积。

汽车长度利用系数 λ_L 为

$$\lambda_L = \frac{L_K}{L_a} \tag{1-10}$$

式中:L_K——车厢(身)的有效容积内长,m;
L_a——汽车外形长度,m。

汽车外形面积利用系数 λ_a 为

$$\lambda_a = \frac{ab}{AB} \tag{1-11}$$

式中:ab——车厢(身)内腔面积,m^2;
AB——汽车轮廓俯视投影面积,m^2。

载货汽车比容载量面积 λ_G(单位:m^2/t)和体积 λ'_G(单位:m^3/t)分别为

$$\lambda_G = \frac{AB}{G_e} \tag{1-12}$$

$$\lambda'_G = \frac{AB}{G_e}H \tag{1-13}$$

式中:G_e——车辆核定载质量,t;
H——车辆外形高度,m。

载客汽车比容载量面积 λ_P(单位:m^2/p)和体积 λ'_P(单位:m^3/p)分别为

$$\lambda_P = \frac{AB}{N} \tag{1-14}$$

$$\lambda'_P = \frac{AB}{N}H \tag{1-15}$$

式中：N——客车核定座位数，p。

5. 乘坐舒适性

汽车乘坐舒适性在很大程度上取决于座位的结构。座椅结构应符合人体工程学的要求，为乘员提供最佳的方便性和最舒适的乘坐姿势。

座椅的结构参数主要是座位的宽度和深度、靠背高度和倾角，以及座椅上乘员的上下自由空间。

座椅应具有良好的柔和性。通常，用振动特性（振幅、频率）和消振速度评价座椅的柔和性。当座椅上乘员的自振频率与车身振动频率的比值为 1.6～2.0 时，座椅的舒适性表现最佳。

另外，乘坐舒适性也与车身的密封性有关。保护乘员空间不受发动机排放废气的污染，防止尘土侵入，保暖、供冷、通风、调温等也是提高载客汽车舒适性的重要措施。

6. 最大续驶里程

汽车最大续驶里程 L_T 是指燃料箱加满后所能连续行驶的最远距离，即

$$L_T = 100 \frac{V_C}{Q_S} \qquad (1\text{-}16)$$

式中：V_C——燃料箱容积，L；

Q_S——汽车运行燃料消耗量，L/100km。

除了汽车技术水平外，汽车运行燃料消耗量也取决于车辆的实载率、道路条件、运行速度等使用因素，因此它将随使用条件而变化。合适的汽车最大续驶里程可减少中途停车，提高汽车运输效率。汽车最大续驶里程的确定，应保证汽车在最大的昼夜或班次行驶里程内，不需中途停车加油。目前，电动汽车、压缩天然气（CNG）汽车和液化天然气（LPG）汽车的续驶里程相对较小，一般用于市区客运、厂区运输或出租车。

7. 机动性

如图 1-8 所示，汽车机动性评价参数主要包括前外轮最小转弯半径 R_H、车辆转弯宽度 A、突伸距 a 和 b。

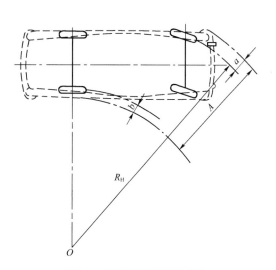

图 1-8　汽车机动性的评价参数

思考题

1. 汽车使用性能指标有哪些?
2. 指出汽车的主要使用性能名称。
3. 简述汽车使用条件及内容。
4. 举例说明气候条件对汽车使用性能的影响。
5. 汽车使用的道路条件有哪些?
6. 道路分哪些等级?
7. 公路养护水平有哪些评定指标?
8. 说明公路养护水平与汽车油耗、维修费用和大修间隔里程的关系。
9. 什么是运输条件?
10. 货运条件都包括哪些?
11. 简述货运量、货物周转量、货物运距和货运类型。
12. 简述汽车运行工况调查内容。
13. 汽车运行工况调查的目的是什么?
14. 简述汽车运行技术条件。
15. 简述机动车运行安全技术条件。
16. 简述特种货物运输运行技术条件。
17. 何谓汽车常用工况?
18. 简述汽车容载量及评价指标。
19. 解释名词术语:载货汽车容量利用;载货汽车质量利用;装载质量利用系数;比装载质量;整备质量利用系数;操纵轻便性;装卸货物方便性;汽车长度利用系数;汽车外形面积利用系数;汽车比容载量面积;汽车比容载量体积;乘坐舒适性;最大续驶里程。
20. 汽车使用方便性有哪些量标和评价参数?

第二章 汽车动力性

第一节 汽车行驶阻力

汽车行驶中所需要的功率和能量,取决于克服它的行驶阻力。汽车行驶阻力可分为稳态(等速)行驶阻力和动态(变速)行驶阻力。

一、稳定行驶阻力

车辆稳态行驶阻力包括车轮阻力、空气阻力和坡度阻力。

1. 车轮阻力

车辆稳态行驶阻力的定义

车轮阻力由轮胎滚动阻力、路面阻力以及轮胎侧偏引起的阻力组成。

1) 轮胎滚动阻力

轮胎滚动阻力主要是轮胎的变形阻力,也包括路面和轮胎之间摩擦力和轮胎空气阻力。其中,轮胎空气阻力是整车空气阻力的一部分。

通常用图 2-1 所示的弹簧-阻尼轮胎模型描述轮胎变形阻力的产生机理。将弹簧轮抽象为由轮周围均匀分布的许多微小弹簧和微小阻尼器形成。在轮胎滚动过程中,各个弹簧和阻尼器反复经历压缩和伸展作用,其阻尼功即为变形阻力。变形阻力可用单位行程的阻尼功表示。

汽车在转鼓试验台上的试验结果表明,汽车速度超过 45m/s 后,变形阻力会急剧增加。当轮胎行驶速度超过轮胎的挠屈变形极限速度后,胎面波动看上去变形移动的状态恰似停止,称作驻波。驻波常发生在胎肩与胎侧交界区,如图 2-2 所示。这样胎面就在正、反方向力的交替作用下造成胎面不同部位半径的波动。轮胎除了接触部分之外,其他部分也会发生变形运动,结果使阻尼功急剧增加。

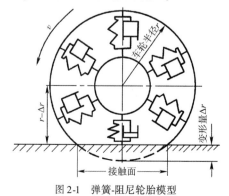

图 2-1 弹簧-阻尼轮胎模型

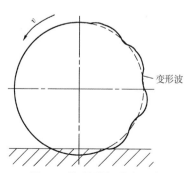

图 2-2 轮胎圆周上的变形波

路面与轮胎之间的摩擦阻力产生的原因可用图2-1来说明。车轮在滚动中,轮胎面上某点在通过与地面接触的区域时,胎面到车轮轴心线的距离由r变为$r-\Delta r$,然后再变为r。因此,车轮角速度φ虽然不变,但胎冠面各点的圆周速度却是变化的。这样,在接地区域内胎面与地面之间就存在纵向和横向的相对局部滑动,这就形成了摩擦阻力。

在低于40km/h速度范围内,变形阻力占轮胎滚动阻力的90%~95%,摩擦阻力占2%~10%,而轮胎空气阻力所占比率极小,如图2-3所示。

高速时,滚动阻力的急剧增加与轮胎的结构形式有关。如图2-4所示,子午线轮胎比斜交轮胎的滚动阻力小;同时,它的滚动阻力在超过使用速度范围界限后的急剧增加也比斜交轮胎明显得多。

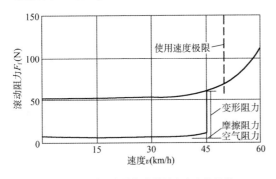

图2-3 滚动阻力的各成分随速度变化曲线   图2-4 轮胎结构对滚动阻力系数的影响

常用单位轮胎载荷的轮胎滚动阻力来定义无因次的滚动阻力系数f表达式为

$$f = \frac{F_f}{W} \tag{2-1}$$

式中:F_f——轮胎滚动阻力,N;
W——轮胎载荷,N。

一般情况下,f可取为常数。在模拟计算时,考虑到车速的影响,采用近似公式表示为

$$f = C_0 + C_1 v + C_2 v^4 \tag{2-2}$$

式中:v——车辆行驶速度,m/s;
C_0、C_1、C_2——系数。

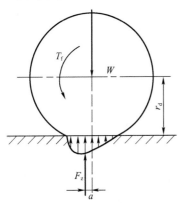

图2-5 滚动车轮上的力和力矩

由于轮胎接地部分变形,使得压力分布不再对称于轮胎中心,结果导致地面法向反力F_z相对于车轮中心前移了一个距离a(图2-5)。因此,为了驱动车轮,必须在轮缘施加一个力矩T_f,即

$$T_f = F_z a = Wa \tag{2-3}$$

力矩T_f又可表示为滚动阻力F_f与车轮动力半径r_d的乘积,即

$$T_f = F_f r_d \tag{2-4}$$

这样,滚动阻力系数为

$$f = \frac{F_f}{W} = \frac{T_f}{r_d F_z} = \frac{a}{r_d} \tag{2-5}$$

由式(2-5)可见,r_d越小或a越大,则滚动阻力越大。同时,轮胎滚动阻力F_f与轮胎载荷W及轮胎气压p_i有关,如图2-6所示。

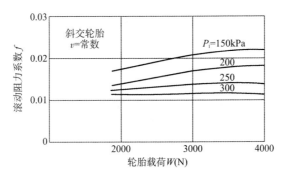

图 2-6　轮胎气压和轮胎载荷对滚动阻力系数的影响

2) 路面阻力

以上讨论的是在平整、干燥的硬路面上轮胎的滚动阻力,而实际路面一般与理想状态的差别很大。因此,这里需要分析三种路面的阻力情况。

(1) 不平路面的阻力。因为车轮和车轴是通过弹簧—阻尼元件安装在车架上的,当车轮驶过凸起路面时,弹簧被不断地压缩和伸展,在减振器内形成阻尼功并转化成热能。这样,弹性悬架回收的能量比输入的能量略小,这个差值就是阻尼功。单位行程的阻尼功就表现为不平路面的附加滚动阻力(由不平路面引起的轮胎变形阻力增量可忽略),附加的阻力系数为 f_b。

(2) 柔性路面的阻力。与硬路面相比,车轮在柔性路面上(土路、草地、沙土、雪地)运动时,需要克服附加的滚动阻力 F。这种附加阻力由两部分组成(图 2-7):一部分是使地面材料压缩和移动,形成轮辙所需的力 F_z;另一部分是克服轮辙与轮胎之间摩擦所需的力 F_x。

如图 2-8 所示,柔性路面上的附加滚动阻力与地面压强有关。此外,柔性路面与硬路面相反,减小轮胎气压有助于降低滚动阻力。

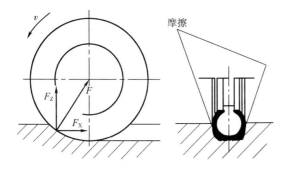

图 2-7　路面变形和轮辙摩擦产生的附加滚动阻力

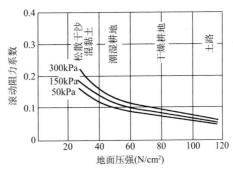

图 2-8　柔性路面滚动阻力和地面压强的关系

(3) 积水路面的阻力。如图 2-9 所示,在积水硬路面上运动的车轮与路面之间存在依次衔接的三个区域:接近区域、过渡区域和接触区域。在接近区域轮胎与地面被水膜隔开;在过渡区域,轮胎与路面之间仅有局部接触;而在接触区域,轮胎与路面之间才能有力的传递。

轮胎排挤水层时就产生了排水阻力 F_s,即

$$F_s = hb\frac{1}{2}v^2 \tag{2-6}$$

式中:h——水层厚度;

b——轮胎宽度;

v——挤水速度。

图 2-10 所示为排水阻力系数 f_s ($f_s = F_s/F_z$) 随水层厚度和速度变化的关系。当水层厚度较大时,轮胎在高速段产生了滑水现象(接触区域消失),使 f_s 趋于与 v 无关的定值。

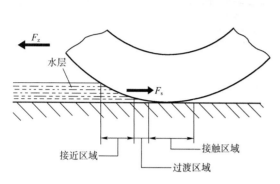

图 2-9　车轮在积水硬路面上的滚动

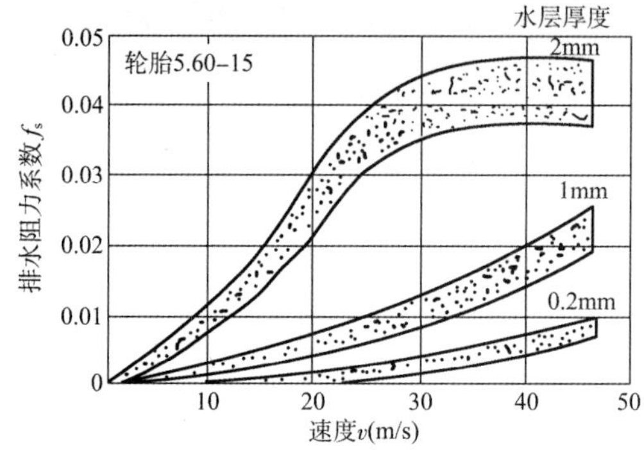

图 2-10　不同水层厚度下排水阻力与速度的关系

3) 轮胎侧偏引起的阻力

在上述讨论中,车轮的运动方向都垂直于其轴线,即滚动阻力都在车轮平面内。

如果车轮还受有侧向力 F_Y(如曲线行驶时),车轮平面与运动方向之间出现一个夹角,即侧偏角(这将在第四章中详细讨论),滚动阻力此时将不在车轮平面内,而是在车轮运动方向。

如图 2-11 所示,当侧偏角为 α 时,其阻力为

$$F_E = F_f \cos\alpha + F_Y \sin\alpha \tag{2-7}$$

其中,$F_Y \sin\alpha$ 即为汽车曲线行驶时的附加阻力 F_Q。汽车曲线行驶时的附加滚动阻力系数 f_Q ($f_Q = F_Q/F_z$) 与侧偏角的关系如图 2-12 所示。

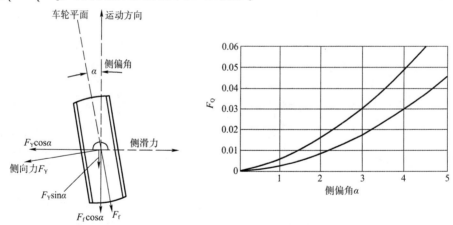

图 2-11　车轮侧向偏离引起的阻力

图 2-12　F_Q 和侧偏角 α 的关系

当侧偏角 α 很小时,侧向力 F_Y 与 α 近似成正比,即 $f_Q \propto \alpha$。

前束角为 δ 的一对车轮在直线行驶时,相当于每个车轮的侧偏角为 $\delta/2$,如图 2-13 所示。

这样,由前轮前束所引起的附加阻力为

$$F_{Q1} = 2F_Y \sin\frac{\delta}{2} \tag{2-8}$$

当 $\delta = 1°$ 时,F_{Q1} 约为整车阻力的 3%。

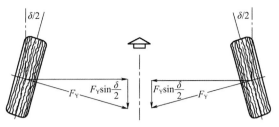

图 2-13 前束引起的附加的阻力

为了说明车轮阻力各个组成部分之间的数量关系,在图 2-14 上画出了各部分阻力系数与车速的关系。计算时车轮阻力系数 f 可从表 2-1 中选取。

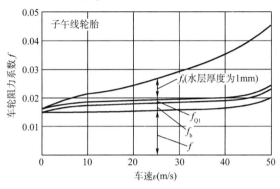

图 2-14 车轮阻力系数各分量与车速的关系

车轮平均滚动阻力系数　　　　表 2-1

路 面 种 类	f
新铺装的混凝土、沥青、石块硬路面	0.008~0.015
良好的碎石路面、坑洼的沥青、混凝土和石块路面	0.02~0.03
坑洼的碎石路面	0.03~0.04
良好的土路	0.045
土路	0.05~0.15
砂	0.15~0.3

2. 空气阻力

影响气流中物体阻力的因素包括流速 v_r、空气密度 ρ、物体迎流面积 A 以及物体形状。运动物体的空气阻力表达式为

$$F_w = C_D A \frac{\rho}{2} v_r^2 \tag{2-9}$$

空气阻力的影响因素和计算公式

式中:C_D——无因次的空气阻力系数。

若 v_r 以 km/h 计,$\rho = 1.2258 \text{Ns}^2\text{m}^{-4}$,则得

$$F_w = \frac{C_D A v_r^2}{21.15} \tag{2-10}$$

如果车辆在气流中行驶,则有

$$v_r = v_a \pm v_f \tag{2-11}$$

式中:v_a——车速;

　　　v_f——风速。

在车辆设计时,影响空气阻力的主要因素是 C_D 和 A。如果车辆轮廓尺寸基本确定,则只能通过改变 C_D 来影响空气阻力。

1) 空气阻力的组成

车辆的空气阻力主要由压差阻力(又称形状阻力)、诱导阻力、表面阻力(又称摩擦阻力)和内部阻力(又称内循环阻力)组成。

(1) 压差阻力。压差阻力是在整个车辆表面上作用的法向力的合力。车辆向前运动时,由于其主体形状所限,在车辆表面上会发生涡流分离的现象,被车辆分开的空气无法在后部平顺合拢和恢复原状。这样,在车辆后部形成的涡流区 A_a 产生负压(图2-15),从而在汽车运动方向上产生压差阻力。涡流区域越大,压差阻力也就越大。

涡流(动画)

如图2-15所示,尽管迎流断面积 A 相同,不同的车辆造型会影响涡流区 A_a 的大小,从而产生不同的压差阻力。

如果迎流物体周围的气流中没有出现涡流分离现象,合力就没有在运动方向上的分量,压差阻力也就为零(图2-16)。

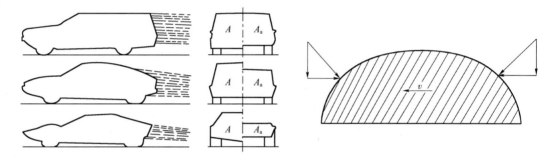

图2-15 不同外形轿车的涡流区　　　　图2-16 没有压差阻力的物体

(2) 诱导阻力。车身上部和底部的空气压力也存在差值,会引起横向气流以及车辆的升力(图2-17)。横向气流也会在车身表面产生涡流分离现象,造成压差,产生诱导阻力。车尾的横向气流还形成两股很大的纵向涡流,对空气阻力有强烈影响,如图2-18所示。

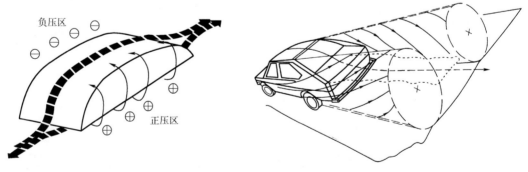

图2-17 车辆的诱导气流　　　　图2-18 诱导气流形成的纵向涡流

(3) 表面阻力。紧贴车辆表面的空气层的速度为零,向外各层空气的速度逐渐增加,形成气流速度梯度。由于流体黏滞性的效应,在车辆表面与空气之间存在着摩擦,相邻空气层之间也存在着摩擦,从而产生车辆表面阻力。空气紊流速度梯度远大于层流,所以在紊流区的摩擦力要大得多。车辆表面的层流区是很有限的,一般只有20~30cm。平板气流由层流向紊流的转变过程如图2-19所示。

显然，较长的车辆(如大型客车)上表面阻力就比较大。在图 2-20 上表示的大客车造型考虑了空气动力学的要求，其前部空气阻力很小。但车身表面阻力沿纵向增加的数值仍相当大，增长值几乎等于车尾部分的空气阻力。图 2-20 中，r 为车辆车头顶部的设计倒角，h 为车辆最高位置与车厢底部之间的距离。

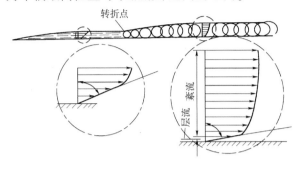

图 2-19　平板气流状态的转变过程

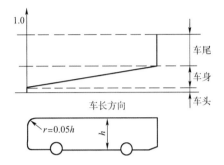

图 2-20　大客车空气阻力沿车长方向的分配

(4) 内部阻力。流经散热器、发动机舱和乘坐区的气流由于动量损失而形成的内部阻力，如图 2-21 所示。

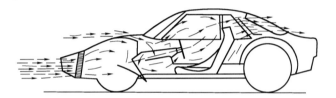

内循环阻力(动画)

图 2-21　车辆内部气流

上述几部分阻力叠加起来，就构成了整车空气阻力，其各部分的数量大致比例见表 2-2。

空气阻力各分量　　　　　　　　　　　表 2-2

阻力种类	比例(%)
压差和诱导阻力	50～90
表面阻力	3～30
内部阻力	2～11

轿车 C_D 值为 0.28～0.51。普通阶梯式的 C_D 值比斜顶式(又称快背式)高得多。

大型客车的 C_D 值为 0.5～0.9。

货车的 C_D 值与其构成和形式有关。例如，带篷货车(总高 3.6m)，C_D=0.6；集装箱半挂汽车列车(总高约 4m)，按驾驶室形式不同 C_D=0.73～0.85；全挂列车的总高为 3.2m 时，C_D=0.76，总高为 4m 时，C_D=0.81。

2) 流入角不为零时的空气阻力

在上述讨论中，气流的方向都与车辆纵轴线重合，即流入角 β=0。当流入角 $\beta\neq 0$ 时，空气阻力系数有明显的不同。图 2-22 表明了流入角 β 对几种不同形式轿车空气阻力系数的影响。

带篷货车(总高 3.6cm)的空气阻力系数随 β 变化情况如图 2-23 所示。

可见，无论是轿车还是货车，在 β=25°～30°时，其空气阻力比可高达 65%。由于 β 角是指合成气流与车辆纵轴线的夹角，而现代汽车车速相当高，所以因侧风影响形成的 β 角很少超过 15°。

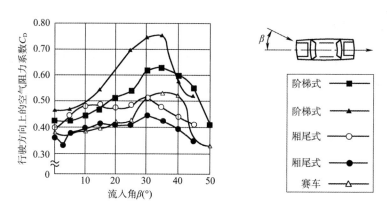

图 2-22 流入角 β 对轿车空气阻力系数的影响

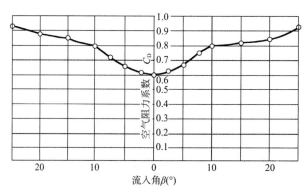

图 2-23 货车空气阻力系数随流入角 $\beta(°)$ 的变化

3. 坡度阻力

车辆在坡道上受力情况如图 2-24 所示。

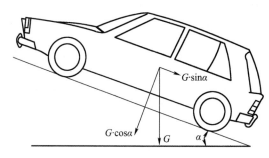

图 2-24 汽车上坡受力分析

坡度阻力 F_i 为

$$F_i = mg\sin\alpha \tag{2-12}$$

式中：m——汽车质量；
$\quad g$——重力加速度；
$\quad \alpha$——坡度角。

普通道路的纵向坡度角一般小于 $5°$，$\sin\alpha \approx \tan\alpha$，则有

$$F_i \approx mg\tan\alpha = mgi \tag{2-13}$$

式中：i——坡度。

四级公路的坡度 $i \leq 9\%$，用 i 取代 $\sin\alpha$ 时坡度阻力的误差不超过 0.5%。

二、动态行驶阻力

当车速变化时,除了上述各项阻力外还存在惯性力。这里既有平移质量引起的惯性力,也包括旋转质量引起的惯性力矩。

1. 平移质量的加速与减速

车辆加速时,由平移质量产生的加速惯性阻力为

$$F_{jt} = m \frac{dv}{dt} \tag{2-14}$$

式中:$\frac{dv}{dt}$——汽车加速度,加速时$\frac{dv}{dt}>0$,减速时$\frac{dv}{dt}<0$。

汽车旋转质量换算系数的定义

2. 旋转质量的加速与减速

车辆加速时,车辆旋转质量的转速也相应增加,由旋转质量产生加速阻力,即

$$F_{jr} = \frac{I}{r_d} \frac{d\omega}{dt} \tag{2-15}$$

式中:I——折算到驱动轮上全部旋转部件(包括车轮)的转动惯量;

$\frac{d\omega}{dt}$——车轮的角加速度;

r_d——车轮动力半径。

由于$\frac{d\omega}{dt} = \frac{1}{r_d}\frac{dv}{dt}$,所以$F_{jr} = \frac{I}{r_d^2}\frac{dv}{dt}$。

如图2-25所示,考虑旋转部件后,各旋转部件转动惯量折算到车轮上的转动惯量以及车轮转动惯量的总和计算式为

$$I = I_w + i_0^2 I_c + i_0^2 i_g^2 I_f \tag{2-16}$$

式中:I_f——发动机、离合器和变速器转动惯量;

I_c——传动轴、差速器等转动惯量;

I_w——全部车轮转动惯量总和;

i_g——变速器传动比;

i_0——主减速器传动比。

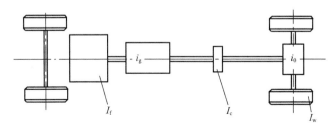

图2-25 速度改变时必须考虑的旋转部件

由于变速器各挡传动比是不同的,所以I值也随挡位不同而异(图2-26)。这样,总加速阻力为

$$F_j = F_{jt} + F_{jr} = m\frac{dv}{dt} + \frac{I}{r_d^2}\frac{dv}{dt} = \delta m \frac{dv}{dt} \tag{2-17}$$

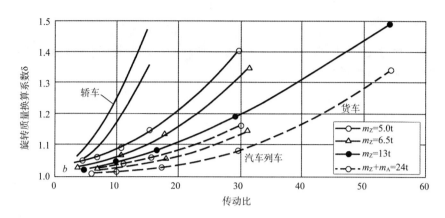

图 2-26 车辆旋转质量换算系数的比较(m_Z、m_A 分别为汽车和挂车总质量)

汽车旋转质量换算系数 δ 的计算式为

$$\delta = 1 + \frac{I}{mr_d^2} = 1 + \frac{1}{m}\frac{I_w}{r_d^2} + \frac{1}{m}\frac{i_0^2 I_c}{r_d^2} + \frac{1}{m}\frac{i_0^2 i_g^2 I_f}{r_d^2} \tag{2-18}$$

由于传动轴和差速器等的转动惯量较小,对 δ 的影响很小,可忽略不计,则可写成:

$$\delta = 1 + \frac{1}{m}\frac{I_w}{r_d^2} + \frac{1}{m}\frac{i_0^2 i_g^2 I_f}{i_d^2} \tag{2-19}$$

综合上述的各部分阻力,汽车在加速过程中的行驶阻力为

$$\sum F = F_f + F_w + F_i + F_j \tag{2-20}$$

式中:F_f——车轮滚动阻力。

在干燥平直路面上,汽车行驶阻力为

$$\sum F = Gf + Gi + \delta m \frac{dv}{dt} + C_D A \frac{\rho}{2}(v_a + v_f) \tag{2-21}$$

图 2-27 和图 2-28 分别表示了行驶阻力 $\sum F$ 与车速 v_a 之间的关系及阻力功率 $\sum P$ 与车速 v_a 之间的关系,从中可明显看出,换挡的过程以及各挡传动比对阻力的影响。

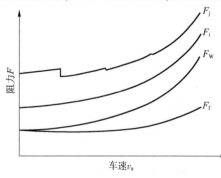

图 2-27 行驶阻力与车速的关系

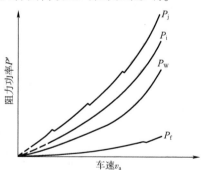

图 2-28 阻力功率与车速的关系

汽车行驶所需驱动功率为

$$P = \sum F v_a = mg(f\cos\alpha + \sin\alpha)v_a + \delta m \frac{dv}{dt}v_a + C_D A \frac{\rho}{2}(v_a \pm v_f)^2 \tag{2-22}$$

第二节　汽车动力传动系统

活塞式内燃机的特性表明其作为车辆动力装置并不理想,所以车辆需附以一个变速传动系统,并考虑到车辆起动的要求。但车辆使用的液体燃料十分丰富,且容易制取,配件的价格又较为低廉,所以至今活塞式的内燃机仍是最广泛使用的车辆动力装置。

一、活塞式内燃机特性

活塞式内燃机外特性曲线,即节气门全开时内燃机功率和转矩随转速变化的曲线,如图2-29所示。图中给出了在内燃机转矩外特性和功率外持性曲线上的几个特征点。

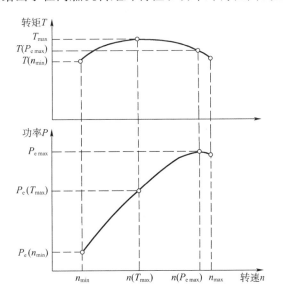

图2-29　活塞式内燃机外特性曲线

$P_{e\max}$-最大功率;$T_{\max}$-最大转矩;$T(P_{e\max})$-最大功率时的转矩;$T(n_{\min})$-最低稳定转速时的转矩;$n(P_{e\max})$-最大功率时的转速;$P_e(T_{\max})$-最大转矩时的功率;$n(T_{\max})$-最大转矩时的转速;$n_{\min}$-最低稳定转速;$n_{\max}$-最高转速

表2-3列出了活塞式内燃机外特性一些有关数值(括弧中的数字是被统计的车型数)。

活塞式内燃机外特性值　　　　　表2-3

发动机类型	车辆类型	$\dfrac{T_{\max}}{T(P_{e\max})}$	$\dfrac{n(P_{e\max})}{n(T_{\max})}$	$\dfrac{T(n_{\min})}{T_{\max}}$	$\dfrac{n_{\max}}{n(P_{e\max})}$	$\dfrac{n_{\max}}{n_{\min}}$
汽油机	轿车	1.15(6)	1.70(40)	0.74(14)	1.09(14)	5.7(14)
	赛车	1.06(6)	1.37(23)			
柴油机	轿车	1.22(7)	1.75(7)	0.74(7)	1.07(7)	5.0(7)
	赛车	1.18(15)	1.59(27)	0.91(7)	1.0(6)	2.6(6)

如图2-30所示,柴油机装用增压器后外特性曲线有较大变化。

在实际使用中,常采用发动机使用外特性曲线,是指带上全部附件后的发动机外特性曲线。使用外特性曲线比外特性曲线要低一些,尤其是在高转速区域(图2-31)。一般可取使用外特性的转矩 $T_s = k_s T(k_s<1)$。由于各国标准规定的测试方法不同,对于同一发动机测出的外特性曲线也有差异,k_s 值也就不同。表2-4列出采用不同标准测试时的 k_s 值。

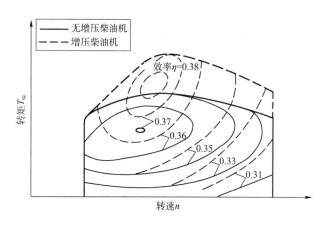

图 2-30 带增压器后发动机特性的变化

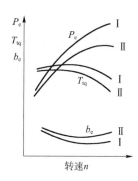

图 2-31 发动机使用外特性
P_e-功率;T_{tq}-转矩;b_e-比油耗;Ⅰ-台架外特性;Ⅱ-使用外特性

不同标准测试时的 k_s 值　　　　表 2-4

k_s 值	SAE(美)	BS(英)	DIN(德)	JIS(日)
	0.81~0.84	0.83~0.85	0.90~0.92	0.88~0.91

一般资料提供的发动机特性曲线都是指标准状态下稳定工况的试验结果。如果使用时大气压力、温度、气温与标准状态不符(如高原、高温、寒带地区等),就应按规定修正。此外,车辆使用工况常是转速连续变化的动态工况,这时的转矩值要比稳定工况低 5%~8%。

上面讨论的都是节气门全开时的情况。节气门部分开启时测定的部分特性曲线族,理论上可布满外特性曲线与横坐标轴之间整个面积。随节气门开度的不同,可试验获得 50%、60%、70%、80% 和 90% 部分特性等,构成所谓特性场。

二、离合器和液力耦合器特性

离合器和液力耦合器的共同特点是输入端与输出端的转矩近似相等,而转速不等:$T_E = T_A$,$n_E \neq n_A$。它的框图如图 2-32 所示。所以其效率为

$$\eta = \frac{P_A}{P_E} = \frac{n_A}{n_E} \tag{2-23}$$

滑转率为

$$s = \frac{n_E - n_A}{n_E} = 1 - \eta \tag{2-24}$$

功率损失(产生热量)为

$$(1-\eta)P_E = sP_E \tag{2-25}$$

式中:s——功率损失系数,$s = \frac{n_E - n_A}{n_E} = 1 - \eta$。

图 2-32 离合器和耦合器框图

1. 机械式离合器

假定:在离合器接合时,发动机工作在外特性曲线上的 c 点,转速为 n_c,转矩为 T_c,功率为 P_c,如图 2-33a)所示。由于输出端转矩与输入端转矩相等,所以在接合过程中,输出端转矩 T_A 一直等于 T_c。随着车辆的运动,加速达到 $n_A = n_c$,$\eta = 1$。这时,滑转率 $s = 0$,接合过程结束,参见图 2-33c)、f)。

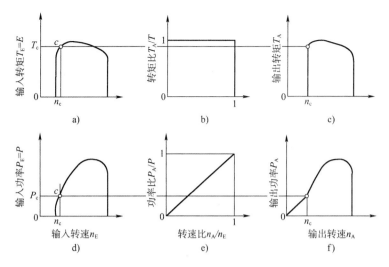

图 2-33 发动机和机械式离合器共同工作时的接合过程

当然,也可以假定发动机在其他点工作,只要该点的转矩可以克服车辆阻力矩。

2. 液力耦合器

液力耦合器是通过液体在泵轮和涡轮之间的流动来传递转矩。泵轮(图 2-34a)直接与发动机相连接。

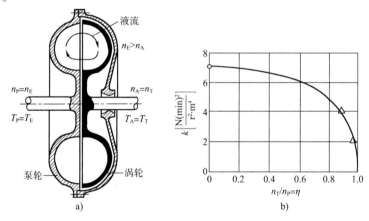

图 2-34 液力耦合器

由流体机械理论可知:

$$T_P = k n_P^2 D_P^5 \tag{2-26}$$

式中:n_P——泵轮转速,r/min;

D_P——泵轮直径,m;

k——随涡轮与泵轮转传动比 n_T/n_P 而变化的系数,见图 2-35b)。

发动机与耦合器共同工作的特性用图 2-35 来说明。假定发动机处于外特性工况,在车辆静止时,$n_T/n_P=0$,从图 2-34b)上求得 k 值后,即可在图 2-35a)上找到发动机对应的工作点,确定 T_P 值。这样在图 2-35b)上就能得到输出端的输出值 T_T(等于 T_P)。如果这一转矩大于行驶阻力矩,车辆开始运动,加速,n_T 提高,n_T/n_P 相应提高,而 k 值下降,图 2-35a)上的泵轮工作曲线变得平缓,发动机工作点随之改变,因而输出端的 T_T 值也相应改变。当 $n_T/n_P=$ 常数时,接合过程完成。

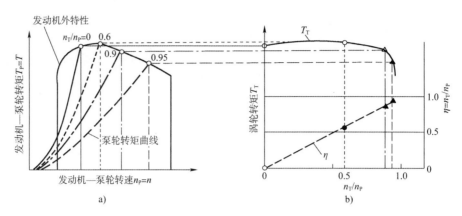

图 2-35 内燃机和液力耦合器共同工作特性

由于 $n_T/n_P=1$（即滑转率为零）时，$k=0$，所以耦合器不仅在起步过程中，而且在行驶过程中也必须保持 $n_T<n_P$。因为 $\eta=n_T/n_P$，所以行驶过程中的 n_T 应尽量接近 n_P。一般取 $n_T=0.98n_P$，即 $\eta=0.98$。为避免在行驶过程中的能量损失，有的车辆在进入行驶状态后就把泵轮和涡轮机械地连接起来，做到 $\eta=1$。

三、变速器和液力变矩器特性

驱动轮功率特性的理想曲线是一条平行于横轴的直线，即等功率特性，使动力装置在整个转速范围内都能利用最大功率。等功率特性对应的转矩特性近似为双曲线转矩特性。在低速区域，轮胎与路面附着条件限制了最大转矩的发挥；高速区域又受到最高车速的限制，这样驱动轮上的最理想特性如图 2-36 所示。

变速器和液力变矩器的作用在于改变转速和转矩，使活塞式内燃机的特性趋近理想特性。它的框图如图 2-37 所示。

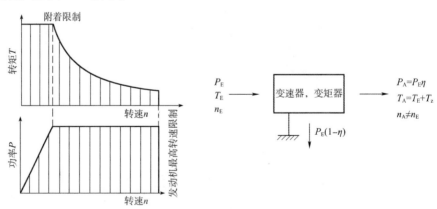

图 2-36 驱动轮上理想的转矩和功率特性

图 2-37 变速器和液力变矩器框图
T_Z - 支承转矩

$$\eta=\frac{P_A}{P_E}=\frac{T_A n_A}{T_E n_E} \tag{2-27}$$

功率损失为 $(1-\eta)P_E$。

变速器是汽车传动系中的一个重要环节。如果主减速器传动比为1，驱动轮上的转矩特性场如图 2-38 所示。

1. 机械式有级变速器

这类变速器有几个固定传动比。当 $\eta = 1$ 时，传动比 $i = \dfrac{n_E}{n_A} = \dfrac{T_A}{T_E}$。以四挡变速器为例，其特性场与理想转矩特性曲线之间还有不小的空隙，如图2-38所示。显然，这些空隙越小，功率利用可能性越大。这就要求增加挡位数或合理地选择各挡传动比。

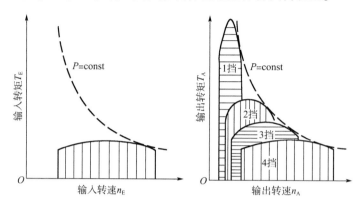

图2-38 四挡变速器对输入特性场的变换

最高挡传动比是由最高车速确定的，将在本章第三节（四）中阐述。

最低挡传动比是由要求的最大驱动轮转矩和车辆最低稳定速度决定的。

中间挡传动比分配与发动机工作稳定性有关。

假定变速器处于某一挡位时驱动轮上的转矩特性曲线 $T_t(v)$ 与阻力矩曲线 $T'(v)$ 相交于 A、B 两点（图2-39）。在 A 点，车速为 v_1。如果汽车由于某种原因，阻力矩增加，车速降低，则由于 $T_t < T'$，而使车速迅速下降，甚至会使发动机熄火。如果速度提高，则 $T_t > T'$，车速迅速提高直到 B 点。所以 A 点是不稳定工况。在 B 点，当车速增加时，$T_t < T'$，车速又降低到 v_2。而当车速降低时，$T_t > T'$，车速又提高到 v_2。所以，B 点是稳定工况。发动机稳定工况条件是 $\dfrac{dT_t}{dv} < \dfrac{dT'}{dv}$。

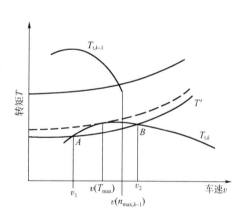

图2-39 换挡时对应的车速关系

由于中速以下阻力矩曲线接近水平，所以可认为节气门全开时发动机转速低于 $n(T_{max})$ 后，即处于不稳定工况。

因此，在极限换挡的情况下，在相邻的两挡之中，高挡中发动机转速处于 $n(T_{max})$ 时，应该换挡；而换入低挡时，发动机的转速应处于 n_{max}。在实际中，高挡对应的发动机转速略高于 $n(T_{max})$；而低挡对应的发动机转速略低于 n_{max}，如图2-40所示。即应保证

$$v(T_{max,k}) \leqslant v(n_{max,k-1}) \tag{2-28}$$

如果不考虑换挡过程中车速的降低，则有

$$v = \dfrac{2\pi n_k r_t}{i_0 i_k} = \dfrac{2\pi n_{k-1} r_t}{i_0 i_{k-1}} \tag{2-29}$$

式中：i_k、i_{k-1}——变速器 k 挡及 $k-1$ 挡的传动比；

n_k、n_{k-1}——变速器 k 挡及 $k-1$ 挡时发动机相应转速。

即相邻两挡传动比之比

$$q = \frac{i_{k-1}}{i_k} = \frac{n_{k-1}}{n_k} \tag{2-30}$$

在极限换挡情况下,有

$$q_{max} = \frac{n_{max}}{n(T_{max})} \tag{2-31}$$

对于现代车用活塞式内燃机,$q_{max} = 1.5 \sim 2.0$。

中间挡传动比的分配一般有两种方法。

1) 等比级数分配

按等比级数分配,即 $q = \mathrm{const}$。以四挡变速器为例,其各挡传动比关系为

$$i_1 = i_2 q = i_3 q^2 = i_4 q^3 \tag{2-32}$$

图 2-40 所示为按等比级数分配传动比的四挡变速器汽车车速与发动机转速的关系。其中:

$$\Delta v_k = \frac{2\pi r_d \Delta n}{i_0 i_k} = \frac{2\pi r_d [n_{max} - n(T_{max})]}{i_0 i_k} \tag{2-33}$$

显然,随着挡位降低,传动比增加,Δv_k 减小。

图 2-41 所示为等比分配传动比变速器的速度—转矩特性场。由图可见,等比分配传动比使得相邻两挡特性场与理想转矩特性曲线间形成的空隙(又称"变速器空隙")是均匀的。

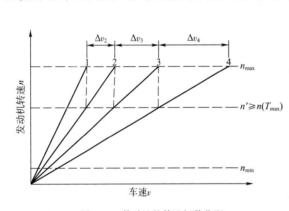
图 2-40 传动比的等比级数分配

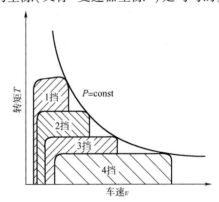
图 2-41 等比分配传动比的特性场

等比分配传动比的优点是使发动机总在同一转速范围内工作,因而可以从动力性和燃料经济性角度选定最佳转速范围。但实际上,换挡不可能在瞬间完成(表 2-5),换挡必然带来车速降低。由于空气阻力的影响,高速范围换挡车速降低量远大于低速范围。因此,较高挡间传动比的比值应小于较低挡间传动比的比值,才能保持发动机工作的转速范围不变,如图 2-42 所示。

换挡间隔时间　　　　　　　　　表 2-5

变速器类型		轿车(s)	货车(s)
不带同步器	带中间加油,从高挡换入抵挡	1.8	3.0
	两脚离合器,从抵挡换入高挡	1.2	2.0
带同步器		0.7~0.8	1.1~1.4

载货汽车使用车速范围较窄,一般近似采用等比级数分配传动比。

2)渐进式传动比分配 $q \neq \text{const}$

轿车使用车速范围大,多采用渐进式传动比分配。以四挡变速器为例,其各挡传动比关系为

$$\frac{i_3}{i_4} = q_1 q_2^0 \tag{2-34}$$

$$\frac{i_2}{i_3} = q_1 q_2^1 \tag{2-35}$$

$$\frac{i_1}{i_2} = q_1 q_2^2 \tag{2-36}$$

$$q_2 = 1.1 \sim 1.2 \tag{2-37}$$

渐进式传动比分配,与等比分配相比较,高挡之间的车速差明显减小。由图 2-43 可见,变速器的低挡空隙比高挡大得多。

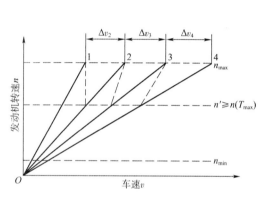 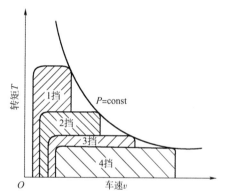

图 2-42 加速过程中换挡间隔的影响　　图 2-43 渐进式传动比分配时的特性场

2. 液力变矩器

图 2-44a)所示是一液力变矩器的工作原理图。它由三个元件组成,液体由泵轮进入涡轮,再进入导轮。导轮是静止的。由于导轮的存在,使泵轮转矩与涡轮转矩不等。而 $\frac{T_T}{T_P}$ 随着 $\frac{n_T}{n_P}$ 的增加而几乎线性下降,如图 2-44b)所示。因为 $\eta = \frac{T_T}{T_P} \frac{n_T}{n_P}$,其曲线呈抛物线变化,在 η 值达到最大值后随 n_T 提高而下降。为避免 η 降低过多,在 $\frac{T_T}{T_P} = 1$ 时,导轮的自由轮装置起作用,导轮和涡轮一起转动,即液力变矩器转入液力耦合器工况,η 值又开始增加。假定在变矩器工作范围内,系数 k 为一常数,转为耦合器工况后,如前所述 k 值随 n_T 增加而降低。

活塞式内燃机与液力变矩器共同工作的特性,如图 2-45 所示。假定发动机节气门全开,由于 k 值是一个常数,所以泵轮特性曲线只有一条,与发动机外特性曲线交于 I 点(图 2-45a), $\eta = \frac{T_T}{T_P} \frac{n_T}{n_P}, n_I = n_P$。按图 2-45b)的变矩器特性,当 n_T 由零增加到 $n_T = 0.85 n_I$ 的过程中,涡轮转矩由 $T_T = 2.3 T_P = 2.3 T_I$ 降低到 $T_T = T_I$。随后转入耦合器工况,发动机工作转速由 n_I 增加到 $n_{\max}$。整个特性曲线如图 2-45c)所示。而效率曲线在图 2-45d)上画出。图 2-45c)、d)中还用虚线画出了部分负荷特性的情况。

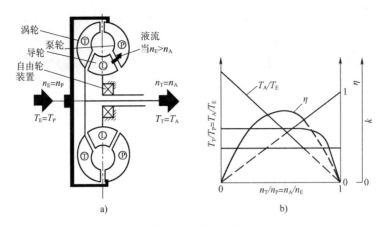

图 2-44 液力变矩器

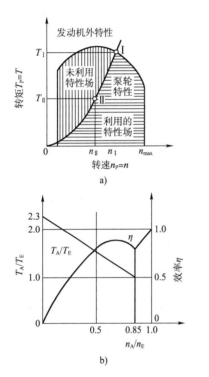
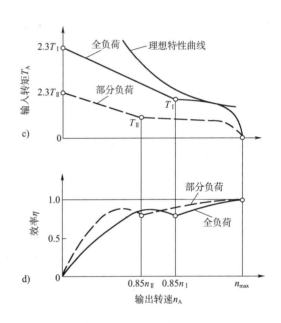

图 2-45 发动机和液力变矩器的共同工作特性

从图 2-45 可见，单靠液力变矩器是不能与理想特性曲线完全靠拢的，还需要后接一个有级变速器(至少是 2 挡)。同时，在变矩器工作范围内，效率最高只达到 0.85 左右。为了提高发动机和变矩器共同工作的效率，应使变矩器泵轮特性曲线穿过发动机特性场中效率较高的区域。在耦合器工况，虽然耦合器效率较高，但发动机效率较低。

实际车用液力变矩器的系数 k 值随 $\dfrac{n_T}{n_P}$ 增加而有所下降，也就是说，在变矩器工作范围内，泵轮特性曲线是变化的。发动机工作转速也是变化的，随 n_T 的增加而提高。

由液力变矩器及机械变速器组成的液力传动装置根据换挡机构动作过程可分为自动和半自动的。自动换挡是指其机械变速器的挡位变换由发动机负荷和车速信号来控制。而半自动换挡是指其中某些挡位仍由驾驶人控制。自动换挡多用于轿车，半自动换挡多用于客车和货车。

第三节 汽车动力性分析

一、驱动力—行驶阻力平衡图、动力特性图和功率平衡图

作用于驱动轮上的驱动力 F_t 为

$$F_t = \frac{T_s \eta_t i_g i_0}{r_d} \tag{2-38}$$

式中：T_s——使用状态的发动机转矩；

η_t——传动系统机械效率(表2-6)；

i_g, i_0——变速器和主减速器的传动比；

r_d——车轮滚动半径。

主要转动部件机械效率   表2-6

转 动 部 件	机械效率 η_t(%)	转 动 部 件	机械效率 η_t(%)
四~六挡变速器；副变速器或分动器	95	双级主减速器	92
八挡以上变速器	90	传动轴万向节	98
单级主减速器	96		

汽车速度与发动机转速及传动系统参数的关系式为

$$v_a = 3.6 r_r \frac{2\pi n}{60} \approx 0.377 \frac{r_r n}{i_g i_0} \tag{2-39}$$

式中：v_a——汽车速度，km/h；

r_r——车轮滚动半径，m；

n——发动机转速，r/min。

车轮滚动半径 = 滚动圆周长/2π。对子午线轮胎可取 $r_r = 0.97 \times$ 自由半径，对斜交轮胎取 $r_r = 0.95 \times$ 自由半径。车轮滚动半径是指车轮承受垂直载荷和转矩时的半径，在硬路面上近似与单纯承受垂直载荷的静力半径相等，其经验计算式为

$$r_d = 0.0254 \left[\frac{d}{2 + b(1-\lambda)} \right] \tag{2-40}$$

式中：r_d——车轮滚动半径，m；

d——轮辋直径，m；

b——轮胎宽度，m；

λ——轮胎径向变形系数，额定胎荷时可取0.1~0.16。

由发动机使用外特性曲线，按不同挡位，可绘制各挡的驱动力—车速曲线图，如图2-46所示；同时，还画出了常见行驶阻力曲线 $F_f + F_w$。这样就构成了驱动力—行驶阻力平衡图。

在阻力曲线与驱动力曲线的交点即有 $F_t = F_f + F_w$，车辆可在该车速下匀速行驶。

动力特性图是指动力因数—车速关系曲线，如图2-47所示。

动力因数定义为

$$D = \frac{F_t - F_w}{G} \tag{2-41}$$

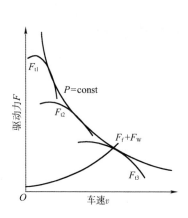 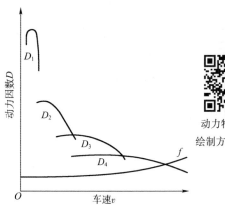

图 2-46 驱动力—行驶阻力平衡图　　图 2-47 动力特性图

利用动力特性图可以比较不同车重和空气阻力的车辆的动力性能。

驱动轮发出的驱动功率为

$$P_t = \eta_t P_s \tag{2-42}$$

式中：P_s——发动机使用状态下的功率。

由于不同挡位对应的车速范围不同，各挡时的车轮驱动功率与车速的关系曲线亦不同，如图 2-48 所示。在图上再画出行驶阻力功率曲线 $P_f + P_w$，就构成了功率平衡图。

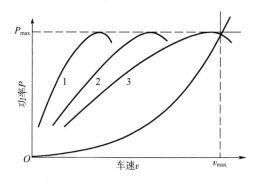

图 2-48 功率平衡图

二、汽车加速能力

从驱动力—行驶阻力平衡图（图 2-47）可求得各挡的后备驱动力 $F_t - (F_f + F_w)$，如用于加速（即令 $i=0$），即可求出对应的加速度为

$$\frac{dv}{dt} = \frac{F_t - (F_f + F_w)}{\delta m} \tag{2-43}$$

式中：δ——汽车旋转质量系数。

如果忽略旋转质量的影响，即令 $\delta=1$，得到的加速度曲线如图 2-49 中实线所示。由于 $\delta>1$，而且挡位越低，i_g 值越大，δ 值也越大，所以实际的加速度曲线如图 2-49 中虚线所示。

某些载货汽车由于旋转质量的影响，有时 1 挡的加速度低于 2 挡加速度（图 2-50），换句话说，从加速度角度来看，这时用 2 挡起步可能更理想。

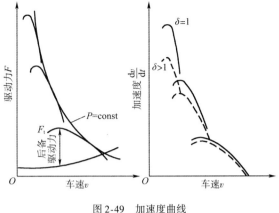

图 2-49 加速度曲线

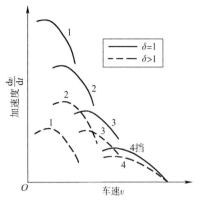

图 2-50 某些载货汽车旋转质量系数对加速能力的影响（δ 很大时）

因为动力因数

$$D = \frac{F_t - F_w}{G} = f + i + \frac{\delta}{g}\frac{dv}{dt} \tag{2-44}$$

所以由各挡对应的后备动力因数 $(D - f)$，即可求出加速度 $(i = 0)$，即

$$\frac{dv}{dt} = \frac{D - f}{\delta}g \tag{2-45}$$

各挡加速度 $\frac{dv}{dt}$ 的最大值总是对应于相应挡位的后备驱动力或后备动力因数的最大值。但在功率平衡图上则不相同，因为后备功率为

$$P_t - (P_f + P_w) = [F_t - (F_f + F_w)]v_a = \delta m \frac{dv}{dt} v_a \tag{2-46}$$

所以各挡后备功率的最大值与加速度最大值互不对应，参看图 2-51。

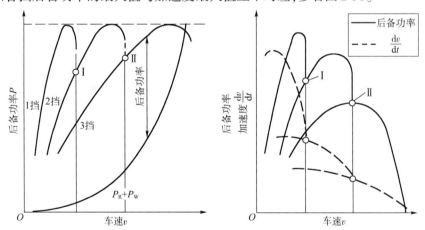

图 2-51 后备功率和加速度

图 2-51 上标出的最佳换挡点 I 和 II 都对应于发动机的最高转速，对应于相邻挡加速度曲线交点。

当相邻挡位的驱动功率曲线有交点时，就把该速度点作为换挡点（图 2-52）。如果不考虑旋转质量的影响，这和加速度曲线交点是相对应的。但实际 δ > 1，结果加速度曲线交点，即最后换挡点，要比上述驱动功率曲线交点向低速方向偏移，如图 2-53 所示。

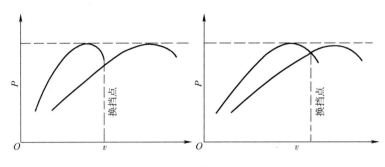

图 2-52　最佳换挡点

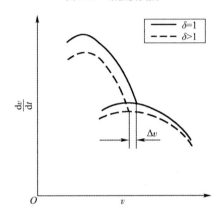

图 2-53　旋转质量系数对换挡点的影响

三、汽车爬坡能力

如果保持车速一定,利用后备驱动力爬坡,可求得所能克服的最大坡度角的正弦值为

$$\sin\alpha_{max} = \frac{F_t - (F_f + F_w)}{G} \tag{2-47}$$

对于高速挡,式(2-47)中 $F_f = Gf\cos\alpha_{max}$ 可近似表示为 $F_f \approx Gf$,直接解出 α_{max} 值。对于低速挡,由于 α_{max} 较大,需用三角方程来解出 α_{max} 值。由式(2-47)可得出

$$\sin\alpha_{max} = D - f\cos\alpha_{max} \tag{2-48}$$

或

$$\sin\alpha_{max} = \frac{P_t - (P_f + P_w)}{Gv_a} \tag{2-49}$$

四、最高车速和传动系统最小传动比的确定

传动系统最小传动比是由最高车速要求所决定的。当驱动功率和克服行驶阻力所需功率相等时,该点车速即为最高车速。一般最高车速是在平直良好道路上测得的,所以达到最高车速时,功率平衡方程式为 $P_t = (P_f + P_w)$。对于轿车,最高车速经常设计在发动机的最大功率点附近,设计方案一般有三种,如图 2-54 所示。

(1) $v_{a\,max}$ 设计——最高车速(即阻力功率曲线与驱动功率曲线的交点)对应于发动机的最大功率点的转速 $n(P_{e\,max})$。

这种设计方案的优点是能利用发动机发出的最大功率,达到理论最高车速。其缺点是在接近 $v_{a\,max}$ 的车速范围内,后备功率较小,加速、爬坡和抗逆风的能力不足。

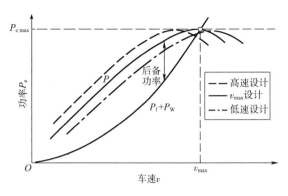

图 2-54　不同的最小转传动比设计

(2) 高速设计——最高车速对应的发动机转速高于 $n(P_{e\,max})$。

这种设计方案常用于带 4 挡变速器的轿车。其优点是有较大的后备功率。缺点是达不到理论最高车速;而且当以 $v_{a\,max}$ 行驶时,因发动机转速过高,造成发动机的噪声、磨损和油耗都过高。

(3) 低速设计——最高车速时对应的发动机转速低于 $n(P_{e\,max})$。

这种设计一般用于带 5 挡变速器的轿车。这类轿车的 5 挡是超速挡(又称节能挡,也称高速公路挡)。其优点是车辆以 $v_{a\,max}$ 行驶时,发动机转速较低;同时由于发动机负荷率较高,油耗下降。缺点是达不到理论最高车速;同时后备功率比前两种设计都小。

一般 4 挡变速器中,4 挡的传动比等于 1(此时,传动系统传动比等于主减器传动比),作为直接挡。如果把该挡按高速设计或 $v_{a\,max}$ 设计;而再增加 5 挡(变速器传动比小于 1),按低速设计,作为超速挡(图 2-55),就可充分利用这些设计的优点。由图 2-55 可见,4 挡和 5 挡的最高车速可能相等,甚至 5 挡的最高车速还可能略低于 4 挡。采用这种方案,车辆在以 $v_{a\,max}$ 速度行驶时,既经济、噪声和磨损又低,且又有一定的后备功率。

所谓超速挡只是指变速器传动比小于 1,输出轴转速高于输入轴而言,而不是其对应的最高车速一定高于直接挡的最高车速。

在装用柴油机的车辆上,最高车速是由发动机转速限制器决定的,参见图 2-56。

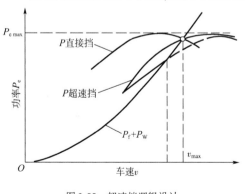

图 2-55　超速挡逻辑设计

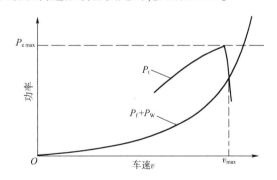

图 2-56　柴油机转速限制器决定的最高车速

第四节　汽车行驶附着条件

动力性能分析是从汽车驱动能力出发的,只要驱动轮上的驱动力足以克服行驶阻力就能加速、爬坡。但在轮胎接地区域内所能传递的切向力不是无限制的,而是受附着力的制约。车轮驱动力超过附着力,车轮就会产生完全滑转。因此,驱动力只能等于或小于附着力,这就是行驶附着条件。

关于附着力将在第四章汽车行驶安全性中详细讨论,这里只作简单介绍。

附着力的计算式为

$$F_\varphi = F_z \varphi \tag{2-50}$$

式中:F_z——车轮上的法向反力;
  φ——附着系数。

各种路面的 φ 值可按第四章表4-1查取。新铺装的水泥、沥青路面 φ 值高达 0.8~1,而结冰路面 φ 值仅为 0.1~0.25。

一、车轮法向反力

1. 静态法向反力

前轴、后轴的静态法向反力分别为

$$F_{z10} = G \frac{l_2}{l} \frac{dv}{dt}$$
$$F_{z20} = G \frac{l_1}{l} \frac{dv}{dt} \tag{2-51}$$

式中:G——汽车重力;
  l——轴距;
  l_1, l_2——汽车质心到前后轴的距离(图2-57)。

2. 惯性力引起的法向反力

如图2-58所示,前轴、后轴惯性力引起的法向反力分别为

$$F_{z1d} = -m \frac{h_g}{l} \frac{dv}{dt}$$
$$F_{z2d} = m \frac{h_g}{l} \frac{dv}{dt} \tag{2-52}$$

式中:h_g——汽车质心高度。

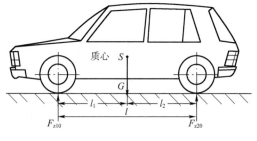

图2-57 静态法向反力

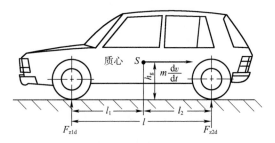

图2-58 惯性力引起的反力

显然,$F_{z1d} + F_{z2d} = 0$。

3. 空气阻力引起的法向反力

空气阻力使后轴载荷增加,而前轴载荷减少。如图2-59所示,由空气阻力引起的前轴、

后轴法向反力分别为

$$F_{z1w} = -F_w \frac{h_w}{l}$$

$$F_{z2w} = F_w \frac{h_w}{l}$$

(2-53)

式中：h_w——空气阻力合力作用点离地高度（一般被视为与汽车质心高度相等）。

4. 空气升力引起的法向反力

轿车高速行驶时，迎面气流的作用会引起其前后轴上的法向反力发生变化。正的升力使车轮的地面法向反力减小，负的升力使车轮的地面法向反力增加，如图 2-60 所示。升力引起的前轴、后轴法向反力分别为

$$F_{z1s} = -F_{1s}$$

$$F_{z2s} = -F_{2s}$$

(2-54)

式中：F_{1s}、F_{2s}——前轴和后轴上的升力。

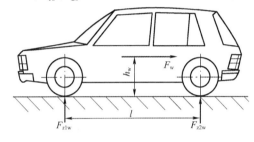

图 2-59 空气阻力引起的地面法向反力

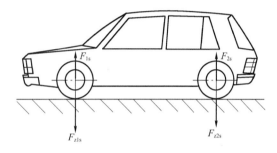

图 2-60 升力引起的反力

综上所述，汽车行驶中，前轴、后轴的地面法向反力分别为

$$F_{z1} = G\frac{l_2}{l} - m\frac{h_g}{l}\frac{dv}{dt} - F_w\frac{h_w}{l} - F_{1s}$$

$$F_{z2} = G\frac{l_1}{l} + m\frac{h_g}{l}\frac{dv}{dt} + F_w\frac{h_w}{l} - F_{2s}$$

(2-55)

二、附着条件限制的加速能力

这里只需讨论低速挡的加速能力限制问题。因为这时车轮切向力比较大，而低速挡对应的车速较低，所以空气阻力和升力影响可忽略。

图 2-61 所示是一辆前轮驱动的轿车。驱动轮与路面间的切向作用力为

$$F_{x1} = F_{f2} + m\frac{dv}{dt} \quad (2-56)$$

由于驱动轮、传动系统以及发动机等部件的旋转惯性力矩已经由驱动力矩克服，所以只有非驱动轮惯性力矩引起的加速阻力反映到 F_{x1} 中来（如同 F_{f2} 一样），而其平移质量惯性力相对很小，可忽略不计。

驱动轮的驱动力 F_{x1} 的极限值计算式为

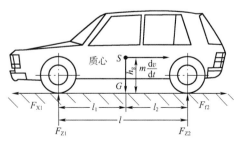

图 2-61 前驱动车辆加速行驶时受力

$$F_{x1} = \varphi F_{z1}$$

(2-57)

式中：F_{z1}——前驱动轮与路面间的法向反力；
φ——附着系数。

由图2-61可知

$$F_{z1} = G\frac{l_2}{l} - m\frac{h_g}{l}\frac{dv}{dt} \tag{2-58}$$

所以，$\left(G\dfrac{l_2}{l} - m\dfrac{h_g}{l}\dfrac{dv}{dt}\right)\varphi = F_{f2} + m\dfrac{dv}{dt}$，而 $F_{f2} = \left(G\dfrac{l_1}{l} + m\dfrac{h_g}{l}\dfrac{dv}{dt}\right)$，即可解出附着条件限制的加速度为

$$\frac{dv}{dt} = \frac{-fl_1 + \varphi l_2}{l + (\varphi + f)h_g}g \tag{2-59}$$

同理，对于后轮驱动车辆附着条件限制的加速度为

$$\frac{dv}{dt} = \frac{-fl_2 + \varphi l_1}{l - (\varphi + f)h_g}g \tag{2-60}$$

对于全轮驱动车辆，如果 $\dfrac{F_{x1}}{F_{z1}} = \dfrac{F_{x2}}{F_{z2}}$，则有

$$\frac{dv}{dt} = \varphi g \tag{2-61}$$

三、附着条件限制的上坡能力

汽车爬陡坡时车速较慢，且保持不变，因此空气阻力和升力的影响可以忽略，图2-62所示为前轮驱动的轿车上坡受力情况。

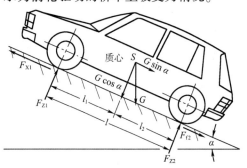

图2-62 前轮驱动轿车上坡受力

比较图2-61和图2-62，可见 $\dfrac{dv}{dt}$ 对应于 $g\sin\alpha$；g 对应于 $g\cos\alpha$（即 $m\dfrac{dv}{dt}$ 对应于 $G\sin\alpha$，G 对应于 $G\cos\alpha$）。由此可得出

$$g\sin\alpha = \frac{-fl_1 + \varphi l_2}{l + (\varphi + f)h_g}g\cos\alpha \tag{2-62}$$

这样，附着条件限制下的最大爬坡度为

$$i = \tan\alpha = \frac{-fl_1 + \varphi l_2}{l + (\varphi + f)h_g} \tag{2-63}$$

同理，对应后驱动车辆，可求出

$$i = \tan\alpha = \frac{-fl_2 + \varphi l_1}{l - (\varphi + f)h_g} \tag{2-64}$$

对于全轮驱动车辆，如果 $\dfrac{F_{x1}}{F_{z1}} = \dfrac{F_{x2}}{F_{z2}}$，则有

$$i = \tan\alpha = \varphi \tag{2-65}$$

四、汽车驱动系统布置和行驶条件

1. 轿车

与良好道路相比，结冰道路上附着条件使汽车加速和上坡能力受到的限制要严重得多

(其他 φ 值小的路况亦是如此)。这时,由于 $f_R \leq \varphi \leq 1$,所以,对于前驱轿车可近似取附着条件限制的坡度角正切值为

$$i = \tan\alpha \approx \varphi \frac{l_1}{l} = \varphi \frac{F_{z2}}{G} \tag{2-66}$$

可见对于单轴驱动的双轴车辆,附着条件限制的加速和上坡能力与汽车质心的纵向位置有关。

如令牵引系数为

$$\tau = \frac{\text{驱动轮静态反力}}{\text{汽车重力}} = \frac{F_{z1}(F_{z2})}{G} \tag{2-67}$$

则可写出在结冰道路上的附着条件限制的坡度为

$$i = \tan\alpha \approx \varphi \frac{l_1}{l} = \varphi \frac{F_{z2}}{G} \tag{2-68}$$

牵引系数 τ 与驱动系统布置(前置或后置发动机)有关,又与质量的轴间分配有关。总之,τ 取决于车辆的结构形式。图 2-63 给出了欧洲大多数发动机的前置前轮驱动(简称前置前驱动)、发动机前置后轮驱动(又称标准型驱动)和发动机后置后轮驱动(简称后置后驱动)轿车的 τ 值与车辆载荷情况的关系。

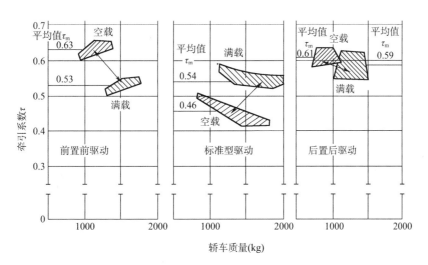

图 2-63 各种驱动方式轿车的牵引系数分布

前置前驱动汽车,空载(只有驾驶人)的 τ_m 值(平均值)为 0.63,比较理想;满载后 τ_m 值下降到 0.53。

标准型驱动汽车,空载时 τ_m 值的影响很小,后驱动汽车空载和满载的 τ_m 值都比较理想,在 0.6 左右。一般轿车的 $\tau_{min} = 0.42$, $\tau_{max} = 0.65$。

2. 载货汽车和大型客车

在载货汽车和大客车的驱动系统布置中,前置前驱动主要用于轻型货车和旅行车;后置后驱动主要用于大型客车,也用于一些轻型载货汽车和旅行车;标准型驱动广泛用于中型和重型载货汽车。

载荷变化对 τ 值的影响与驱动系统布置有关。发动机前置后驱动的载货汽车或大客车,空载和满载的 τ 值相差很大,发动机后置后驱动的大客车载荷变化对 τ 值影响很小。

拖带挂车后 τ 值大幅度下降,所以汽车列车或铰接式大客车受附着条件限制比较严重。

第五节　汽车动力性试验

一、道路试验

道路试验通常在水泥或沥青路面的干燥、清洁和平直路段上进行,要求路面坡度 $i \leqslant 0.1\%$,气温为 $-10 \sim 40℃$,风速不大于 $3\mathrm{m/s}$。

1. 测定最高车速 v_{amax}

通过测定汽车达到最高车速后行驶至少 200m 距离路段的时间,可求得 v_{amax}。

2. 测定加速能力

原地起步的加速性能,指低挡起步,按最佳换挡时刻逐次换到高挡,节气门全开,全力加速到 $0.8v_{\mathrm{amax}}$ 的时间和距离。或原地起步加速到某一车速(如 100km/h)或驶过某一距离(如 400m)所需的时间。

超车和加速能力,指用直接挡由 40km/h 全力加速行驶到 $0.8v_{\mathrm{amax}}$ 的时间或距离。

3. 测定上坡能力

上坡能力应在一组长度不小于 25m 的坡道上进行试验。考虑到测试坡度不一定满足被测车辆的最大爬坡度要求,实际试验中,可采用改变载荷或挡位的方式测试,再进行折算。

$$\sin\alpha = \sin\alpha' \frac{m' i_k}{m i'_k} \tag{2-69}$$

式中:α——折算出的汽车最大坡度角;

　　　α'——试验时的实际最大坡度角;

　　　m——汽车满载总质量;

　　　m'——试验时的实际总质量;

　　　i_k——I 挡传动比;

　　　i'_k——试验时的实际挡位传动比。

4. 滚动阻力测定

用滑行试验法测定低速滚动阻力。试验时,将车辆稳定在某一车速后,切换为空挡,滑行至停车,由记录数据求得 $\dfrac{\mathrm{d}v}{\mathrm{d}t}$ 值,即

$$F_f + F_w = m\frac{\mathrm{d}v}{\mathrm{d}t} - \frac{T_r}{r_d} \tag{2-70}$$

式中:T_r——传动系加于驱动轮的摩擦阻力矩(可在室内试验台上测得)。

由于车速较低,可认为 $F_w \approx 0$,因此可用上式求得低速滚动阻力。

道路试验通常使用五轮仪来记录行程、车速和时间,汽车每行驶 1cm,电感式传感器发出一个脉冲信号,时间信号间隔为 36ms。五轮仪的数字电子装置框图如图 2-64 所示。

五轮仪采用接触式测量方法,第五轮的滑动、跳动和轮胎气压的变化都会产生误差。非接触式车速测量仪的距离传感部件是一个空间滤波器,用吸盘吸附在车身上,如

图 2-65 所示。投光器中的灯泡射出的光束在路面上形成反射斑纹。通过受光器的物镜在受射光元件上成像,受射光元件的设计和布置使得只有一定间隔(毫米级)的反射斑纹可产生电信号,进入数字电子装置。

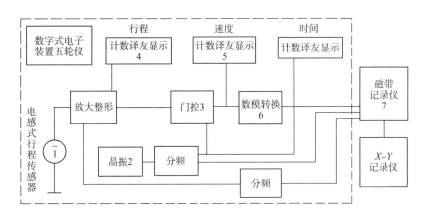

图 2-64　五轮仪的数字电子装置框图

受光器光学系统设计的特点是焦点深度较大,所以物镜和地面之间距离即使变化 ±10cm,对测量精度的影响也不到 ±0.1%。

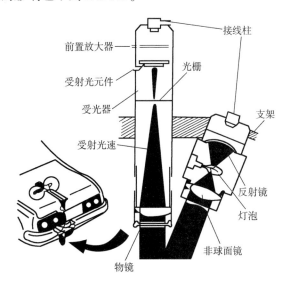

图 2-65　非接触式车速测定仪

二、室内试验

转鼓试验台是室内试验中一项基本试验设备,其原理如图 2-66 所示。

转鼓轴端装有液力或电子测功器,测功器能产生一定阻力矩,以调节转鼓转速,控制汽车驱动轮的转速。汽车驱动轮施加在转鼓上的转矩由测力装置求出:

$$T = FL \tag{2-71}$$

式中:L——测功器外壳测力臂长;

　　　F——测力臂上拉力。

此外,由固定汽车的缆索上的拉力表测得挂钩拉力 F_d,$F_d = F_x$。

由驱动轮力矩平衡得

$$T_t = F_x r_d + T_R \tag{2-72}$$

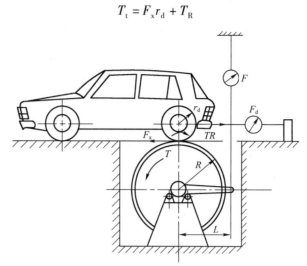

图 2-66 转鼓试验台

由转鼓力矩平衡得 $T = F_x R - T_R$，则驱动力为

$$F_t = \frac{T_t}{r_d} = \frac{F_d(r_d + R) - FL}{r_d} \tag{2-73}$$

测出各种车速下节气门全开时的 F_d 和 F 值，即可得到汽车的驱动力—车速曲线图。

为了进行油耗和排气污染的测试，在转鼓试验台上还可增加模拟系统。

传动系统效率试验台的原理如图 2-67 所示。两个被试变速器 4 和齿轮箱 3、传动轴 2 构成封闭系统。由液力缸 1 向系统加载，在转矩传感器 5 上测出变速器输入轴转矩 T。由电力测功器驱动封闭系统，提供的转矩为 T_1。作为对比，把变速器拆下，换上一根传动轴，这时电力测功器提供的转矩为 T_2。$(T_1 - T_2)$ 即为两个变速器克服传动损失所需转矩。由此可求得效率为

$$\eta_t = \sqrt{\frac{T - (T_1 - T_2)}{T}} \tag{2-74}$$

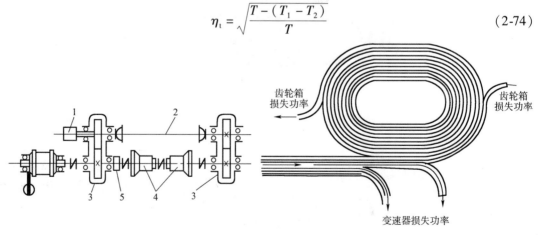

图 2-67 传动系统效率试验台
1-液力缸；2-传动轴；3-齿轮箱；4-变速器；5-转矩传感器

轮胎试验台的简图如图 2-68 所示。车轮由电力测功器驱动，转矩为 T_t，转鼓测功器的转矩为 T_d，滚动阻力为

$$F_f = \frac{T_t R - T_d r_d}{W r_d (R + r_d)} \qquad (2\text{-}75)$$

式中：r_d——轮胎动态半径；

R——转鼓半径；

W——轴载荷。

也有的把轮胎试验台和转鼓试验台结合起来，这样可以节省一套昂贵的转鼓设备。

试验风洞是测量空气阻力系数的必要设施，分为模型风洞和整车风洞。

模型风洞试验时，必须保持与汽车实际行驶几何相似和空气动力学相似，后者就要求两者的雷诺数 Re 相等，即

$$Re = \frac{v_a l_a \rho_a}{\mu_a} = \frac{v_m l_m \rho_m}{\mu_m} \qquad (2\text{-}76)$$

图 2-68　轮胎试验台

式中：v_a、v_m——汽车速度和风洞中气流速度；

　　　l_a、l_m——汽车和模型长度；

　　　ρ_a、ρ_m——大气和风洞中空气密度；

　　　μ_a、μ_m——大气和风洞中空气黏滞系数 $\left(\dfrac{v_a}{v_m} = \dfrac{l_m}{l_a}\right)$。

实际上：$\rho_a = \rho_m$，$\mu_a = \mu_m$，所以空气动力学相似条件归结为 $\dfrac{v_a}{v_m} = \dfrac{l_m}{l_a}$。即模型缩小多少倍，风洞中气流速度就要提高多少倍，这往往是难以做到的。风速提高，风洞功率就必须加大。过高的风速甚至可能改变气流流动性质。

几何相似对于汽车模型中的许多部分，特别是汽车的底部难以实现，而这些都会带来很大误差。另外，内部阻力的模拟也十分困难。

模型尺寸又受到风洞尺寸的限制，一般模型横截面积与风洞试验段横截面积的比值不超过5%，所以模型风洞测出的空气阻力系数往往比整车风洞要小。模型风洞多用于汽车造型阶段的多方案比较和重型货车、大客车的空气动力学试验。

轿车空气动力学性能大部分采用整车风洞试验，图 2-69 所示为回流式整车风洞的简图。

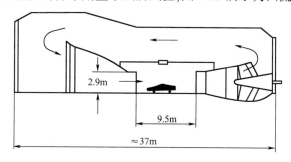

图 2-69　回流式整车风洞（功率 625kW，最大风速 145km/h）

汽车风洞试验的一个重要问题是地面效应。汽车实际行驶时，空气相对于路面是不动的。在路面上不会形成附面层。风洞试验时，模型车辆下面采用一块固定地板，其在气流作用下形成附面层；而且，越是向后附面层厚度越大，严重影响试验精度。为减少试验误差，除

了使模型离开地板一定距离外,还应采取一些简单易行的减薄附面层的措施。

 思考题

1. 简述汽车动力性及其评价指标。
2. 汽车行驶阻力是怎样形成的?
3. 影响滚动阻力系数的因素有哪些?
4. 沥青或水泥路面经使用后,滚动阻力系数增加而附着系数下降,请说明其原因。
5. 简述汽车旋转质量换算系数。
6. 简述汽车旋转质量换算系数的物理意义。
7. 汽车空气阻力由哪几部分组成?
8. 简述附着力和附着系数。
9. 影响附着系数的因素是什么?
10. 什么是道路阻力系数ψ? 请写出其表达式。
11. 什么是汽车的驱动力? 请写出其表达式。
12. 什么是汽车的加速阻力? 请写出其表达式。
13. 什么是发动机工况的稳定性?
14. 滚动阻力是如何产生的? 它是作用在汽车(轮胎)的切向力吗?
15. 简述迟滞损失。
16. 简述滚动阻力偶与滚动阻力系数的关系。
17. 能否在汽车受力分析图上画出滚动阻力? 为什么?
18. 用受力图分析汽车从动轮在平路加速或减速行驶时的受力情况,并推导切向力方程式。
19. 用受力图分析汽车驱动轮在平路加速或减速行驶时的受力情况,并推导切向力方程式。
20. 作用在汽车上的是滚动阻力偶矩,但是在汽车行驶方程式中出现的却是滚动阻力,请论述之。
21. 从理论力学力系(力偶矩)平衡和汽车工程两个角度,分析汽车行驶方程式中各项的意义和使用(适用)条件。
22. 分析驱动—附着条件公式的地面法向反作用力与道路条件的关系。
23. 利用驱动—附着条件原理分析不同汽车驱动形式的适用条件。
24. 简述汽车旋转质量换算系数及加速阻力的力学和工程意义。
25. 叙述地面法向力的合力偏离轮胎与地面接触印迹中心的原因。
26. 请说明汽车最高车速与汽车实际行驶中遇到的最高车速是否一致,为什么?
27. 汽车用户说明书上给出的最高车速是如何确定的?
28. 驱动力F_t是否为真正作用在汽车上驱动汽车前进的(反)作用力,请说明理由。
29. 如何确定汽车样车的最高车速? 在汽车设计和改装车设计阶段如何确定汽车最高车速?
30. 用作图法或数值计算法确定的汽车最高车速是一个固定值,而汽车(例如样车)的最高车速却是一个平均值,为什么?

31. 画出汽车的驱动力图。
32. 画出汽车加速上坡时的整车受力分析图。
33. 简述汽车的驱动—附着条件,请写出其表达式。
34. 用隔离方法分析汽车加速行驶时从动轮的受力分析图,并列出平衡方程。
35. 用隔离方法分析汽车加速行驶时主动轮的受力分析图,并列出平衡方程。
36. 用隔离方法分析汽车加速行驶时整车的受力分析图,并列出平衡方程。
37. 列出作用于汽车整车上的力和力矩方程,并与汽车行驶方程式进行比较。
38. 写出用汽车结构参数和使用参数表达的汽车行驶方程式。
39. 写出用汽车结构参数和使用参数表达的汽车等速行驶方程式。
40. 写出用汽车结构参数和使用参数表达的汽车在平路上等速行驶的行驶方程式。
41. 已知某汽车的总质量 $m=4600\text{kg}$,$C_D=0.75$,$A=4\text{m}^2$,旋转质量换算系数 $\delta_1=0.03$,$\delta_2=0.03$,$i_k=6.5$,坡度角 $\alpha=5°$,滚动阻力系数 $f=0.015$,传动系统效率 $\eta_t=0.85$,加速度 $dv/dt=0.2\text{m/s}^2$,$v_a=30\text{km/h}$,此时克服各种阻力功率需要的发动机输出功率是多少?
42. 试用驱动力—行驶阻力平衡图分析汽车的最高车速 $v_{a\,\max}$。
43. 试用驱动力—行驶阻力平衡图分析汽车的最大爬坡度 $i_{\max}$。
44. 试用驱动力—行驶阻力平衡图分析汽车的最大加速度 $dv/dt_{\max}$。
45. 简述汽车动力因数。
46. 简述汽车动力特性。
47. 试用汽车的动力特性图来分析汽车的动力性能。
48. 写出汽车的后备功率的表达式并解释之。
49. 汽车的后备功率对汽车的动力性和燃料经济性有何影响?
50. 分析变速器传动比 i_g 和挡位数对汽车动力性的影响?
51. 分析主传动器传动比 i 对汽车动力性的影响?
52. 分析汽车重力 G 对汽车动力性的影响?
53. 说明驱动力 F_t 与切向反作用力 F_X 之间的关系,在什么条件下,可以认为 $F_t \approx F_X$?
54. 汽车等速下坡行驶条件下,作用在汽车上的哪些力是驱动汽车前进的力?
55. 说明小排量轿车、豪华轿车、商用车(载货汽车、大客车)、越野汽车采取何种驱动形式,并说明原因。
56. 试用汽车的牵引平衡或者动力特性分析汽车动力性。
57. 汽车的驱动—附着条件为 $F_f + F_w + F_i \leq F_t \leq F_\varphi$,其中 $F_\varphi = \varphi F_z$。已知汽车(转弯或侧偏)行驶过程中驱动轴的左右车轮的地面法向反作用力分别为 F_{zl} 和 F_{zr},且 $F_{zl} < F_{zr}$,此时公式 $F_{t\max}(v) = \varphi(F_{zl} + F_{zr})$ 是否成立,并说明原因。
58. 与汽车等速行驶相比,汽车加速时前轮地面法向载荷(　　)。
　　A. 不变　　　　　B. 增加　　　　　C. 减少
59. 与汽车等速行驶相比,汽车加速时后轮地面法向载荷(　　)。
　　A. 不变　　　　　B. 增加　　　　　C. 减少

第三章 汽车使用经济性

汽车使用经济性,是指汽车完成单位运输量所支付的最少费用的一种使用性能,是评价汽车营运经济效果的综合性指标。

根据大量数据表明,我国汽车使用成本中,汽车燃料费以及维修费用占总成本50%以上,按每年总行程2万km且百公里油耗9L计算,仅燃料费一项就占40%以上,是汽车使用成本中的主要部分。另外,润滑材料、轮胎等运行材料的使用情况也会对汽车的使用经济性产生较大影响。

第一节 汽车燃料经济性

节约燃料就意味着汽车使用成本的降低、经济效益的提高,因此研究汽车燃料经济性对汽车节能的意义重大,当前世界多数国家都把降低汽车燃料消耗作为一项基本政策,也已经成为汽车制造业和交通运输业的一项重要课题。

一、汽车燃料经济性的评价指标

汽车燃料经济性是在保证汽车动力性的基础上,以尽可能少的燃料消耗行驶的能力。汽车发动机燃料经济性通常用有效燃料消耗率 g_e 或有效效率 η_e 评价,但它们均不能反映发动机在汽车上的实际功率利用情况及行驶条件的影响,因此它们不能直接用于评价汽车的燃料经济性。

为了评价汽车的燃料经济性,通常用一定运行工况下单位行程的燃料消耗量(单位:L/100km)或单位运输工作的燃料消耗量[单位:L/(100t·km)、L/(kp·km)]作为评价指标。前者用于比较相同容量汽车的燃料经济性,也可用于分析不同总成(如发动机、传动系统等)装在同一类型汽车上对汽车燃料经济性的影响,后者常用于比较和评价不同容载量汽车的燃料经济性。

汽车燃料经济性也可用汽车消耗单位量燃料所经过的行程 km/L 作为评价指标,称为汽车经济性因数。例如,美国采用每加仑燃料能行驶的英里数,即 MPG 或 mile/USgal。其数值越大,汽车燃料经济性越好。

由于汽车在使用过程中的载荷和道路条件对汽车燃料的消耗影响很大,也可采用燃料消耗量 Q(单位:L/100km)与有效载荷 $\dfrac{T_T}{T_P}=1$(单位:t)之间的关系曲线,评价在不同道路条件下汽车燃料经济性,称为平均燃料运行消耗特性。

另外,对在用汽车燃料经济性评价也可以采用等速驱动比油耗,它是在美国 UDDS 循环测试规范下,在大量论证的基础上,把多工况与等速油耗按照一定加权比例合成一个综合平均油耗指标,从而使数值更接近车辆的实际运行状态。

二、汽车燃料经济性试验方法

汽车燃料经济性试验方法可以根据对各种使用因素的控制程度,分为不加以控制的路上试验、控制的道路试验、道路循环试验(包括等油耗、加速、制动油耗等)、在汽车底盘测功机(转鼓试验台)上的循环试验。表3-1列出了影响汽车燃料经济性的使用因素。

影响汽车燃料经济性的使用因素　　　　　表3-1

行驶道路	城市道路、市郊道路、农村道路、一般公路、高速公路
交通情况	道路上行人、车辆等交通流构成及车辆密集程度
驾驶习惯	平均车速、加速度及制动减速度情况、驾驶人心理状况和熟练程度
周围环境	气温、气压、风、雾、雨、雪等
车辆情况	汽车技术状况、装载情况及维修水平

对表3-1所列的各个因素都不加以控制的试验,称为"不控制的道路试验"。在试验规程中,对被试车辆的维护、调整规范及所用燃料、润滑材料的规格都有明确的规定。由于各种使用因素的随机变化,要获得分散度很小的数据较难。为此,必须用相当数量的汽车(车队)进行运行里程为10000~16000km的道路试验,方能获得可信度较高的统计数据。由此可见,这种试验反映了车辆类型、道路条件、交通量、装载情况以及气象条件等因素对汽车燃料消耗的影响。它可用于全面评价汽车使用燃料经济性,是一种非常接近实际道路情况的试验。但这种试验持续时间很长,试验费用巨大,一般不被采用。

过去我国汽车运输企业采用的"使用油耗试验"就是一种"不控制的道路试验"。即在某地区的某汽车运输部门中,把试验车辆投入实际使用,在运行中认真记录汽车行驶里程与油耗量,最后确定平均油耗量。这种试验结果能较好地反映车队的实际油耗情况,但难以真正保证测量结果的准确度,同时也要浪费很多时间。因此,它适合车型单一的运输企业使用。

在道路试验中测量油耗时,若维持表3-1中的一个或几个因素不变,则称作"控制的道路试验"。例如,我国海南汽车试验场的汽车质量检查试验规定,应在一般路面、恶劣路面和山区道路上测量汽车百公里油耗,并对一些试验路线做了明确的规定。如指定在海口市秀英港以南,海榆中线3km处入口、9km处出口,一条通往石山乡、全长18km的便道为试车的恶劣路面;海榆中线北起毛阳南至通什,总长25km的山道为试车的山区公路;而对一般路面,则仅指海南岛上较好的平原公路,未明确规定路段。这就是一种"控制的道路试验"。

汽车完全按规定的车速—时间规范进行的道路试验方法被称为"道路循环试验"。试验规范中规定了换挡时刻、制动时间、速度、加速度、制动减速度等数值。等速行驶油耗试验和怠速油耗试验是这类试验中两种最简单的循环试验方法。

等速百公里油耗是汽车在平直良好路面上以等速行驶时的油耗为等速百公里油耗。所谓等速还要计入以不同车速等速行驶的情况。不同车速的等速行驶,百公里油耗是不同的。

等速行驶百公里油耗试验是一种在我国广泛采用的最简单的道路循环试验。试验规范规定,试验在纵坡不大于0.3%的混凝土或沥青道路,要求路面干燥、平坦、清洁、测量路段长度为500m,两端可方便地使汽车掉头。气温为0~35℃,气压为740~770mmHg,相对湿度为50%~95%,风速小于3m/s。汽车技术状况良好,试验前,汽车必须充分预热,使发动机冷却液温度达到 80～90℃，变速器和驱动桥的润滑油温度不低于 50℃。试验时，汽车用最高挡等速行驶，从车速 20km/h 开始，以车速 10km/h 的整倍数行驶，直至该挡位最高车速的 80%，至少测定 5 个车速的数据点。通过 500m 测量段，测定耗油量和时间，每种车速往返试验各两次，两次试验之间的时间间隔（包括使车速达到预定的稳定车速所需的测试预备时间）应尽可能地缩短，以保持稳定的汽车总成热状况。往返共四次试验结果的油耗量差值不应超过 ±5%，取四次试验结果的平均值作为等速行驶的耗油量。其中某一车速的油耗是最低的，该车速即称为经济车速。

等速油耗与实际行驶情况有很大差别，等速行驶燃料经济性不能全面评价汽车运行燃料经济性，只能作为一种相对比较性的指标。因为等速燃料经济性试验缺乏有关动力性要求的检验指标，容易造成试验汽车的动力性要求与燃料经济性匹配不合理的现象。此外，等速行驶燃料经济性不能反映汽车实际行驶过程中频繁出现的加速、减速等非稳定行驶工况，目前一般都采用循环油耗来评定汽车的燃料经济性。循环油耗是指在一段指定的典型路段内汽车以设定的不同工况行驶时的油耗，至少规定等速、加速和减速三种工况，更复杂一些的还要计入冷起动和怠速等多种工况，然后折算成百公里油耗。

我国针对载货汽车、城市公共汽车和乘用车提出了相应的燃料经济性试验规范。载货汽车六工况循环试验、城市公共客车四工况循环试验参数（GB/T 12545.2—2001《商用车辆燃料消耗量试验方法》）方法见表 3-2、表 3-3 和图 3-1、图 3-2。试验过程是，用仪器记录行程—车速—时间曲线，检查试验参数。在每个试验单元中，车辆速度偏差应小于 ±3.0km/h，其他工况速度偏差 ±1.5km/h，要求控制六工况的总行驶误差小于 ±1.5s。完成一个单元试验后，尽可能迅速地掉头，从相反方向重复试验。累计进行四个单元试验，将此六工况循环或四工况循环的累计耗油量折算成算术平均百公里耗油量测定值。

《乘用车城市底盘测功机试验运转循环方法》（GB/T 19233—2008）、《轻型汽车燃料消耗量试验方法》（GB/T 18285—2008），见表 3-4 和图 3-3。距离测量准确度应为 0.3%，时间测量的准确度为 0.2s，燃料测量精度为 ±2%，燃料测量装置的进出口压力和温度变化不得超出 10% 和 ±5℃，环境温度应为 5～35℃，大气压力应为 91～104kPa。

六工况循环试验参数表 表 3-2

工况	行程(m)	时间(s)	累计行程(m)	车速(km/h)	加速度(m/s²)
1	125	11.3	125	40	—
2	175	14.0	300	40～50	0.2
3	250	18.0	550	50	—
4	250	16.3	800	50～60	0.17
5	250	15.0	1050	60	—
6	300	21.6	1350	60～40	0.26

城市客车和双层客车四工况循环试验参数 表 3-3

工况序号	运转状态(km/h)	行程(m)	累积行程(m)	变速器挡位及换挡车速(km/h)	
				挡位	换挡车速
1	0～25 换挡加速	5.5	5.5	Ⅱ～Ⅲ	6～8
		24.5	30	Ⅲ～Ⅳ	13～15

续上表

工况序号	运转状态(km/h)	行程(m)	累积行程(m)	变速器挡位及换挡车速(km/h)	
				挡位	换挡车速
1	0~25 换挡加速	50	80	Ⅳ~Ⅴ	19~21
		70	150	Ⅴ	
2	25	120	270	Ⅴ	
3	(30)25~40	160	430	Ⅴ	
4	减速行驶	270	700	空挡	

注:1. 对于5挡以上变速器采用Ⅱ挡起步,按表中规定循环试验;对于4挡变速器Ⅰ挡起步,将Ⅳ挡代替表中Ⅴ挡,其他依次代替,按表中规定试验循环进行。
2. 括号内数字适用于铰接式客车及双层客车。

道路循环试验

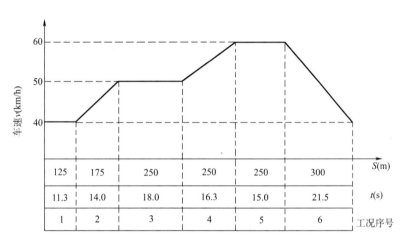

图3-1 六工况测试循环

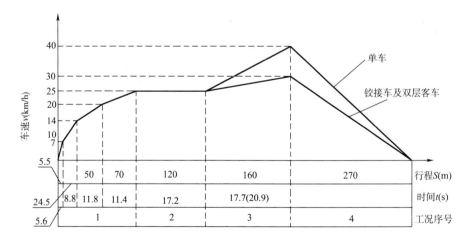

图3-2 城市客车和双层客车四工况测试循环

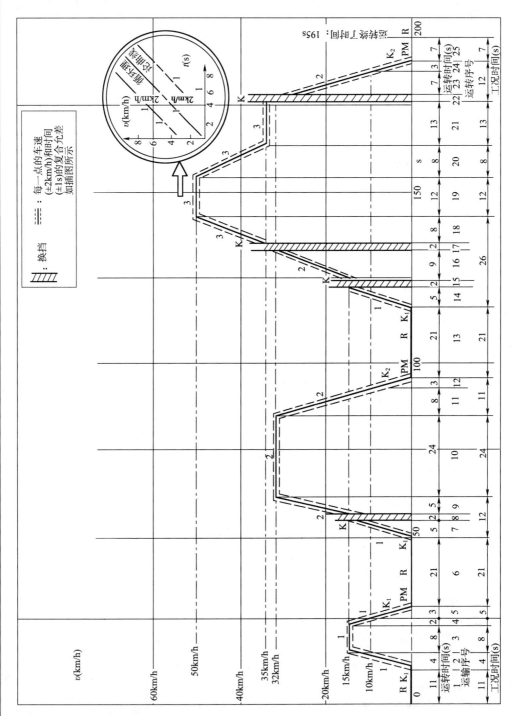

图3-3 乘用车十五工况循环试验规范
K-离合器脱开；K_1、K_2-离合器脱开，变速器在一挡或二挡；
1-一挡；2-二挡；3-三挡；PM-空挡；R-急速

乘用车十五工况循环试验参数表

表 3-4

工况	运行状态次序	加速度 (m/s²)	速度 (km/h)	每次时间 运转(s)	每次时间 工况(s)	累计时间 (s)	手动变速器使用挡位
1	1 怠速	—	—	11	11	11	6sPM+5sK₁
2	2 加速	1.04	0→15	4	4	15	1
3	3 等速	—	15	8	8	23	1
4	4 等速	-0.69	15→10	2	15	25	1
	5 减速,离合器分离	-0.92	10→0	3		28	K₁
5	6 怠速	—	—	21	21	49	16sPM+5sK₁
6	7 加速	0.83	0→15		12	54	1
	8 换挡			12		56	—
	9 加速	0.94	15→32			61	2
7	10 等速	—	32	24	24	85	2
8	11 减速	-0.75	32→10	8	11	93	2
	12 减速,离合器分离	-0.92	10→0	3		96	K₂
9	13 怠速	—	—	21	21	117	16sPM+5sK₁
10	14 怠速	0.83	0→15			122	1
	15 换挡					124	—
	16 加速	0.62	15→35	26	26	133	2
	17 换挡					135	—
	18 加速	0.62	35→50			143	3
11	19 等速		50	12	12	155	3
12	20 等速	0.52	50→35	8	8	163	3
13	21 等速	—	35	13	13	176	3
14	22 换挡					178	
	23 减速	-0.86	32→10	12	12	185	2
	24 减速,离合器分离	-0.92	10→0			188	K₂
15	怠速	—	—	7	7	195	7sPM

注:1. PM 指变速器在空挡,离合器接合。
2. K₁(或 K₂)指变速器挂 1 挡(或 2 挡),离合器分离。
3. 如车辆装备自动变速器,试车员可根据工况自行选择合适的挡位。

轻型汽车燃料消耗量试验方法是指汽车在模拟城市和市郊工况循环下,通过测定排放的 CO_2、CO 和 HC,用碳平衡法计算燃料消耗量的试验和计算方法。此方法适用于以点燃式发动机或压燃式发动机为动力,最大设计车速大于或等于 50km/h 的 M_1 类车辆,也可用于最大设计总质量不超过 3.5t 的 M_2 类和 N_1 类车辆。模拟市区和市郊行驶工况的试验循环,测量 CO_2、CO 和 HC 排放量(g/km)。测试时车辆的机械状态应良好,试验前车辆至少应行驶 3000km,且少于 15000km。应按制造商的规定调整发动机和车辆操纵件,特别注意急速设定(转速对排气中 CO 和 HC 含量影响较大)、冷起动装置和排气污染物排放控制系统的调整。试验时可检查进气系统的密封性,以避免额外进气影响雾化。试验前,车辆应置于温度保持为 20~30℃(293~303K)的室内进行处理。此处理期至少为 6h,直至发动机的润滑油和冷却液温度达到室温的 ±2K 范围内,车辆可在正常温度下行驶后 30h 内进行试验。

《中重型商用车辆燃料消耗量测量方法》(GB/T 27840—2011)规定的 C-WTVC 循环由市区、公路和高速工况组成,如图 3-4 所示。C-WTVC 循环的汽车运行工况参数见表 3-5。

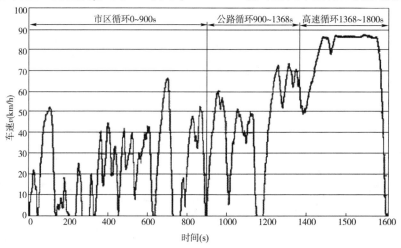

图 3-4　C-WTVC 循环

C-WTVC 循环数据统计特征　　　　　　　　表 3-5

工况	运行时间 (s)	急速时间 (s)	运行距离 (km)	最高车速 (km/h)	平均车速 (km/h)	最大加速度 (m/s²)	最大减速度 (m/s²)	里程比例 (%)
市区	900	150	5.730	66.2	22.895	0.917	1.033	27.94
公路	468	30	5.687	73.5	43.746	0.833	1.000	27.73
高速	432	6	9.093	87.8	75.772	0.389	0.967	44.33
C-WTVC	1800	186	20.510	87.8	40.997	0.917	1.033	100.00

美国汽车工程师学会(SAE)制定的 SAEJ10926 道路循环试验规范,主要包括四种不同测试循环:市区、城郊、州际 55 以及州际 70,见图 3-5 和表 3-6。

道路循环试验在一定程度上反映了汽车实际行驶工况。它具有数据重复性较好、使用仪器简单、花费时间少、消耗低等优点,所以使用这个方法的很多。

在汽车底盘测功机上进行汽车燃料经济性测试是汽车制造商和汽车检验认证机构常用的室内试验方法。这种试验能借助底盘测功机模拟汽车行驶阻力与加速时惯性阻力等道路上的行驶工况,所以可按照复杂的循环试验规范对汽车燃料经济性进行室内测试。若试验间的气温也能控制,则室内汽车测功机测试就能控制主要使用因素。

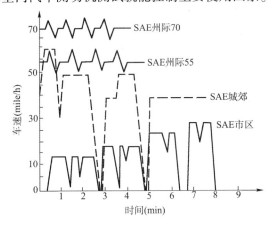

图 3-5 SAE 道路循环试验规范

SAE 道路行驶循环试验规范表　　表 3-6

行驶循环	市区	城郊	州际 55	州际 70
开始试验条件	热车	热车	热车	热车
试验地点	试验道	试验道	试验道	试验道
长度(m)	3219	8369	7564	7564
行驶时间(min)	7.7	7.6	5.1	4.0
平均车速(km/h)	24.9	66.1	89.0	113.5
最高车速(km/h)	48.2	96.6	96.6	120.7
最大加速度(m/s²)	2.1	2.1	0.3	0.3
定速时间(%)	58.3	75.2	61.8	51.5
加速时间(%)	11.3	11.3	19.1	24.3
减速时间(%)	17.4	10.5	19.1	24.2
怠速时间(%)	13.0	3.0	0.0	0.0
每英里停车次数	4.0	0.4	0.0	0.0

图 3-6 所示是美国环境保护署(EPA)执行的轻型汽车 FTP7-75 规范 LA-4CH 的速度—时间关系曲线。FTP7-75 规范 LA-4CH 是在 FTP7-72 规范 LA-4C 冷起动行驶循环工况(图 3-6a)上增加了一个热起动运行工况,而 FTP7-72 规范是通过对美国洛杉矶市早上上班的公共汽车的实际运行工况测量得到的。试验车在 15.6～30℃ 环境中停放 12h,按循环模型分三个阶段运行。第一阶段为冷起动过渡工况阶段(0～505s),第二阶段为稳定阶段(506～1372s)并在室温下间歇 600s,第三阶段为热起动过渡工况阶段(后 505s)。

用汽车底盘测功机测量汽车燃料消耗的优点是,室内试验可不受外界气候条件的限制;能控制试验条件,周围环境影响的修正系数可以减到最少;若能控制室温,则可对不同气温条件的汽车运行工况进行模拟试验;室内便于控制行驶状况,故能采用符合实际的复杂工况循环;可同时进行燃料经济性和排气污染的测试;能采用质量法、体积法及碳平衡法等多种油耗测量方法。

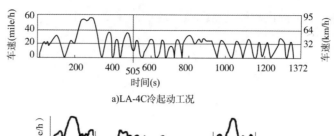

a) LA-4C冷起动工况

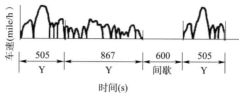

b) LA-4CH冷热起动工况

图 3-6 美国 LA-4CH 循环工况的速度—时间曲线

在汽车底盘测功机上测量汽车燃料消耗的方法尚需改进。例如,准确模拟道路滚动阻力和空气阻力较难;室内冷却风扇产生的冷却气流与道路行驶的实际情况存在着差异;难以准确地模拟出车辆的惯性阻力。

与其他方法相比,汽车底盘测功机测量燃料消耗的重复性好,能反映汽车实际行驶时复杂的交通情况,能采用多种测量油耗方法,还能同时测量汽车排放污染物浓度,所以这种方法日益受到重视。

三、汽车燃料经济性的计算方法

根据每小时燃料消耗量 $G_T(\text{kg/h})$,计算燃料消耗量 $Q_s(\text{L/100km})$ 为

$$Q_s = \frac{100gG_T}{v_a \gamma} \tag{3-1}$$

$$G_T = \frac{P_e g_e}{1000} \tag{3-2}$$

式中:v_a——车速,km/h;

γ——燃料重度,汽油可取 6.96~7.15N/L;柴油可取 7.94~8.13N/L;

P_e——发动机有效功率,kW;

g_e——发动机有效油耗率,g/(kW·h);

g——重力加速度,m/s²。

将式(3-2)代入式(3-1),可得

$$Q_s = \frac{P g_e}{1.02 v_a \gamma} \tag{3-3}$$

根据汽车功率平衡方程式:

$$P_e = \frac{1}{\eta_T}(P_r + P_i + P_w + P_j) \tag{3-4}$$

$$P_r = \frac{F_r v_a}{3600} = \frac{v_a}{3600} G f_r \cos\alpha \tag{3-5}$$

$$P_i = \frac{F_i v_a}{3600} = \frac{v_a}{3600} G \sin\alpha \tag{3-6}$$

$$P_\psi = \frac{Fv_a}{3600} = \frac{v_a}{3600}G(f_r\cos\alpha \pm \sin\alpha) \tag{3-7}$$

$$\psi = f_r\cos\alpha \pm \sin\alpha \tag{3-8}$$

当 α 较小时, $\cos\alpha \approx 1$, $i = \tan\alpha \approx \sin\alpha \approx \alpha$, 则

$$\psi = f_r \pm i \tag{3-9}$$

$$P_\psi = \frac{v_a}{3600}G\psi \tag{3-10}$$

$$P_w = \frac{F_w v_a}{3600} = \frac{C_D A v_a^3}{21.15 \times 3600}G\sin\alpha \tag{3-11}$$

$$P_j = \frac{F_j v_a}{3600} = \frac{\delta G v_a}{3600 g}\frac{dv}{dt} \tag{3-12}$$

则

$$P_e = \frac{v_a}{3600\eta_T}\left(G\psi + \frac{C_D A v_a^2}{21.15} + \frac{\delta G}{g}\frac{dv}{dt}\right) \tag{3-13}$$

将式(3-13)代入式(3-2),得汽车燃料消耗方程式为

$$Q_S = \frac{g_e}{3672\eta_T\gamma}\left(G\psi + \frac{C_D A v_a^2}{21.15} + \frac{\delta G}{g}\frac{dv}{dt}\right) \tag{3-14}$$

汽车燃料方程式表述了汽车燃料消耗量与影响因素(发动机燃料经济性、汽车结构参数、行驶条件等)的关系,也全面地反映了汽车燃料经济性的影响因素。

在汽车设计研发过程中,常要在试验样车制成前,根据发动机台架试验得到的油耗曲线与汽车功率平衡图,对汽车进行燃料经济性估算。其中,最简单和最基本工作就是估算汽车等速行驶的燃料消耗量。

图 3-7 所示为由发动机台架试验得到的某发动机使用负荷特性,由功率平衡图及负荷特性可找出汽车行驶时的发动机油耗。使用负荷特性给出了在发动机某一转速 n_e 时,不同有效功率 P_e(或负荷率)下的有效油耗率 g_e 曲线。

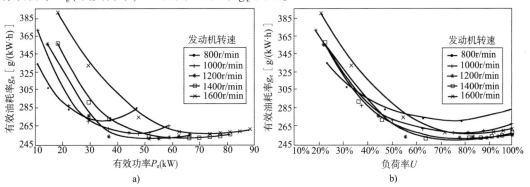

图 3-7 汽车发动机负荷特性

负荷率,是指在某一相同转速下节气门部分开启时发动机发出的功率与全开时(最大)功率之比,通常以百分数表示。

若汽车以 v_2' 等速在平直道路上行驶,发动机输出功率应等于汽车阻力功率 P',如图 3-8a) 所示。此时,发动机负荷率 U' 为

$$U' = \frac{P'}{P_S'} \times 100\% \tag{3-15}$$

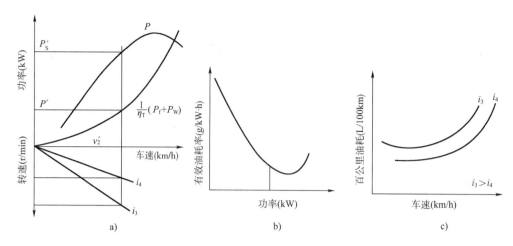

图 3-8　用功率平衡与负荷特性计算汽车等速百公里油耗

若对应车速 v_a' 的发动机转速为 n_e'，则根据 n_e' 和 U' 便能在负荷特性曲线上确定有效油耗率 g_e'，如图 3-8b) 所示。

$$P' = \frac{v_a'}{3600\eta_T}\left(G\psi + \frac{C_D A v_a'^2}{21.15} + \frac{\delta G}{g}\frac{dv}{dt}\right) \tag{3-16}$$

$$v_a' = 0.377\frac{n_e r}{i_k i_0} \tag{3-17}$$

式中：i_k——变速器相应挡位的传动比。

将 v_a'、P'、g_e' 和 γ 代入式(3-3)，就可求出速度 v_a' 时的汽车百公里油耗。

若每隔 10km/h 求出相应的百公里油耗，便可做出汽车等速百公里油耗曲线 Q_s—v_a。

按同样的步骤也可绘出汽车在有坡度 i 的道路上($\psi = f_r + i$)行驶时的等速油耗曲线，如图 3-8c) 所示。

由厂家提供的负荷特性常是在发动机没有带附件的条件下测得的，因此应对计算所得到的等速油耗进行修正。

有时也用发动机万有特性来计算汽车等速油耗，如图 3-9 所示。还可以在动力特性图上绘制"等百公里油耗曲线"。该曲线称为行驶特性，它能全面反映汽车在各种挡位下行驶时的百公里油耗。

由于转矩 M_e 只能表示一台发动机性能产生的总的驱动效果，不能表现发动机的工作特征，所以万有特性的纵坐标轴是机械损失的大小及有效压力 p' 的比例标尺，因此 p' 能综合地反映发动机工作循环进行的完善程度、机械损失的大小及其强化水平。同样，发动机转速 n_e 也是作为计算驱动效果的绝对值，为了反映发动机高速水平，万有特性的横坐标轴也常附有平均活塞速度的比例刻度。此外，有时在特性图上还绘有表示发动机热负荷的"等单位活塞面积功率曲线"。

利用万有特性计算汽车在一定道路上行驶的等速油耗，首先是根据某一行驶车速 v_a 求出对应的发动机转速 n_e，即

$$n_e = \frac{i_k i_0 v_a}{0.377 r}(\text{r/min}) \tag{3-18}$$

由道路行驶阻力功率求出发动机的扭矩 M_e 为

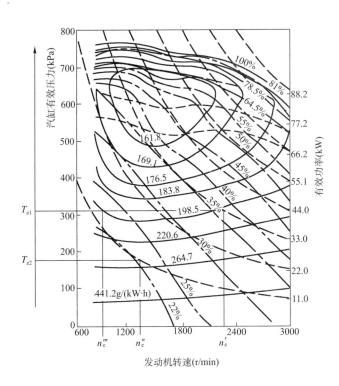

图 3-9 发动机万有特性图

$$M_e = \frac{9549 P_e}{n_e \eta_T} (\text{N} \cdot \text{m}) \tag{3-19}$$

根据 M_e、n_e，在万有特性图上查出 g_e 曲线值，并求出百公里油耗 Q_S 为

$$Q_S = \frac{i_0 i_k M_e g_e}{3672 r \gamma} (\text{L}/100\text{km}) \tag{3-20}$$

同理，可求出对应不同行驶车速 v_a 时的汽车等速百公里油耗 Q_S。

选取不同的车速 v_a 和挡位，就可在功率平衡图或驱动力—行驶阻力平衡图或动力特性图等上面作出百公里油耗曲线图族。

上述计算方法主要依靠发动机使用负荷特性图或者万有特性图完成的。汽车等速行驶油耗也可采用经验拟合公式来计算。

计算步骤概括如下。

已知 (n_{ei}, P_i, g_{ei})，$i = 1, 2, \cdots, n$，以及汽车的有关结构参数和道路条件 (f_r 和 i)，求作出 $Q_S = f(v_a)$ 等速油耗曲线。根据给定的各个转速 n_e 和不同功率下的比油耗 g_e 值，采用拟合的方法求得拟合公式 $g_e = f(P_2, n_e)$。

第一步：由 $v_a = 0.377 \dfrac{n_e r}{i_k i_0}$ 计算找出 v_a 和 n_e 对应的点 $(n_1, v_{a1}), (n_2, v_{a2}), \cdots, (n_m, v_{am})$。

第二步：分别求出汽车在平直道路上克服滚动阻力和空气阻力消耗功率 P_r 和 P_w。

$$P_w = \frac{F_w v_a}{3600} = \frac{C_D A v_a^3}{21.15 \times 3600} \tag{3-21}$$

$$P_r = \frac{F_r v_a}{3600} = \frac{v_a}{3600} G f_r \cos\alpha \tag{3-22}$$

第三步：求出发动机为克服此阻力消耗功率 P_e。

第四步:由 n_e 和对应的 P_e,从 $g_e = f(P_2, n_e)$ 计算 g_e。

第五步:计算出对应的百公里油耗 Q_S 为

$$Q_S = \frac{P_e g_e}{1.02 v_a \gamma} \tag{3-23}$$

第六步:选取一系列转速 $n_1, n_2, n_3, n_4, \cdots, n_m$,找出对应车速 $v_{a1}, v_{a2}, v_{a3}, v_{a4}, \cdots, v_{am}$。据此计算出 $Q_{S1}, Q_{S2}, Q_{S3}, Q_{S4}, \cdots, Q_{Sm}$。

第七步:把这些 $Q_S - v_a$ 的点连成线,即为汽车在一定挡位下的等速油耗曲线,为计算方便,计算过程列于表3-7。

等速油耗计算方法表 表3-7

n_e(r/min)	计算式	n_1	n_2	n_3	n_4	…	n_m
v_a(km/h)	$0.377 \frac{r n_e}{i_k i_0}$	v_{a1}	v_{a2}	v_{a3}	v_{a4}	…	v_{am}
P_r(kW)	$\frac{m g f_r v_a}{3600}$	P_{r1}	P_{r2}	P_{r3}	P_{r4}	…	P_{rm}
P_w(kW)	$\frac{C_D A v_a^3}{76140}$	P_{w1}	P_{w2}	P_{w3}	P_{w4}	…	P_{wm}
P_e(kW)	$\frac{(P_w + P_r)}{\eta_T}$	P_1	P_2	P_3	P_4	…	P_m
g_e[g/(kW·h)]		g_{e1}	g_{e2}	g_{e3}	g_{e4}	…	g_{em}
Q_S(L/100km)	$\frac{P_e g_e}{1.02 v_a \gamma}$	Q_{S1}	Q_{S2}	Q_{S3}	Q_{S4}	…	Q_{Sm}

由于等速油耗仅反映了汽车的稳态工况,而在实际行驶中汽车常为非稳态工况。因此,在分析汽车燃料经济性时,除等速百公里油耗曲线外,还常用数值计算法确定按某行驶工况循环试验行驶时的总平均百公里油耗量。为此,必须进行加速、减速以及停车怠速的耗油量的计算。

减速及停车怠速时的耗油量,可根据试验得到的怠速油耗量(L/h)和循环中的减速行驶与停车怠速运转的时间,求得它们的油耗量。

由于加速过程中系统的加浓作用等,加速时发动机的有效油耗率 g_e 比稳态工况的要大。为了计算方便,在计算加速油耗时,仍常用稳态工况的 g_e 值来换算。

等加速行驶时的油耗为

$$Q_S = \frac{P_e g_e}{1.02 v_a \gamma}$$

$$= \frac{g_e}{3672 \eta_t \gamma} \left(G\psi + \frac{C_D A v_a^2}{21.15} + \frac{\delta G}{g} \frac{dv}{dt} \right)$$

$$= \frac{g_e}{3672 \eta_t \gamma} \left(G\psi' + \frac{C_D A v_a^2}{21.15} \right) \tag{3-24}$$

其中,

$$\psi' = \psi + \frac{\delta}{g} \frac{dv}{dt}$$

$$\psi = F_r \pm i$$

可见,汽车以等加速 $\frac{dv}{dt}$ 在道路阻力系数 ψ 的道路上行驶的燃料经济性,可用汽车在当

量道路阻力系数 ψ' 下稳定行驶的燃料经济性近似表示。

在等加速行驶的油耗曲线下面画上加速过程曲线(在纵坐标上加上时间坐标),则在对应于 $\Delta t_1, \Delta t_2, \Delta t_3, \cdots, \Delta t_n$ 的速度间隔中,其平均加速度为

$$\frac{dv_1}{dt_1} = \frac{\Delta v_1}{\Delta t_1}, \frac{dv_2}{dt_2} = \frac{\Delta v_2}{\Delta t_2}, \frac{dv_3}{dt_3} = \frac{\Delta v_3}{\Delta t_3}, \cdots, \frac{dv_n}{dt_n} = \frac{\Delta v_n}{\Delta t_n} \tag{3-25}$$

在 Δt_1 和 Δt_3 时间间隔的绝对油耗为

$$\Delta Q_{s1} = \frac{1}{3.6 \times 10^5} v_{a1} Q_{s1} \Delta t_1 \text{(L)}$$

$$\Delta Q_{s2} = \frac{1}{3.6 \times 10^5} v_{a2} Q_{s2} \Delta t_2 \text{(L)} \tag{3-26}$$

$$\cdots$$

$$\Delta Q_{sn} = \frac{1}{3.6 \times 10^5} v_{an} Q_{sn} \Delta t_n \text{(L)}$$

式中:v_{a1}、v_{a2} 和 v_{an}——在 Δt_1、Δt_2 和 Δt_n 时间间隔的平均速度,km/h。

由此,求出整个加速过程中的绝对油耗为

$$Q = \sum \Delta Q_i \text{(L)} \tag{3-27}$$

汽车加速过程的油耗计算方法是,首先把加速阻力作为道路阻力作出 $Q-v_a(\psi_1', \psi_2', \cdots)$,再根据 $Q-v_a(\psi_1', \psi_2', \cdots)$ 和 $t-v_a$(加速过程)分别求出各不同加速度时的油耗值。分段越细,结果越准确。最后把各段相加,就是整个加速过程耗油量,再加上等速、减速、停车怠速等各种行驶状态的耗油量,就可按预定循环工况试验程序估算出汽车燃料经济性。这种估算在设计试验样车阶段是十分必要的。

计算某一具体条件下的汽车燃料消耗量也可采用定额计算法。它是一种能反映运输工作量的计算方法。

汽车运行燃料消耗量的影响因素,除汽车结构、工艺水平、车况外,还有道路、载荷、运距、环境条件(如气温、风、雨、雾、雪、交通情况等)及驾驶水平等,其中包括随机因素、自然因素和人为因素。为了全面地建立数学表达式,需要考虑可等级化和数量化的因素,如道路、载荷、气温、海拔等。交通因素将在道路分类中予以考虑,而车况、驾驶水平等因素,尽管它们对运行燃料消耗也有较大影响,但计算时将其视为一般正常水平,而不予以考虑。对风、雨、雾、雪等特殊环境因素,由于它们的影响是局部的、地区性的,而且也难以等级化和数量化,其影响可根据实际情况在制定燃料消耗定额时确定。

汽车运行燃料消耗量的计算式可用于计算汽车在不同运行条件下运行时所消耗的燃料限额,以限制和考核汽车运行燃料经济性。它由汽车基本运行燃料消耗量和汽车运行条件修正系数两部分构成。

载货汽车运行燃料消耗量计算式为

$$Q = \sum_{i=1}^{n} (q_a + q_b W_i + q_c \Delta m) \frac{S_i K}{100} \tag{3-28}$$

式中:q_a——汽车空驶基本燃料消耗量,L/100km;

q_b——货物(旅客)周转量的基本附加燃料消耗量,L/(100t·km)或 L/(kp·km);

q_c——整备质量变化的基本附加燃料消耗量,L/(100t·km);

W_i——该运行条件下汽车的载质量,t;

Δm——汽车整备质量增量,其值为汽车实际整备质量(包括挂车整备质量)与本标准给出的汽车整备质量 m_0 之差,t;

S_i——该运行条件下汽车行驶里程,km;

K——运行条件修正系数。

$$K = K_{ri}K_{hi}K_{ti}K_{\gamma i} \tag{3-29}$$

式中:K_{ri}——该运行条件下道路修正系数;

K_{hi}——该运行条件下海拔(大气压力)修正系数,$K_{hi} = 1 + 0.0021(p - 100)$;

p——大气压力,kPa;

K_{ti}——该运行条件下气温修正系数,$K_{ti} = 1 + 0.0025(20 - T)$;

T——大气温度,℃;

$K_{\gamma i}$——燃料密度修正系数,对于汽油 $K_{\gamma i} = 1 + 0.8(0.742 - \gamma_g)$,柴油 $K_{\gamma i} = 1 + 0.8(0.830 - \gamma_d)$;

γ_g、γ_d——汽油和柴油在气温为20℃、气压为100kPa时的密度,g/mL。

大型载客汽车运行燃料消耗量计算式为

$$Q = \sum_{i=1}^{n}(q_a + q_bN_i + q_c\Delta m)S_iK/100 \tag{3-30}$$

式中:N_i——该运行条件下乘客人数,P。

乘用车运行燃料消耗量计算式为

$$Q = \sum_{i=1}^{n}qS_iK/100 \tag{3-31}$$

式中:Q——汽车空车质量综合基本燃料消耗量,L/100km。

气温和气压修正系数也可分别按表3-8和表3-9选取。道路条件修正系数可按表3-10选取。

气温区间及修正系数 表3-8

月平均气温 t(℃)	>28	28~5	<5~-5	<-5~-15	<-15~-25	<-25
K_{ti}	1.02	1.0	1.03	1.06	1.09	1.13

海拔(气压)修正系数 表3-9

海拔(100m)	≤5	>5~15	>15~25	>25~35	>35
K_{hi}	1.00	1.03	1.07	1.13	1.20

道路分级和修正系数 表3-10

道路类别	公路等级和条件	城市道路等级	修正系数
1类	平原、微丘一、二、三级公路	平原、微丘一、二、三、四级公路 重丘、一、二、三、四级公路 级外道路	1.00
2类	平原、微丘四级公路		1.10
3类	山岭、重丘一、二、三级公路		1.25
4类	平原、微丘级外公路		1.35
5类	山岭、重丘四级公路		1.45
6类	山岭、重丘级外公路		1.70

四、新能源汽车使用经济性的计算方法

纯电动汽车的动力来源为电能。与传统燃油汽车相比,电能的费用是十分廉价的。现

在,作为纯电动汽车储能设备的动力电池的使用寿命较短,考虑更换动力电池的费用后,电动汽车的费用将大幅提升。

参照目前国内电动汽车市场,取比亚迪牌 E5 型电动汽车(简称比亚迪 E5)为例。比亚迪 E5 的官方报价为 22 万元,动力电池容量为 $51.2kW·h$,续航里程为 405km,发电机的最大功率为 100kW,并享有各种政策补贴 9 万元。

目前,比亚迪 E5 在功率及价格上基本一致的燃油汽车以一汽大众迈腾牌 2020 款 280TSI-DSG 领先型轿车(简称迈腾)为例,迈腾的官方报价为 21 万元,发动机功率为 110kW,基本与比亚迪牌 E5 型相一致。

1. 比亚迪 E5 和迈腾的经济性对比分析

在考虑充电损失的情况下,比亚迪 E5 耗电量为 $13kW·h/100km$,参考居民生活用电价格 $0.673 元/kW·h$,可计算出考虑充电损失下电动汽车的充电费用约为 8.75 元/100km。迈腾的百公里油耗约为 8.5L/100km,以 95 号汽油平均价格为 6.20 元/L 计算,迈腾的百公里燃料费用为 52.70 元100km。两类汽车在百公里能耗费用方面,纯电动汽车可节省 43.95 元/100km,具有较高的使用经济性。

根据《2018—2019 年中国乘用车实际行驶与油耗分析报告》,我国乘用车日平均行驶里程为 47.16km,由此可计算出使用比亚迪 E5 的日平均充电行驶费用约为 4.13 元,迈腾的日平均燃料消耗费用约为 24.85 元,近似为纯电动汽车费用的 6 倍。在日平均能耗费用方面,纯电动汽车的使用经济性远高于传统燃油汽车。

2. 比亚迪 E5 和迈腾的整车使用寿命对比分析

无论是燃油汽车还是纯电动汽车,维修是汽车使用过程中所必需的。相比于燃油汽车,纯电动汽车没有发动机和变速器,不需要更换火花塞、机油与机油滤清器等;电动汽车的动力电池、电动机和电控系统是核心系统,都有相当的质量保证和使用可靠性,电动汽车的维修以常规养护为主,因此电动汽车的维修费用要远低于燃油汽车。对于纯电动汽车,其动力电池无法永久性工作。由于更换动力电池的费用相当昂贵,因此动力电池的使用寿命与更换费用在经济性分析中至关重要。厂家声称,比亚迪 E5 的动力电池每 8 年或 15 万 km 需更换一次;但综合市场反馈,在使用过程中,考虑电池自然老化等因素,即使充电操作正确,大约行驶 10 万 km 后就需更换动力电池。车辆使用寿命按 50 万 km 计算,汽车全寿命使用过程中需更换动力电池 4 次,动力电池的价格为 4 万元,则更换电池的费用为 16 万元。

结合统计数据,比亚迪 E5 型与迈腾的整车寿命成本对比,见表 3-11。

比亚迪 E5 与迈腾的整车寿命成本对比表　　　　表 3-11

项　　目	比亚迪 E5	迈　腾
购车成本(万元)	22	21
政策补贴(万元)	9	0
百公里油耗(或耗电量)费用(元/100km)	8.75	52.70
整车寿命行驶里程(km)	500000	500000
整车寿命油耗(或耗电量)费用(万元)	4.38	26.35
年均维修成本(元)	3000	10000
使用寿命(年)	10	10

续上表

项　　目	比亚迪 E5	迈　腾
整车寿命维修成本(万元)	3	10
电池组更换次数	4	0
动力电池组价格(元)	40000	0
动力电池成本(万元)	16	0
整车寿命成本(万元)	36.38	57.35

根据表 3-12 可知,考虑政策补贴,比亚迪 E5 的整车寿命成本约是迈腾的 63%,使用经济性较高。无论是整车寿命油耗(或耗电量)费用,还是维修费用,纯电动汽车的经济性都远高于燃油汽车。但纯电动汽车的动力电池目前使命较短,更换动力电池需要额外支付较高的费用。在保证充电操作正确、车辆不出现事故等的情况下,全寿命更换电池费用与耗电量费用的总和,也低于燃油汽车全寿命的耗油费用。

内燃机黏度等级分类表(表中 W 表示冬季润滑油)　　　表 3-12

黏度等级	在规定温度(℃)下的黏度(MPa·s)不大于	边界泵送温度(℃)不高于	100℃黏度(mm²/s)	
			不小于	不大于
0W	-30	3250	-35	3.8	
5W	-25	3500	-30	3.8	
10W	-20	3500	-25	4.1	
15W	-15	3500	-20	5.6	
20W	-10	4500	-15	5.6	
25W	-5	6000	-10	9.3	
20				5.6	9.3
30				9.3	12.5
40				12.5	16.3
50				16.3	21.3
60				21.3	26.1

综上所述,纯电动汽车具有更高的使用经济性,而纯电动汽车的普及也会大力推动"以电代油"的交通能源消费模式,对节能减排、改善大气环境等具有积极的作用。

第二节　提高汽车使用燃料经济性的途径和技术

汽车燃料经济性的影响因素主要包括汽车使用和汽车结构。针对这两个影响因素,目前国内外的汽车节油途径包括政策性措施和技术管理措施两个方面。

一、政策性措施

政策性措施是制定正确的交通运输能源政策,包括燃料价格政策、燃料与税收政策、油料分配与奖惩制度、油料管理制度、各种运输方式的合理分配与转换政策、新能源开发政策、限制油耗及车速的标准法规等。

由于各国采取的燃料政策不同,汽车的平均燃料消耗水平差异较大,美国、欧盟、日本等多个国家或地区都制定了自己的能源消耗政策。

20世纪70年代的第一次能源危机,促使美国在1975年推出了第一部能源法,并在能源法后又出台了很多的政策法规,促进节能环保。其中代表性的是CAFE(corporate average fuel economy-公司平均燃料经济性)标准,要求每家汽车制造商所销售汽车的平均燃料经济性必须达到联邦标准。

由于CAFE标准的实施,1975—1984年,美国乘用车的燃料经济性提高了一倍,2011年乘用车的限值又从1985年27.5mpg(8.55L/100km)提高到30.2mpg(7.79L/100km),轻型载货汽车的限值从2006年的21.6 mpg(10.9 L/100km)逐步提高到24.1 mpg(9.76 L/100km)。

2007年12月颁布的修订版CAFE标准要求美国汽车行业在2020年将汽车燃料效率再提高40%,并大幅度增加乙醇等生物燃料的添加比例。

欧盟是通过欧洲汽车联合会的自愿协议(The Voluntary Agreement of European)所规定的指标,来限定汽车燃料经济性及CO_2排放指标,并于2009年采用强制性的立法措施。自愿协议旨在引导企业来促进节能。

自愿协议能够在很短的时间内,被很多国家所采用,并且越来越受到政府和工业部门的欢迎。经测算,欧盟国家通过自愿协议实现每吨碳减排的成本约50美元,比单纯的补贴政策节约成本90美元/t碳减排,并兼顾了节能与环保。

日本是通过汽车型式认证的形式规定燃料消耗的标准,按照汽车质量将其分为轻型汽车、柴油客车和货车,分别制定一系列燃料经济性标准,强制汽车制造商达到规定燃料消耗指标,并强制实施标明车辆能源消耗水平、年耗油量和能耗费用等车辆的能效标识,有利于燃料效率高的车型的生产和销售。

目前日本实行"领跑者(Top Runner)"计划,即确定不同类型车辆的最佳燃料效率,通过鼓励改进(或消除)最差车辆和不断完善最佳车辆来提高汽车的燃料效率。2010年汽油乘用车燃料效率约为6.6L/100km,比1995年提高了22.8%;2005年柴油乘用车燃料效率约为8.6L/km,比1995年提高了16%。

除了国家政策方面,企业所制定的节能管理、营运管理以及交通管理措施也会对汽车节能产生较大影响,是降低运输企业油耗成本的重要措施。节能管理包括制定有关运行油耗的法规和标准,完善油耗考核奖惩制度,正确选择与合理使用车辆,正确选用燃料、润滑油、轮胎等汽车运行材料,推广节能新技术、新产品,进行驾驶人培训等。

营运管理包括掌握运输市场信息,建立现代化调度系统,搞好运输组织,提高现有车辆的实载率,大力研究结合卫星定位导航(GPS/BDS)、交通地理信息系统(TGIS)和先进运输信息系统(ATS)的新型货运管理系统和客运管理系统。例如,优选公共汽车、载货汽车的路线;选择与道路、货运相适应的车型;加快信息反馈,完善物流系统,以便统一调配运输;搞好物流集散点的调整;改善运输方式,加强运输的集中管理,研制封闭容器(厢式汽车、罐式汽车、集装箱汽车)运输等新型运输系统。

交通管理措施包括改善交通基础设施、设计合理的管理模式,从而改进交通流的运行特性。例如,改善道路设施,如建设高速公路、汽车专用公路,改善道路结构,提高路面质量,实行和增加道路立体交叉等;优化交通管理,如采用信号控制、运行路线诱导、速度限制指示系统;改善公共交通系统,如双层公共汽车、特定需要的公共汽车、城市汽车系统、快速运输系统及复合运输系统等。

二、提高汽车燃料经济性的结构措施

1. 提高压缩比

发动机在运转时,压缩比越大,压缩终了的混合气的压力和温度就越高,燃烧也越迅速越充分,因而发动机发出的功率越大,经济性越好。反之,低压缩比的发动机燃烧时间相对延长,增加了能量消耗从而降低动力输出。

根据等容加热理论循环,汽油机的热效率为

$$\eta = 1 - \varepsilon^{1-K} \tag{3-32}$$

式中:ε——压缩比;

K——绝热指数,单原子气体 $K=1.6$,双原子气体 $K=1.4$,三原子气体 $K=1.3$。

显然,当压缩比 ε 提高时,热效率增加,发动机动力性提高,发动润滑油耗率降低。试验表明,在 $\varepsilon = 7.5 \sim 9.5$ 范围内,压缩比每提高一个单位,燃料消耗可以下降4%以上。但压缩比过大,发动机工作时抖振会明显增大,会出现不正常燃烧现象,引起发动机过热,功率下降,燃料消耗增加,还会增加排气中 NO_x 污染物的浓度。另外,提高压缩比,需要相应地增加汽油辛烷值,使得汽油炼制成本提高。

改进燃烧室和进气系统,提高发动机结构的爆燃极限;使用爆震传感器,自动延迟产生爆燃时的点火提前角;掺水或加氢燃烧抗爆;开发高辛烷值汽油等都是提高压缩比的措施。

2. 改善进、排气系统

改善进、排气系统的主要目的是,减少进气管气流阻力,减少排气干扰,提高充气效率。进气管的结构和尺寸要保证有足够的流通截面,并保证管道的表面光洁,连接处平整,要减少气流转折以及流通截面突变,以减少气流的局部阻力。其中,进气门是整个进气管道中产生阻力最大之处。例如,大众捷达 CTX/GTX 的发动机每缸采用5气门(3个进气门,2个排气门)结构,以增加进气量。

车用发动机在实际运行中大多处于中、低转速部分负荷,因此汽油机技术的一个主要目标就是提高部分负荷的性能,希望在满足高功率的同时,保证中低速、中小负荷的动力性和燃料经济性,避免出现转矩低谷。如果发动机能针对不同工况改变进气形式,实现高负荷时多进气/低的进气涡流强度,低负荷时少进气/高的进气涡流强度,就可兼顾高低负荷的不同工况,这就是可变进气系统。例如,惯性可变进气系统,就是通过改变进气歧管的长度,低转速用长进气管,保证空气密度,维持低转的动力输出效率;高转速用短进气歧管,加速空气进入汽缸的速度,增强进气气流的流动惯性,保证高转速下的进气量,从而提高了发动机的输出转矩,降低了油耗,以此来兼顾各段转速发动机的表现。

3. 选择合理的配气相位

配气相位就是进、排气门的实际开闭时刻,通常用相对于上、下止点曲拐位置的曲轴转角的环形图来表示。配气相位是否合理对汽车燃料经济性影响很大。

合理的配气相位的选择是与发动机常用工作区相关的。配气相位的持续角较宽时,发动机在高速时充气特性好,低速时充气特性差;配气相位持续角窄时,则反之。汽车在城市运行条件下,车速偏低,发动机转速较低,所以应适当将持续角度变窄些。

最佳配气相位确定时,应综合考虑调整动力性和低速动力性的要求,一般可参考同类发动机的配气相位值进行反复试验而得到。正确的排气相位角可充分利用气流的惯性以及排气系统压力波动进行排气。

试验表明,当配气相位偏离最佳值较远时,其变化对发动机性能影响较大,而在最佳值附近时,发动机性能对之并不敏感。不敏感区最高可达10°以上,这就为选定配气相位提供了一定的自由度。

上述所谓的最佳配气相位是在常用工况下局部最佳,现在主要采用电液控制的智能可变配气相位(i-VVT)控制方法,可保证发动机配气相位在各种运行工况下均处于最佳状态。

4. 采用稀薄燃烧技术

稀薄燃烧是指空燃比为17:1～20:1混合气的燃烧过程。稀薄燃烧按供给方式可分为均质和非均质两种。分层进气(分层燃烧)发动机作为稀薄燃烧中的非均质燃烧是实现稀薄燃烧的主要方式。

稀混合气可提高发动机燃料经济性的主要原因是:由于稀混合气中的汽油分子有更多机会与空气中氧分子接触,燃烧完全,同时混合气越稀越接近于空气循环,绝热指数K值越大,提高了热效率;燃用稀混合气,由于其燃烧后最高温度降低,一方面使通过汽缸壁传热损失较小,另一方面燃烧产物的离解现象减少,使热效率得以提高。采用稀混合气后汽缸内压力、温度低,不易发生爆燃,可以提高压缩比,增大混合气的膨胀比和温度,减少燃烧室废气残余留量,因而可以提高燃料的能量利用效率。

稀薄燃烧的混合气过稀时,燃烧速度缓慢,等容燃烧速度下降;混合气发热量和分子改变系数变小,指示功减小;机械损失功变化很小,使机械效率下降。另外,混合气过稀时个别汽缸失火的概率会增加。

为了燃用稀混合气,还可以采用分层充气技术,即在火花塞附近的局部区域内供给易于点燃的浓混合气,而在其他区域供给相当稀的混合气。浓混合气一旦形成火焰,在高温和强涡流影响下,使稀薄区域的混合气点燃,并使火焰得以传播。

5. 减少强制怠速时的燃料供给

在不切断发动机与传动系统连接的情况下,发动机由汽车惯性拖动而高速运转,称为强制怠速工况。强制怠速工况下汽车是依靠惯性滑行的,发动机不需要产生任何动力,该工况下可减少燃料供给甚至不供油。

目前采用电子控制怠速供油装置,当强制怠速时,控制系统会驱动电磁阀开启附加空气通道,使空气进入怠速油道,减少甚至完全停止供油,可明显降低燃料消耗。

6. 闭缸节油技术

为了保证汽车具有良好的动力性,要求选用功率较大的发动机,以便克服各种行驶阻力,但在汽车行驶中发动机将经常处于部分负荷状况下,使燃料消耗量增多。如果能够根据汽车运行工况,调节发动机功率,使之始终保持在有利的负荷率下工作,就可解决上述问题。

通常可以采取改变发动机有效工作排量的方法解决此问题。目前,常用方法有变行程法和变缸法两种。

变行程法是改变活塞行程,即在中小负荷时,活塞行程缩短,减少进气损失、泵气损失以及活塞及活塞环与汽缸壁摩擦损失。例如,波劳特发动机就采用了一种特制的机械连杆来改变行程。行程变化范围为25.4～114.3mm,排量变化范围为0.705～3.113L,可节油10%～15%,但NO_x排放量高、可靠性差、寿命低、成本高。

变缸法是改变有效汽缸数目,即在中小负荷时,关闭一部分汽缸,而提高另一部分汽缸的功率利用率,使之工作在较经济工况。变缸法的效果取决于变缸时机的掌握,最好用 ECU 自动控制。减少汽缸数的方法很多,有的采用关闭进气道的方法,有的采用关闭进排气门的方法。其中,关闭进排气门的方法能减少泵气损失和气门驱动损失,燃料经济性的效果显著。

7. 汽车轻量化

汽车行驶时,汽车功率主要消耗于克服汽车行驶阻力。行驶阻力中除空气阻力外,其他都与汽车总质量有关。因此,减轻汽车整备质量,是降低油耗最有效的重要措施之一。据统计,汽车整备质量每增加 25%,油耗大约增加 8%;汽车整备质量减轻 10%,油耗大约减少 8.5%。汽车轻量化的目的,主要在于提高燃料经济性。资料介绍,奥迪 A9 乘用车采用铝合金车身后质量减少了 15%,油耗降低 5%~8%。

当前减轻自重的主要方法,一是尽量减少零件数量,如新车身骨架的零件数量,由 400 个减到了 75 个,质量减轻 30%;二是大量采用轻质合金及非金属材料。图 3-10 给出了美国乘用车的油耗与汽车总质量的关系曲线,随着汽车总质量的增加燃料消耗明显升高。

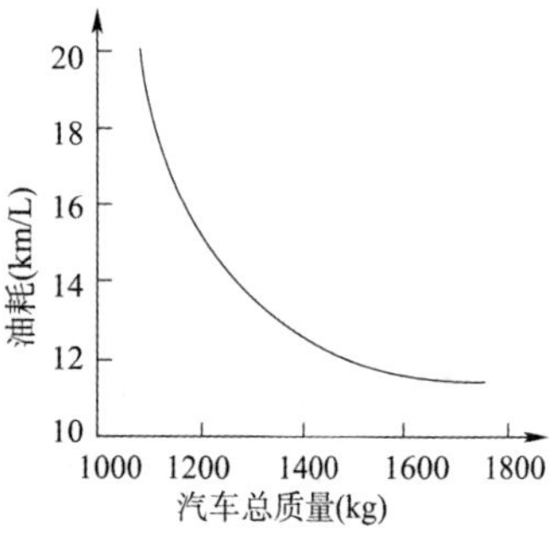

目前在汽车轻量化方面采用的主要措施有:用优化设计的方法充分利用材料的强度,提高结构的刚度;采用高强度轻质材料,如采用高强度低合金钢、铝合金、镁合金、塑料和各种纤维强化等材料制造汽车零部件;改进汽车结构,如乘用车采用前轮驱动、高可靠性轮胎(可去掉备胎)、少片或单片弹簧钢板、承载式车身、空冷式发动机、二冲程发动机、绝热发动机,以及各种零部件的薄壁化、复合化、小型化等;减少车身尺寸,这还有利于减少行驶时的空气阻力;取消一些附加设备及器材等。轻质的电子产品的大量应用,也对汽车的轻量化发挥了作用。

图 3-10 美国乘用车的油耗与汽车总质量的关系曲线

8. 减少滚动阻力

美国 EPA 的试验表明,滚动阻力减少 10%,油耗约降低 2%。采用子午线轮胎,提高轮胎气压,是减少滚动阻力主要途径。试验表明,大型货车装用子午线轮胎后,滚动阻力可减少 15%~30%,节油 5%~8%;乘用车子午线轮胎的汽车节油率为 6%~9%。据德国试验资料,采用轮胎制造新技术,可使轮胎滚动阻力系数由 0.016 降至 0.008。

在重型汽车上采用子午线轮胎的节油效果最佳。美国子午线轮胎安装率已达 90%,西欧的乘用车 1980 年代已全部使用子午线轮胎,在货车上的安装率也达到 80% 以上。

提高轮胎气压,使汽车行驶时轮胎变形减少,汽车的滚动阻力将随轮胎气压的增加而减少。据 NHTSA 的研究表明,将轮胎气压由 166.6kPa 提高到 215.6kPa,滚动阻力减少 30%,燃料消耗降低 3%;但轮胎气压提高后,又使舒适性降低、悬架动载荷变大;但轮胎气压的提高受有关法规的限制。

9. 减少空气阻力

汽车在高速行驶时,空气阻力消耗的功率相当大,可达 50% 左右。

空气阻力的大小取决于汽车迎风面积 A 和空气阻力系数 C_D。汽车迎风面积取决于汽车的外形尺寸及车型设计的各项参数,较难改变。因此,降低空气阻力一般是从减小空气阻力系数着手。研究表明,空气阻力系数每降低10%,可使汽车燃料经济性提高2%左右。曾有人对两种相同质量、相同尺寸,但具有不同空气阻力系数(分别是0.44和0.25)的轿车进行比较,以车速88km/h行驶100km,燃料消耗后者比前者节省了1.7L。目前,国内外采取减少空气阻力系数的主要措施有:选择合理的车身外形,对所有暴露部分进行空气动力学优选,以及在车身上加装各种导流装置。图3-11所示为在载货汽车上加装各种导流装置示意图。

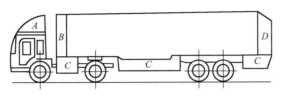

图3-11 汽车加装各种导流装置示意图

载货汽车采用导流装置日益得到发展,目前应用较多的有以下几种:

(1)凸缘型空气阻力减少装置,装于厢式车身的前壁,并包覆其顶边及两侧。安装这种装置后,C_D可减少3%~5%。

(2)空气动力学导流罩装在驾驶室顶上。汽车安装导流罩后,C_D可减少3%以上。

(3)间隙密封罩B装在驾驶室和货厢之间。试验表明,其最好的节油效果达12%。

(4)在车身下部装防护罩及在货厢后面装后导流罩等,都是有效的节油措施。

10. 选择最佳传动比

为了判断传动比与发动机匹配是否合理,通常,把在一定使用条件下,发动机的常用工况区与发动机万有特性绘在同一坐标系上,考察常用工况区与最低油耗区接近(重叠)情况,如图3-12所示。经运行工况调查,可知常用的车速和挡位,从中可确定相应的转速范围$n_{e1} \sim n_{e2}$,相应的功率范围为$P_{e1} \sim P_{e2}$,则可在万有特性图上表示出常用工况区A。若A区偏离万有特性最低油耗区,可进行调整,使常用工况在B区或C区为佳。

图3-13所示为某型38t载货汽车的发动机万有特性图和不同主减传动比(变速器为最高挡)常用工况区图。原车主减传动比i_0=5.2,最常用工况时发动机转速为1500~2000r/min,有效比油耗为240~205g/(kW·h);当将主减传动比改为3.84后,在长途运输中常用工况下的转速移到1100~1500r/min,常用功率范围不变,有效比油耗降至210~200g/(kW·h),减少10%。由于在新常用工况区i_0=3.8工作时,发动机转矩比原工况区提高39%,虽然主减器传动比减少,仍有足够驱动力。

当主减器传动比一定时,在一定的道路条件下,汽车用不同挡位行驶,燃料消耗量相差较大。显然,在同样的道路和车速条件下,虽然发动机输出功率相同,但挡位越低,后备功率越大,发动机的负荷率越低,有效比油耗越高;而使用高挡位时,则情况相反。所以,一般尽可能选用高挡位行驶。

11. 不选用过大功率的发动机

发动机与汽车的功率匹配情况会影响发动机在运行中的负荷率,进而影响汽车的燃料经济性。由发动机的负荷特性可知,在转速一定的条件下,负荷率在80%~90%时,有效燃料消耗率最低;发动机在中等转速、较高负荷率下工作时,其燃料经济性较好。但在实际使用中,大部分时间内发动机的负荷率都达不到经济范围。研究表明,一般汽车在路况良好的路面上以常速行驶时,克服各种阻力所需的功率仅为发动机相应转速下最大功率的50%~

60%,相当于发动机最大功率的20%左右。因此,为提高汽车使用中发动机的负荷率,提高汽车的燃料经济性,在保证汽车动力性足够的前提下,不宜选用过大功率的发动机。

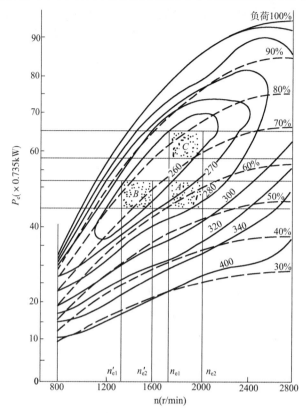

图 3-12　发动机万有特性

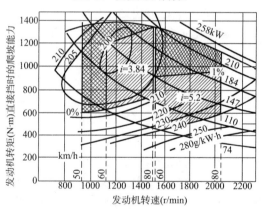

图 3-13　汽车发动机万有特性图及常用工况区

12. 减少机械摩擦损失

汽车发动机的很多传动件是在很小间隙下作高速相对运动的,如曲轴主轴颈与主轴承之间、曲柄销与连杆轴承之间、凸轮轴与凸轮轴承之间、活塞/活塞环与汽缸壁之间、配气机构各运动部件及传动轮之间等。

减少机械摩擦损失,可提高发动机的机械效率,从而提高发动机的有效功率输出,也提高了燃料经济性。试验表明,当减少总摩擦损失的17%～21%时,可提高整机燃料经济性

3%~7%。

减少机械摩擦损失的主要途径包括:降低活塞、活塞环、连杆等往复运动机件的质量;减少滑动部件的滑动速度及高面压比例;合理选择和使用润滑油;合理选择摩擦零件的材料,优化材料配对,提高摩擦表面加工精度等。

13. 采用各种汽车节能新技术

随着汽车技术的快速发展,多项节能新技术陆续应用到汽车发动机、变速器上面。

在发动机方面,应用的新技术包括:汽油机缸内直喷技术及稀薄、分层燃烧技术;柴油机高压喷射技术;直喷汽油发动机小型化技术、可变气门正时(VVT)、可变进气系统(i-VCT);采用铝合金缸体的发动机;新型燃料添加剂等。

在变速器方面,增加挡位数、提高齿传动比都能提高汽车的燃料效率。例如,目前已成为标准配置的六速变速器与原四速变速器相比,提高燃料经济性1%~3%;另外,一些豪华轿车的七挡和八挡变速器,以及某些车型采用的CVT技术,都加大了传动齿传动比,也显著提高了汽车燃料经济性。

三、汽车驾驶技术和维护的影响

在相同使用条件下,不同的汽车技术状况和不同的驾驶人的油耗水平相差较大,所以提高驾驶人的操作技术以及正确车辆维护也可起到降低燃料消耗的效果。

1. 发动机的起动升温

汽车油路、电路、怠速和点火提前角的正确调整及发动机预热是顺利起动的前提。每次起动时间不得超过5s,两次起动间隔不得少于10s。三次起动不成功时,必须进行检查,排除故障。起动后应迅速转入怠速,起动时切勿重踏和反复踩踏加速踏板。

冬季室外停放的车辆在冷起动前,应注意发动机的充分预热,轻踏几次加速踏板,起动发动机。

汽车行驶过程中,经常遇到停车熄火后重新起动(热起动)的情况。此时,发动机的温度较高,起动时轻踏加速踏板,就可起动,然后马上转入怠速运转。

2. 汽车起步加速

试验表明,发动机冷却液温度上升到40℃以上起步时,具有较好的节油效果。机体温度低时,燃料雾化不良,燃烧不完全。另外,润滑油黏度大,摩擦损失功率增加,造成燃料消耗增多。冬季汽车起步后10km以内,载货汽车车速不要超过30~40km/h,并根据气温适当延长低挡行驶时间。气温-5~0℃时,二挡行驶约50s,三挡和四挡各行驶约35s;气温约为-20℃时,二挡行驶1~2min,三挡行驶3~4min,四挡行驶5~6min;直到冷却液温度和各总成温度上升至正常后,再正常行驶。

满载车辆在良好路面上起步时使用二挡,阻力较大时或拖带挂车及半挂车时用一挡起步。

汽车坡道起步时,加速踏板、离合器、驻车制动器的操作配合应协调,不使车辆倒退、熄火,达到平稳地顺利起步。

3. 挡位的选择和变换

汽车在良好路面上行驶,在一定的行驶速度范围内,既可使用次高挡也可用最高挡,但用最高挡时较节约燃料。这是因为最高挡时发动机的负荷率较高,而有效比油耗较低。为了节约燃料,在节气门开度不超过90%的条件下,应尽可能使用最高挡。

汽车上坡行驶时应及时减挡。减挡过早,不能充分利用汽车惯性爬坡;减挡过晚,车速降低过多,常需要多换一次挡,增加燃料消耗。

4. 汽车行驶速度

汽车满载在良好路面上行驶时,存在一个使得等速燃料消耗最小的车速,即技术经济车速,车速高于或低于此速度汽车等速油耗均上升。

技术经济车速只是一个点,在实际中很难掌握,为此将经济车速点前后油耗较低的车速称为经济车速范围。不同车型的经济车速和范围一般可通过试验得到。

在良好路面上行驶时应尽可能保持经济车速行驶。国产中型货车的设计车速低,在高速公路行驶时,尽量保持在 70~90km/h 速度行驶,不宜追求过高车速,否则将造成磨损加剧,增大燃料消耗。

5. 加速踏板的运用

驾驶机动车要想节省燃料,应当掌握"脚轻、手快、多滑、少带"等技巧,其中"脚轻"就是指脚踩加速踏板时要轻。驾驶中使用加速踏板时,要轻踏、柔和控制;加速踏板行程不宜过大,减少额外供油的机会;不是必需时不猛踩加速踏板,以避免增加油耗。

试验发现,某中型汽车每空轰一次油,就要消耗 3~5mL 燃油。

6. 行车温度的控制

汽车行车温度包括发动机冷却液温度、润滑油温度、发动机舱内气温、变速器和驱动桥齿轮油温度等。

发动机冷却液温度过低会使燃料不易雾化,各缸进气不均,燃烧室壁散热损失增加,燃烧速度下降,造成功率和转矩下降,燃料消耗增加;同时会造成润滑油的流动性和飞溅润滑能力下降,增加了机械损失。

发动机冷却液温度也不能过高。如果冷却液温度过高,将会出现一系列问题,如会使发动机机体过热,充气量下降,容易出现爆燃、早燃等异常燃烧现象;容易造成燃料供给系统气阻;造成功率下降,油耗增加且在高温下润滑油压力和黏度下降;并加速润滑油因氧化和热分解而发生变质,加快发动机的磨损。

正常的发动机冷却液温度,有利于燃料的雾化和混合气的分配均匀,使得发动机有良好的燃料经济性和动力性,并保证润滑油的黏度和润滑能力,减少发动机的摩擦磨损。

中型载货汽车试验表明,发动机的冷却液温度在 80~90℃ 时,燃料消耗量最低,功率和转矩最高;冷却液温度由 90℃ 下降至 80℃ 油耗增加 2.5%,下降至 75℃ 油耗增加 3%~5%,下降至 65℃ 时油耗增加 15%。在行车中应根据冷却液温度表的指示值驾驶汽车,保证冷却液温度在正常范围内;冬季可采用加装保温套等保温措施,使发动机舱内保持 20~30℃。发动机润滑油温度以 75℃ 为宜;变速器和驱动桥齿轮油温度应不低于 50℃,可通过起步后以中速行驶一段路程实现。

7. 合理利用滑行

汽车滑行可分为减速滑行、加速滑行和下坡滑行。

汽车行驶过程中当前方遇到窄道、修路施工、车辆抛锚、弯道、桥梁、路口、坑洼路面、会车、行人较多以及预见性停车和到达停车场时,预先将变速器置空挡的滑行,称为减速滑行。当车辆接近上述障碍时,车速已降低,可不采取制动或减少制动时间而顺利通过或停车,达到节约燃料和保证安全的目的。

汽车以高挡加速至较高车速后,空挡滑行至较低的车速,然后再挂高挡加速,这种加速和空挡滑行交替进行的方法,称为加速滑行方法。

试验结果表明,在平均车速相同的情况下,采用最佳的加速滑行模式与等速相比,满载时的节油率可达11.8%~16.7%,空载时的节油率可达21.3%~23.4%。

在车型、载质量、平均车速及行驶距离相同的条件下,加速滑行与等速行驶相比,两者的生产率和所做的功相同。但在良好的道路上中速行驶时,发动机的负荷率一般为40%~50%,比油耗较大,单位功率消耗燃料多,完成了同样的功率但耗油量大;而加速滑行采用加速的方法人为地提高了发动机的负荷率,降低了单位功的油耗,因此完成同样的功率但耗油量少,即使加上滑行过程中发动机怠速油耗量,仍比等速行驶省油。

不同汽车有各自的最佳加速滑行模式。东风EQ1090汽车的试验表明,加速至50km/h比加速到60km/h的加速滑行油耗要低,但后者的平均速度高,显然对提高生产率及降低运输成本有利。

一般加速滑行不适合拖带挂车的重载汽车列车。因重载汽车列车的发动机负荷率已较高,采用加速滑行方法加速时,负荷率很高,比油耗高,节油效果不明显,甚至增加油耗。

此外,加速滑行操作法使驾驶人的劳动强度增加,带来一系列安全隐患。

汽车加速滑行只能在道路宽直、无视线遮挡、交通流稀少的条件下采用;要求汽车技术状况良好,滑行距离应达加速距离的1.5倍以上;加速滑行的最大车速不应超出经济车速范围的上限,速度之差以15~25km/h为佳;加速时应缓慢踏下加速踏板至全行程的80%~90%加速,以免混合气加浓装置起作用;在高速公路行驶时不许使用加速滑行法。

在坡度小于5%的缓直坡道或陡坡接近坡尾,可空挡滑行;在路况熟悉的波状起伏微丘地带,可在临近坡顶时空挡滑行过坡顶,至临近坡尾再挂挡加速冲过第二个坡道;但在这种道路滑行时,发动机不得熄火。

在长而陡的坡道下坡时严禁熄火空挡滑行。应在高挡不熄火滑行,利用发动机阻力,并施加间歇制动,控制车速。如果熄火空挡滑行,长时间用行车制动器控制车速,制动器容易发热,制动效能下降,甚至失效或烧毁制动摩擦衬片。

8. 汽车底盘技术状况

汽车底盘技术状况的好坏,影响整车技术性能。经常保持底盘技术状况良好,可减少车辆行驶机械损失和滚动阻力,从而减少功率消耗,降低燃料消耗。

汽车底盘的综合技术状况一般用汽车滑行性能来进行检查和评价。汽车滑行性能是指汽车挂空挡时的滑行能力。反映汽车滑行性能的参数有滑行距离和滑行阻力。滑行距离是指汽车加速至某一预定车速后挂空挡,利用汽车具有的动能行驶的距离。滑行阻力是指汽车空挡、制动解除时,汽车由静止至开始移动所需的推力或拉力。滑行阻力经常用滑行阻力系数来表示,一般汽车的滑行阻力系数不得大于0.014。汽车传动系统的传动效率越高,汽车滑行阻力越小,滑行距离越长,汽车的滑行性能就越好,燃料消耗也越少。

某车型试验表明,当底盘调整良好时,30km/h的滑行距离为254m,油耗为15.5L/100km;而当前束不符合规定、轮毂轴承调整不佳时,滑行距离降低至173m,油耗为19.5L/100km,比底盘调整良好的增加了25.8%。

9. 有效的起动和减少紧急制动次数

汽车起步瞬间一般挂1挡,而且离合器半接合(或者液力变矩器未锁止),意味着从曲轴到车轮的传动比最大,而瞬间油耗是根据瞬时喷油量和车轮转速进行计算,所以此时瞬时油耗最高。另外,考虑发动机负载(节气门开度)、进气温度、冷却液温度、燃料雾化情况等因素,都对瞬时油耗有增大影响。

研究表明,汽车每起动一次的油耗量约可行驶3km,对发动机的磨损相当于行驶50km的磨损量;所以尽量不让汽车非正常熄火,频繁的起动将会增加不必要的油耗。

汽车紧急制动,一般是减速或避让障碍物,避让后一般会回到正常速度行驶,必然要加速,而车辆在加速时燃料消耗非常大。因此,尽量减少紧急制动的次数也是降低燃料消耗的方法之一。

研究表明,汽车紧急制动一次,所浪费的燃料约可行驶2km,对轮胎的磨损相当于行驶80km的磨损量。

10. 尽量减少怠速运转的时间

汽车怠速是指发动机在无负荷的情况下运转,只需克服自身内部机件的摩擦阻力,不对外输出功率。工作性能良好的发动机,其怠速一般为700～800r/min。怠速时发动机转速较低,进气量少,可燃混合气雾化较差。因此,一般需要供给较浓的混合气才能使发动机维持运转。

根据试验测算,怠速运转时的燃料消耗大约相当于以中等速度行驶时4倍的耗油量。汽车在怠速时运转1min以上所消耗的燃料要比重新起动时所消耗的燃料多,因此长时间停车时最好熄火等待。

按照目前一般乘用车排量为1.5～1.8L计算,每小时怠速消耗燃料在1～2L。如果夏天车上开空调,车辆怠速消耗燃料将会更多(增加约40%)。汽车排量越高,怠速消耗的燃料就越多。因此在长时间等人或者长时间等红灯时,发动机熄火等待能节省燃料。此外,长时间怠速不仅会导致增加油耗,还会使汽油燃烧不充分导致发动机产生积炭。

针对怠速节油技术,目前很多乘用车上装备有专门的自动启停系统,就是一套能自动控制发动机熄火、点火的系统。该系统在车辆遇到红灯或者需要停车时,踩下制动踏板就会自动令发动机暂时处于熄火状态,可节省怠速燃料消耗。当车辆再次起动时,只需轻点加速踏板,发动机就会自动点火工作。在高温天气使用空调时汽车自动启停系统自动关闭,在低温天气及发动机冷却系统低温情况下也自动关闭汽车自动启停系统。

四、采用节能汽车和新能源汽车

在当前节能减排的压力下,以石油为燃料的汽车工业正在通过各类替代燃料技术的开发和多元化的应用,走向一个以清洁的、可再生的能源为动力的汽车工业。发展各种节能与新能源汽车是提高汽车使用经济性的一个主要途径。

1. 节能汽车

节能汽车包括以内燃机为主要动力系统,综合工况燃料消耗量优于下一阶段目标值的汽车。目前国内发展较快的节能汽车,主要以液化石油气汽车、天然气汽车、非插电式混合动力汽车为代表。另外,甲醇汽车、氢能汽车也有很大的发展潜力。

1) 液化石油气汽车

液化石油气(简称LPG)是由炼厂气或天然气(包括油田伴生气)加压、降温、液化得到的一种无色、挥发性气体,是由含3个或4个碳原子的烃类,主要成分包括丙烷(C_3H_8)、丙烯(C_3H_6)、丁烷(C_4H_{10})、丁烯(C_4H_{10})等。

LPG 是一种在常温常压下为气态的烃类混合物，比空气重，有较高的辛烷值，具有混合均匀、燃烧充分、不积炭、不稀释润滑油等优点，能够延长发动机使用寿命，而且在高压下很容易实现液化(8个大气压即可液化)，车用存储载气量大、续驶里程长，是一种较理想的汽油替代燃料。

LPG 在国内一般用于汽油汽车，且多数为两用燃料汽车。即在原车基础上，加装一套 LPG 供给系统，包括液化石油气气瓶、气瓶组合阀门、蒸发调压器、混合器及控制系统。利用选择开关进行燃料转换时，实现发动机从一种燃料到另一种燃料的转换，但两种燃料不允许同时混用。

2）天然气汽车

天然气埋藏十分丰富，是最有希望代替燃料的新型燃料。

天然气的主要成分是甲烷，其余为乙烷、丙烷、丁烷及少量其他物质。天然气的特点是热值高、抗爆性能好、着火温度高，并具有混合气发火界限高、适于稀燃等特性。这些特性都决定了天然气是一种较好的车用能源，其应用到车辆上具有 CO、HC、NO_X、CO_2 排放低的优点。

天然气在汽车上的使用一般以两种形式：一种是经过压缩，形成压缩天然气(CNG)；另一种是将其冷冻至 -162℃ 以下形成液体，即液化天然气 (LNG)。

天然气汽车是以压缩天然气或者液化天然气为燃料的车辆，其应用到汽油机和柴油机车辆上的使用方式是不同的。例如，压缩天然气用于汽油汽车上，一般是保留原车燃料供给系统，增加一套 CNG 供给专用装置，主要包括减压器、混合器、计算机流量控制系统和燃料转换开关，形成 CNG 汽车。

3）非插电式混合动力汽车

当前普遍使用的燃料发动机汽车存在某些不足。统计表明，在 80% 以上的道路条件下，一辆普通燃料乘用车仅利用了动力潜能的 40%，在市区工况下会跌至 25%，且排放废气严重污染环境。基于减低环境污染的目的，人们开发了混合动力车辆(HEV)。

HEV 是指车辆驱动系统由两个或多个能同时运转的单个驱动系统联合组成的车辆，车辆的行驶功率依据车辆行驶的实际状态由单个驱动系统单独或共同提供。

HEV 一般是指油电混合动力汽车，即采用普通内燃机(柴油机或汽油机)和电动机作为动力源，也有的是发动机经过改造使用其他替代燃料，例如 CNG、丙烷和乙醇燃料等。

混合动力装置既发挥了内燃机持续工作时间长、动力性好的优点，又可以发挥电动机无污染、低噪声的好处，汽车的热效率可提高 10% 以上，污染气体排放可改善 30% 以上。从2010 年开始全球进入汽车混合动力时代。

2. 新能源汽车

新能源汽车是以电能、氢能等清洁能源替代燃料的车辆。新能源汽车包括纯电动汽车、插电式混合动力汽车以及燃料电池汽车。

1）纯电动汽车

纯电动汽车(BEV)，是完全由可充电电池(如铅酸电池、镍镉电池、镍氢电池或锂离子电池)提供动力源的汽车。

早在 1873 年，英国制造了世界上最初的电动汽车，比汽油发动机汽车早 10 年以上，但一直仅限于某些特定范围内应用，市场较小。主要原因是由于各种蓄电池普遍存在价格高、寿命短、体积和质量大、充电时间长等问题。

纯电动汽车采取轮式驱动、无级控制等方式，以蓄电池和控制器取代传统内燃机。它清洁无污染，能量效率高，能源多样化，结构简单且维修使用方便，是重要的新型环保交通工具。

2）插电式混合动力汽车

插电式混合动力汽车（PHV），是介于纯电动汽车与燃油汽车两者之间的一种汽车。它既有传统汽车的发动机、变速器、传动系统、油路、燃油箱，也有纯电动汽车的电池、电机、控制电路。

PHV 可以行驶在纯电机驱动模式下，也可以行驶在发动机与电机共同驱动的混合动力模式下。汽车在混合动力模式下行驶时，与普通的混合动力车辆的工作原理类似，驱动电机作为辅助驱动机构，主要起"削峰填谷"的作用，帮助发动机在相对稳定的状态下运转，从而减少车辆的燃料消耗与污染物排放；在纯电动模式下，汽车仅由动力电池组供应能量，从而实现纯电力驱动与零排放，因而在动力电池组电量用尽后需要外接充电，所以称之为插电式混合动力汽车。

与非插电式混合动力汽车相比，PHV 的电池容量更大，支持的行驶里程更长。如果汽车每次都是短途行驶，有较好的充电条件，PHV 可以不用加油，具有纯电动汽车的优点。与纯电动汽车相比，插电式混合动力汽车的电池容量要小很多，但是其带有传统燃油汽车的发动机、变速器、传动系统、油路、油箱，因此续驶里程不受充电条件的制约。

PHV 结合了传统混合动力汽车的优点，在提供较长的续航里程（指混合动力模式）的同时也能满足人们用纯电力行驶的需求。

PHV 的缺陷主要是由于要集成 BEV 和燃料汽车两套完整的动力系统，成本较高，结构复杂，质量也比较大。不过，在充电站大面积普及、充电时间大幅缩短之前，PHV 作为燃料汽车与 BEV 之间的过渡产品将长期存在下去。

3）燃料电池汽车

燃料电池汽车（FCV）是一种用车载燃料电池装置产生的电力作为动力的汽车。

车载燃料电池装置使用的燃料是高纯度氢气或含氢燃料经重整所得到的高含氢重整气。FCV 和纯电动汽车的主要区别在于两者电力来源的不同。FCV 所用的电力由车载燃料电池装置提供，纯电动汽车所用的电力来自通过电网充电的蓄电池。因此，FCV 的关键组成是燃料电池。

和普通化学电池相比，燃料电池可以补充燃料，通常是氢气。一些燃料电池能使用甲烷和汽油作为燃料，但通常限于在电厂和叉车等工业领域使用。

常规燃料电池利用氢氧结合产生电力。其工作原理是：在反应室里，从质子交换膜逸出的氢质子与氧反应，在生成水的反应过程中释放出电化学能。燃料电池寿命较长，能量密度远大于普通蓄电池；除了水和热量外，不会排出任何物质；而且更轻巧、结构简单、噪声小、维护工作量小，降低了维修费用。但是，燃料电池所使用的氢燃料具有极大的危险性，储存难度大。

第三节　润滑材料的合理使用

在汽车使用中，虽然润滑材料本身的消耗量不大，但它对于减少摩擦阻力和零件磨损、延长机件的使用寿命和工作可靠性、减少维修工作量及时间,以及提高汽车利用率都有很大影响。由于它间接地影响了运输生产率和运输成本,所以对汽车使用经济性也具有较大影响。

一、发动机润滑油的合理使用

1. 发动机润滑油的作用和性能要求

发动机润滑油的主要作用是润滑、冷却、清洗、密封以及防锈。

由于发动机的工作条件恶劣,要完成上述作用,发动机润滑油应具有良好的使用性能,如一定的黏度和黏度—温度特性、适当的润滑性(油性)、一定的热稳定性和良好的抗氧化安定性、较低的凝点、在氧化燃烧和分解时无胶质沉淀、不含有引起发动机零部件腐蚀和磨损的物质、不含机械杂质和水分等。

2. 发动机润滑油的等级

发动机润滑油可分为汽油机润滑油(汽油润滑油)和柴油机润滑油(柴油润滑油)。

发动机润滑油的质量等级在国外广泛采用美国汽车工程师学会(SAE)黏度分类法和美国石油学会(API)的使用条件分类法。

根据发动机润滑油的黏度,SAE 黏度等级分为 5W、10W、20W、20、30、40、50,其中的字母 W 代表冬季润滑油品种。此外,还有一种全气候润滑油(又称多级润滑油),是用低黏度的基础油加入稠化剂制成的。它用 SAE 等级的双重号码表示,如 SAE 5W/30。这种润滑油在高温时具有 SAE 30 相同的黏度值,而在低温时,它的黏度不超过冬用润滑油 SAE 5W 的黏度值。

根据润滑油的性能和使用场合,API 将润滑油分为汽油机系列 SA、SB、SC、SD、SE、SF;柴油机系列 CA、CB、CC、CD。

我国参照 API 分类法制定了内燃机润滑油质量等级分类标准。根据内燃机的特性和使用场合,将润滑油分为 SB、SC、SD、SE、SF 级汽油润滑油和 CA、CB、CC、CD 级柴油润滑油,以及 RA、RB、RC、RD 级二冲程汽油润滑油。

发动机润滑油的黏度等级在中国按润滑油黏度等级分类,直接采用了美国汽车工程师学会标准 SAE J300。该标准将润滑油的动力黏度分为 11 个黏度等级,见表 3-12。

黏度是润滑油的重要质量指标。润滑及密封作用要求润滑油应有适宜的黏度,使润滑油能在摩擦表面上形成足够厚度的油膜;而冷却及清洗作用则要求用低黏度润滑油。所以,应在综合考虑的基础上,正确地选择润滑油黏度。

黏度太大,流动性不好,起动时输送润滑油慢,油压虽高,但流量小,而使冷起动困难。此时,机件最容易出现短暂的干摩擦或半液体摩擦,容易造成发动机运动件磨损;黏度太大,机件摩擦表面间的摩擦力也就增大,它不仅会增大机件磨损,而且摩擦功增大,致使有效功率降低,燃料消耗增加。黏度太大,由于润滑油的循环速度变慢,使冷却散热作用的效果变差。黏度大与黏度小的润滑油相比,残碳含量较多,酸值和凝点较高,热氧化安定性和黏温性能都要差些。

润滑油黏度太低,油膜易被破坏。在高温摩擦表面上,不易形成足够厚的油膜,机件得不到正常润滑,会增大磨损。同时,密封作用差,不仅使汽缸有效压力降低,润滑油受稀释和污染,而且易使润滑油窜入燃烧室,致使润滑油消耗量增加,燃烧不完全,排气冒黑烟。

因此,在保证发动机良好润滑的前提下,应选用黏度较低的润滑油。只有在负荷大、环境较严重的条件下或发动机本身已磨损严重时,才选用黏度稍大的润滑油,以保证摩擦表面间形成可靠的润滑层,减少机件磨损,保证密封作用。

3. 发动机润滑油的选用

在选用发动机润滑油时,应做到既熟悉各类牌号润滑油的规格性能,又要熟悉发动机的结构特点、强化程度、使用条件、制造年代,才能做到正确选用。

发动机润滑油质量等级的选用,主要根据其工作条件来选择。

1) 汽油机润滑油质量等级的选用原则

目前 SA 和 SB 级润滑油在我国已淘汰,SC 和 SD 级的润滑油也已基本淘汰。

(1) SC 级润滑油适合于中等负荷、压缩比 6.0~7.0 条件下使用的载货汽车、客车的汽油机和其他汽油机,也可用于进口汽车使用 SAE J183 SC 级润滑油的汽油机。它具有较好的清洁性、分散性、抗氧化性和抗腐蚀性。它主要有 5W/20、5W/30、10W/30、15W/40、20W/40、20/20W、30 和 40 等牌号。

(2) SD 级适用于高负荷、压缩比 7.0~8.0 条件下的载货汽车、客车和某些普通乘用车的汽油机,并能满足装有曲轴箱强制换气装置的汽油机的要求,以及要求使用 SAE J183 SD 和 SE 级润滑油的汽油机。按黏度分为 10W、5W/30、10W/30、10W/40、15W/40、20W/40、20W/20、30 和 40 等牌号。

(3) SE 级润滑油适用于压缩比 8.0 以上苛刻条件下使用的轻型汽车和某些载货汽车的汽油机,并能满足装有废气转化装置的汽油机以及国外要求使用 SAE J183SE、SD 和 SC 级润滑油的汽油机,SE 级润滑油适用于 20 世纪 70 年代水平的发动机,如夏利、昌河、大发等。它按黏度分为 5W/30、10W/30、15W/40、20/20W、30 和 40 等六个牌号。

(4) SF 级用于更苛刻条件下使用的乘用车和某些载货汽车的汽油机,也可用于要求使用 SAE J183 中 SF、SE、SD 和 SC 级润滑油的汽油机。它按黏度也分为 5W/30、10W/30、15W/40、20/20W、30 和 40 等牌号。

(5) SG 级用于乘用车和某些货车的汽油机以及要求使用 API SG 级油的汽油机。SG 级油的质量还包括 CC(或 CD)级油的使用性能。该级油品改进了 SF 具有控制发动机沉积物、磨损和油品的氧化性能,并具有抗锈蚀和腐蚀的性能,并可代替 SF、SF/CD 或 SE/CC。

(6) SH 级用于乘用车和轻型货车的汽油机以及要求使用 API SH 级油的汽油机。SH 级油质量在油品的抗氧化性能方面优于 SG 级油,并可代替 SG。

(7) SJ 级可减少积炭的生成,具有优良的抗磨损、洁净分散性,可延长发动机的寿命,降低燃料及润滑油油耗。适用于劳斯莱斯、凯迪拉克、奔驰、宝马、沃尔沃、林肯、雷克萨斯、红旗等高级乘用车。

2) 柴油机润滑油

目前,CA 和 CB 级柴油机润滑油已被淘汰。

(1) CC 级只适用于低增压和中等负荷的非增压柴油机以及一些重负荷汽油机。对于柴油机具有控制高温沉积物和轴瓦腐蚀的性能,对于汽油机具有控制锈蚀、腐蚀和高温沉积物的性能,并可代替 CA、CB 级油。它有 5W/30、10W/30、155W/40、20W/40、20/20W、30、40 等牌号。

(2) CD 级用于需要高效控制磨损和沉积物或使用包括高硫燃料非增压、低增压和增压式柴油机以及要求使用 API CD 级油的柴油机。具有控制轴承腐蚀和高温沉积物的性能，并可代替 CC 级油。如东风中、重型货车柴油发动机装用 CD30、CD40、CD50 或 CD 15W/40、20W/50、10W/30 柴油润滑油，康明斯发动机使用 CD 15W/40、20W/50、10W/30 柴油润滑油。

（3）CD-Ⅱ级用于要求高效控制磨损和沉积物的重负荷二冲程柴油机以及要求使用 API CD-Ⅱ级油的柴油机，同时也满足 CD 级油的性能要求。

（4）CE 级用于在低速高负荷和高速高负荷条件下运行的低增压和增压式重负荷柴油机以及要求使用 API CE 级油的柴油机，同时也满足 CD 级油的性能要求。

（5）CF4 级润滑油用于高速四冲程柴油机以及要求使用 API CF-4 级油的柴油机。在油耗和沉积物控制方面性能优于 CE 级油，该级油品特别适用于高速公路行驶的重负荷货车。它具有更好的高温清洁性、抗氧化性、抗腐蚀性和抗磨性。它有 10W、5W/30、10W/30、15W/30、15W/40、20W/40、20/20W、30、40 牌号。如依维柯专用 CF 10W/30、15W/40 润滑油；奔驰、沃尔沃等大型高级客车、重型载货汽车、高级乘用车也可选用 CF-4/SG 15W/40 润滑油。

发动机润滑油牌号（黏度）选用的一般原则为：

（1）根据发动机的性能，例如大负荷、低转速的发动机选用黏度大些的润滑油；小负荷、高转速的发动机选用黏度小的润滑油。

（2）根据发动机的磨损情况，老旧发动机磨损大，选用黏度大的润滑油；新发动机磨损少，选用黏度小的润滑油。

（3）根据工作地区的气温，夏季南方使用的发动机，选用黏度大一些的润滑油，而冬季北方选用黏度小的润滑油。

润滑油的使用温度应比其凝点高 6~10℃，以防止润滑油的黏度显著增大，而使机件过度磨损或损坏。润滑油黏度等级与环境温度的关系见表 3-13。

润滑油黏度分级与环境温度的关系 表 3-13

环境温度（℃）	-40~-18	-25~0	-20~5	-15~10	15~20	-20~18
适宜的黏度等级	5W/20	10W	15W	20W	20	5W/20
环境温度（℃）	-20~35	-20~35	-20~28	-20~20	-15~35	0~30
适宜的黏度等级	10W/40	10W/30	10W/20	15W/40	30	40
环境温度（℃）	10~50	-35~35	-35~28	-15~20	-5~35	
适宜的黏度等级	50	5W/40	5W/30	20W/20	20W/40	

我国地域辽阔，各地气候差异较大，就是同一地区不同季节气温差别也很大。因此，在选用润滑油时，可参照中央气象局编《石油产品标准的气温资料》的各地风险率为 10% 的最低气温（℃），见表 3-14。表 3-14 不仅为正确使用油料提供了依据，而且为汽车使用部门在各种使用条件下驾驶车辆、节省燃料提供了参考数据。

各地风险率为 10% 的最低气温（℃） 表 3-14

地区	月份											
	1	2	3	4	5	6	7	8	9	10	11	12
河北	-14	-13	-5	1	8	14	19	17	9	1	-6	-12
山西	-17	-16	-8	-1	11	15	13	6	-2	-9	-16	

续上表

地区	月份											
	1	2	3	4	5	6	7	8	9	10	11	12
内蒙古	-43	-42	-35	-21	-7	-1	4	1	-8	-19	-32	-41
黑龙江	-44	-42	-35	-22	-6	1	7	4	-6	-20	-35	-43
吉林	-29	-27	-17	-6	1	8	14	1	2	-5	-17	-26
辽宁	-23	-21	-12	-1	6	12	18	15	6	-2	-12	-20
山东	-12	-12	-5	2	8	14	19	18	11	4	-4	-10
江苏	-10	-9	-3	3	11	15	20	20	12	5	-2	-3
安徽	-7	-7	-1	5	12	18	20	20	14	7	0	-6
浙江	-4	-4	-1	6	13	17	22	21	15	8	2	-3
江西	-2	-2	3	9	15	20	23	23	18	12	4	0
福建	-4	-2	3	8	14	18	21	20	15	8	1	-3
广东	1	2	7	12	18	21	23	23	20	13	7	2
广西	3	3	8	12	18	21	23	23	19	15	9	4
湖南	-2	-2	3	9	14	18	22	21	16	10	4	-1
湖北	-6	-4	0	6	12	17	21	20	14	8	1	-4
河南	-10	-9	-2	4	10	15	20	18	11	4	-3	-8
四川	-21	-17	-11	-7	-2	1	2	1	0	-7	-14	-19
贵州	-6	-6	-1	3	7	9	12	11	8	4	-1	-4
云南	-9	-8	-6	-3	1	5	7	7	5	-1	-5	-8
西藏	-29	-25	-21	-15	-9	-3	-1	0	-6	-14	-22	-29
新疆	-40	-38	-28	-12	-5	-2	0	-2	-6	-14	-25	-34
青海	-33	-30	-25	-18	-10	-6	-3	-4	-6	-16	-28	-33
甘肃	-23	-23	-16	-9	-1	3	5	5	0	-8	-16	-22
陕西	-17	-15	-6	-1	5	10	15	12	6	-1	-9	-15
宁夏	-21	-20	-10	-4	2	6	9	8	3	-4	-12	-19

摘自中央气象局编《石油产品标准的气温资料》,不含我国台湾地区。

在不断改进传统润滑油各项性能的同时,一些拥有纳米技术的新型润滑油也被应用。这种润滑油中的纳米材料可以穿过金属表面间隙进入金属表面内成为一层壁膜进行润滑,而不是靠油膜来润滑。这种纳米润滑油突破了传统润滑油的概念,具有独特的热激活特性。它所形成的离子保护膜能减少99%的金属摩擦,可低温起动并可延长更换润滑油的时间。

4. 发动机润滑油的油性

油性是润滑油的另一项重要质量指标。发动机正常运转时的润滑基本上是液体润滑,主要依赖于润滑油的黏度性能。当发动机起动和停车时,活塞往复运动的速度和负荷急剧变化时,高温和润滑油黏度过小及润滑油量供应不足时,摩擦表面之间很难保持连续润滑油层,液体摩擦会过渡到半液体摩擦或干摩擦状态,中间经过边界润滑。边界润滑时,润滑效果已不再由润滑油层的黏度所决定。此时,润滑油保持一层薄的坚韧而又连续的油膜,称为边界油层,以避免干摩擦的产生。保持边界油层的性能称为润滑油的油性或润滑能力,又称润滑性。油性与黏度之间,一般无直接的关系,但对于烃类润滑油,黏度大的润滑油具有较好的油性。润滑油中含有机械杂质和水分时,会降低润滑薄膜强度的均匀性,因而使油性变坏。

为了改善使用性能,延长更换润滑油周期,润滑油中加有降凝、抗氧、抗腐、浮游性等多种添加剂。这些添加剂中有的是良好的乳化剂,当与水充分混合后,会使油品乳化变白而失效。

另外,为了减小在混合和边界润滑条件下的润滑表面之间的摩擦,润滑油加有摩擦改进剂,主要有有机摩擦改进剂、金属摩擦改进剂和固体润滑剂。

5.发动机润滑油的更换

润滑油在使用过程中,由于机械杂质的污染,润滑油被稀释和高温氧化,品质逐渐变坏。机械杂质的来源包括由空气带进发动机内的灰尘和砂粒、摩擦机件表面磨削下的金属屑粒、燃料燃烧后所产生的其他杂质(如积炭)等。

在发动机工作中,尤其是汽油机在低温状态下工作时,部分未蒸发燃料的重馏分、由进入曲轴箱的废气中的水蒸气冷凝而成水汽进入润滑油内,从而使润滑油被稀释。

润滑油在高温下的氧化作用,使自身理化指标降低而老化,形成氧化物和氧化聚合物。润滑油分子的氧化会生成有机酸,氧化聚合物作用会使润滑油颜色变黑、黏度变大,并腐蚀机件。

润滑油品质变坏,使零件磨料磨损严重,并产生腐蚀磨损,以及氧化聚合物导致在发动机零件上生成积炭、胶膜和沉积物等。

发动机润滑油的更换一般根据行驶里程定期更换,也可根据发动机润滑油使用性能按质更换。由于后者需测试润滑油使用性能,增加养护成本和花费时间,很少被采用。

据统计,国内外发动机润滑油更换里程为 5000~8000km(或半年),以 7500km 居多。确定润滑油更换里程应综合考虑润滑油使用性能等级、发动机技术状况和汽车运行条件。

为了延长润滑油使用寿命,在更换润滑油时,应将废油放尽;加强曲轴箱通风和保持发动机温度正常,防止油气、水汽冷凝污染;润滑油温度不可过高,以免润滑油变得过稀和加速氧化变质;加强对润滑系统的维护等。

二、汽车齿轮油的合理使用

1.汽车齿轮油工作条件和主要要求

齿轮油的作用是润滑汽车传动系统如变速器、分动器、驱动桥及转向器等传动机件。

齿轮油工作时,由于轮齿工作面不断变换,温度升高不剧烈,所以它的工作温度一般为 10~80℃;其次齿轮油承受很高的压力作用。齿轮在传动时,齿之间啮合部分的单位压力高达 $(196~245)\times 10^4$ kPa,而双曲线齿轮单位压力可达 $(294~392)\times 10^4$ kPa。此外,由于齿轮油在速度变化大、回转次数多的条件下工作,因而齿轮油易于由齿间的间隙中被挤出,产生半液体摩擦。

对齿轮油的要求是:在齿与齿之间的接触面上,能形成连续坚韧的油膜,即具有高的油性和良好的极压性,使传动机件之间维持有韧性的边界油层,保证传动机件磨损小和预防其磨伤;此外,齿轮油还应具有良好的黏温特性,以保证动力传动机构的摩擦损耗较小,提高传动效率,保证汽车易于起步(尤其是冬季冷起动)。

2. 汽车齿轮油的选用与合理使用

1)汽车齿轮油的分级

汽车齿轮油大都按 SAE 黏度分类和 API 使用性能分类,见表 3-15。SAE 黏度分类把齿轮油分为 75W、80W、85W、90、140、250 等牌号,API 性能分类分为 GL-1~GL-6 共 6 个质量等级。齿轮油发展的趋势是低黏度化、多级化和长寿命化。为了节省能源,降低燃料消耗,应选用较低黏度的齿轮油和大跨度的多级油。为了提高齿轮油的质量,延长换油周期,除了提高基础油的精制程度外,普遍使用以硫化烯烃为主的硫磷型极压剂。它比硫—磷—氯—锌型极压剂有良好的热氧化安全性、抗磨极压性和防腐性能,因而适合于更苛刻的工况下使用,并可延长使用寿命。

车辆齿轮油 API 使用性能分类　　　　表 3-15

分　类	使用说明	用　途
GL-1	在低齿面压力、低滑动速度下的汽车螺旋锥齿轮、蜗轮式驱动桥以及各种手动变速器规定用 GL-1 级齿轮油。蒸馏矿物油能满足这类情况的要求,可以加入抗氧剂、防锈剂和消泡剂改善其性能,但不加摩擦改进剂和极压剂	汽车手动变速器,包括拖拉机和载货汽车手动变速器
GL-2	汽车蜗轮式驱动桥,由于其负荷、温度和滑动速度的状况,用 GL-1 齿轮油不能满足要求,规定用 GL-2 级齿轮油。通常都加有脂肪类物质	蜗杆传动装置
GL-3	滑动速度和负荷比较苛刻的汽车手动变速器和螺旋锥齿轮的驱动桥规定用 GL-3 级油。这种使用条件要求润滑油的负荷能力比 GL-1 和 GL-2 级油高,但比 GL-4 级油要低	苛刻条件的手动变速器和螺旋锥齿轮的驱动桥
GL-4	在低速高转矩、高速低转矩下操作的各种齿轮,特别是大型客车和其他各种车用的双曲线齿轮,规定用 GL-4 级齿轮油。适用于其抗擦性能等于或优于 CRC RGO-105 参考油	手动变速器、螺旋锥齿轮和使用条件不太苛刻的双曲线齿轮
GL-5	在高速冲击负荷、高速低转矩、低速条件下操作的各种齿轮,特别是大型客车和其他车用的双曲线齿轮,规定用 GL-5 级齿轮油。适用于其抗擦性能等于或优于 CRC RGO-110 参考油	适用于操作条件缓和或苛刻的双曲线齿轮及其他各种齿轮,也可用于手动变速器
GL-6	在高速冲击条件下运转的乘用车和其他车辆的各种齿轮。特别是大偏移距的双曲线齿轮,偏移距大于 50nm 或接近大齿轮直径的 25%,规定用 GL-6 级齿轮油,其抗擦性能应等于或优于参考油 L-1000	

我国车辆齿轮油按黏度等级和质量等级分类。参照 API 的分类标准,根据齿轮的型式和负载情况,我国将车辆用齿轮油划分为普通车辆齿轮油、中负荷车辆齿轮油、重负荷车辆齿轮油三个等级。其中,普通车辆齿轮油相当于 API GL-3,中负荷车辆齿轮油(GL-4)相当于 API GL-4,重负荷车辆齿轮油(GL-5)相当于 API GL-5。齿轮油的黏度,根据齿轮油低温黏度达 150000MPa·s(超过该黏度,容易引起齿轮损伤)时的最高温度和 100℃时的黏度(mm^2/s),分为 70W、75W、80W、85W、90、140、250 黏度标号,见表 3-16。

齿 轮 油 标 准　　　　表 3-16

黏度牌号	黏度 1.5×10^5 时最高温度（℃）	100℃时最小运动黏度（mm²/s）	黏度牌号	黏度 1.5×10^5 MPa.s 时最高温度(℃)	100℃时运动黏度（mm²/s）	
					最小	最大
70W	-55	4.1	90	…	13.5	小于24.0
75W	-40	4.1	140	…	24.0	小于41.0
80W	-29	7.0	250	…	41.0	—
85W	-12	11.0				

普通车辆齿轮油(GL-3)，以石油润滑油、合成润滑油及石油润滑油和合成润滑油混合组分为原料，并加入抗氧剂、防锈剂、抗泡剂和少量极压剂等制成，适用于中等速度和负荷比较苛刻的手动变速器和螺旋锥齿轮主减速器。按黏度分为80W/90、85W/90 和 90 牌号。

中负荷车辆齿轮油(GL-4)，以精制矿油加抗氧剂、防锈剂、抗泡剂和极压剂等制成，适用于在高速低转矩及低速高转矩下工作的乘用车和其他车辆的各种齿轮，特别是准双曲面齿轮。

重负荷车辆齿轮油(GL-5)，按黏度分为 75W、80W/90、90、85W/140、85W/90 等牌号。它以精制矿油加抗氧剂、防锈剂、抗泡剂和极压剂等制成，适用于比 CLD 更恶劣的工作环境的各种齿轮。例如，高速冲击负荷、高速低转矩和低速高转矩下工作的各种齿轮，特别是乘用车和其他各种车辆的准双曲面齿轮。

2）汽车齿轮油的选用

（1）质量等级选用。中等速度和负荷比较苛刻的齿轮或螺旋齿轮选用普通车辆齿轮油，如 CA1091 等车型的变速器和转向器选用普通车辆齿轮油；低速大转矩或高速低转矩下工作的齿轮及使用条件不太苛刻的准双曲线齿轮选用 GL-4 级，如 BJ2022、EQ-1090E、EQ2090 等车的变速器；高速冲击负荷、高速低转矩和低速高转矩下工作的齿轮及使用条件缓和或苛刻的准双曲线齿轮选用 GL-5 级，如捷达、红旗、奥迪、夏利、桑塔纳、切诺基等车型的变速器和驱动桥。

某些重型工程车辆驱动桥的主减速器齿轮为双曲线齿轮，齿面压力可达 $(2～4) \times 10^6$ kPa，齿面滑动速度达 8～10m/s 以上，油温最高达 120～130℃，齿面接触压力也很高。这种车辆主减速器选用 GL-5 级齿轮油。

（2）牌号选用。齿轮油的黏度应根据外界气温条件进行选择，要求所选齿轮油的黏度达到 150000MPa·s 时的最高温度不得高于环境温度。江南地区以及冬季气温不低于 -10℃的地区，全年可使用 90 号齿轮油；气温特别高时（或大功率或柴油车等）才使用 140 号齿轮油；在江北地区全年都可使用 85～90 号齿轮油；气温低于 -26℃的地区冬季应使用 75 号齿轮油。

（3）齿轮油更换。车辆齿轮油在使用中性能逐渐劣化，对车辆齿轮油的更换通常采用定期更换。一般载货汽车行驶 24000km、乘用车行驶 30000～40000km，更换一次齿轮油。南京依维柯行驶 60000～65000km，需更换齿轮油。

（4）齿轮油使用注意事项。必须严格按车辆使用说明书的规定，正确选用齿轮油；齿轮油加注要适量，加注量不足，润滑不良，磨损增加；加注过多，增加动力损失和造成密封漏油。注意，双曲线齿轮的驱动桥必须选用双曲线齿轮油，否则会造成齿轮的早期严重磨损；不可采取掺兑柴油将齿轮油兑稀,否则会造成齿轮咬伤。

三、汽车润滑脂的合理使用

润滑脂(俗称黄油)是介于液体与固体之间的半流动的塑性物质。因而,润滑脂既有固体的特性,也有液体的特性。

润滑脂能长时间附在金属表面上不流失,并且易于涂着和清除;在垂直表面上也有保持足够厚层的能力,使被涂抹的物件与空气隔绝,可以作为轻金属的保护材料和密封材料;也可以使用在难以密封的摩擦面上,以及难以及时有规律加注润滑剂的摩擦副中,如汽车轮毂、闭式滚动轴承等。

对每一种润滑脂,当载荷超过一定值时,会产生类似液体的黏性流动。但润滑脂的黏度不像一般液体那样,在同一温度下有固定的黏度值,而是随着它的变形速度,表现出不同的黏度。例如,润滑脂层相互间的相对位移速度增加时,润滑脂的黏度明显降低。因此,随着润滑机件速度的增加,润滑脂的黏度显著降低。这种现象影响了润滑脂的使用性能。但润滑脂的黏度指数远较润滑油大得多,温度变化而黏度很少变化。这是润滑脂重要而良好的使用性能,所以在变温条件下工作的摩擦面使用润滑脂更为有利。

润滑脂不能经过摩擦而循环流动。因此,它不能把热量从摩擦面带走,也就不具备液体润滑的冷却作用。这就限制了润滑脂摩擦面的最高温度。

润滑脂是在润滑油中加入稠化剂制成的。润滑脂实际上是稠化的润滑油,在常温下呈黏稠的半固体膏状。其主要成分是润滑油、稠化剂和添加剂。其中润滑油是主要成分,含量占80%~85%,因此润滑脂的性能主要取决于润滑油的性质。如用黏度小的润滑油可使润滑脂柔软细腻,用黏度大的润滑油可使润滑脂具有很强的附着能力。

稠化剂在润滑脂内形成海绵或蜂窝状的结构骨架,使之成为膏状物质。

稠化剂的含量和性质决定了润滑脂的黏度程度、耐水性和耐热性等,含量越多,润滑脂越黏稠。稳定剂是润滑油和皂类稠化剂的结合剂,起稳定油皂结合的作用。

添加剂用来改善润滑脂的使用性能,例如,清净分散润滑油中氧化物,中和其酸性以防止胶质沥青等悬浮物;抗氧化、防腐蚀;促进在金属表面的吸附以降低摩擦系数;其含有的硫、磷、卤素等元素的有机化合物在摩擦条件下分解出活性元素,并与金属表面发生反应形成低剪切强度的表面膜,从而提高摩擦副承载能力和降低摩擦与磨损;降低凝点,改善低温流动性;降低低温时黏度和增加高温黏度的黏度指数;防锈作用以保护金属表面。

我国润滑脂的分类采用国际标准(ISO)的分类方法,把润滑脂的稠度分为9个等级。汽车常用润滑脂有钙基润滑脂、钠基润滑脂、钙钠基润滑脂、石墨钙基润滑脂、工业凡士林、二硫化钼润滑脂、复合钙基润滑脂和锂基润滑脂等。各种润滑脂按针入度分为几种牌号。号数越大,脂质越硬,滴点也越高。

随着汽车工业的发展,对润滑脂的要求越来越苛刻。楔形制动器和盘式制动器,轮毂轴承要求润滑脂在149℃使用温度下润滑周期长达3年,甚至要求耐204℃的高温,为此陆续开发了优质锂基润滑脂、复合铝—膨润土混合基润滑脂、复合锂基润滑脂和聚脲基润滑脂等。

润滑脂在实际使用中应注意事项如下:

(1)工作温度。被润滑部位的最低工作温度应高于润滑脂的低温界限,否则会加大阻力;最高温度应低于高温界限,否则会因润滑脂流失而失去润滑能力。

(2)水污染。包括环境条件和锈蚀性,应根据使用要求,综合考虑来确定润滑脂的等级。

(3)负荷。根据单位面积所受压力的大小确定,选用非极压型(A)或极压型(B)润滑脂。

(4)合理润滑。例如,对轮毂轴承润滑应只填满轴承,空腔涂一层润滑脂防锈;夏季山区行车时,选用耐温性好的钙钠基润滑脂或锂基润滑脂。

(5)合理选用润滑脂的品种、稠度牌号。合理选用润滑脂是一项重要的节能措施。合理润滑可充分发挥机械效率,减轻磨损,延长零部件寿命,减少润滑脂消耗,提高汽车运输效率。在保证润滑的条件下,选用低号牌的润滑脂。

(6)尽量选用寿命长的多效锂基润滑脂。实践证明,用多效锂基脂取代钙基脂,汽车轮毂轴承的维护周期将从6000km延长至12000km以上,润滑脂的消耗量可节省50%以上。冬季应选用低温润滑脂,在 $-30 \sim 120℃$ 的范围内使用锂基润滑脂。在冬季严寒地区应选用酰胺润滑脂和无水钙基润滑脂。

(7)弹簧钢板使用石墨润滑脂可延长寿命一倍以上。

四、润滑油的再生

为了节省润滑油,常将更换下来的润滑油(废油)收集起来,经过再生后再行使用。废油必须按品种、牌号分别收集和存放,并避免灰尘、污物或水分浸入。否则,将使油质更加变坏,影响再生质量。

废油再生工艺和装置有多种,但基本过程包括粗滤、蒸馏、接触和精滤四个步骤。粗滤是通过沉淀,除去机械杂质;蒸馏是除去燃料和水分;接触是通过白土处理,除去胶质及沥青质;精滤是分离白土以及其他固体杂质的过程。

再生润滑油的黏度较小,炭渣值较高,而酸值和灰分都有所增加。为改进性能,再生润滑油应与新鲜润滑油混合使用,新鲜润滑油的含量不应少于50%,最好是75%。使用再生润滑油时,容易变质,产生胶质及其他现象,因此应特别注意发动机的工作情况和润滑油的质量变化,进行换油。

第四节 轮胎的合理使用

轮胎是在各种车辆或机械上装配的接地滚动的圆环形弹性橡胶制品。通常安装在金属轮辋上,能支承车身,缓冲外界冲击,实现与路面的接触并保证车辆的行驶性能。

轮胎的性能对汽车动力性、制动性、行驶稳定性、平顺性、越野性和燃料经济性等都有直接影响。一辆新载货汽车的轮胎价值约占全车价值的1/5;在汽车运输过程中,轮胎费用也占10%左右。随着汽车技术的发展,轮胎的规格、品种繁多,轮胎的性能日益改善。轮胎的使用寿命也在一个很大的范围内变动,基本上在6万~8万km之间变化。因此,正确使用和维护轮胎,延长轮胎的使用寿命,不仅对节约橡胶、降低汽车运输成本具有重要意义,对汽车的使用经济性影响较大。

一、轮胎的类型和特点

1. 轮胎的类型

按轮胎的用途可分为乘用车轮胎、公路用货车和大客车轮胎(包括无轨电车轮胎和挂车轮胎)以及越野汽车轮胎三种。

按轮胎的胎体结构可分为实心轮胎、充气轮胎和特种轮胎等。

实心轮胎的缓冲性能(指轮胎靠本身的弹性缓和路面冲击的能力)由橡胶层的弹性决定。这种轮胎仅用于沥青混凝土路面干线道路行驶的低速汽车、重型挂车或军用车上。

充气轮胎分为有内胎和无内胎两种结构;按胎体中帘线的排列方向不同,分为普通斜线轮胎、子午线轮胎和带束斜交轮胎等;按轮胎的内气压不同,又可分为超低压轮胎、低压轮胎和高压轮胎等。充气轮胎的缓冲性能90%~92%取决于胎内的压缩空气的弹性,而仅有8%~10%取决于胎壁的弹性。

按轮胎的断面形状可分为普通轮胎、宽面轮胎、拱形轮胎和椭圆形轮胎。

2. 轮胎的组成

轮胎的主要组成部分是轮胎的骨架,承受耐压负荷和工作负荷,由挂胶帘布贴合构成。帘布层数是根据负荷和所需耐压的大小、轮胎的形式和用途确定的。内层帘布的经线密度较密,以保持较高的强度;外层帘布层的经线密度较稀。在胎体外层的几层帘布间还增加了中间隔离胶层,以保持较高的附着力与柔软性。

帘布层可用棉线、人造丝、聚酰纤维及钢丝等不同材料制作。

棉帘布强度低,受热时强度显著下降(120℃时,其强度降低30%~50%),而且不能很好地跟随轮胎工作时所产生的复杂多变的载荷。为了提高强度,需增加帘布的层数。这将导致轮胎质量增加(帘布层质量占30%~35%)和滚动阻力系数的增大。

人造丝帘布具有较高的物理机械性能(在相同强度下,其厚度可较棉线帘布薄25%),并且具有强度的均匀性和稳定性(在温度120℃时,其强度降低10%~12%),且能减少滚动时的能量损失。由于人造丝帘布能抵抗各种变形,因而比棉帘布轮胎的耐久性好(可提高60%~70%)。人造丝帘布也有缺点,如圈套在受潮时强度下降较棉帘布大,以及由于残余变形,而使帘布不能较好地与橡胶结合。

目前,广泛采用的帘布材料是聚酰纤维(卡普纶、披尔纶、尼龙)。在其厚度较棉帘布减少40%的条件下,卡普纶帘布的强度约是棉帘布的两倍。披尔纶、龙尼的强度还要大些。用聚酰胺纤维制成的帘布层还具有较好的热稳定性,显著小的吸热性(为棉帘布的1/3)和受潮后强度降低等特性。

钢丝帘布是用直径为0.15mm的多股钢丝绞成粗0.86~0.88mm的帘线织成。帘线的扯断力约为800N(棉帘线的10倍)。有的使用直径为1.15mm的帘线,其扯断力约为1550N。金属帘布层除具有较高的强度、良好的导热性、热稳定性及抗潮性。但是,钢丝与橡胶的结合性能差,尚需进一步改进(例如,钢丝镀锌、镀铜)。钢丝帘线的采用,使轮胎帘布层的层数大为减少(仅1~4层)。例如,重型载货汽车和越野汽车的轮胎,可采用2~4层的钢丝帘布层代替10~14层的非金属帘布层,减少了橡胶的消耗,减轻了轮胎的质量。

帘布层中的帘线都与轮胎的子午断面呈一定角度β排列(β称胎冠角)。β角对轮胎的性能有很大影响,β角增大将使轮胎的侧面、径向和切向刚性增大。轮胎侧向刚性的增大,将改善汽车的行驶稳定性。但是,轮胎径向刚性的增大,使缓冲性能变差。此外,β角的增大,将使汽车直线运动时的滚动损失加大。

3. 不同结构轮胎的特点

普通斜线轮胎的结构特点是相邻帘布层帘线交错排列着,所以帘布层的层数都是偶数,且具有一定的胎冠角。为了兼顾轮胎的侧向刚性和缓冲性能,一般取 $\beta = 50° \sim 52°$;高速行驶乘用车的普通斜线胎,取 $\beta = 58° \sim 60°$ 为宜。

子午线轮胎的结构特点是帘线呈子午向排列(胎冠角 $\beta = 0$)。这样,帘线的强力优势得到充分利用,帘线所承受的负荷比普通斜线轮胎小,故子午线轮胎的帘布层比普通斜线轮胎减少 40% ~ 50%。又因帘线不是交错排列着的,所以帘布层数也可以是奇数。

此外,由于子午线轮胎的胎体帘线间靠橡胶实现轮胎圆周方向的联系,因而胎体和胎面之间需要环形带(硬缓冲层或称箍紧层)来加强胎冠。

某地利用分别装用斜交轮胎和子午线轮胎的八组大客车的对比试验结果表明,安装子午线轮胎大客车的轮胎平均磨损量降低 42.4%,轮胎维修费用节约 40.4%,车辆完好率提高 3.8%,按 100t·km 计算,节约燃料费用 11.08%。

由于子午线轮胎的结构特点,使得与普通斜线轮胎相比具有以下的优势:

(1)使用寿命长。由于胎体帘线和缓冲层帘线交叉于三个方向,这样就形成了许多密实的三角形网状结构,阻止了胎面周向和侧向伸缩,从而减少了胎面与路面间的滑移;又因胎体的径向弹性大,如图 3-14a)所示,接地面积大,对地面的单位压力小,使胎面磨耗小,耐磨性强,行驶里程比普通斜线轮胎高 50% ~ 100%。

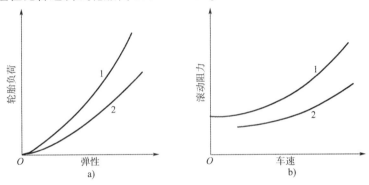

图 3-14 子午线轮胎与斜交轮胎的比较

(2)滚动阻力小。由于胎冠具有较厚而坚硬的缓冲层,轮胎滚动时胎冠变形小,消耗能量少,生热低。因胎体帘布层数少,胎侧较薄,所以其滚动阻力比普通斜线轮胎小 20% ~ 30%,如图 3-14b)所示。因此,不仅可以提高汽车行驶速度,而且还可提高汽车的燃料经济性,一般可降低汽车耗油量 3% ~ 8%。

(3)附着性能好。这是因为胎体弹性好,接地面积大,胎面滑移小的缘故。

(4)缓冲性能好。因为胎体径向弹性大,可以缓和不平路面的冲击,并吸收大部分冲击能量,改善了汽车行驶平顺性。

(5)负荷能力大。由于子午线轮胎的帘线排列与轮胎主要的变形方向一致,因而使其帘线强度得到充分有效的利用。故这种轮胎一般比棉帘布普通斜线轮胎能承受的负荷高。例如,具有一层钢丝帘布层的 9.00-20 型子午线轮胎的负荷能力为 18000N,而具有 10 层棉帘布层的同类型普通斜线轮胎的负荷能力仅为 15000N。

子午线轮胎的缺点是胎侧薄,变形大,胎侧与胎圈受力比普通斜线轮胎大。因而,胎面与胎侧的过渡区及轮辋附近易产生裂口;同时,由于胎侧变形大,其行驶稳定性较差;由于子午线轮胎的径向弹性、周向滑移与普通斜线轮胎不同。因此,子午线轮胎不能与普通斜线轮胎混装在同一辆汽车上。

带束斜交轮胎和普通斜线轮胎一样,相邻帘布层的帘线交错排列成人字形,帘布层为偶数。其胎冠角 $\beta < 25°$,而带束层(缓冲层)的帘线角度大于 $60°$,带束层的宽度大约为胎面宽度。帘布层数较子午线轮胎多,较普通斜线轮胎少。这种轮胎可看作是普通斜线轮胎的改进。上述帘线的角度,将导致胎体与带束之间的这样分工:作用于轮胎的侧向力大部分由胎体承受,纵向分力则大部分由带束承受。

因此,带束斜交轮胎的性能介于普通斜线轮胎和子午线轮胎之间。其耐磨性和缓冲性能均不如子午线轮胎,寿命也不如子午线轮胎高。但是,由于其胎侧较子午线轮胎坚硬,轮胎的横向偏离较小,所以,汽车的行驶稳定性较子午线轮胎好。

二、轮胎的合理使用

合理使用轮胎,可降低轮胎磨损,防止不正常的磨损损坏,延长轮胎的使用寿命,也可以达到提高汽车使用经济性的目的。

1. 合理搭配

轮胎应按照规定车型配装,并根据行驶地区道路条件选择适当的胎面花纹。要求在同一轴上装用厂牌、尺寸、帘线层数、花纹相同、磨耗程度相同的轮胎。同一名义尺寸的不同厂牌的轮胎,其实际尺寸有所差别,轮胎尺寸大小不一致,会产生高低不一,承受负荷不均衡,附着力不一样,磨耗不均匀。胶面花纹不同,与地面附着系数不同,同样会造成磨耗程度的差别。因此,不能将外周尺寸大小悬殊、花纹不相同的轮胎混装使用。

翻修轮胎一般都装在后轴上使用,前轴上装新轮胎,以确保行车安全。

应尽量实行整车换轮胎,搞好轮胎换位。备胎是作临时替用,且长时间挂在车上,橡胶易老化。因此,可选择一条质量相当、花纹一致的同类旧轮胎或翻新轮胎做备胎使用。

2. 及时掌握胎压

轮胎工作气压直接关系汽车行驶的安全性和经济性。

轮胎制造厂在设计各种规格的轮胎时,都规定了其最大负荷量和相应的充气压力,使用时应按轮胎规定的气压标准进行充气,否则,将造成轮胎早期磨损和损坏。

轮胎气压低于标准值行驶时,其径向变形增大,轮胎两侧将发生过度挠曲,胎侧内壁受压,胎侧外壁受拉,胎体内的帘线产生较大的变形和交变应力。周期性的压缩变形,会加速帘线的疲劳损坏。变形也使轮胎帘布层和轮胎与地面间相对滑移增大,摩擦产生的热量多,轮胎温度急剧上升。轮胎的应力增大和温度升高,降低了橡胶的抗拉强度,使帘线松散和局部脱层,在遇有障碍受到冲击时,极易爆破。轮胎气压过低,轮胎在接触面上的压力不均匀,轮胎向里弯曲,胎面的中部负荷要小一些,因而胎面的边缘负荷急剧增大,使材料的应力增大,有时称这种现象为"桥式效应"。产生"桥式效应"时,胎面磨耗不均匀,胎冠的中部几乎保持不变,而胎肩部分严重磨损,通常形成齿状或波浪状,这是胎压过低时轮胎磨损的特征。

在胎压过低时,轮胎花纹凹部最易嵌入道路上的短钉和碎石,引起机械性损伤。并装的双胎在低压下行驶时,由于胎侧屈挠变形特别大,两个并装轮胎之间的胎侧易接触,相互摩擦而磨损和生热,然后磨坏胎体;若并装双胎中有一只轮胎气压过低时,负荷将由另一只轮胎全部承担而超载,加剧轮胎的损坏。

轮胎气压过低,使滚动阻力加大,增加燃料的消耗。试验表明,当汽车的各轮胎的气压均较标准降低 49kPa,则会增加 5% 的油耗;仅一侧两个轮胎较标准降低 49kPa,则油耗增加

2.5%；前轮一只轮胎较标准降低 49kPa，则油耗增加 1.5%。当轮胎气压低于标准的 20% ~ 25% 时，就会减少 20% 的轮胎行驶里程，相应增加 10% 的油耗。

轮胎气压高于标准行驶时，将使轮胎的帘线受到过度伸张，胎体帘线的应力增大，帘线疲劳过程加快，引起帘线拉断，造成轮胎早期爆破。胎压过高时，轮胎与路面的接触面积减小，增加了单位面积上的负荷，将加速胎冠中部的磨耗，这是胎压过高时轮胎磨损的特点。并装双轮胎中的一只胎压过高，特别是内侧轮胎气压过高，受道路拱形路面的影响，更易造成超载而早期损坏。胎压过高还会使汽车平顺性变差，加速汽车部件的磨损和损坏。在不平路面上行驶时，胎压过高，汽车振动加剧，汽车垂直位移增加而消耗能量，使汽车的燃料消耗增加。

试验表明，轮胎气压过低或过高，轮胎的使用寿命都会缩短。由图 3-15 可见，轮胎气压降低 20%，轮胎的使用寿命会缩短 15%。

3. 严禁超载

当汽车超载或偏载时，容易引起轮胎过载。超载时轮胎损坏的特点和胎压过低行驶时的损坏相似，但超载时轮胎损坏更严重。这是因为超载轮胎的胎体帘线的应力加大，使轮胎材料的疲劳强度下降，产生热量大（特别是胎肩），而且轮胎与路面接触面积上的压强增大，分布更不均匀。由于超载轮胎的胎侧承受应力过大，轮胎材料的疲劳和强度降低更快，胎侧最容易出现帘线折断或爆破。

超载的轮胎碾压障碍物时，有时会形成十字形、直线形及 Y 形胎冠爆破。当悬架的弹簧变形时，超载可能使轮胎与车身相接触，造成轮胎早期磨损。

实践表明，轮胎超载 20%，寿命降低 30%，滚动阻力增加 40%。超载不可避免地造成轮胎早期损坏和报废，轮胎负荷对使用寿命的影响如图 3-16 所示。

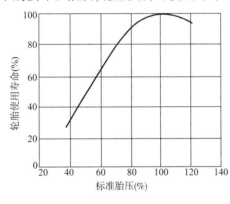

图 3-15 轮胎气压与使用寿命的关系

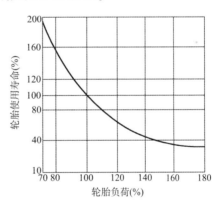

图 3-16 轮胎负荷与使用寿命的关系

轮胎超载时不得采用提高胎压方法进行补偿，否则会引起胎体帘线的应力显著增大，造成轮胎的早期报废。

4. 合理控制车速

随着车速的增加，轮胎的变形频率、胎体的振动以及轮胎的圆周和侧向扭曲变形（即形成驻波）也随之增加。当车速达到某一速度时，此能量大部分转换成热量，使轮胎的工作温度和气压升高，加速老化。此外，车速过高，胎体受力增加，还容易产生帘布层破裂和胎面剥落现象，严重时造成轮胎爆裂，这在高速公路行驶时是非常危险的。据统计，我国高速公路交通事故 30% 以上（甚至达 80%）都是因爆

轮胎驻波（动画）

胎引起的。车速越高,轮胎所受动载荷越大,在不平路面上更为严重,因此控制车速是非常必要的。行车速度对轮胎的使用寿命的影响如图 3-17 所示。

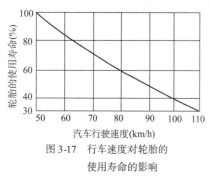

图 3-17 行车速度对轮胎的
使用寿命的影响

5. 注意胎温

轮胎的工作气压应与胎温相适应。汽车在行驶时,其轮胎断面产生变形,而形成挠曲变形,轮胎产生内部摩擦,引起轮胎发热,胎温升高,胎内气体受热膨胀,致使胎压升高。

胎温升高,对轮胎的使用寿命有很大影响。它会使橡胶老化,降低物理性能,产生龟裂,同时还会发生胎体帘布层脱层以致破坏。当胎温超过 95℃,就有爆破危险。试验表明,轮胎内部的温度与轮胎的负荷和速度的乘积成正比,与轮胎的厚度平方成反比。在负荷和胎压正常的情况下,轮胎升温的主要原因是天气炎热,散热条件差。

路面温度每上升 10℃,行驶时轮胎温升应控制下降 10℃。我国北方地区冬季时间长,气温较低,每年从 11 月中旬至次年 3 月上旬,大气温度大都低于 13℃,从而有利于充分发挥轮胎的最佳性能,可适当增加轮胎的气压 29～49kPa。短途运输也可参考这个数值。但在炎热的夏季,轮胎内的摩擦产生的热量不易散发,应适当降低轮胎的充气压力。所以,夏季行车时,要特别注意爆胎问题。在行驶中如果发现胎温过高,应将汽车停在阴凉地点,待胎温降低后再继续行驶,不得采用泼冷水或放气降压。

不同车速下温度对轮胎的使用寿命影响是不同的,试验表明,以车速为 55km/h 行驶,当气温为 22℃时,轮胎的使用寿命为 100%;当气温上升至 36℃时,若车速为 35km/h,轮胎使用寿命尚可达 50% 以上;车速达 75km/h 时,其使用寿命为 38%;若车速超过 100km/,其使用寿命只有 25%。因此,胎温的变化,可通过控制车速来实现。

6. 保持车况良好

保持车况完好,尤其汽车底盘技术状况良好,是防止轮胎早期损坏的有效措施。当底盘零部件装配不当或出现故障时,轮胎不能平稳滚动,产生滑移、拖曳或摆振等问题,使轮胎遭到损坏;发生漏油故障时,如果油滴落到轮胎上将浸蚀橡胶,也会造成轮胎早期损坏。

7. 正确驾驶

汽车驾驶方法,涉及轮胎与路面相互作用的所有受力情况。驾驶汽车时分心或者操作不当,都将缩短轮胎使用寿命。与驾驶人操作直接有关的缩短轮胎使用寿命的不当操作行为主要有急加速、紧急制动、超速行驶和急剧转弯等,以及不经心驶过和碰撞障碍物等。

三、高速公路行车时轮胎的使用

在高速公路行驶最好使用无内胎轮胎,因为无内胎轮胎的内腔附有一层高密封性能的氯化丁基胶层。当轮胎被刺穿时,内压降低缓慢,驾驶人有足够的应急处理时间,适合高速行驶。

无内胎子午线轮胎发热低、质量轻、宜于高速,同有内胎轮胎相比,油耗可减低 1%～2%,使用方便,拆装和修补都比较方便。

子午线轮胎上均标有轮胎的最高速度级别(见第七章),没有速度标志的轮胎不宜上高速公路。乘用车和轻型载货汽车轮胎规格表示符号相近,仅相差"C"。例如,奥迪乘用车的子午线轮胎规格为185SR14,金杯汽车面包车的子午线轮胎为185SR14C。但是,两种轮胎的负荷、性能却相差很大,因此不可混用。使用低负荷的轮胎,在高速超负荷下是十分危险的。

不同花纹的轮胎适合不同的使用条件。因此,不同用途的车辆、不同路况、车速应选用不同轮胎花纹。用于高速公路行驶的载重和大客车宜选用散热快、侧向稳定性好的条形花纹轮胎,如双线 RR8 和 RR400。作为前转向轮宜选用 RR3 和 RR900,驱动轮宜选用混合花纹和曲折花纹 RMI。

相同尺寸规格的轮胎有各种不同的层级及其相应的负荷,不能通用,否则在高速行驶时也存在安全隐患。

为了保护交通运输的安全,各国都制定了一系列规定与标准,标有 DOT 和 ECE 的轮胎都是得到美国运输部或欧洲经济委员会的认可。回力牌和双钱牌子午线轮胎都有 DOT、ECE 及 INMETRO 等权威机构的认可标志。

美国运输部(DOT)规定,乘用车轮胎上必须有 Tead-Wear(磨耗)、Traction(牵引)和 Temperature(温度)标志。磨耗指标是衡量轮胎胎面耐磨性能和使用寿命,其级别是以具体数字表示。牵引是衡量轮胎与地面的附着性能,分为 A、B、C 三个等级,以 A 级最高。温度指标是衡量轮胎在行驶中的升温的高低,实际上是与轮胎的高速性能相关,也以 A、B、C 三个等级区分,且 A 级最佳。例如,为上海桑塔纳-2000 配套的回力牌轮胎为 Tead-Wear440、Traction A 和 Temperature A 就属于级别很高的优质轮胎。

轮胎的生热和热破坏是高速轮胎损坏的主要原因。轮胎在使用时,在负荷外力的作用下反复压缩伸长变形和恢复原状,轮胎变形所做的功大多数转变为热。气压越低,变形越大,生热越多,轮胎的升温越高。轮胎的升温也和变形的速度有关,车速越快变形也越快,引起的轮胎升温越高。轮胎橡胶抗撕裂强度与温度有密切关系。当温度达 100℃时,抗撕裂强度下降;当温度升高到 120~125℃时,轮胎就迅速达到破坏的临界状态。

爆胎是指轮胎在极短的时间(一般少于 0.1s)因破裂突然失去空气而瘪掉的现象。爆胎是汽车在夏季频发事故之一。汽车高速公路行驶爆胎的原因主要是轮胎质量不佳、严重超载、超速以及选用轮胎不当。超载是载货汽车管理的难题,严重超载容易造成爆胎。车速越高,单位时间内轮胎的曲挠变形次数越多,胎体热量急剧上升,同时承受的动负荷也随之增加,内压升高,使轮胎的物理性能变坏,胎体强度下降。在超越障碍时,会因应力集中引起轮胎爆破。高温季节连续长时间行驶也容易造成爆胎。轮胎的正常工作温度不得超过 95℃,超过时橡胶的抗张强度将急剧下降;达到125℃的临界温度时,当车辆高速行驶时,轮胎会因驻波现象产生脱空爆破。因此,高温天气要注意观察轮胎温度,以防爆胎。

不正确使用轮辋也会造成爆胎。轮辋过宽,会使胎肩接地面积增加,胎面磨损不均匀,加速胎肩部生热脱空,导致轮胎爆破。轮辋过窄,会使胎肩接地面积减少,胎趾口应力过于集中,轻则磨趾口,重则从趾口爆破。另外轮辋混装或变形的轮辋也会造成轮胎非正常磨损或爆胎。

思考题

1. 何谓汽车燃料经济性?

2. 汽车燃料经济性的评价指标有哪些？

3. 分析汽车变速器由Ⅱ挡增加至Ⅳ挡（最大、最小传动比不变）对汽车动力性和燃料经济性的影响。

4. 汽车的燃料经济性评价试验方法有哪些？

5. 写出汽车燃料消耗方程式及参数的含义。

6. 何谓等速行驶燃料经济特性？

7. 如何利用等速行驶燃料经济特性分析比较汽车的经济性？

8. 如何根据发动机负荷特性计算等速行驶的燃料经济性？分析影响汽车燃料经济性的主要因素。

9. 如何制作等速燃料消耗特性曲线（注意：考虑试验及数据处理）？

10. 分析汽车行驶条件对燃料经济性的影响。

11. 何谓汽车行驶特性？

12. 如何依据发动机万有特性，绘制汽车的行驶特性？

13. 简述如何检查和分析汽车底盘的综合技术状况，以及汽车底盘综合技术状况如何影响燃料经济性。

14. 简述汽车发动机功率选择方法。

15. 分析汽车主传动器传动比对汽车动力性和燃料经济性的影响。

16. 传动系统中最大传动比确定的原则是什么？

17. 如何确定变速器的挡数和各挡间的传动比分配？

18. 简述压缩天然气如何在汽油机车辆应用。

19. 简述插电式混合动力汽车在节约能源方面的优势和不足。

20. 简述汽车齿轮油的工作条件及其主要要求。

21. 简述汽车齿轮油的质量等级选用依据。

22. 简述汽车齿轮油牌号的选用依据。

23. 简述高速轮胎损坏的主要原因。

24. 简述汽车高速行驶时爆胎的主要原因。

第四章 汽车行驶安全性

道路交通安全主要与驾驶人—汽车—道路系统有关(图 4-1),而汽车本身是这个系统中潜在风险最大的环节之一。

汽车安全性一般分为主动安全性和被动安全性。

(1)主动安全性是指汽车本身防止或减少道路交通事故发生的性能。它主要取决于汽车的尺寸和整备质量参数、制动性、行驶稳定性、操纵性、信息性以及驾驶人工作位置的状况(座椅舒适性、噪声级、温度和通风、操纵轻便性等)。此外,汽车动力性(特别是超车时间和距离)也是影响主动安全的重要因素。

(2)被动安全性是指发生交通事故后汽车本身减轻人员伤害和货物受损的性能。它又可分为车内被动安全性(减轻车内乘员伤害和货物受损)以及车外被动安全性(减轻对交通事故所涉及的其他人员和车辆的损害)。

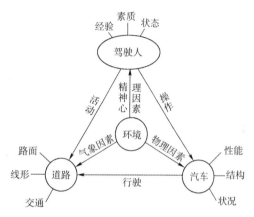

图 4-1 影响道路交通安全性的主要因素

第一节 汽车制动性能

车辆的制动装置用于下列目的:
(1)惯性制动,阻止下坡行驶时产生不希望的加速。
(2)减速制动,降低车速,必要时直至停车。
(3)驻车制动,防止静止车辆发生不希望的移动。

驻车制动是为了防止车辆在陡坡上产生不必要的位移(或在平路上发生不应有的运动)。在一定的坡度 i 和 $v=0$ 条件下,轮胎切向力和附着率的大小可由受力平衡方程获取。

由于各个制动过程对制动功率和制动能量的要求各不相同,而各种制动系统的制动特性也决定了它只能满足部分制动功能的要求,因而减速制动要求应由行车制动系统(又称主制动系统)承担,惯性制动要求应由辅助制动系统(又称持续制动装置)承担。

本节将分别对两种制动模式和制动系统特性进行讨论。

一、车轮与地面间的附着和滑移

驱动轮、从动轮和制动轮的受力情况如图 4-2 所示。其中,车轮圆周切向力 F_{X2} 为

$$F_{X2} = \frac{M_t}{r} - F_{p2} \tag{4-1}$$

式中：M_t——车轮驱动转矩；
　　　F_{p2}——车轮滚动阻力；
　　　r——车轮滚动半径。

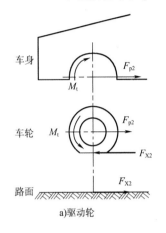 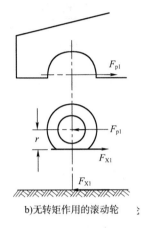 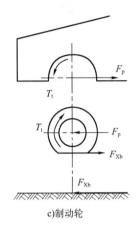

a) 驱动轮　　　　　b) 无转矩作用的滚动轮　　　　c) 制动轮

图 4-2　作用于车辆、车轮和路面上的力与力矩（未画出铅垂方向的载荷）

轮胎和路面之间传递的切向力的最大值 F_{Xmax} 为

$$F_{Xmax} = \varphi_p F_Z \tag{4-2}$$

式中：F_Z——路面作用于车轮的法向反作用力；
　　　φ_p——峰值附着率，又称峰值附着系数。

如果 M_t 过大，在车轮和路面之间就要发生完全滑移。这时，车轮传递的圆周切向力 F_{XS} 为

$$F_{XS} = \varphi_S F_Z \tag{4-3}$$

式中：φ_S——滑移系数，一般 $\varphi_p > \varphi_S$。

在一定车速下，车轮角速度不同时，车轮圆周切向力也不相同。如图 4-3 所示，假设车辆速度为 v，滚动阻力忽略不计；前轮上不施加转矩，处于自由滚动状态，其角速度为 ω_w；后轮受转矩 M_t 的作用，角速度为 ω；如果 M_t 变化，驱动力 F_t 也随之变化，则其角速度 ω 也将变化。图 4-4 给出了切向力随角速度变化的关系，其中横坐标取为 ω/v。

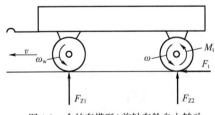

图 4-3　全挂车模型（前轴车轮自由转动、后轴与前轴等轴荷）

由图 4-4 可见，在正、负切向力（即驱动力和制动力）较小时，F_t 和 ω/v 之间几乎呈线性关系；然后 F_t 的增加逐渐减慢，直到最大值 F_{Xmax}。在高强度驱动时（$\omega/v \to \infty$），车轮根本不能向前运动（$v \approx 0$），而只能空转，通常称为车轮滑转。在高强度制动时（$\omega/v = 0$），车轮抱死不转（$\omega = 0$），车轮将沿路面滑移（即 $v \neq 0$），通常称为车轮滑移。

在上述假设条件下，定义滑移率 s 为两个角速度之差除以其中较大者。

制动滑移率为

$$s = \frac{\omega_w - \omega}{\omega_w} \tag{4-4}$$

驱动滑移率为

$$s = \frac{\omega - \omega_w}{\omega} \tag{4-5}$$

经这样处理后,使滑移率总是正值。当车轮完全滑移或滑转时,$s=1$。

此外,令 $\varphi = F_X/F_Z$,称为附着率。它是滑移率 s 的函数,其中 F_X 为地面切向反作用力或者地面制动力,如图 4-5 所示。而且,两者的关系曲线在制动时和在驱动时是相似的。峰值附着率(峰值附着系数)φ_p 对应的滑移率 s 为 $0.1\sim0.4$,如图 4-6 和图 4-7 所示。

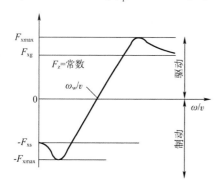

图 4-4 车轮切向力与 ω/v 关系曲线

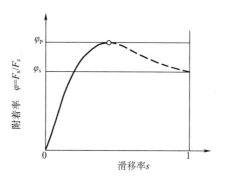

图 4-5 附着率与滑移率的关系

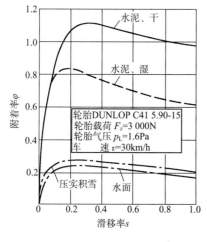

图 4-6 不同路面时的附着率与滑移率曲线

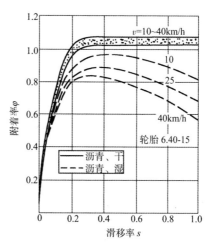

图 4-7 不同路面状况下车速对附着率的影响

下面将讨论影响附着率—滑移率曲线的主要因素。

附着性能的最主要影响因素无疑是受天气影响的道路条件。如图 4-6 所示,在同样滑移率范围内,结冰路面与干燥路面的附着率之比约为 $1:5$。

图 4-7 所示为车速对附着率—滑移率曲线的影响。在干燥路面上,车速在 $10\sim40\text{km/h}$ 时,车速对滑移附着系数的影响作用很小。与此不同,在潮湿路面上,随着车速提高,滑移附着系数 φ_s 的降低幅度要比峰值附着系数 φ_p 的降低幅度大得多。因此,在潮湿路面上抱死车轮的制动距离要比部分滑移状态车轮的制动距离长得多。而在干燥路面上,两者差别并不明显。各种路面的滑移附着系数见表 4-1。

各种路面滑移附着系数　　　　　　　　　　表 4-1

路面种类		干燥路面		潮湿路面	
		≤48km/h	>48km/h	≤48km/h	>48km/h
水泥路面	新铺装	0.80~1.00	0.70~0.85	0.50~0.80	0.40~0.75
	良好	0.60~0.80	0.60~0.75	0.45~0.70	0.45~0.65
	磨损	0.55~0.75	0.50~0.65	0.45~0.65	0.45~0.60
沥青或油渣路面	新铺装	0.80~1.00	0.65~0.70	0.50~0.80	0.45~0.75
	良好	0.60~0.80	0.55~0.70	0.45~0.70	0.40~0.65
	磨损	0.55~0.75	0.45~0.65	0.45~0.65	0.40~0.60
	焦油过多	0.50~0.60	0.35~0.60	0.30~0.60	0.25~0.45
碎石路面		0.40~0.70	0.40~0.70	0.45~0.75	0.45~0.75
结冰路面		0.10~0.25	0.07~0.20	—	—
积雪路面	松散	0.30~0.55	0.35~0.60	—	—
	压实	0.10~0.25	0.10~0.20	—	—

图 4-8 给出了在软路面上轮胎的附着率—滑移率曲线。从图中曲线可看出,这时 φ_p 对应于的滑移率超过 40%。

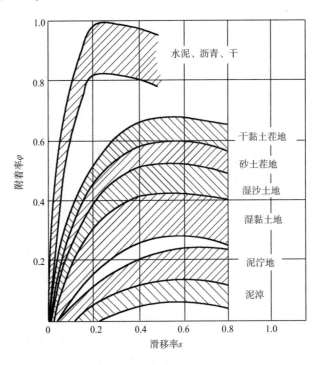

图 4-8　各种软地面上的附着率—滑移率曲线

二、减速制动过程

如图 4-9 所示,一次制动过程可以分为几个阶段。

(1) 反应时间 τ_1,即从驾驶人识别障碍(危险)到把脚力 F_p 加到制动踏板上所经历的时间。其中包括驾驶人发现、识别障碍并做出决定；把脚从加速踏板换到制动踏板上；以及消除制动踏板的间隙等所需要的时间。

(2) 操纵力增长时间 τ_a，包括脚踏力 F_P 由零上升到最大值所需要的时间，如图4-9a)所示。

如果忽略驱动部件的制动作用，在 $\tau_1 + \tau_2'$ 时间内，车速将等于初速度 v_0 不变，如图4-9b)所示，因而这段时间内车辆驶过的距离相对来说是比较长的，如图4-9d)中的 S_1。

(3) 减速度增长时间 τ_2''，在此期间减速度增加到它的最大值。τ_2'' 要比 τ_a 长些。以后在持续制动时间 τ_3 内，脚踏力假定是一常数。减速度 $-\ddot{x}_v$ 也不变。

将图4-9b)给出的减速度瞬态过程进行积分即得速度和距离的瞬态过程，如图4-9c)、d)所示。

表4-2给出了 τ_1、τ_2' 和 τ_2'' 的数值。$\tau_1 + \tau_2'$ 的大小与驾驶人是否需要移动视线有关。需要移动视线时(比如，看见前方车辆的制动灯光)，$\tau_1 + \tau_2'$ 要长些。

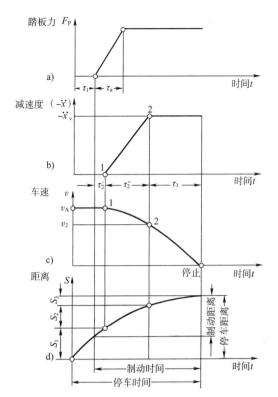

图4-9 制动过程示意图

驾驶人反应时间 τ_1 以及轿车制动系统协调时间 τ_2' 和减速度增长时间 τ_2'' 表4-2

	时　间	无须移动视线	必须移动视线
$\tau_1 + \tau_2'$(s)	50%数值(平均值)	0.6	0.9
	99%数值(仅1%超出)	1.1	1.4
	τ_2'(s)	0.4	
	τ_2''(s)	0.2	

由图4-9d)可见，制动距离由下列部分组成：
(1) $\tau_1 + \tau'$ 时间内驶过的距离 s_1。计算公式为

$$s_1 = v_0(\tau_1 + \tau_2') \tag{4-6}$$

(2) τ_2'' 时间内驶过的距离 s_2。

从图4-9b)得到减速度 $\ddot{x} = \dfrac{\ddot{x}_v}{\tau_2''}\tau$ ($\ddot{x}_v$ 为负值)，则速度 v 为

$$v = v_0 + \int \dfrac{\ddot{x}_v}{\tau_2''}\tau d\tau = v_0 + \dfrac{\ddot{x}_v}{2\tau_2''}\tau^2 \tag{4-7}$$

所以

$$s_2 = \int_0^{\tau''} v d\tau = v_0\tau_2'' + \dfrac{\ddot{x}_v}{6}\tau_2''^2 \tag{4-8}$$

驾驶人反应时间

(3) τ_3 时间内驶过的距离 s_3。

在这段时间里，$\ddot{x} = \ddot{x}_v =$ 常数，所以速度为

$$v = v_2 + \ddot{x}_v \int d\tau = v_2 + \ddot{x}_v \tau \tag{4-9}$$

而 v_2 是这段时间始端速度，也就是前一段时间的末端速度，由式(4-2)得

$$v_2 = v_0 + \frac{\ddot{x}_v}{2}\tau_2'' \tag{4-10}$$

把 v_2 代入式(4-4)中，并考虑到在 τ_3 时间末端速度为零，可求出：

$$\tau_3 = \frac{v_2}{-\ddot{x}_v} = \frac{v_0}{-\ddot{x}_v} - \frac{\tau_2''}{2} \tag{4-11}$$

这样

$$s_3 = \int_0^{\tau_3} v d\tau = -\frac{v_2^2}{2\ddot{x}_v} = \frac{-1}{2\ddot{x}_v}\left(v_0^2 + \frac{\ddot{x}_v}{4}\tau_2''^2 + v_0 \ddot{x}_v \tau_2''\right) \tag{4-12}$$

由式(4-6)、式(4-8)和式(4-12)得制动距离 s 为

$$s = s_1 + s_2 + s_3 = v_0(\tau_1 + \tau_2' + \tau_2'') - \frac{v_0^2}{2\ddot{x}_v} + \frac{\ddot{x}_v}{24}\tau_2''^2 \tag{4-13}$$

式(4-13)中第三项相对很小，可忽略，即

$$s = v_0\left(\tau_1 + \tau_2' + \frac{\tau_2''}{2}\right) - \frac{v_0^2}{2(-\ddot{x}_v)} \tag{4-14}$$

采用式(4-7)后，可把制动过程简化为两个时间阶段，即 $\tau_1 + \tau_2' + \frac{\tau_2''}{2}$ 和 $\frac{\tau_2''}{2} + \tau_3$。在第一阶段末，减速度由零阶跃为 $\ddot{x}_v$，如图4-10所示。

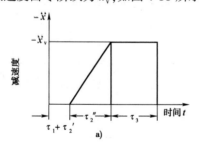
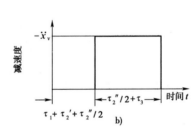

制动距离

图4-10 减速度增长曲线的简化

又由式 $\tau_3 = \frac{v_0}{-\ddot{x}_v} - \frac{\tau_2''}{2}$，可知：

$$\tau = \tau_1 + \tau_2' + \tau_2'' + \tau_3 = \tau_1 + \tau_2' + \frac{\tau_2''}{2} + \frac{v_0}{-\ddot{x}_v} \tag{4-15}$$

式(4-14)常用于制定制动法规，见表4-3。注意，有关法规中不考虑驾驶人反应时间 τ_1。

通过式(4-14)和式(4-15)，还可确定车队中车辆之间的安全间距。这方面存在两种理念，即绝对安全间距和相对安全间距。

保持绝对安全间距可在前车突然停止时，保证后车都不致发生碰撞事故。所以，绝对安全间距 s_a 等于停车距离，即

$$s_a = v_0\left(\tau_1 + \tau_2' + \frac{\tau_2''}{2}\right) + \frac{v_0^2}{-2\ddot{x}_V} \qquad (4\text{-}16)$$

对汽车制动系统的要求（按欧洲经济共同体的规定—71/320EEC）　　表 4-3

车辆类型		轿车	客车质量 m_{max}		货车质量 m_{max}		
			≤5t	>5t	≥3.5t	3.5t~12t	>12t
行车制动装置	检验车速 v_0	80km/h	60km/h		80km/h	60km/h	60km/h
	制动距离 $s(m)$	$\leq 0.1v_0 + \frac{v_0^2}{150}$	$\leq 0.15v_0 + \frac{v_0^2}{130}$		$\leq 0.15v_0 + \frac{v_0^2}{115}$		
	踏板力 F_p	≤500N	≤700N		≤700N		
	$(\tau_2' + \tau_2''/2)$	≤0.36s	≤0.54s		≤0.54s		
	减速度 $|\ddot{x}_v|$	5.8m/s²	5m/s²		4.4m/s²		
应急制动装置	检验车速 v_0	80km/h	60km/h		70km/h	50km/h	40km/h
	制动距离 $s(m)$	$\leq 0.1v_0 + \frac{2v_0^2}{150}$	$\leq 0.15v_0 + \frac{2v_0^2}{130}$		$\leq 0.15v_0 + \frac{2v_0^2}{115}$		
	手操纵力 F_H	≤400N	≤600N		≤600N		

由于驾驶人无法准确地估计出安全距离，所以常采用安全时间间隔来表示车辆的安全间距，即

$$\tau_a = \left(\tau_1 + \tau_2' + \frac{\tau_2''}{2}\right) + \frac{v_0}{-\ddot{x}_V} \qquad (4\text{-}17)$$

相对安全距离理论假定，前后相邻两车以同样的减速度制动。这样间距就可缩短，相对安全距离 s_r 为

$$s_r = v_0\left(\tau_1 + \tau_2' + \frac{\tau_2''}{2}\right) \qquad (4\text{-}18)$$

定义相对时间 τ_r 为

$$\tau_r = \tau_1 + \tau_2' + \frac{\tau_2''}{2} \qquad (4\text{-}19)$$

这个 τ_r 是与车速无关的。图 4-11 所示的试验结果表明，相对安全间距从理论上较符合实际；但是 1.2s 的时间间隔（$\tau_1 + \tau' = 1.1s$，$\tau_2'' = 0.2s$）过小，交通工程和道路工程中建议取为 2s。

三、制动减速率

在汽车制动过程中，加速度和切向力总是负的。为了不必总要带负号，定义制动减速率 z（制动强度）为

$$z = \frac{-\ddot{x}}{g} \qquad (4\text{-}20)$$

式中：g——重力加速度。

同时，令前轴制动力和后轴制动力为

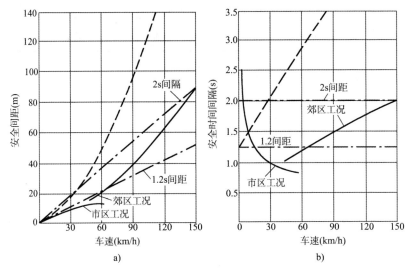

-------- 绝对安全间距和时间间隔 $\left(\tau_1+\tau_2'+\dfrac{\tau_2''}{2}\right)=1.2\mathrm{s}, \ddot{x}_v=-5\mathrm{m/s}^2$

——— 相对安全距离和时间间隔 $\left(\tau_1+\tau_2'+\dfrac{\tau_2''}{2}\right)=1.2\mathrm{s}$ 和 $2\mathrm{s}$

——— 测量值

图 4-11　安全间距和时间间隔

$$F_{\mu 1}=-F_{X1} \tag{4-21}$$
$$F_{\mu 2}=-F_{X2}$$

在平路上制动时,空气阻力可忽略,则有

$$F_{\mu 1}+F_{\mu 2}=F_j \tag{4-22}$$

式中:F_j——汽车惯性力。

$$F_j=\dfrac{W}{g}(-\ddot{x})=Wz \tag{4-23}$$

考虑附着率,得

$$\varphi_{b1}F_{Z1}+\varphi_{b2}F_{Z2}=F_j \tag{4-24}$$

在各种情况下,能够达到的减速率可从表 4-4 中加以分析。

各 种 制 动 工 况　　　　　　　　　　表 4-4

工况	前　轮	后　轮	减　速　率	特　征
	（前轮 φ_{b1}–S_1 曲线，点1、3、5，φ_{s1}、φ_{p1}）	（后轮 φ_{b2}–S_2 曲线，点2、4、6，φ_{s2}、φ_{p2}）		
1	$\varphi_{b1}<\varphi_{p1}$（点1）	$\varphi_{b2}<\varphi_{p2}$（点2）	$z<z_1$	
2a	$\varphi_{b1}<\varphi_{p1}$（点1）	$\varphi_{b2}=\varphi_{p2}$（点4）	$z<z_1$	后轮达到附着极限,车辆行驶方向稳定

续上表

工况	前轮	后轮	减速率	特征
2b	$\varphi_{b1}=\varphi_{p1}$（点3）	$\varphi_{b2}<\varphi_{p2}$（点2）	$z<z_1$	前轮达到附着极限，车辆处于转向能力极限
3	$\varphi_{b1}=\varphi_{p1}$（点3）	$\varphi_{b2}=\varphi_{p2}$（点4）	$\varphi_{p1}=\varphi_{p2}=\varphi_p$ 时，$z=z_1=\varphi_p$	全部车轮达到附着极限，车辆达到最大可能减速率
4a	$\varphi_{b1}<\varphi_{p1}$（点3,1）	$\varphi_{b2}=\varphi_{s2}$（点6）	$z<z_1$	后轮先抱死，车辆行驶方向不稳定
4b	$\varphi_{b1}=\varphi_{s1}$（点5）	$\varphi_{b2}<\varphi_{p2}$（点2,4）	$z<z_1$	前轮先抱死，车辆丧失转向能力
5	$\varphi_{b1}=\varphi_{s1}$（点5）	$\varphi_{b2}=\varphi_{s2}$（点6）	当 $\varphi_{s1}=\varphi_{s2}=\varphi_s$ 时，$z=\varphi_s<z_1$	全部车轮同时抱死，车辆直线滑移

第1种情况，各轴车轮均处于微小滑动状态，都没有达到 φ_p 值。这时得到一般的减速率。

第2种情况，一个车轴车轮的附着率达到峰值 φ_p。这时，减速率比第一种情况高一些。

第3种情况，各轴车轮都达到附着极限值。在特殊情况下 $\varphi_{p1}=\varphi_{p2}=\varphi_p$，式（4-24）可写为

$$\varphi_p(F_{Z1}+F_{Z2})=F_j \tag{4-25}$$

忽略升力，即得

$$F_{Z1}+F_{Z2}=W$$

从而

$$z=z_1=\varphi_p \tag{4-26}$$

因为这是车辆所能达到的最大减速率，所以称为极限减速率（z_1）。

第4种情况，一个车轴抱死。

第5种情况，各轮都抱死，这时 $\varphi_{s1}=\varphi_{s2}=\varphi_s$，所以 $z=\varphi_s<z_1$。

一般情况下，$\varphi_s<z_1$。

现在，考察双轴车制动过程中的附着率和减速率。由于摩擦力和复位弹簧的作用，在踏板力 F_p 达到一定值以后，制动器摩擦力矩 M_μ 才开始出现。随后与踏板力呈线性关系，如图4-12所示。

如果忽略滚动阻力和车轮等转动惯量的影响，可取制动力为

$$F_{\mu 1}=\frac{-M_{\mu 1}}{r}$$

$$F_{\mu 2}=\frac{-M_{\mu 2}}{r} \tag{4-27}$$

当汽车制动时，如图4-13所示，若忽略升力作用，则各轴的轴荷为

$$F_{Z1} = F_{Z10} + W\frac{h_g}{l}z = W\left(\frac{l_2}{l} + \frac{h_g}{l}z\right)$$
$$F_{Z2} = F_{Z20} - W\frac{h_g}{l}z = W\left(\frac{l_1}{l} - \frac{h_g}{l}z\right) \tag{4-28}$$

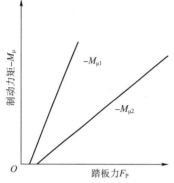

图 4-12 制动力矩和踏板力的关系

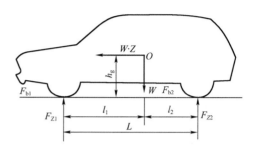

图 4-13 制动时汽车受力情况

显然,随着减速率的增加,前轴的载荷增加,而后轴的载荷减少。

这样,汽车前后轴的附着率分别为

$$\varphi_{b1}(z) = \frac{F_{\mu1}(z)}{F_{Z1}(z)}$$
$$\varphi_{b2}(z) = \frac{F_{\mu2}(z)}{F_{Z2}(z)} \tag{4-29}$$

给定 z,即可通过 $F_\mu(z)$ 和 $F_Z(z)$,求出 $\varphi(z)$。图 4-14 所示为车辆制动的情形。当 $z = 0.4$ 时,前轴附着率 $\varphi_{b1} = 0.46$;后轴附着率 $\varphi_{b2} = 0.3$,小于前轴。$z = 0.8$ 时,两者相等,即 $\varphi_{b1} = \varphi_{b2} = 0.8$。当 $z = 1.0$ 时,$\varphi_{b1} = 0.94$,$\varphi_{b2} = 1.23$,即后轴附着率高于前轴。

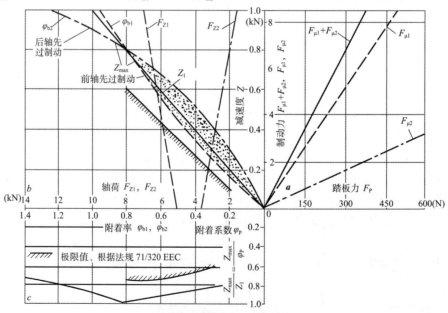

图 4-14 轴间制动力定比分配的汽车减速度

另外,假定驾驶人在 $\varphi_p = 0.46$ 的道路上制动上述车辆,并且前轴附着率已经等于附着系数 $\varphi_{b1} = \varphi_p$。计算表明,该车此时可达到的最大减速率 $z_{max} = 0.4$。因极限减速率 $z_1 = \varphi_p =$

0.46,所以 $z_{max}/z_1 = 0.87$(即相当于表 4-4 中的工况 2b)。

如果驾驶人增加制动踏板力,前轮抱死,前轴制动力与踏板力无关,而仅与滑移附着系数和轴荷有关,即 $F_{\mu 1} = \varphi_s F_{z1}$。后轴制动力可以增加到其最大值 $F_{\mu 2} = \varphi_p F_{z2}$(表 4-4 中的工况 4b)。如果踏板力继续增加,后轮也将抱死(表 4-4 中的工况 5),这时减速率 $z = \varphi_s$。

从图 4-14 可见,在 $0 < \varphi_p < 0.8$ 范围内,总是前轮先抱死,而当 $\varphi_p = 0.8$ 时,前后轴同步(表 4-4 中的工况 3),$\varphi_{b1} = \varphi_{b2} = \varphi_p = z_{max}$,即 $z_{max}/z_1 = 1.0$。当 $\varphi_p > 0.8$ 时,则后轮先抱死,z_{max}/z_1 比值又小于 1。

上述车辆只有在 $\varphi_p = 0.8$ 的道路上前后轮附着率才能同步达到峰值附着系数。增加踏板力后,又同步达到滑移附着系数,同时抱死。在这种道路上,该车制动距离最短,$z_{max}/z_1 = 1.0$。这时的道路附着系数称为该车的同步附着系数。

在欧洲汽车制动法规中,对轿车规定,在 $0.2 \leq \varphi_p \leq 0.8$ 范围内,要求满足:

$$z \geq 0.1 + 0.85(\varphi_p - 0.2) \tag{4-30}$$

改写后为

$$\frac{z}{\varphi_p} \geq 0.85 - \frac{0.07}{\varphi_p} \tag{4-31}$$

这说明 φ_p 越高,对 z/φ_p 的比值要求越高。

四、制动稳定性

除了制动减速率以外,制动过程中还要求车辆保持稳定。众所周知,制动时若车轮抱死,车辆就会丧失转向能力或失去方向稳定性。下面将按前轮抱死、后轮抱死和全部车轮抱死三种情况分别进行讨论。

图 4-15a) 的前轮在制动力 $F_{\mu 1}$ 作用下还在滚动,而后轮已经抱死。如果在惯性力 F_j 基础上还存在一个侧向干扰力 F_Y,则合力将与车辆纵轴线成 β 角。F_Y 必须用车轮上的等值侧向力来平衡。因为后轮已经滑移,所以侧向力实际上只能限制前轮的侧向运动,即 $F_Y \approx F_{Y1}$,相应的力矩使车轮绕铅垂轴旋转,并使 β 角增大,车辆回转趋势增大,处于不稳定状态。

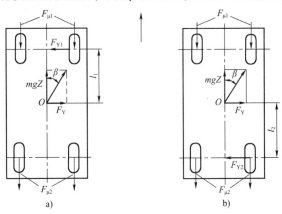

图 4-15 车轮抱死时的方向稳定性

反之,如果前轮抱死,后轮继续滚动[图 4-15b)],则相应的力矩将使 β 角减小,车辆处于方向稳定状态。这时,车辆大致沿着原来的方向继续运动,也就是说汽车失去了转向能力。

在直线行驶时,人们宁愿取前轮抱死。在弯道行驶时,前轮抱死将使车辆从弯道滑出。所以,过去曾有人提出后轮应先抱死,以保持前轮的转向能力;同时还认为,直线行驶时,驾驶人可以通过转向操纵来纠正尾部侧滑。实际研究表明,驾驶人在意外情况下,突然紧急制动使后轮抱死时,一般来不及操纵转向,或者过度操纵转向。此外,驾驶人还会错误地继续踏紧制动踏板,而不松开。实际上,保持制动方向稳定性的最简单方法是减小制动力,使原来抱死的车轮又可以转动以承受侧向力,侧滑就可以终止。

各轮都抱死,车辆无法承受侧向力。这样在侧向干扰下,车辆将向侧向运动,不会绕铅垂轴剧烈旋转。

总之,车轮抱死应该避免。后轮抱死是车辆最危险的行驶状态。

五、制动力分配

根据制动稳定性的要求,前轮的附着率应大于后轮,即 $\varphi_{b1} > \varphi_{b2}$,也就是说 $\dfrac{F_{\mu 1}}{F_{\mu 2}} > \dfrac{F_{Z1}}{F_{Z2}}$,制动方向稳定性的极限条件为

$$\frac{F_{\mu 1}}{F_{\mu 2}} = \frac{F_{Z1}}{F_{Z2}} = \frac{F_{Z10} + mg\dfrac{h_g}{l}z}{F_{Z20} - mg\dfrac{h_g}{l}z} = \frac{\dfrac{l_2}{l} + \dfrac{h_g}{l}z}{\dfrac{l_1}{l} - \dfrac{h_g}{l}z} = \frac{l_2 + h_g z}{l_1 - h_g z} \quad (4\text{-}32)$$

式中:$F_{\mu 1}$、$F_{\mu 2}$——前、后轮的理想制动力。

又由式(4-22),得

$$\frac{F_{\mu 2}}{mg} = z - \frac{F_{\mu 1}}{mg} \quad (4\text{-}33)$$

当给定一个 $\dfrac{F_{\mu 1}}{mg}$ 值,即可从式(4-32)和式(4-33)中求出 z 值和 $\dfrac{F_{\mu 2}}{mg}$ 值,这样就可得出如

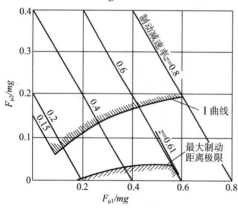

图 4-16 稳定性界限(I 曲线)和最大制动距离界限

图 4-16 所示制动方向稳定性极限曲线。制动力处于该曲线上时,可使车辆制动距离最短,是理想的前后制动器制动力分配曲线,称为 I 线。欧洲制动法规规定,轿车在 $0.15 \leq z \leq 0.8$ 范围内应满足 $\varphi_{b1} > \varphi_{b2}$ 的要求。只要车辆制动力分配处于 I 线下方,就可保证前轮先抱死,使车辆处于制动稳定状态。

为使制动距离不至于过长,上述法规又要求满足:

$$z \geq 0.1 + 0.85(\varphi_p - 0.2) \quad (4\text{-}34)$$

因为在 I 线下方,前轮先达到峰值附着率,这时前轴制动力为

$$F_{\mu 1} = mg\varphi_p \left(\frac{l_2}{l} + \frac{h_g}{l} z \right) \quad (4\text{-}35)$$

给定 φ_p 值,即可从式(4-34)求出 z 取值范围。由式(4-35)得到 $\dfrac{F_{\mu 1}}{mg}$ 的范围,随即从式(4-33)求得 $\dfrac{F_{\mu 2}}{mg}$ 的范围。这样可在图 4-16 上画出制动距离允许的极限曲线。

车辆前后轴制动力分配不得超越上述两条极限曲线。

对于前后轴制动力定比分配的车辆,有

$$\begin{cases} \dfrac{F_{\mu 2}}{F_{\mu 2}+F_{\mu 1}}=k_\mu \\ \dfrac{F_{\mu 2}}{mg}=\dfrac{k_\mu}{k_\mu-1}\dfrac{F_{\mu 1}}{mg} \end{cases} \quad (4\text{-}36)$$

式中:k_μ——常数,是前后轴制动力的分配比。

按照欧洲制动法规,前后轴制动力分配比 k_μ 值的选取应保证式(4-36)决定的直线处于图4-17中的阴影区内。越向阴影区上限靠拢,制动距离就越短;但在附着系数很高的干燥路面上会出现后轮先抱死的现象,导致制动行驶方向不稳定状态的发生。

如果采用折线式分配,即后轮的制动力在高减速率时增长减慢,这样可使分配向理想的前后轴制动力分配曲线(I线)靠拢,如图4-18所示。

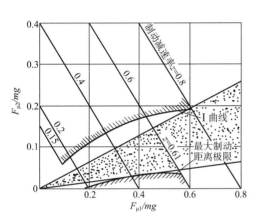

图4-17 前后轴制动力定比分配的取值范围

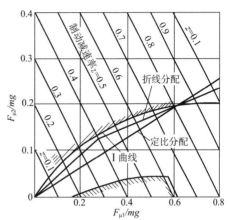

图4-18 前后轴制动力定比分配和折线分配

六、装载变化对制动性的影响

除了某些载荷变化不大的特种车辆外,汽车装载的变化对制动效能也有影响。发动机前置,后部有行李舱的轿车,满载与空载相比,质心后移,而质心高度相对有所提高。由式(4-32)可知,I线将要上移(图4-19),使得稳定区域扩大。载货汽车装货后质心后移,同时质心高度明显增加。一般载货汽车在载货后,I线还是上移的。

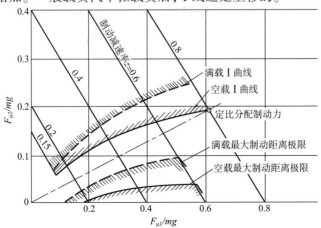

图4-19 载荷变化的影响

无论是轿车还是载货汽车,应以空载时的 I 线来确定轴间制动力的分配。这样,制动力分配曲线距离满载时的 I 线较远。

当然,最佳方案是使轴上制动力与其动态轴荷成比例,即

$$F_{\mu 1} \propto F_{Z1} = F_{Z10} + mg \frac{h_g}{l} z$$

$$F_{\mu 2} \propto F_{Z2} = F_{Z20} - mg \frac{h_g}{l} z$$

(4-37)

这也就是说,不仅静态载荷的变化对制动性能有影响,而且减速时的轴荷转移也会影响制动效果。

常用的解决方法是以车轴和车身之间的距离(一般只考虑后轴)作为调节前后轴制动器制动力分配的控制参数(在不平道路上行驶时,这个距离不能完全反映动态载荷的变化),图 4-20 上给出了定比式和折线式的感载比例装置对制动力分配的调节情况。显然,这种装置可使前后轮制动力分配逼近 I 线,减少装载情况的影响,从而可改善汽车不同装载时的制动性能。

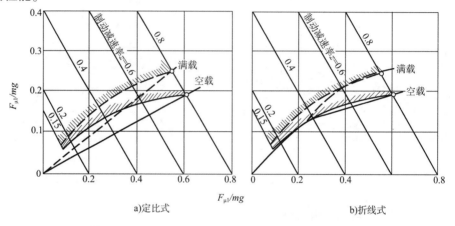

图 4-20 定比式和折线式的感载比例装置对制动力分配的调节

七、双管路制动系统

为提高汽车安全性,法规要求汽车必须装用双管路制动系统,以避免在一套制动管路失效时,整车完全丧失制动能力。下面将简略分析四种双管路布置方案,如图 4-21 所示。

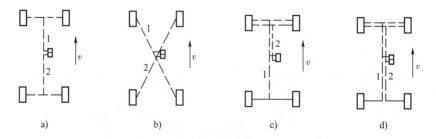

图 4-21 双管路制动系统的各种布置

(1)"H"布置[图 4-21a]。对于这类制动系统,如果一轴制动失效,将使整车制动减速率下降,即使施加驻车制动也无法补救前轴制动力的丧失。

(2)"X"布置[图4-21b)]。如果有一套回路失效,理论上整车制动减速率将降低50%(由于轿车制动主缸通常为串列式结构,实际减速率下降将远超过50%)。因为一侧后轴无制动力,可承受侧向力。这时,为了避免两侧车轮制动力不均衡而引起的跑偏,在轿车上可使前轮绕转向节主销的回转半径 c(即前轮接地点在主销延长线与地面交点的内侧)为负值,在载货汽车上应保持前轮回转半径为正值。

(3)在图4-21c)所示的布置时,无论哪一套回路失效,前轮制动力至少下降50%。如果回路2失效,将导致后轮制动能力的丧失,而前轮制动力因制动主缸的结构所决定,制动力也将下降,不会发生车轮抱死失去转向的现象。

(4)图4-21d)所示布置。一套回路失效,制动减速率至少减半。

八、车轮抱死过程和防抱死制动系统

这里,首先将讨论车轮由滚动到滑动的抱死过程,并介绍车轮防抱死制动系统(ABS)的概念。车轮抱死过程是一个复杂的过程,其中涉及车轮运动方程、轮胎附着率—滑移率曲线(及其在轮荷、速度等因素影响下的变化)、车轮制动力矩增长特性以及整车运动方程(考虑到悬架的弹性影响)。定性分析的假设如下:

(1)因为抱死过程很短促,忽略车速的降低。令 $\dot{s} = v$ = 常数。

(2)设车轮载荷 F_Z = 常数。

(3)轮胎附着率—滑移率特性按稳定曲线处理,并且简化为折线,对应于附着系数 φ_p 的滑移率为 s_c,如图4-22所示。

(4)车轮制动力的摩擦力矩与时间呈线性关系,如图4-23所示,$M_\mu = -Ct$(C为摩擦力矩增长率)。

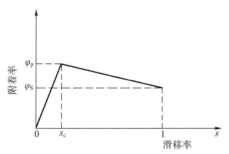

图4-22 附着率—滑移率曲线的折线简化模型

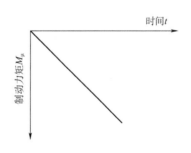

图4-23 线性增长的制动力矩

经上述假设,可得到如图4-24所示的计算结果。

由图4-24可见,在滑移率为 $0-s_c$ 的区间内,滑移率增加缓慢,车轮角速度缓慢降低到 ω_c;角减速度很快降低并稳定在 $\dot{\omega}_c$,属于稳定区域。在 s_c-1区间内,滑移率很快增加到1,角速度迅速降低下零,而角减速度急剧降低,属于不稳定区域。

由图4-24可知,角减速度 $\dot{\omega}_c$ 和时间 t 两个参数对于ABS十分重要。

(1)角减速度 $\dot{\omega}_c$。在这个角减速度下,刚好达到附着系数 φ_p,并且防抱死装置应立即工作,减小车轮制动器的摩擦力矩。$\dot{\omega}_c$ 除了与轮荷 F_Z 和车轮半径 r 相关外,还和以下三个因素有关:初始角速度 ω_0、附着率—滑移率曲线的斜率 φ_p/s_c 以及车轮制动器摩擦力矩增长

率 C。

(2) 时间 t。在时间 t 内，ABS 必须阻止车轮出现完全滑移。t 主要与车速和角速度 ω_c 有关，大概是百分之几到十分之几秒。

ABS 通过制动器摩擦力矩的降低、保持和增加以使车轮滑移率 s 保持在 s_c 附近。在制动过程中，滑移率 s 是变化的（参看图 4-25），因而附着率也在平均值上下变动，其平均值 $\overline{\varphi} = \varepsilon \varphi_p$。因为 φ 不超过 φ_p 值，所以 $\varepsilon < 1$。φ 值波动幅度越小，ε 值越趋于 1，制动距离越短。

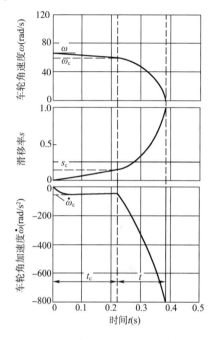 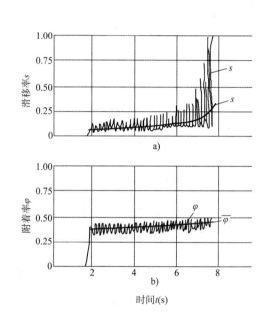

图 4-24　车轮抱死过程中的参数变化　　图 4-25　ABS 制动过程附着率和滑移率变化

制动距离不是车辆制动性能的唯一指标，还要保持转向能力和弯道行驶的稳定性。车轮除了制动力 F_μ 之外，还必须承受侧向力 F_Y。如图 4-26 所示，只有当 $s < s_c$ 时，才可能做到这一点。由于控制调节的波动和转向能力的要求，ε 值约为 0.93。这样，整车的 z_{max}/φ_p 也就在 0.93 左右。这个指标对于折线制动力分配的车辆来说也不难达到，甚至还可高出。所以，ABS 的主要功能是保持制动时稳定性和转向能力，而制动距离并不一定能缩短。

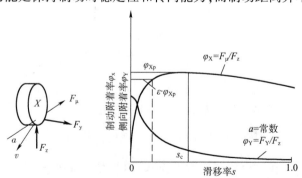

图 4-26　带定值侧偏角 α 的车辆在曲线制动过程中的附着率和滑移率

ABS 必须按照路面的不同附着系数快速匹配制动力。比如在制动距离范围内，各个车轮所在路面可以是不同的(干燥、潮湿、冰面或压实雪地等)。甚至同一个车轮经历的路面也可能是变化的。

为了防止传动系统的振动,ABS 的制动力矩控制幅度要比较小。制动踏板的回弹力要小,工作时的噪声也要控制。

ABS 的控制回路如图 4-27 所示。控制回路的干扰包括:在制动过程中速度和载荷的变化引起的附着系数变化;路面不平度引起的轮胎和车桥振动;车轮制动鼓圆度和制动滞后;轮胎圆周长的差异,如使用备胎;在驾驶人踩动踏板时引起的制动主缸压力输入的变化等。

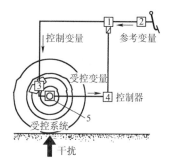

图 4-27 车轮防抱死装置控制回路
1-压力调节阀;2-制动主缸;3-制动轮缸;4-电子控制器;5-轮速传感器

下面通过图 4-28 来说明在高附着系数路面上的控制过程。控制过程中应用的调节参数是车轮的切向加速度(或减速度)和滑移率。

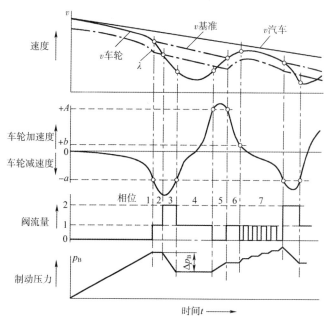

图 4-28 ABS 的控制过程(轿车、高附着率系数路面)

车轮加速度(或减速度)信号是把轮速传感器传来的车轮位移信号通过电子控制单元(ECU)算出。而滑移率信号无法直接获得,先借助 ECU 逻辑电路由车轮切向速度构成一个基准速度,它和最优制动力时的车速接近;再通过比较车轮切向速度和基准速度得到滑移率信号。

当车轮切向加速度低于门限值($-a$)时,制动压力调节阀进入保压方式,即阶段 2。如果车轮进一步减速,达到了滑移率门限值,制动压力调节阀切换到降压方式,即阶段 3。这时车轮切向加速度开始回升,在超过门限值($-a$)后,制动压力又回到保压方式(阶段 4)。由于这时保持的压力比阶段 2 的压力低了 ΔP_B,所以车轮切向加速度继续增加,超过零线,在达到门限($+A$)后,进入升压方式,即阶段 5。紧接着,车轮切向加速度又回到门限($+A$),再次进入保压方式,即阶段 6。这时的压力保持比较高,车轮切向加速度继续降低,直到低于相对较低的门限($+b$),车轮进入附着率—滑移率曲线的稳定区域,而且制动力也降低到了最优值以下。通过升压方式和保压方式的脉动切换,实现制动压力的缓慢增加,即阶段 7。车轮切向加速度先越过零线,又继续降低,直到达门限($-a$)。控制过程进入下一个循环。从图 4-28 中可知,第一个循环比后续的循环多了一小段保压过程(即阶段 2),这是为了滤除干扰。

在某些情况下,在车轮切向加速度还没有降到($-a$)门限值时,车轮切向速度就先达到了门限 λ。这种情况下应把滑移率作为主要调节参数。

为了保证 ABS 的控制质量,调节参数的精度很重要。车轮切向加速度的精度取决于轮速传感器的精度。而滑移率的计算要先构成一个基准速度。针对不同的附着系数,基准速度的构成是有区别的。否则就会影响控制质量。同时,控制过程中设置的门限值($-a$)、($+b$)、($+A$)以及 λ 也都要因不同附着系数而有所差异。因此,ABS 装置中的路面(附着系数)识别是技术关键之一。

在汽车行驶中,还会遇到左右车轮驶过的路面附着系数有很大差别的情况,称为非对称附着路面。比如,左侧车轮下路面已经干燥,而右侧车轮下的路面仍有积水或积雪,这样,左侧附着系数高达 0.7~0.8;而右侧甚至只有 0.1~0.2,两侧极不对称。在非对称路面,左右车轮上制动力的差异导致汽车产生横摆运动,即绕垂直轴的转动。为此,在 ABS 装置中附加了前轴横摆延时装置,作用原理如图 4-29 所示。

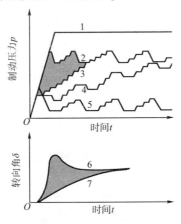

图 4-29 横摆延时装置原理

1-制动主缸压力;2-不带延时装置的高附着车轮制动压力;3-响应较慢的汽车用延时装置时,高附着车轮制动压力;4-有较大横摆倾向的汽车用延时装置时,高附着车轮制动压力;5-低附着车轮制动压力;6-不带延时装置的转向角;7-带延时装置的转向角

横摆延时装置延迟了高附着系数一侧制动压力的建立,使高附着系数一侧的车轮制动柔和。曲线 1 表示制动主缸压力。在没有延时装置时,位于高附着系数路面上的车轮制动轮缸压力很快达到最大值(曲线 2);而位于低附着系数路面上的车轮制动轮缸压力很低(曲线 5),差值很大,因而导致很大的转向角(曲线 6)。横摆响应较慢的汽车可采用曲线 3 所示的延时装置,这时虽然与曲线 5 的差值仍相当大,但因为紧急制动时,横摆发生得较慢,驾驶人有时间修正方向。不致因为高附着车轮开始时制动不足而过多地延长制动距离。而如果容易发生横摆的汽车,则必须采用曲线 4 所示的延时装置,确保转向角的控制,而不计制动距离的增加。有了延时装置后,转向角大幅降低,见曲线 7。

整车 ABS 是根据制动力分布和汽车驱动方式不同、功能要求以及价格因素的区别来配置的。按照系统的通道和传感器数量的不同可以有多种模式:4 通道(4 传感器)前后布置或交叉布置模式;3 通道(3 传感器)前后布置模式;2 通道 3 传感器前后布置模式;2 通道 2 传感器前后布置或交叉布置模式。图 4-30 所示为轿车的 4 通道(4 传感器)前后布置模式系统示意图,也表示了 ABS 向驱动防滑系统(ASR)的延伸。

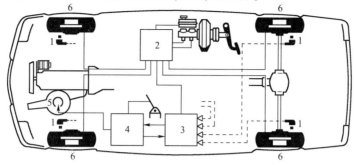

图 4-30　轿车的 ABS/ASR 系统

1-轮速传感器;2-ABS/ASR 液力调节器;3-ABS/ASR 控制装置;4-电控节气门;5-节气门;6-车轮制动器

商用车辆的 ABS 原理与轿车类似,压力调节可通过增加气压、保持气压或将压缩空气排到大气而降低气压的方式来实现。由于商用车辆气压制动系统的压力升降都比轿车慢,制动力矩的升降都有延滞;同时,车轮的惯性力也较大,因此调节频率比轿车低,(轿车达到 20Hz,商用车辆为 2~3Hz)。在轿车上前轮回转半径较小,还可布置为负值,而在商用车辆上前轮回转半径较大,所以,为了适应非对称路面,避免引起过高的转向力矩,使短轴距车辆难以操纵,商用车辆的前轴都设置横摆延时装置。

商用车辆的防抱死制动系统按所控制车轴的数目可分为单轴、双轴和三轴等类型。单轴系统主要用于半挂车,单独控制每个车轴的车轮。双轴半挂车上未直接控制的车轴的制动压力与受控车轴的制动压力相等,参看图 4-31。双轴系统用于双轴货车和客车。三轴系统主要用于铰接式客车。

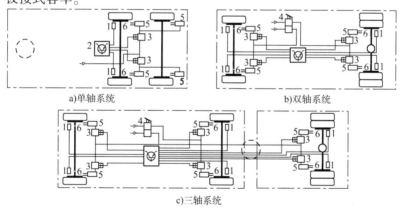

a)单轴系统　　b)双轴系统

c)三轴系统

图 4-31　商用车辆的防抱死制动系统

1-轮速传感器;2-电子控制单元(ECU);3-压力调节阀;4-制动主缸;5-制动轮缸;6-脉冲齿环

九、缓速制动

轿车和商用车辆的行车制动器没有持续缓速制动的功能,因此,汽车在下长坡行驶长时间持续制动时,车轮制动器可能因过热导致制动效能下降(热衰退),严重时甚至失效。轿车单位质量对应的制动器容量比较大,不易出现制动效能下降或下降幅度很小的情况;而商用车辆,尤其是重型车辆单位质量对应的制动器容量比轿车小得多,在长时间制动后容易发生制动效能下降的问题。因而为解决商用车辆下长坡连续制动引发制动器热衰退问题,常装备有缓速制动系统。缓速制动系统独立于行车制动器,维持车辆以一定车速下长坡,减少行车制动器磨损,保证安全和提高舒适性。缓速制动系统包括发动机制动系统、排气制动系统、电涡流缓速器、液力缓速器、电力缓速器等。其中发动机制动系统和排气制动系统是最简单、成本最低的缓速制动系统。

1. 排气制动

发动机制动,是指车辆行驶过程中,驾驶人松开加速踏板;这时发动机转速高于怠速转速,燃油供给系统中断供油,离合器接合,利用发动机的压缩行程产生的牵引阻力、内摩擦力和进排气阻力对驱动轮形成制动作用。发动机制动能力与变速器挡位有关,挡位越低发动机对车轮的牵引阻力越大,制动力越强,反之越小。在下长坡道路行驶时,挂入低速挡位利用发动机的牵引阻力作用可以减少行车制动器的负担和制动次数,防止制动器过热引起制动力热衰减;在冰雪、泥泞的路面上行驶,利用发动机制动也可以防止车辆侧滑。

排气制动,是指为了增加发动机制动的效果,在发动机排气管道中设置排气制动阀;通过该阀的关闭增加排气行程的压力,利用产生的负压对驱动轮形成制动作用。这样,在排气过程中,每一个活塞都必须克服排气系统的负压力,制动功率可达到 14～20kW/L。

但在这种情况下,还只利用了排气行程的可用能量。为利用压缩行程的能量,在排气的旁通支路中增设了小尺寸的节流阀,排气制动工作时,节流阀一直开启,保持等节流断面。

排气阀和节流阀的示意如图 4-32 所示。在排气制动时,由压缩空气关闭排气制动阀,同时开启节流阀。相应的制动功率曲线如图 4-33 所示。

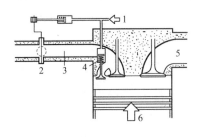 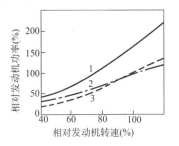

图 4-32 排气门和节流阀
1-压缩空气;2-排气制动阀;3-排气管;4-节流阀;
5-进气门;6-活塞(压缩行程)

图 4-33 排气制动功率
1-排气制动阀关闭,节流阀开启;
2-节流阀开启;3-排气制动阀关闭

与其他缓速器相比,发动机制动系统和排气制动系统体积小、质量轻、结构紧凑、响应时间短、造价低,长时间使用时发出的制动功率稳定,不受温度影响。发动机制动和排气制动的制动力矩大小,与发动机的额定功率、发动机的工作容积、行程、气门大小和气门定时等有关。

2. 缓速器

有些重型车辆采用液力缓速器或电涡流缓速器。液力缓速器装在变速器的输出端;电涡流缓速器装在变速器输出端或传动轴上,也可装在驱动桥的输入端。

液力缓速器的工作方式与液力耦合器相似,如图 4-34 所示。按驾驶人对缓速制动功率的要求,通过电控线路设定控制气压,将相应的工作液注入缓速器转子与定子间的工作区。转子把传动轴传送的机械能换成工作液的动能,被定子的固定叶片所阻挡,对转子产生制动作用,并将机械能转换成定子的热能。热能一般通过一个油/水热交换器耗散到发动机冷却液中去。并且用热敏开关来限制缓速器的制动功率,以保持热平衡。

为了提高低转速段的制动力矩,增设了一个传动比约为1:2的升速机构。这种改进了的传统缓速器被称为"助力缓速器"。它们的制动力矩特性如图4-35所示。

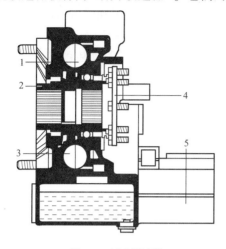

图4-34 液力缓速器

1-制动定子;2-驱动轴;3-制动转子;4-安装法兰;5-油/水热交换器

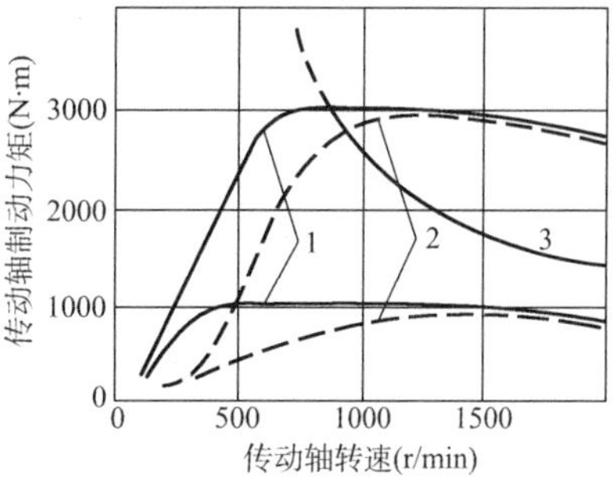

图4-35 液力缓速器制动力矩特征

1-助力缓速器;2-传统缓速器;3-持续工作时冷却能力极限(300kW发动机冷却系统)

电流缓速器的定子上装有励磁线圈,通电后形成磁场,装在传动轴上的转子感应出电涡流,产生制动力矩。制动力矩的大小取决于定子上的励磁线圈的磁场强度和转子与定子间的间隙。缓速器工作时产生的热,通过转子上的散热筋片散发到周围空气中。按驾驶人对缓速制动功率的要求,可以向八组线圈中的两组、四组、六组或八组线圈通电工作。

电涡流缓速器设有过热保护,转子温度升高时,制动力矩会显著下降;当定子温度达到250℃时,为防止缓速器损坏,只向四组线圈供电。装在传动轴上的电涡流缓速器如图4-36所示;电涡流缓速器制动力矩特性如图4-37所示。

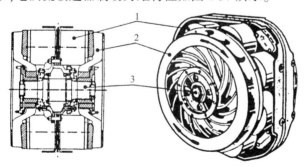

图4-36 电涡流缓行器

1-定子上的励磁线圈;2-传动轴上的转子;3-传动轴

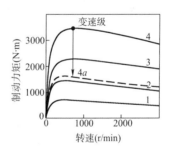

图4-37 电涡流缓行器制动力矩特征

1-两组线圈工作;2-四组线圈工作;3-六组线圈工作;4-八组线圈工作;4a-冷却能力达到极限时的制动能力

电力缓速器工作原理与发电机相同,当需要制动时由传动轴带动电力缓速器转子旋转而产生制动力矩,缓速器将车辆动能转换为电能并加以储存和利用。电力缓速器制动是一个能量回收的过程。电力缓速器不受温度影响,不会出现热衰退现象,其制动性能与许多因素有关,如使用环境、控制策略和蓄电池状态等。

在实际应用中,特别是汽车在冬季冰雪路面上行驶,使用缓速器有可能会产生汽车后轮侧滑现象。

液力缓速器质量轻,可直接与变速器连成一体,控制灵敏。电涡流缓速器结构简单、安装方便、价格低,传统的结构在低转速段制动力矩较高,无需另加升速装置。

当车辆在低附着系数路面,特别在冬季冰雪溜滑路面上行驶时,如果接入缓速制动装置,可能会使车轮产生过大滑移而影响横向稳定性。因此,防抱死制动装置应能监测这种滑移并通过接通和断开缓速制动装置来控制,以使它不超过允许的限值。

十、汽车制动性能试验

汽车制动性能通过满载情况下的道路试验确定。对于装有 ABS 或轴间制动力调节器的汽车,应测试它的满载和空载的制动性能和空载制动方向稳定性。

对在用车辆作安全检测时,一般是在空载情况下进行,而且越来越多地采用反力式制动试验台通过各个车轮制动力矩的测定,预计它的制动性能。

路试时的试验路段要求是水平硬路面,附着系数不小于 0.7。试验必须在风力不影响试验结果的情况下进行,环境温度为 $0 \sim 37℃$,试验中车辆不得偏离行驶方向,不得越出宽度为 3.5m 的车道界限(或者使航向角变动大于 8°)。

路试测定的参数为制动距离、制动协调时间和制动减速度,主要仪器为五轮仪、惯性式减速度计以及便携式制动测试仪。

所有车辆均应进行冷制动试验和热衰退试验。满载质量超过 5t 的客车和满载质量超过 12t 的货车还应进行下长坡制动试验。

冷制动试验时的制动器温度应低于 100℃。汽车加速到略大于规定的制动初速度,变速器置于空挡滑行并在规定的制动初速度下紧急制动到停车。

v_{max} 热衰退试验。汽车通过重复制动来加热制动器。每次制动的初速度为 $0.8v_{max}$,末速度为初速度的一半。制动减速度为 $3m/s^2$,制动循环周期为 $45 \sim 60s$,制动循环次数为 $15 \sim 20$ 次。

挂车在平路上通过连续制动加热,调整挂车制动器,使行驶阻力保持为挂车质量的 7%。用一辆汽车拖挂车,车速保持 40km/h,距离为 1.7km(如果车速降低,距离应相应加长)。

在重复制动或连续制动过程结束后,立即测定剩余制动效能,应不低于冷制动时制动减速度规定值的 80%,部分车辆应不低于冷制动时制动效能的 75%。

下长坡制动试验时,汽车以 30km/h 的平均车速,在 6% 的坡道上,下坡行驶 6km,然后测定剩余制动效能,应不低于冷制动效能的 75%。

多于 9 座的客车和满载质量超过 3.5t 的货车要进行 ABS 试验。试验包括直线行驶紧急制动试验和转向行驶紧急制动试验。直线行驶试验道路包括均匀的各种附着系数路面,非对称的各种组合路面,以及阶跃附着系数路面(先高后低,或先低后高),参看图 4-38。试验时测定有无防抱死制动系统的制动性能比和防抱死制动系统工作时的地面最大附着力利用程度,在非对称路面上测定跑偏控制;在阶跃路面测定防抱死制动系统对路面的识别能力。转向行驶试验内容是潮湿路面上的换道试验和弯道试验,测定可通过的最高制动初速度以及车辆躲避距离,用以评定制动方向稳定性。

室内试验用的制动试验台按测重方式的不同分为平板式和滚筒式两种,目前使用最多的是滚筒反力式制动试验台。

反力式制动试验台原理如图 4-39 所示。左右车轮分别置于两对滚筒 4 上,每对滚筒都有链条相连,同步转动。电动机 1 经过扭力箱减速驱动滚筒。车轮制动时,增加滚筒的旋转阻力,扭力箱体发生转动,通过压力传感器 2 即可测出制动器的摩擦力矩。第三滚筒 5 贴在车轮上,当车轮的制动力达到最大值时,通过第三滚筒 5 与滚筒 4 的转速差信号即可使滚筒 4 停止转动,防止轮胎剥伤。试验台的滚筒表面应作一定处理,以保持表面附着系数在 0.65 以上,通过台架测试可测出左右车轮制动力和制动协调时间。

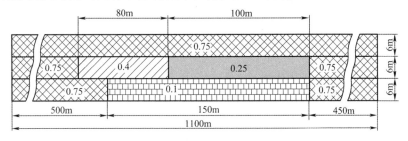

图 4-38　某汽车试验场的防抱死制动系统试验道路
150m,$\varphi=0.1$ 路面;100m,$\varphi=0.25$ 路面;80m,$\varphi=0.4$ 路面;
0.1/0.25,0.25/0.75,0.1/0.4 非对称路面;0.75/0.1,0.75/0.4,0.4/0.25 阶跃路面

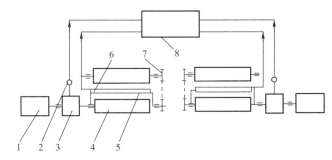

图 4-39　反力式制动试验台原理图
1-电动机;2-压力传感器;3-扭力箱;4-滚筒;5-第三滚筒;6-电磁传感器;7-链传动;8-控制记录装置

第二节　汽车操纵稳定性

汽车操纵性,是指驾驶人以最少的修正而能维持汽车按给定的路线行驶以及按驾驶人愿望转动转向盘以改变汽车行驶方向的能力。

可通过考察下列关系来评价操纵性能的好坏:

(1) 在额定车速下,车辆质心曲线轨迹与转向盘的关系;

(2) 以额定角速度迅速转动转向盘以后,车辆转向横摆角速度随时间的变化关系;

(3) 车辆在圆周行驶时其转向盘上的作用力与车辆侧向加速度的关系;

(4) 为保证额定车速行驶的车辆其轨迹曲率半径能按额定要求变化,而必须在转向盘上施加作用力。

汽车操纵稳定性是指汽车抵抗力图改变其位置或行驶方向的外界影响的能力。

汽车在行驶过程中,受到外界的干扰,会产生运动参数的变化。如果干扰消失后,车辆运动参数能恢复到原来状态,即称这种运动状态是稳定的。对于一定结构的车辆,其运动状态稳定与车速有密切的关系,所以车辆稳定性可用临界车速来衡量。超过临界车速,车辆行驶就处于不稳定状态。

与此相类似,临界路面坡度角也可用于评价车辆的位置稳定性。

一、轮胎侧偏特性和车辆转向运动学

轮胎侧偏特性是研究汽车操纵稳定性的理论基础。

图 4-40 所示为车轮坐标系,其中车轮前进方向为 X 轴的正方向,向下为 Z 轴的正方向,在 X 轴正方向的右侧为 Y 轴的正方向。

车轮平面——垂直于车轮旋转轴线的轮胎中分平面。

车轮中心——车轮旋转轴线与车轮平面的交点。

轮胎接地中心——车轮旋转轴线在地平面(即 XOY 平面)上的投影(即 Y 轴)与车轮平面的交点,也就是坐标原点。

翻转力矩 M_X——地面作用于轮胎上的力绕 X 轴的力矩,图示方向为正。

滚动阻力矩 M_Y——地面作用于轮胎上的力绕 Y 轴的力矩,图示方向为正。

回正力矩 M_Z——地面作用于轮胎上的力绕 Z 轴的力矩,图示方向为正。

侧偏角 α——轮胎接地中心位移方向(即车轮行驶方向)与 X 轴的夹角,图示方向为正。

外倾角 γ——XOZ 平面与车轮平面的夹角,图示方向为正。

如果车轮是刚性的,在车轮中心上作用有侧向力 F_Y(垂直于车轮平面)时,则地面反力的合力 F(图 4-41)为

$$F = \sqrt{F_X^2 + F_Y^2} \tag{4-38}$$

而 $F_{max} = \varphi_p F_Z$,又 $F_X = \varphi_x F_Z$,所以,可得

$$F_{Ymax} = F_Z \sqrt{\varphi_p^2 - \varphi_x^2} \tag{4-39}$$

$$F_Y = \varphi_y F_Z \tag{4-40}$$

式中:φ_y——侧向附着率。

这样,得

$$\varphi_y \leqslant \sqrt{\varphi_p^2 - \varphi_x^2} \tag{4-41}$$

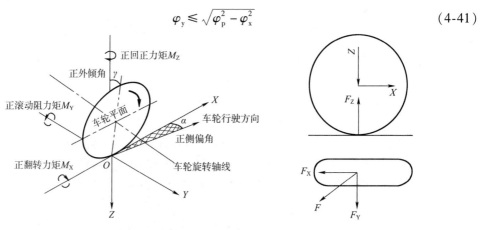

图 4-40 车轮坐标系　　图 4-41 刚性车轮受力示意图

车轮匀速行驶在平整的硬路面上时,φ_x 值与 φ_p 相比是很小的,因而 $\varphi_{ymax} \approx \varphi_p$。车辆处于制动过程中,则 φ_x 相当大。紧急制动时,φ_x 很快达到 φ_p,$\varphi_{ymax} \to 0$。这时,车轮在侧向力 F_Y 的作用下将与地面间发生横向滑移。也就是说,对于刚性车轮,当地面反向的合力达到附着极限时才会产生横向滑移,其行驶方向才会偏离车轮平面方向。

实际车轮上装有弹性轮胎,在作用于车轮中心的侧向力作用下,轮胎将产生侧向变形,如图 4-42 所示。这样,即使地面反力的合力没有达到附着极限,车轮亦将偏离车轮平面方向沿着 v_X 和 v_Y 的合成速度方向滚动。这就是弹性车轮侧偏现象。

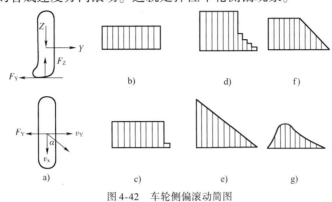

图 4-42 车轮侧偏滚动简图

下面将简要地解释侧偏现象的物理本质。

如果车轮不滚动,并在其中心作用一个侧向力 F_Y,则轮辋就相对于轮胎接地印迹有一侧向位移。

假设接地印迹是矩形的,其上铅垂方向压力是均匀分布的。并且仅仅是与印迹相关部分的轮胎才有侧向变形,也就是说,在印迹以外的轮胎单元没有变形;轮胎接地部分单元侧向反力与侧向位移成正比;最后,假设侧向力的大小还不足以引起印迹处的滑移。

这样,不滚动的车轮接地印迹内的侧向反力分布如图 4-42b) 所示。单元侧向反力的总和应等于车轮所受的侧向力 F_Y。

如果车轮向前滚动,车轮中心得到位移 ΔX,接地部分后部有 ΔX 长的变形单元脱离与地面的接触,不再承受侧向反力,而在接地印迹前面的未变形部分则有 ΔX 长的单元刚刚进入与地面接触,也不与原来接地部分一样承受侧向反力。可是单元侧向力的总和又是不变的,所以势必导致轮辋的侧向位移增加(增量为 ΔY),如图 4-42c) 所示。

在图 4-42d) 上画出了车轮滚动距离 $0 < X < 2L$ ($2L$ 为印迹长度) 时单元侧向力分布情况。当 $X = 2L$ 时,如图 4-42e) 所示,由于滚动是连续的,所以单元长度趋于无限小,这样单元侧向力分布就趋于三角形。

在上述过程中,尽管侧向力没有变化,但单元侧向力的分布由矩形变为三角形,车轮的轮迹是一曲线,侧偏角 α 是变化的。这一阶段称为瞬态侧偏过程。

此后,只要侧向力不变,单元侧向力的分布三角形也不会变,车轮中心轨迹将成为一条直线,侧偏角 α 是一个常量。这时称为稳态侧偏。由于橡胶的迟滞现象,一般在车轮上施加一个常量侧向力 F_0,车轮转过 1.5~2 周,才能达到稳态侧偏。

当然,如果侧向力本身是变化的,产生的一定是瞬态侧偏。

若侧向力的大小不变,单元侧向反力分布的三角形面积应与矩形面积相等。所以,在车轮由静止状态开始滚动,进入稳态侧偏之后,印迹后端的单元侧向力将急剧增加到原来的两倍,因此,印迹后部的单元侧向反力往往达到附着极限,产生滑移,如图 4-42f) 所示。整个印迹将分为附着区和滑移区两部分。

随着侧向力的增加,滑移区不断加大,单元侧向反力的分布将由梯形变为矩形。

实际上,印迹接近一个椭圆,因此侧偏现象要比上述分析复杂得多;铅垂方向的压力分布也是不均匀的,在印迹边缘压力等于零,因而即使很小的侧向力,也会引起滑移。而且,在附着区里,附着系数也不是一个常数。所以,单元侧向反力分布也是十分复杂的。图 4-41g)上画的是一个实例。

注意,在车轮带侧偏滚动时(稳态或瞬态),车轮旋转平面始终是平行移动的,而与车轮中心轨迹和车轮中心速度方向无关。

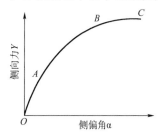

图 4-43 侧向力和侧偏角的关系

侧偏角是侧向力的函数,可通过试验确定(图 4-43)。试验时,通常给定侧偏角,测定对应的侧向力。所以,横坐标是侧偏角 α,纵坐标是侧向力 F_Y。

在侧偏角由零增加到某一值时(该值取决于轮胎结构,车轮铅垂载荷以及附着系数),侧向力 F_Y 与侧偏角 α 成比例变化(线段 OA)。显然,这个阶段对应的是印迹中滑移区远小于附着区的情况。这样,在这一阶段内可写成

$$F_Y = k\alpha \tag{4-42}$$

式中:k——侧偏刚度(偏离刚度)。

k 在数值上等于侧偏角 $\alpha = 1°$ 或 $\alpha = 1\text{rad}$ 时的侧向力,k 的单位为 N/deg 或 N/rad。一些轮胎的 k 值见表 4-5。从中可知,轮胎尺寸越大,k 值也越大。

轮胎侧向特性值　　　　　　　表 4-5

轮胎型号	车轮载荷 (N)	轮胎气压 (kPa)	侧偏刚度 (N/rad)	轮胎型号	车轮载荷 (N)	轮胎气压 (kPa)	侧偏刚度 (N/rad)
5.20-13	2 452	160	17 893	155SR15	3 924	210	29049
6.00-13	2 943	140	17 690	6.50-16	5 886	250	49 310
6.40-13	3 924	170	20 626	9.00-20	19 620	550	132 687
165R14	3 924	190	31 799	9.00R20	19 620	550	168 205
175HR14	3 433	200	38 382	11R22.5	16 180	755	112 815
5.60-15	2 943	180	29 332	12.00-20	29 430	640	187 371

尺寸相同的子午线轮胎比斜交轮胎的 k 值大。铅垂载荷增加,k 值开始随之增加,达到最大值后,有所下降,如图 4-44 所示。附着系数变化时,k 值变化不大,但 A 点对应的 α 角随附着系数的下降而减小。

图 4-43 中,在 $F_Y = f(\alpha)$ 的 AB 段相当于滑移区逐渐增加,而附着区逐步减小,但尚无为零的情况。

如果侧偏角 α 继续增大,附着区消失,车轮侧向滑移(BC 段)。这时,侧向力达到了附着极限。此后,车辆的运动规律与刚性轮一样。

下面将探讨车辆转向运动学。这时,车辆作为一个刚体,只需车上任意两点的速度方向,就可确定其瞬时转向中心。令前后轴中心点的速度分别为 v_1 和 v_2,如图 4-45 所示。v_1 和 v_2 的方向取决于相应轴上左右车轮的速度方向。

如果是刚性车轮,v_2 就沿汽车纵轴线方向。由于轮胎的侧偏,在转向过程中左右后轮上作用有侧向力,结果后轴中点的速度 v_2 偏离纵轴线一个角 α_2(α_2 称为后轴侧偏角)。

如果是刚性车轮,因为左右前轮转角不相等,前轴中点的速度 u_1 与纵轴线夹角为 δ。由于弹性轮胎的侧偏,产生前轴侧偏角 α_1,结果前轴中点速度 u_1 与纵轴夹角为 $(\delta - \alpha_1)$。

过前后轴中点,作 u_1 和 u_2 垂线,交点即为汽车的瞬时转向中心 O,下面来决定 O 点的

位置参数 C 和转向半径 R。

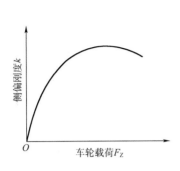

图 4-44 侧偏刚度和车轮载荷的关系

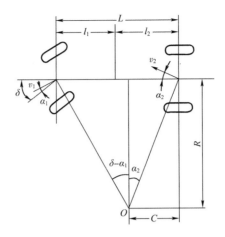

图 4-45 汽车转向简图

因为 $l = R\tan\alpha_2 + R\tan(\delta - \alpha_1)$，则有

$$R = \frac{l}{\tan\alpha_2 + \tan(\delta - \alpha_1)} \approx \frac{l}{\delta + \alpha_2 - \alpha_1} \quad (4\text{-}43)$$

$$C = R\tan\alpha_2 = \frac{l\tan\alpha_2}{\tan\alpha_2 + \tan(\delta - \alpha_1)} \approx \frac{l\alpha_2}{\delta + \alpha_2 - \alpha_1} \quad (4\text{-}44)$$

速度 v_2 的方向是沿车辆纵轴线，其大小等于车速 v_1，车辆转向横摆角速度为

$$\omega_r = \frac{v_2}{R} = \frac{v_1}{l}[\tan(\delta - \alpha_1) + \tan\alpha_2] \approx \frac{v_1}{l}(\delta - \alpha_1 + \alpha_2) \quad (4\text{-}45)$$

如果车轮是刚性的，即 $\alpha_1 = \alpha_2 = 0$，则有 $C = 0$，瞬时转向中心在后轴延长线上，即

车辆横摆角速度

$$R = \frac{l}{\tan\delta} \approx \frac{l}{\delta} \quad (4\text{-}46)$$

$$\omega_r = \frac{v}{l}\tan\alpha \approx \frac{v}{l}\delta \quad (4\text{-}47)$$

对于轮式车辆，如果 $\alpha_1 = \alpha_2$，则转向半径 R 和横摆角速度 ω_r 与装刚性轮的汽车相等。这时称汽车具有中性转向的特性。虽然中性转向的汽车转向半径和横摆角速度与装刚性轮的汽车相等，但由于中性转向的汽车的 $\alpha_2 \neq 0$，所以 $C \neq 0$，亦即两者的瞬时转向中心并不重合，因而两者行驶轨迹也不一致。

如果 $\alpha_1 - \alpha_2 > 0(\alpha_1 > \alpha_2)$，则转向半径要比装刚性轮时大，这时称汽车具有不足转向的特性。如果 $\alpha_1 - \alpha_2 < 0(\alpha_1 < \alpha_2)$，则转向半径比装刚性轮时小，这时称汽车具有过度转向的特性。

二、车辆转向受力分析

假定汽车是在一个静止坐标系 xOy 内运动（图 4-46），前轴某一瞬时转向角为 δ，车辆纵轴线与 Ox 的夹角为 γ。

令汽车质心的速度 v_c 与汽车纵轴线间夹角为 β，则 v_c 在静止坐标系两轴上的投影为

$$\begin{cases} v_\eta = v_c\cos(\gamma + \beta) = v_c\cos\gamma\cos\beta - v_c\sin\gamma\sin\beta = v_a\cos\gamma - v_y\sin\gamma \\ v_\xi = v_c\sin(\gamma + \beta) = v_c\sin\gamma\cos\beta + v_c\cos\gamma\sin\beta = v_a\sin\gamma + v_y\cos\gamma \end{cases} \quad (4\text{-}48)$$

式中：$v_a = v_c\cos\beta$ 就是车速；$v_y = v_c\sin\beta$ 即 v_a 在车辆横轴 Y 上的投影，就是汽车的侧向速度。

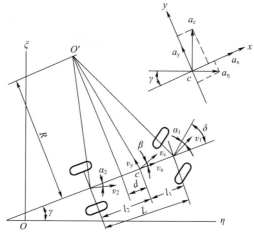

图 4-46　汽车转向时受力简图

对式(4-48)进行求导，即得汽车质心加速度在静止坐标系两轴上的投影：

$$\begin{cases} a_x = \dfrac{dv_a}{dt}\cos\gamma - v_a\sin\gamma\dfrac{d\gamma}{dt} - \dfrac{dv_y}{dt}\sin\gamma - v_y\cos\gamma\dfrac{d\gamma}{dt} \\ a_y = \dfrac{dv_a}{dt}\sin\gamma + v_a\cos\gamma\dfrac{d\gamma}{dt} + \dfrac{dv_y}{dt}\cos\gamma - v_y\sin\gamma\dfrac{d\gamma}{dt} \end{cases} \quad (4\text{-}49)$$

因为汽车在静止坐标系中的位置不断变化，为了便于分析，再求 a_η 和 a_ξ 在汽车的纵轴和横轴上的投影 a_x 和 a_y，即

$$\begin{cases} a_x = a_\eta\cos\gamma + a_\xi\sin\gamma \\ a_y = -a_\eta\sin\gamma + a_\xi\cos\gamma \end{cases} \quad (4\text{-}50)$$

把式(4-49)代入式(4-50)，化简得

$$\begin{cases} a_x = \dfrac{dv_a}{dt} - v_y\dfrac{d\gamma}{dt} \\ a_y = v_a\dfrac{d\gamma}{dt} + \dfrac{dv_y}{dt} \end{cases} \quad (4\text{-}51)$$

由于 $v_y = v_c\sin\beta = v_a\tan\beta$，$L = l_1 + l_2$，故

$$\tan\beta = \dfrac{d}{R} = \dfrac{l_2 - R\alpha_2}{R} = \dfrac{l_2(\delta - \alpha_1) - l_1\alpha_2}{l} \quad (4\text{-}52)$$

所以

$$v_y = v_a\dfrac{l_2(\delta - \alpha_1) - l_1\alpha_2}{l} \quad (4\text{-}53)$$

$$\dfrac{dv_y}{dt} = \dfrac{v_a}{l}[l_2(\dot\delta - \dot\alpha_1) - l_1\dot\alpha_2] + \dfrac{dv_a}{dt}\dfrac{1}{l}[l_2(\delta - \alpha_1) - l_1\alpha_2] \quad (4\text{-}54)$$

令 $\dfrac{dv_a}{dt} = a_0$；$\dfrac{d\gamma}{dt} = \omega_r$，所以

$\text{d}v_y/\text{d}t$ 的推导

$$\begin{cases} a_x = a_0 - \dfrac{v_a}{l}[l_2(\delta - \alpha_1) - l_1\alpha_2]\omega_r \\ a_y = v_a\omega_r + \dfrac{v_a}{l}[l_2(\dot\delta - \dot\alpha_1) - l_1\dot\alpha_2] + \dfrac{a_0}{l}[l_2(\delta - \alpha_1) - l_1\alpha_2] \end{cases} \quad (4\text{-}55)$$

由此可求得转向时汽车所受惯性力在其纵横轴上的投影为

$$\begin{cases} F_X = -ma_x = -m\left\{a_0 - \dfrac{v_a}{l}[l_2(\delta - \alpha_1) - l_1\alpha_2]\omega_r\right\} \\ F_Y = -ma_y = -m\left\{v_a\omega_r + \dfrac{v_a}{l}[l_2(\dot\delta - \dot\alpha_1) - l_1\dot\alpha_2] + \dfrac{a_0}{l}[l_2(\delta - \alpha_1) - l_1\alpha_2]\right\} \end{cases} \quad (4\text{-}56)$$

若 F_X 为正,则其指向前进方向;若 F_Y 为正,则其指向瞬时转向中心。

如果是刚性轮,则其惯性力投影分别为

$$\begin{cases} F_X = -m\left(a_0 - \dfrac{v_a}{l}l_2\delta\omega_r\right) \\ F_Y = -m\left\{v_a\omega_r + \dfrac{v_a}{l}l_2\dot\delta + a_0\dfrac{l_2}{l}\delta\right\} \end{cases} \quad (4\text{-}57)$$

由式(4-56)和式(4-57)可看出,无论有无侧偏现象,惯性力在横轴上的投影都可以分为三部分,即

$$F_Y = F_Y' + F_Y'' + F_Y''' \quad (4\text{-}58)$$

其中,$F_Y' = -mv_a\omega_r = -m\dfrac{v_a^2}{R}$,为离心力,它与侧偏现象无关。第二项 F_Y'' 是由于前轴转向角和两轴侧偏角变化而形成的。对于装刚性轮的车辆,当其驶入弯道时,F_Y'' 总是负的;而驶出弯道时,F_Y'' 总是正的。对于弹性车轮的车辆,如果侧偏角的变化速度足够大,则在驶入弯道时,F_Y'' 可能是正的,驶出弯道时,F_Y'' 可能是负的。第三项是由于车速变化而产生的。装刚性轮的车辆,加速时 F_Y''' 为负的;减速时,F_Y''' 为正的。装弹性车轮的车辆,如果 δ 不大,而 α_1 和 α_2 足够大时,在制动时也可能使 F_Y''' 取得负值。

在大多数情况下,作用在车辆上的离心力比后两项大得多。当车辆圆周行驶时,后两项近似等于零,所以这时的车辆稳定性极限可以取为临界车速或临界弯道半径。

在某种情况下,车速和转向半径都很大,而前轴转向角急剧变化,汽车行驶轨迹是一多变曲线(例如"换道行驶",即在直路上以相当高的稳定车速从一条车道换到另一条车道)。这时,第二项 F_Y'' 就起很大作用。在这种情况下,常用换道行驶的临界车速来衡量汽车的稳定性。

一般说来,F_Y'' 的作用体现在汽车行驶的过渡过程中,所谓过渡过程是指从转向盘转角变化情况下的运动到转向盘转角不变情况下运动的过程。例如,从等速直线行驶到等速圆周行驶的变化过程即为过渡过程(又称瞬态过程),一般汽车经过短暂时间后才能进入等速圆周行驶(图4-47)。也就是说,F_Y'' 对于汽车的瞬态响应有影响。

由图4-47可见,虽然转向盘停止转动,但是汽车转向横摆角速度 ω_r 仍在变化,这是因为两轴侧偏角 α_1 和 α_2 的变化速度不等于零的缘故。要经过一段时间(即稳定时间 σ)才能进入稳定状态。也有一些车辆的转向横摆角速度 ω_r 出现不能收敛的情况,即 ω_r 越来越大。这时,如果车速不变,就会使转向半径 R 越来越小,离心力急剧增加而导致汽车侧滑或翻车。

F_Y''' 在一般情况下是很小的,但在紧急制动时这一项对稳定性的影响是必须考虑的。

对汽车操纵性和稳定性有影响的不仅是惯性力的侧向分力,而且还有这一分力的地面反力在轴间的分配。

由图4-48,可以写出力矩平衡式为

$$I_z\frac{d^2\gamma}{dt^2} = I_z\dot\omega = F_{Y1}l_1 - F_{Y2}l_2 \quad (4\text{-}59)$$

式中：I_z——车辆绕过质心 z 轴的转动惯量。

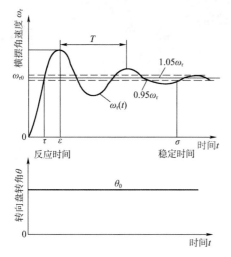

图 4-47 汽车转向盘转角阶跃输入时的过渡过程

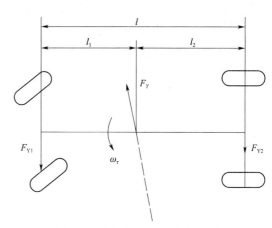

图 4-48 转向时的地面反力和侧向力

侧向反力之和应与侧向惯性力平衡，即

$$-F_Y = F_{Y1} + F_{Y2} \tag{4-60}$$

以上两式联立，即可解出：

$$\begin{cases} F_{Y1} = \dfrac{1}{l}(-F_Y l_2 + I_z \dot{\omega}_r) \\ F_{Y2} = \dfrac{1}{l}(-F_Y l_1 - I_z \dot{\omega}_r) \end{cases} \tag{4-61}$$

由式(4-45)求导，得

$$\dot{\omega}_r = \dfrac{v_a}{l}(\dot{\delta} + \dot{\alpha}_2 - \dot{\alpha}_1) + \dfrac{a_0}{l}(\delta + \alpha_2 - \alpha_1) \tag{4-62}$$

$$I_z = m\rho_z^2 \tag{4-63}$$

式中：ρ_z——惯性半径。

又由式(4-33)的 F_Y 表达式，可求得

$$\begin{cases} F_{Y1} = \dfrac{m_1 v_a^2}{R \cdot} + \dfrac{m_1}{l_1 l}\{[v_a(\dot{\delta}-\dot{\alpha}_1)+a_0(\delta-\alpha_1)](l_2^2+\rho_z^2)(v_a\dot{\alpha}_2+a_0\alpha_2)(\rho_z^2-l_1 l_2)\} \\ F_{Y2} = \dfrac{m_2 v_a^2}{R \cdot} + \dfrac{m_2}{l_1 l}\{[v_a(\dot{\delta}-\dot{\alpha}_1)+a_0(\delta-\alpha_1)](\rho_z^2-l_1 l_2)(v_a\dot{\alpha}_2+a_0\alpha_2)(\rho_z^2+l_1^2)\} \end{cases} \tag{4-64}$$

式中：$m_1 = \dfrac{m}{l} l_2$——分配到前轴的汽车质量；

$m_2 = \dfrac{m}{l} l_1$——分配到后轴的汽车质量。

在许多情况下，可认为 $\rho_z^2 = l_1 l_2$，则有

$$\begin{cases} F_{Y1} = m_1\left[\dfrac{v_a^2}{R \cdot} + v_a(\dot{\delta}-\dot{\alpha}_1)+a_0(\delta-\alpha_1)\right] \\ F_{Y2} = m_2\left[\dfrac{v_a^2}{R \cdot} - v_a\dot{\alpha}_2 - a_0\alpha_2\right] \end{cases} \tag{4-65}$$

如果忽略侧偏现象，则有

$$\begin{cases} F_{Y1} = m_1 \left[\dfrac{v_a^2}{R \cdot} + \dfrac{l_2^2 + \rho_z^2}{l_2 l}(v_a \dot{\delta} + a_0 \delta) \right] \\ F_{Y2} = m_2 \left[\dfrac{v_a^2}{R \cdot} + \dfrac{\rho_z^2 - l_1 l_2}{l_1 l}(v_a \dot{\delta} + a_0 \delta) \right] \end{cases} \tag{4-66}$$

如果既忽略侧偏现象,又认为 $\rho_z^2 = l_1 l_2$,则有

$$\begin{cases} F_{Y1} = m_1 \left(\dfrac{v_a^2}{R \cdot} + v_a \dot{\delta} + a_0 \delta \right) \\ F_{Y2} = m_2 \dfrac{v_a^2}{R \cdot} \end{cases} \tag{4-67}$$

当侧偏角及其本身变化不大时,前轴转向横摆角速度和汽车加速度基本上只影响前轴上作用的侧向地面反力。在驶入弯道时,F_{Y1} 增大;驶出时 F_{Y1} 减小,如果侧偏角及其本身变化比较大时,前轴转向横摆角速度和汽车加速度还将影响后轴的侧向地面反力 F_{Y2}。在驶入弯道时,F_{Y1} 增大,而 F_{Y2} 减小。驶出时正好相反。

三、汽车圆周行驶时的稳定性(汽车稳态转向特性)

如果令前后两轴的侧偏刚度 k_1 和 k_2 为常数,根据两轴所受地面侧向反作用力的表达式,就可分析汽车稳态转向特性。

汽车作等速圆周行驶时 $\dot{\delta} = 0$,$\dot{\alpha}_1 = \dot{\alpha}_2 = 0$,以及 $\dot{a}_0 = 0$。这样,两轴地面侧向反作用力分别为

$$\begin{cases} F_{Y1} = m_1 \dfrac{v_a^2}{R} \\ F_{Y2} = m_2 \dfrac{v_a^2}{R} \end{cases} \tag{4-68}$$

进而可得

$$\begin{cases} \alpha_1 = m_1 \dfrac{v_a^2}{Rk_1} \\ \alpha_2 = m_2 \dfrac{v_a^2}{Rk_2} \end{cases} \tag{4-69}$$

将式(4-69)代入式(4-43),得

$$R = \dfrac{l - v_a^2 \left(\dfrac{m_2}{k_2} - \dfrac{m_1}{k_1} \right)}{\delta} = \dfrac{l - \dfrac{m v_a^2}{l k_1 k_2}(k_1 l_1 - k_2 l_2)}{\delta} \tag{4-70}$$

$$\omega_r = \dfrac{v_a \delta}{l - v_a^2 \left(\dfrac{m_2}{k_2} - \dfrac{m_1}{k_1} \right)} = \dfrac{v_a \delta}{l - \dfrac{m v_a^2}{l k_1 k_2}(k_1 l_1 - k_2 l_2)} \tag{4-71}$$

由式(4-71)可知,当 $m_2/k_2 > m_1/k_1$(即 $k_1 l_1 > k_2 l_2$)时,随着车速 v_a 的提高,转向半径 R 减小,而角速度 ω_r 提高;R 增大,而角速度则缓慢增加。如果 $m_2/k_2 = m_1/k_1$(即 $k_1 l_1 = k_2 l_2$)时,R 与 ω_r 无关。随着 v_a 提高,ω_r 与 v_a 成正比增加。

稳态转向横摆角速度增益,即等速圆周行驶时的 ω_r/δ 值常用于衡量汽车对于驾驶人操纵的反应灵敏度。

综上所述,对于中性转向、不足转向和过度转向 3 种转向特性,可总结如下:

(1) 中性转向特性：

$$\frac{m_2}{k_2} = \frac{m_1}{k_1}; \quad k_1 l_1 = k_2 l_2; \quad \alpha_1 = \alpha_2; \quad \frac{\omega_r}{\delta} = \frac{v_a}{l}; \quad R = \frac{l}{\delta}$$

(2) 不足转向特性：

$$\frac{m_2}{k_2} < \frac{m_1}{k_1}; \quad k_1 l_1 < k_2 l_2; \quad \alpha_1 > \alpha_2; \quad \frac{\omega_r}{\delta} < \frac{v_a}{l}; \quad R > \frac{l}{\delta}$$

不足转向（动画）

(3) 过度转向特性：

$$\frac{m_2}{k_2} > \frac{m_1}{k_1}; \quad k_1 l_1 > k_2 l_2; \quad \alpha_1 < \alpha_2; \quad \frac{\omega_r}{\delta} > \frac{v_a}{l}; \quad R < \frac{l}{\delta}$$

显然，具有不足转向特性的汽车对驾驶人操纵的反应灵敏度低于中性转向特性；而有过度转向特性的车辆则高于中性转向特性。车辆具有的不同转向特性不仅对驾驶人操纵的反应灵敏度有影响，而且对其他作用力的反应灵敏度也有影响，比如侧向风、道路横坡引起的重力侧向分力以及道路不平度对车轮作用力等。

以直线行驶的车辆为例，分析其质心受到一个侧向力作用时的情况，如图 4-49 所示。

一般情况下，在 F_Y 作用下，前后两轴的侧偏角不等（$\alpha_1 \neq \alpha_2$），汽车将在半径为 $R = l/(\alpha_2 - \alpha_1)$ 的圆周上行驶 [参见式 (4-21)，并令 $\delta = 0$]。由于汽车转向特性不同，圆周行驶引起的离心力侧向分量 F 的方向也不同，具有过度的转向特性的车辆（$\alpha_2 > \alpha_1$），$R > 0$，F 和 F_Y 同在纵轴线的一侧，如图 4-49a) 所示。而具有不足转向特性的车辆（$\alpha_2 < \alpha_1$），$R < 0$，F 和 F_Y 分别在纵轴线的两侧，如图 4-49b) 所示。

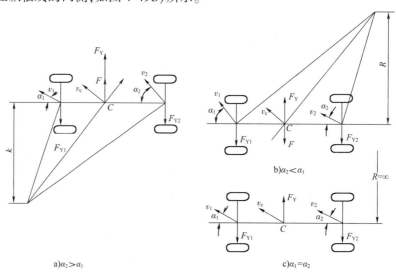

图 4-49 汽车在侧向力作用下的运动

显然，这时前后两轴的侧偏角 α_1 和 α_2 将由 $(F + F_Y)$ 引起，即

$$\begin{cases} \alpha_1 = \dfrac{F_{Y1}}{k_1} = \dfrac{\dfrac{F_Y l_2}{l} + m_1 \dfrac{v_a^2}{R \cdot}}{k_1} \\ \alpha_2 = \dfrac{F_{Y2}}{k_2} = \dfrac{\dfrac{F_Y l_1}{l} + m_2 \dfrac{v_a^2}{R \cdot}}{k_2} \end{cases} \quad (4\text{-}72)$$

此时，转向半径 R 为

$$R = \frac{l}{\alpha_1 - \alpha_2} = \frac{lk_1k_2 - mv_a^2 \frac{k_1l_1 - k_2l_2}{l}}{\frac{F_Y(k_1l_1 - k_2l_2)}{l}} \tag{4-73}$$

如果使具有过度转向特性的汽车和具有不足转向特性的汽车的 $|l_1k_1 - l_2k_2|$ 相等,则前者的 $|R|$ 要比后者小。

下面将说明一个重要参数——临界车速。

对于等速圆周行驶,从式(4-48)可导出稳态转向横摆角速度增益,即

过度转向(动画)

$$\frac{\omega_r}{\delta} = \frac{v_a}{l - \frac{mv_a^2}{lk_1k_2}(k_1l_1 - k_2l_2)} \tag{4-74}$$

具有不足转向特性的车辆,$(l_1k_1 - l_2k_2) < 0$;随着车速提高,ω_r/δ 先是增加,达到最大值后,就开始降低。但对于具有过度转向特性的车辆,$(l_1k_1 - l_2k_2) > 0$;所以,车速提高,ω_r/δ 迅速增大,到某一车速时,ω_r/δ 达到无穷大。这时只要极其微小的前轮偏转角也将导致极大的横摆角速度,汽车失去稳定性,如图4-50所示。这一车速称为过度转向特性车辆的临界车速 v_{cr}。

由式(4-52)可得

$$v_{cr} = \sqrt{\frac{l^2}{m} \frac{k_1k_2}{(k_1l_1 - k_2l_2)}} \tag{4-75}$$

可见,$l_1k_1 - l_2k_2$ 越大,v_{cr} 值越小。

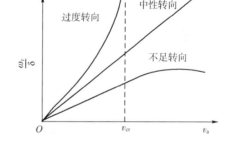

图4-50 稳态转向横摆角速度增益曲线

将 v_{cr} 值代入式(4-51),可发现,这时 $R = 0$。也就是说,直线行驶的车辆即使受到极小的侧向干扰力 F_Y,也会使 $R \to 0$,车辆发生激转,失去方向控制。

因此,具有过度转向特性的车辆是不稳定、不安全的,应使车辆具有适度的不足转向特性。载荷变化引起质心位置的改变时,会影响转向特性。质心后移,使不足转向量下降,严重时,会导致具有过度转向特性。

横摆角速度增益的推导

由于轮胎的结构和载荷等因素会影响侧偏刚度值的变化,所以不能随便更换轮胎,并应注意使轮胎的载荷和气压符合标准规定。

四、转向轮绕转向节主销的振动

由于转向系统内存在的间隙,转向盘的游隙可以达到5°~10°。也就是说转向盘不动时,转向轮可以自由转动20′~40′。考虑到系统内部某些部件的弹性变形,转向轮的自由转角还可能更大些。

转向轮的自由转动常带有振动的性质,其频率和角振幅则与转向轮上作用力的特性有关。引起转向轮振动的原因有转向轮不平衡、前悬架和转向系统的运动学关系不协调以及车轮与不平路面之间的相互作用等。由于某种偶然因素的干扰,还可能引起转向轮的自激振动。在一定条件下,这种自激振动可以保持很长时间。

1. 转向车轮不平衡引起的振动

车轮质心不在旋转轴上,则称为静态不平衡;如果质心在旋转轴上,而其质量分布不对称于车轮旋转平面,离心力引起的合力矩不为零,这时车轮处于动态不平衡状态。

由于车轮不平衡,在旋转时形成对转向主销的力矩,引起转向轮绕主销的振动。而这个力矩的振幅与车速平方成正比,其频率与车速成正比。

2. 前悬架与转向系统运动学关系不协调引起的振动

图 4-51、图 4-52 是一种纵置半椭圆钢板弹簧前悬架与转向系统布置简图。钢板弹簧固定吊耳在前轴前面,活动吊耳和转向器在前轴后面。板簧发生变形时,转向节上的球销 c 作为前轴上的一点绕 O_2 点摆动[试验研究结果说明,O_2 点的位置如图 4-51a)及图 4-52 所示],由于 aa 和 bb 不重合,而 c 点只能沿 aa 运动,结果转向节将相对于主销发生转动。这样,行驶在不平道路上时,由于车轮相对于车架的跳动,将同时引起转向轮的摆振。为减少这一振动,应将转向器与固定吊耳尽量靠近,使 aa 与轨迹 bb 贴近,如图 4-51b)所示。

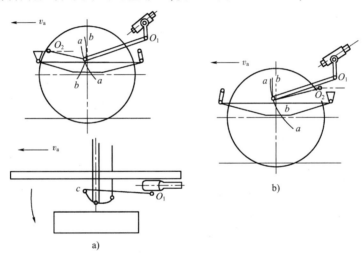

图 4-51 转向系与前悬架运动不协调引起转向车轮摆动

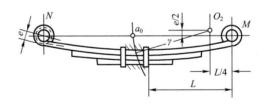

图 4-52 纵置半椭圆钢板弹簧变形时车轴转动中心 O_2 的确定(M 为固定吊耳销子轴线)

3. 转向轮上作用的稳定力矩

前面已谈到,在进入稳态侧偏之后,车轮和地面接触的印迹上单元侧向反力的分布呈三角形,合力作用点位于印迹中点之后,如图 4-53 所示,偏距为 e,$F_Y e$ 即为回正力矩。随车轮所受侧向力 F_Y 的增加,回正力矩随之增大。而在印迹后部的单元侧向反力达到附着极限以后,印迹上单元侧向反力的分布呈梯形,合力偏矩 e 减小,如图 4-53 所示。侧向力继续增加,滑移区不断加大,分布由梯形趋于矩形,偏矩 e 趋于零。由此可见,回正力矩在达到最大值后又开始减小(图 4-53 曲线)。随着法向载荷的增加,回正力矩也随之增大。

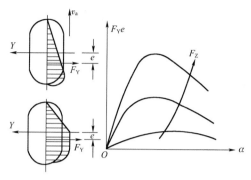

图 4-53 回正力矩 $F_Y e$ 及其随侧偏角 α 的变化

如果汽车在直线行驶时,转向轮偶然发生摆动,但汽车在这一瞬间由于惯性还继续向前直线行驶,结果使转向轮产生侧偏。如图 4-54 所示,左右车轮上作用的回正力矩将使车轮回到直线行驶位置。

由于主销后倾,也会使轮胎印迹的反力合力作用点相对于主销轴线产生偏移 e',这就产生了一个稳定力矩 $F_Y e'$,如图 4-55 所示。

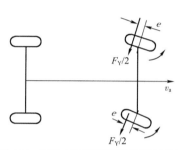

图 4-54 回正力矩对直线行驶车辆的作用

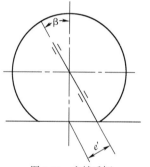

图 4-55 主销后倾

无论是弹性轮胎的回正力矩 $F_Y e$ 和主销后倾带来的稳定力矩 $F_Y e'$,都与侧向力 F_Y 有关。因而这二者都是侧向力决定的稳定力矩。

主销内倾带来的稳定力矩和轴荷有关。当轿车采用交叉布置的双管路制动系统时,要求增大主销内倾角 ε,使前轮回转半径 c 为负值(见图 4-56)。因为在正常情况下,轿车前轮制动力大于后轮,所以当一套管路失效时,容易造成制动时的方向侧偏;c 为负值时,可通过前轮的转向来补偿制动的偏转,如图 4-57 所示。

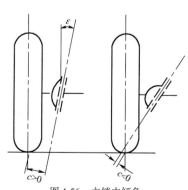

图 4-56 主销内倾角

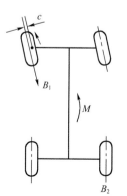
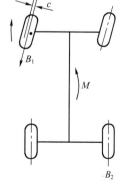

图 4-57 前轮回转半径为负值时对制动偏转的补偿

五、操纵稳定性试验

操纵稳定性试验可以在试车场或实际路面上进行,采用第五车轮、测力转向盘、加速度计以及陀螺测量仪等,测定的参数是车速、侧向加速度、侧倾角、侧倾角速度、车轮轨迹、航向角、转向盘操纵力等。

1. 稳态转向特性试验

为判断汽车稳态转向特性常采用定圆转向试验。试验时固定转向盘转角,在水平场地上作等速圆周行驶,测定车速 v_a、转向盘转角 θ 和横摆角速度 ω_r。汽车速度由低逐级提高,直到侧向加速度值达到要求值为止。也可使汽车连续加速,根据汽车行经轨迹判断其转向特性,如图 4-58 所示。

稳态转向特性试验也可通过定侧向加速度试验法。试验时车速分别为 40km/h、80km/h、110km/h,调整转向盘转角使汽车的侧向加速度保持 $0.4g$,汽车作等速圆周行驶。测定转向盘转角 θ、车速 v_a 和横摆角速度 ω_r。计算出前轮转向角 δ($\delta = \theta/i$,i——转向系统传动比),在图 4-59 所示的 $\frac{\omega_r}{\delta} - v_a$ 曲线图上判断其转向特性。

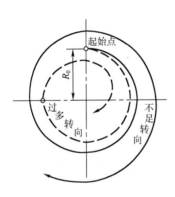

图 4-58 固定转向盘连续加速试验中汽车运动轨迹

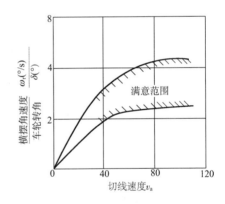

图 4-59 稳态转向特性试验(侧向加速度 $0.4g$)

2. 瞬态横摆响应试验

在定侧向加速度试验中,已知 40km/h 和 110km/h 车速下达到稳态圆周行驶侧向加速度为 $0.4g$ 时的转向盘转角值。在此基础上,可用阶跃试验法来确定汽车瞬态横摆响应。试验时,汽车先以直线行驶,达到 40km/h 或 110km/h 时,突然以 500deg/s 的角速度转动转向盘到上述转角值,保持不变。测定从直线行驶过渡到稳态圆周行驶过程中的各瞬时横摆角速度 ω_r 和转向盘转角 θ,求出瞬时的 ω_r/δ 值,按图 4-60 所示曲线判断瞬态特性。

3. 回正能力试验

在平坦场地上,汽车以 40km/h 和 80km/h 作等速圆周行驶,转向盘转角应使其侧向加速度保持 $0.4g$,然后突然完全松开转向盘,汽车将从圆周行驶恢复到直线行驶。按图 4-61 所示的要求判断回正能力。

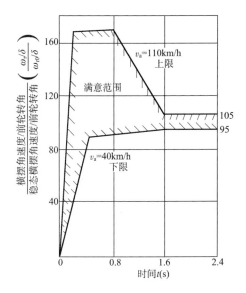

图 4-60 瞬态横摆响应试验

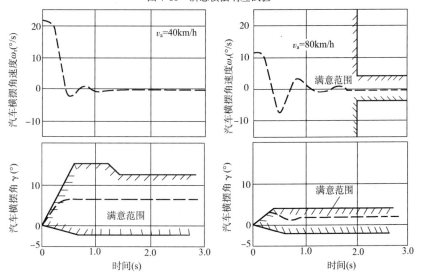

图 4-61 回正能力试验

第三节 汽车被动安全性

一、车辆事故分析和被动安全性的评价方法

道路交通事故的统计和分析是研究汽车被动安全性的基础。根据交通事故统计分析，了解交通事故与气候、道路、时间与驾驶人和车外人员的年龄等的关系，并找出发生频数最多的交通事故（即所谓"典型交通事故"），便于进行深入研究和提出交通事故防治对策。

图 4-62 所示是轿车碰撞事故分布情况。正面碰撞占 64% 以上，而其中一半是车前左侧（右侧通行时）。侧部碰撞是第二种常见事故类型。

大客车追尾碰撞比例高于轿车，大客车右后角更容易被碰撞。

从汽车碰撞速度来看，正面碰撞速度高于侧向碰撞和追尾碰撞。有一半以上的正面碰撞事故的速度高于60km/h,而90%的追尾碰撞事故的速度低于30km/h。

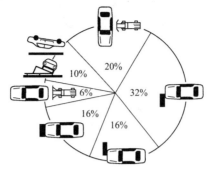

图4-62 右侧通行的轿车碰撞事故类型分布

交通事故中伤员的头、胸、下腹和脊椎等部位伤害是主要致死原因。图4-63和图4-64分别给出了纵向撞车事故中驾驶人和轿车前排乘客的伤害形成过程。而图4-65上具体表明了某轿车的乘员身体伤害部位分布情况。

图4-63 撞车中轿车驾驶人受伤过程

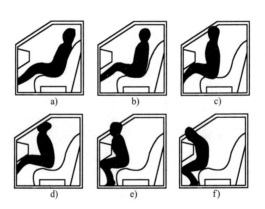

图4-64 撞车中轿车前排乘客受伤过程

汽车和自行车碰撞时速度多在40~50km/h,而与摩托车碰撞速度则高得多,往往超过65km/h。

大多数行人是在交叉路口和道路入口处从侧面被汽车正面所撞。轿车平均碰撞速度往往不超过35km/h。如果汽车速度超过40 km/h,则常会导致行人死亡。而对于载货汽车,20km/h的碰撞速度已可使行人头部遭受致命伤害。

评价被动安全性的最简单指标是事故严重程度因素 F,即

$$F = \frac{N_s}{N_{sh}}$$

式中：N_s——事故中死亡人数（当场死亡或事故后存活不超过7昼夜的伤员）;
N_{sh}——事故中受伤人数。
统计数据表明，F 一般在 1/40~1/5 范围内。

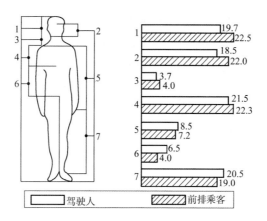

图 4-65 交通事故中轿车乘员身体各部位受伤分布
1-头;2-面部;3-颈;4-胸部;5-上肢;6-腹部;7-下肢

衡量道路交通事故严重程度的指标还有每 10 万居民、每百万千米行程、每万车的交通事故死伤人数。

考虑到事故中伤亡情况的差异,学者提出了"危险系数 k"的概念,即

$$k = \frac{k_1 N_q + k_2 N_z + k_3 N_s}{N_q + N_z + N_s + N_o} \quad (4\text{-}76)$$

式中:N_q——轻伤人数;
　　N_z——重伤人数;
　　N_o——未受伤人数;
k_1、k_2、k_3——加权系数,取 $k_1 = 0.015, k_2 = 0.36, k_3 = 1$。

二、车内被动安全性

交通事故中,人体内伤和脑损伤与减速度直接有关,骨折与作用力有关,组织损伤与剪切应力有关,所以研究汽车内部被动安全性的重要内容是降低人体在碰撞时的减速度。

1. 安全车身

在轿车发生正面碰撞或碰撞固定障碍物时,前部出现特别大的平均减速度 j_{cp}(300 ~ 400g),向后逐渐降低。其质心位置的平均减速度 j_{cp} 为 40 ~ 60g,瞬时值可达 80 ~ 100g,如图 4-66 所示。

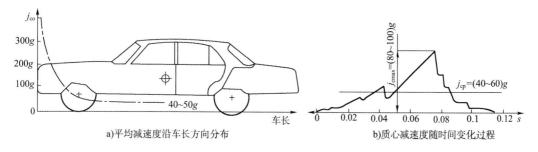

a)平均减速度沿车长方向分布　　b)质心减速度随时间变化过程

图 4-66 汽车与固定障碍相撞时减速度的变化

为了降低正面碰撞时的减速度,在轿车前部设置折叠区,如图 4-67 所示。乘员区刚度大,保证乘员的生存空间。这样,在撞车时可提供 400 ~ 700mm 的变形行程,通过前部折叠区的变形来吸收撞车时的动能。

折叠区的变形力应满足梯度特性,如图 4-68 所示。即可分为五个区段:行人保护、低车速保护、对事故对方共存保护、自身保护(针对本车乘员)以及生存空间。变形力从前向后逐渐增加,使得撞车力较小时,变形仅限于前部零件。

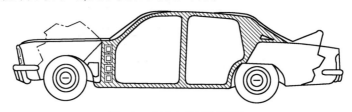

图 4-67　轿车各部不同的刚度

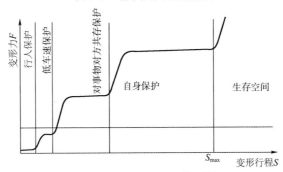

图 4-68　轿车前部变形力梯度特性

后部撞车的速度较低,轿车后部折叠区的变形过程为 300~500mm,如图 4-67 所示。备胎后置有助于减小碰撞加速度,而油箱位置必须避开折叠区。行李舱盖边缘不能穿过后窗而撞入车内。

侧向碰撞时,由于碰撞部位的装饰件和结构件允许的变形行程很小,吸收能量的能力远小于前部和后部,因而引起车内的严重变形对乘客伤害的危险性很高。伤害危险性很大程度上取决于轿车侧部结构强度(立柱和车门的连接、顶部及底部与立柱的连接)、底板横梁和座椅的承载能力以及门内板的设计。应保证主撞车不致侵入被撞车的乘员空间。

翻车时,车门应保证不能自开。在活顶式轿车上,可装设展开式翻车保护杆,并约束乘员头部,如图 4-69 所示。

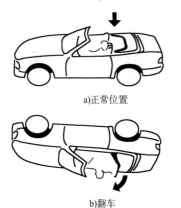

图 4-69　活顶轿车的翻车保护

2. 限制乘员位移

安全带(座椅带)是最简单有效的乘员约束装置,如图 4-70 所示。轿车驾驶人和前排乘员多用三点式安全带,后排乘客或载货汽车、大客车乘员也有用腰部安全带的,赛车乘员则用四点式安全带。安全带的惯性式锁紧装置只要拉伸速度超过设计速度就把安全带拉紧。腰部固定点承载能力不低于 22.7kN,肩部固定点则高于 22.9kN。在正常行驶时,安全带可以任意伸长而不妨碍驾驶人的操作和乘员的基本活动。

图 4-71 表明,无安全带的死亡事故在使用了安全带以后可转化为重伤或轻伤。50km/h 撞墙试验时乘员头部的减速度如图 4-72 所示,三点式安全带可使驾驶人头部减速度降低一半。

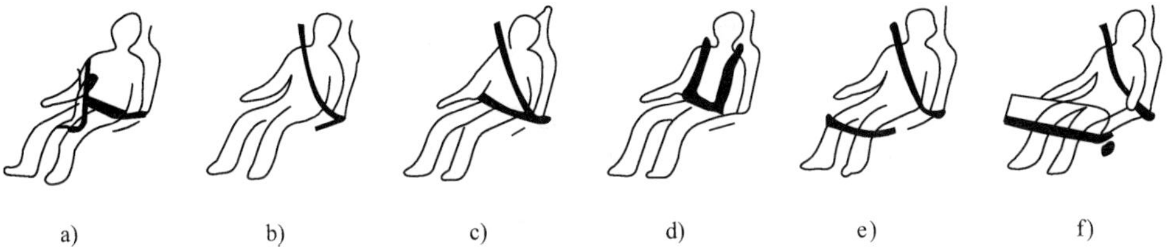

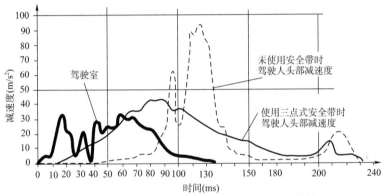

图 4-70 安全带形式

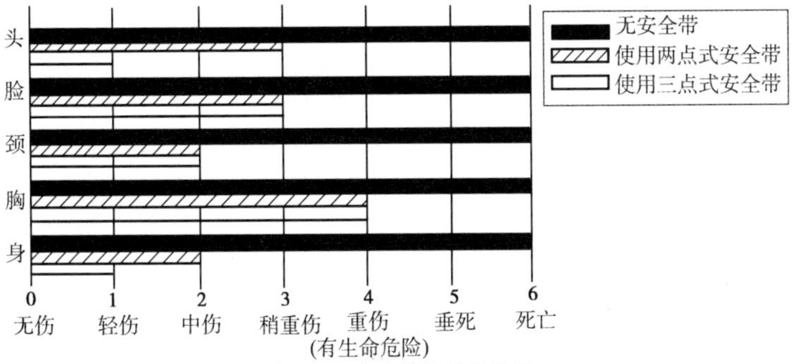

图 4-71 安全带的保护效果

图 4-72 以 50km/h 碰撞试验时汽车与乘员减速度变化情况

　　为了避免在严重事故时乘员过分前移,在安全带上增设了收紧器。在碰撞时,收紧器被触发,收紧作用时间约 5ms,乘员最大前移距离约 1cm,因而减小了汽车和乘员间的速度差。

　　前部气囊(Airbag)在发生碰撞时,被以突然爆炸方式充气,在乘员与气囊接触前充满。气囊与乘员接触时,立即部分泄气,并以生理上可承受的表面压力和减速度,柔和地吸收能量,这时在很大程度上减小乘员头部和胸部的碰撞损伤。

　　驾驶人前部气囊容积为 50~60L,应在 30~35ms 时间内充满氮气;前排乘员前部气囊容积为 100~140L,要求在 50ms 内充满。驾驶人的最大前移空间通常为 12.5cm,气囊放气时间约为 100ms,碰撞和能量吸收全过程约在 150ms 内完成,如图 4-73 所示。

　　侧面气囊装在车门或座椅靠背骨架上,由于乘员与向内移动的汽车部件之间距离很小,所以容积为 12L 的侧面气囊响应时间不得超过 3ms,充满时间应小于 10ms。

　　影响安全带收紧器和气囊保护效果的决定因素是在准确的时间触发。就气囊来说,要使乘员在气囊仍然处于充满状态并开始放气时与其接触。电子控制的触发装置通过加速度传感器来检测碰撞过程中减速力的大小,在识别碰撞类型后(如正面、横向或成一定角度碰撞),迅速准确触发气囊和安全带收紧器,引爆气体发生器。

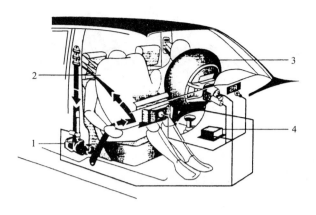

图 4-73 乘员前部防护

1-安全带收紧器;2-前排乘员气囊;3-驾驶人气囊;4-传感器和备用电源

侧面气囊利用压力传感器来检测侧向碰撞造成车门变形引发的压力上升,触发气体发生器。两侧使用相互独立的传感器,分别检测各自的压力,决定是否触发。

3. 消除部件致伤因素

在乘坐区设计时必须保证在乘员生存空间内没有致伤部件。在图 4-74 上画出了在撞车前和撞车后零件变形界限。界限 1-1 将引起轻伤,界限 2-2 导致重伤,而界限 3-3 将是致命的。由于人体尺寸的差异,乘员乘坐姿势的不同,生存空间的形式也各不相同,图 4-74 上表示的是美国和意大利轿车生产厂家确定的生存空间形式。

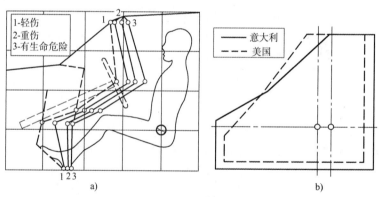

图 4-74 生存空间

仪表板下部、转向盘和风窗玻璃引起伤害的事故频数较高。

仪表板下部应安装膝部缓冲垫。风窗玻璃应采用钢化玻璃或夹层玻璃。转向盘可采用弹性有波纹的结构,并且盘缘可变形,转向柱能弯曲或伸缩。乘员室内各种部件应软化,材料的燃烧速度要小。

三、外部被动安全性

1. 轿车与行人的碰撞

在轿车与行人碰撞过程中,首先行人腿部撞到保险杠上,然后行人骨盆与发动机舱盖前端接触,如果车速足够高,最后行人头部撞到发动机舱盖或风窗玻璃上。这时行人被加速到车速,这就是所谓的"一次碰撞"。车速越高,头部撞击点越靠近风窗玻璃。

由于汽车制动使行人与汽车分离,行人以与碰撞速度相近的速度撞到路上,这是"二次碰撞",如图 4-75 所示。在有的交通事故中还发生行人被汽车碾压,这属于"三次碰撞"。

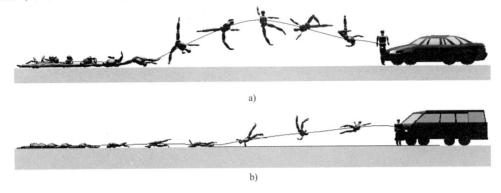

图 4-75　两种典型汽车碰撞成年行人动态示意图

决定行人伤害严重程度的主要因素是一次碰撞的部位和汽车与人体碰撞的部件形状、刚度。图 4-76 所示为行人与轿车碰撞的统计结果。

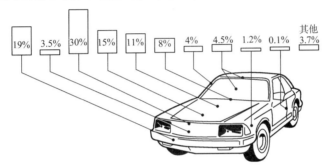

图 4-76　行人与轿车的各部位碰撞结果统计

合理设计的保险杠应该不仅考虑到内部被动安全性,而且也顾及外部被动安全性。为此,要求一切在公路上行驶的车辆前后均应装有保险杠。从减轻交通事故中受伤程度看,行人与保险杠的碰撞部位在膝盖以下为好,应降低保险杠的高度。但保险杠过低,会加大头部在发动机舱盖或风窗玻璃上的撞击速度。所以汽车保险杠高度值取为 330～350mm 是合适的,可以保证大部分行人的碰撞部位发生在膝盖以下。保险杠应该无尖角和突出部,并且适当软化。

从安全角度看,发动机舱盖前端圆角半径应大些、发动机舱盖高度低、风窗玻璃倾角小。在头部撞击区要求妥善软化,并且取消突出部,如刮水片在停止状态时应位于发动机舱盖下,不设导雨槽等。

2. 载货汽车的外部被动安全性

载货汽车与轿车相比,其质量、刚度和尺寸都要大得多,在与轿车正面相撞时,轿车损坏比载货汽车严重得多。特别是两者尺寸相差悬殊时,轿车往往"楔入"载货汽车下面,轿车的前部折叠区不能发挥作用,而导致乘坐区受到破坏。

特别是一般载货汽车后部不装保险杠,跟随行驶的轿车在碰撞事故中楔入(钻尾)的可能性大大增加。因此对于尾部离地高度不小于 0.7m 的车辆应装后下防护装置,其离地高度为 0.38～0.56m。现在正在研制装于载货汽车尾部的缓冲装置,以减小追尾的轿车相撞时的损坏程度。

载货汽车与行人相撞时造成的伤亡也远比轿车严重。这是因为一次碰撞中,无论是长头还是平头驾驶室载货汽车,都不可能存在轿车事故中的行人身体在发动机舱盖上翻转过程,而是在很短时间内行人被加速到货车速度,易于造成人的伤亡。驾驶室上突出的后视镜、驾驶人上下车踏板以及保险杠也容易使行人头部、骨盆和大腿受伤。

四、被动安全性试验

汽车被动安全性试验应尽量再现典型的公路撞车事故的现象。试验中需要测量车辆的变形、减速度及负荷。必要时在车内设置试验用假人,测定有关部位的负荷及变形情况。

实车正面碰撞试验时采用固定障壁,障壁布置有全宽和40%重叠偏置两种,如图4-77和图4-78所示。

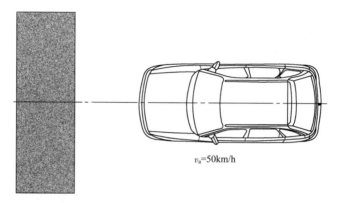

图 4-77 正面全宽碰撞试验
(水泥混凝土障碍壁,碰撞车速 50km/h)

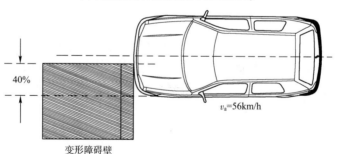

图 4-78 正面40%重叠偏置碰撞试验
(蜂窝状铝合金变形障碍壁,碰撞车速56km/h)

侧向碰撞试验采用移动变形障碍壁,如图4-79所示。试验车 A 静止,移动障碍壁 B 向前运动,运动方向与试验车中轴线夹角成63°,碰撞速度为53km/h。图示为碰撞左侧的情况,碰撞右侧与此类似,移动障碍壁的碰撞材料为铝制蜂窝状材料。

正面碰撞中的试验车以及侧向碰撞中的移动障碍壁可用电动机牵引加速,也可以用牵引车牵引加速。

为了确定碰撞试验中车内乘员所受伤害的严重程度,要在试验车内放置假人。试验用假人的各部肢体在形状、运动学和动力学性能方面都和真人严格相似,并能模拟人体的若干动作。头部还附有软化材料模拟肌肉和皮肤。在头、胸、背和大腿部位装有传感器,测定减速度和负荷。用于侧向碰撞试验的假人是专门设计的,与正面碰撞试验用的假人有很大区别,价格也更高。

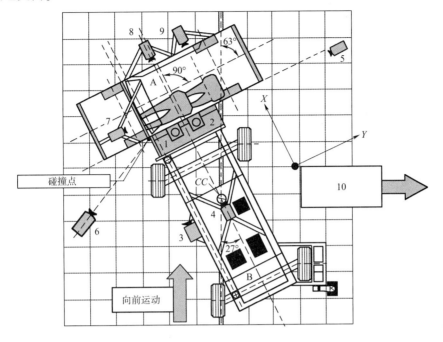

图 4-79 侧向碰撞试验

1-上方摄像机摄录试验车 A 动态性能;2-上方摄像机摄录碰撞平面;3-移动障碍壁 B 上的摄像机摄录碰撞点;4-移动障碍壁 B 上的摄像机摄录碰撞边;5-摄像机从右侧摄录试验车 A 和移动障碍壁;6-摄像机从左侧摄录试验车 A 移动情况;7-试验车 A 发动机舱盖上方摄像机观察前座假人;8-试验车 A 侧面摄像机观察前座假人移位;9-试验车 A 侧面摄像机观察后面假人移位;10-实时摄像机

一个完整的试验用"假人"系列还包括 5% 妇女、95% 男子以及 3 岁、6 岁、10 岁儿童。

在试验时,要布置足够的传感器和摄像机。图 4-79 上绘出了侧向碰撞试验时的摄像机布置状况。

除了整车碰撞试验外,还包括若干部件试验,像安全带、气囊、座椅和头枕、保险杠、车门、车顶、驾驶室后围等的试验。转向柱上端向驾驶人方向的最大位移和冲击力,风窗玻璃安全性等也要严格测试。

 思考题

1. 汽车安全性及分类有哪些?
2. 汽车主动安全性包括哪些内容?
3. 汽车被动安全性包括哪些内容?
4. 汽车被动安全性的评价指标是哪些?
5. 简述下列名词:汽车制动性;汽车制动性的主要评价指标;制动器制动力。
6. 何谓地面制动力和地面附着力?
7. 请叙述制动器制动力、地面制动力和地面附着力三者之间关系和区别。
8. 请简述制动踏板力与制动器制动力及地面制动力的关系。

9. 画出制动时汽车前轮及后轮的受力简图,并列出平衡方程式。

10. 画出整车制动时的受力简图。

11. 解释下列系数:车轮滑移率;制动力系数;滑移附着系数;峰值附着系数;同步附着系数。

12. 叙述车轮的滑移率与纵向附着系数的关系,并绘图说明。

13. 汽车制动过程从时间上大致可以分为几个阶段?

14. 汽车制动距离及相关影响因素有哪些?

15. 分析在汽车制动过程中减速度的变化规律。

16. 汽车在不同路面上制动时最大减速度值为何值?

17. 影响汽车制动效能的恒定性因素有哪些?

18. 影响汽车制动器热衰退性的主要因素是什么?

19. 造成汽车制动跑偏的主要原因是什么?

20. 制动侧滑的主要原因有哪些?

21. 试说明汽车制动时在侧向力作用下发生后轴侧滑更危险。

22. 汽车制动时后轮抱死拖滑容易发生侧滑的危险,请问有哪些干扰因素可造成侧滑?

23. 已知某车总质量 $m=8025\text{kg}$,轴距 $l=4\text{m}$,质心离前轴的距离 $l_1=3.03\text{m}$,质心至后轴距离 $l_2=0.97\text{m}$,质心高度 $h_g=1.15\text{m}$,在纵坡度 $i=5\%$ 时,求在良好路面上等速下坡时,轴荷再分配系数(注:轴荷再分配系数 $m_{f1}=F_{Z1}/F_{Z10}$,$m_{f2}=F_{Z2}/F_{Z20}$,F_{Z1}、F_{Z10}、F_{Z2}、F_{Z20} 分别是作用在前、后 4 个车轮上的地面法向反作用力)。

24. 已知某汽车质量 $m=4000\text{kg}$,前轴负荷为 1350kg,后轴负荷为 2650kg,$h_g=0.88\text{m}$,$l=2.8\text{m}$,同步附着系数为 0.6,试确定前后制动器制动力分配(比例)系数是多少?

25. 汽车同步附着系数为 0.4,试分析汽车在良好路面上同步附着系数为 0.7 的制动过程。

26. 请叙述在分析汽车制动性时使用"I 曲线"的意义。

27. 当汽车同步附着系数从 0.4 增加到 0.7 时,对汽车制动性能有什么影响?

28. 简述汽车制动时使汽车减速的力有哪些?

29. 某双后桥载货汽车设计核定装载质量为 9000kg,整备质量为 6000kg,在水平良好路面($\varphi_s=0.75\sim0.85$)实施紧急制动时恰好前后轮同时抱死,如果该车装载 20000kg 水泥在水平良好路面($\varphi_s=0.75\sim0.85$)实施紧急制动,试近似计算此时汽车的制动力和减速度。

30. 从制动器制动力、地面制动力和附着力三者关系可得出何种结论?

31. 通常汽车前后制动器制动力具有固定的分配比,采取何种措施使得汽车无论在空载还是满载均可获得比较满意的制动效果?

32. 分析具有前后制动器制动力固定分配比汽车制动系统的缺陷,并指出改进措施。

33. 请分析汽车急加速时,整个车身前部上升而后部下降的原因(提示:考虑轮胎等弹性、阻尼元件的作用,并采用受力分析方法,要求画出受力图并列出平衡方程)。

34. 请分析汽车制动时,整个车身前部下降而后部抬起的原因(提示:考虑轮胎等弹性元件、阻尼元件的作用,并采用受力分析方法,要求画出受力图并列出平衡方程)。

35. 汽车在何种状态车头存在"抬升"现象?何种状态存在"点头"现象?并简单解释。

制动点头(动画)

36. 按照制动距离的定义，能否从道路上测得制动距离(假设未安装防抱死制动系统)?
37. 从道路上测量得到的制动距离与定义的制动距离是否相等? 为什么?
38. 什么是汽车的操纵性? 什么是汽车稳定性?
39. 什么是汽车的稳态和动态响应?
40. 什么是弹性轮胎的侧偏特性?
41. 请分析刚性车轮在刚性路面上行驶时的侧向力作用下的运动轨迹。
42. 什么是侧偏力和侧偏回正力矩? 它们主要与哪些因素有关?
43. 汽车稳态转向特性有几种? 都是什么?
44. 一般来说，汽车应该具有哪一种转向特性? 为什么?
45. 有几种方式可以判断或者表示汽车的稳态转向特性? 请简单叙述之。
46. 汽车转向瞬态响应的评价指标有哪些?
47. 影响汽车横摆角速度增益的因素有哪些?
48. 有一汽车的总重力为 20100N，轴距 $L=3.2\text{m}$，静态时前轴荷占 55%，后轴荷占 45%，$k_1=38920\text{N/rad}$，$k_2=38300\text{N/rad}$，求特征车速和该车的稳态转向特性。
49. 水滑现象(Hydroplaning)是在一定的(　　)和轮胎(　　)条件下，当汽车达到(　　)时，轮胎被水膜抬起，汽车丧失(　　)和(　　)能力的现象。
50. 与汽车等速行驶相比，汽车制动时前轮地面法向载荷(　　)。
　　A. 不变　　　　　　B. 增加　　　　　　C. 减少
51. 与汽车等速行驶相比，汽车加速时前轮地面法向载荷(　　)。
　　A. 不变　　　　　　B. 增加　　　　　　C. 减少
52. 与汽车等速行驶相比，汽车制动时后轮地面法向载荷(　　)。
　　A. 不变　　　　　　B. 增加　　　　　　C. 减少
53. 与汽车等速行驶相比，汽车加速时后轮地面法向载荷(　　)。
　　A. 不变　　　　　　B. 增加　　　　　　C. 减少
54. 为什么装 ABS 的汽车在相同的路面上，直线行驶实施紧急制动无轮胎拖印，而转弯行驶实施紧急制动，轮胎在路面上有类似制动抱死拖印的印迹。
55. 装有 ABS 汽车制动时出现轮胎印迹的原因有(　　)。
　　A. 低速(如 14km/h)　　B. 存在侧向力　　　C. 地面变化剧烈
　　D. 制动系统压力调节　　E. 车轮载荷突然变化　　F. A、B 和 D
56. 采用 ABS 的汽车在紧急制动时地面附着力系数为(　　)。
　　A. φ_s　　　　　　　　　　　　　　B. φ_p
　　C. $\varphi_s \leq \varphi_b \leq \varphi_p$　　　　　　　　D. 通过压力调节，时而 φ_s，时而 φ_p
57. 汽车制动跑偏的原因是(　　)。
　　A. 制造原因　　　　B. 调整原因　　　　C. 结构原因
　　D. 道路倾斜原因　　E. A、B、C 三原因共同作用
58. 制动过程中，若只有前轮抱死或前轮先抱死拖滑，则汽车(　　)。
　　A. 基本沿直线向前行驶，处于稳定行驶状态，丧失转向能力
　　B. 基本沿直线向前行驶，处于稳定行驶状态，转向处于可操控状态
　　C. 不能保持直线行驶，处于不稳定行驶状态，丧失转向能力
59. 汽车制动时若后轮比前轮先抱死，则汽车(　　)。

A. 必定发生侧滑

B. 超过一定时间间隔,汽车才发生侧滑

C. 超过一定时间间隔,且车速超过某一数值,汽车才发生侧滑

D. 超过一定时间间隔,在车速超过某一数值条件下,汽车受侧向力作用,就会发生侧滑

60. 写出横摆角速度增益表达式。

61. 不足转向时 $K>0$,对应(　　)。

　　A. $\alpha_1-\alpha_2>0, R>R_0$　　　　　　　　B. $\alpha_1-\alpha_2<0, R<R_0$

　　C. $\alpha_1-\alpha_2>0, R<R_0$　　　　　　　　D. $\alpha_1-\alpha_2<0, R>R_0$

62. 过度转向时 $K<0$,对应(　　)。

　　A. $\alpha_1-\alpha_2>0, R>R_0$　　　　　　　　B. $\alpha_1-\alpha_2<0, R<R_0$

　　C. $\alpha_1-\alpha_2>0, R<R_0$　　　　　　　　D. $\alpha_1-\alpha_2<0, R>R_0$

63. 绘制三种不同稳态转向特性的车速—横摆角速度增益的关系曲线。

64. 设汽车初始时为等速圆周运动,请绘制具有不同稳态转向特性的汽车运动轨迹图。

65. 用附着椭圆表示横向力(侧偏力或侧向力)与侧偏角的关系并加以说明。

66. 用附着椭圆表示切向力(驱动力或者制动力)与侧偏角的关系并加以说明。

67. 用附着椭圆表示切向力(驱动力或者制动力)和横向力(侧偏力或侧向力)与侧偏角的关系并加以说明。

68. 用附着椭圆表示切向力(驱动力或者制动力)和横向力(侧偏力或侧向力)与滑动率之间的关系并加以说明。

第五章 汽车公害

第一节 概 述

汽车在道路上行驶而产生的损害人体健康和生活环境的污染现象称为汽车公害。汽车公害包括排气公害、噪声公害、电波公害和粉尘公害。

排气公害是指汽车排出的废气对大气环境的污染。

噪声公害是指噪声对环境的危害。

电磁波公害是指汽车电气设备对无线电通信、电视、广播等的电波干扰。

粉尘公害是指制动蹄片、离合器摩擦片、轮胎的磨损物和车轮扬起的粉尘对环境的危害等。

汽车排气污染对人们的生活环境影响最大,其次是噪声公害,电磁波干扰一般只影响无线传媒效果而不会直接影响人们的身体健康,粉尘污染在交通密度大的地区附近较为突出。

一、排气公害

随着社会经济的发展,汽车保有量的增加,我国城市的大气污染已由工业废物、煤炭、烟尘型污染向光化学烟雾型污染转变。汽车已成为城市大气污染的重要来源。汽车排气中的一氧化碳(CO)、碳氢化合物(HC)越多,燃料燃烧越不充分,燃料消耗也就越大。因此,降低汽车排放污染对减轻大气环境污染和节约能源都有重要意义。

1. 汽车的排气污染源

汽车排放的气体通过发动机排气管、曲轴箱窜气、燃油蒸发和渗漏等途径进入大气。

排气管排气是汽车最主要的污染源,所排出的废气主要是发动机的燃烧产物。若燃油与空气的混合气完全燃烧,发动机燃烧废气的基本成分是二氧化碳(CO_2)、水蒸气(H_2O)、过剩的氧气(O_2)及残余的氮气(N_2)等。发动机实际工作时,排气成分还包括一氧化碳(CO)、碳氢化合物(HC)、氮氧化物(NO_x)、微粒(PM)、二氧化硫(SO_2),以及甲醛、丙烯醛等有害气体。

在发动机的压缩行程和做功行程,燃烧室中的混合气通过活塞与汽缸间的间隙窜入曲轴箱。若曲轴箱窜气从加机油管口盖处逸出,就会造成污染。其主要污染物是HC,也有部分CO、NO_x等。

温度变化使燃油箱中燃油的蒸发量发生变化,导致内部压力变化。温度升高时,蒸发量增大,燃油箱内压力大,使燃油箱中的油蒸气向大气排放。另外,油管接头渗漏的燃油蒸发也排向大气,其污染物主要是HC。

2. 汽车排气污染物

　　汽车发动机排出的废气并不都是有害的,如 N_2、CO_2、O_2、H_2 和水蒸气等对人等生物没有直接危害,但 CO_2 对气候变暖有影响。有害成分主要指 CO、HC、NO_x、微粒(PM)、SO_2、铅化合物等。其中,CO、HC、NO_x、PM 是主要的汽车排放污染物。这些有害物质扩散到空气中达到一定浓度后,将对人和生物的生存环境造成危害。

　　汽车发动机直接排放的有害物称为一次有害排放物,主要有 CO、HC、NO_x、PM。微粒包括可溶性成分(主要由润滑油产生)和非可溶性成分(主要是炭烟)。汽油机排放的主要有害物是 CO、HC、NO_x,而随着缸内直喷(GDI)汽油机的大规模应用,其微粒排放也成为控制重点。柴油机排放的 CO 和 HC 要比汽油机少得多,但微粒或炭烟排放量高,同时 NO_x 的排放量较多。

　　发动机排出的 CO_2 虽不会对大气环境造成直接污染,但 CO_2 的大量积聚会造成地球气候变暖的"温室效应"。即大气中的 CO_2 气体达到一定浓度后,太阳光照射在地表面的能量由于受到 CO_2 层的阻隔,很难再散发到大气层外而引起热量的积累。"温室效应"将导致全球气候变暖,极地冰层融化,海平面上升,土地盐碱化、沙漠化等现象。

3. 汽车排气污染物的危害

　　汽车排放的有害物质呼吸进入人体后,将使人的神经系统、消化系统和呼吸系统受到损害。CO 进入人体后,人会因缺氧而出现各种中毒症状,如头晕、恶心、四肢无力,严重时甚至昏迷不醒,直至死亡。高浓度的 HC 对人体有一定麻醉作用。

　　发动机排出的 NO_x 主要由 NO 和 NO_2 组成。NO 毒性不大,但浓度过高时会引起中枢神经障碍。NO_2 有刺激性气味,吸入肺部后与肺部内的水可形成可溶性硝酸,严重时会引起肺气肿。

　　NO_x 与 HC 在太阳光中的紫外线作用下,经一系列光化学反应可形成一种毒性较大的浅蓝色烟雾,即光化学烟雾。其主要成分是臭氧、醛等烟雾状物质。滞留在大气中的光化学烟雾,会使人感到呼吸困难、头晕目眩、眼红咽痛,甚至引起中枢神经的瘫痪、痉挛。

　　炭烟是柴油机排放的主要有害成分。炭烟本身对人体健康的直接影响不大,对人体危害大的是炭烟颗粒中附着的硫化物和多环芳香烃、苯并芘等有害物质。它们不仅对人的呼吸系统有害,严重的还会使人致癌。

二、噪声公害

　　噪声指人们不需要并希望用一定措施加以控制和消除的声音的总称。城市的环境噪声通常包括交通运输噪声、工厂生产噪声、建筑施工噪声和生活噪声。其中,交通运输噪声是城市环境噪声的主要部分,可高达城市噪声的 75% 左右。交通运输噪声的主要声源是机动车,其中汽车噪声影响最大,因此控制汽车噪声污染越来越受重视。汽车噪声主要包括发动机噪声和轮胎噪声,此外,还有汽车结构振动、传动系统噪声、车身干扰空气噪声及喇叭声等。

　　噪声通常不会对人的身体健康立即产生直接的影响。但声压级高于 70dB 的噪声会使人心绪不安、烦躁、疲倦、工作效率下降以及语言交流、通信困难等,从而影响人们的正常学习、工作、生活和休息。长期处于噪声环境的人,还会诱发心脏病、胃病以及神经官能症,造成听力下降或损伤。

　　机动车噪声一般都是声压级为 60~90dB 的中强度噪声。其影响面广,时间长,危害很大。声压级 80dB 以下的环境噪声一般不会造成明显的永久性听力损伤,仅会使人的听力产生暂时性下降。在声压级 85dB 的环境中,有 10% 的人会产生耳聋。在声压级 90dB 的条件下,高达 20% 的人可能出现耳聋。一些试验表明,声压级 88dB 时,驾驶人的注意力下降 10%;90dB 时,下降 20%。因此,汽车的高声级噪声不仅会影响周围环境,还会使驾驶人工作效率下降,反应时间加长,可能导致交通事故增多。

三、电磁波公害

在汽车电气设备中有很多具有不同的电容和电感的导线、线圈等电气元件,因此在汽车电气设备中有很多的振荡回路。任何一个具有电感和电容的闭合回路都会形成电磁振荡。当汽车发动机点火系统点火时,因火花放电产生高频振荡,向外发射电磁波,切割无线电、广播、电视等通信设备的天线,从而引起干扰;此外,发电机、调节器、刮水器以及灯开关在工作过程中也会产生电波干扰。

控制电波公害的措施主要是限制汽车点火系统产生的电波强度。为此,很多国家对汽车点火系统的电波强度制定了标准,规定了测量仪器和测量方法。

电波公害虽然不如排气公害和噪声对人们生活环境的影响严重,但因涉及广泛,同样引起了人们的普遍重视。

第二节　汽车排气污染物的形成及影响因素

一、发动机排气污染物的形成

汽车排放污染物主要是指发动机排气管排出的废气和其他部位泄漏出的燃料蒸气以及从曲轴箱窜出的气体,其中大部分是经排气管排出的。这些有害物质的排出量取决于燃烧前混合气的形成条件、燃烧室的燃烧条件和排气系统的反应条件。排气中的 CO、HC、NO 和 PM 的生成条件各不相同。CO 和 HC 是燃料不完全燃烧的产物,NO_x 是在燃烧温度高且氧气充足的条件下形成较多,PM 是在高温缺氧条件下产生的。

1. 一氧化碳的形成

一氧化碳(CO)是碳氢燃料燃烧过程中的中间产物。

对于汽油机,如果空气量充分(过量空气系数 α≥1),理论上不会产生 CO。在汽油机实际工作过程中,汽油机排气中的 CO 为 0.01% ~ 0.5%。其原因是,在汽油机燃烧室内的局部区域存在混合气过浓区,在排气过程中发生不完全燃烧形成部分未燃 HC;此外,气温低或者滞留时间短暂等,会使燃烧不完全,也会产生 CO。若燃烧后的温度很高,也会使在正常燃烧情况下已形成的 CO_2 分解成 CO 和 O_2。

2. 碳氢化合物的形成

碳氢化合物(HC)是未燃燃料、未完全燃烧的中间产物和部分被分解产物的混合物。不论在任何工况下运转,发动机排气中总含有一定量的 HC。并且,汽油机的 HC 排放量远大于柴油机。汽油机向大气排放的 HC 中,由排气管排出的燃料不完全燃烧产物占大多数(55% ~ 65%),从曲轴箱通风口逸出的占 20% ~ 25%,由燃油供给系和燃油箱蒸发的占 15% ~ 20%。

在发动机工作过程中,燃料不完全燃烧与着火前的混合气形成条件、燃烧室内的燃烧条件、膨胀行程的温度条件及排气系统里的化学反应条件均有着密切关系。一切妨碍燃料燃烧的因素都是 HC 形成的原因。发动机燃用的混合气过浓、过稀或雾化不良,点火能量不足或点火过迟,火焰难以传播到的低温缸壁的激冷作用,都是影响 HC 形成的重要因素。

发动机汽缸内的混合气通过火焰传播而燃烧,但是缸壁表面的气层(0.05~0.5mm),因低温缸壁的冷却作用,温度低而不能燃烧。此外,火焰也不能在激冷缝隙内传播。其结果是,在小于 1mm 的缝隙内(如汽缸壁、活塞和第一道气环三者之间形成的空隙)混合气不能完全燃烧,缸壁表面附近的未完全燃烧的产物 HC 随废气排出。

为了提高最大功率,发动机常在过量空气系数小于 1 的浓混合气情况下工作。在低负荷时,汽缸内残余气体较多,为了不使燃烧速度过低,也要供给浓混合气。这都会因空气不足以致不能完全燃烧。此外,混合气过浓、过稀、燃料雾化不良或缸内废气过多时,可能产生燃烧火焰熄灭或半熄灭状态,使部分未燃燃料(HC)排放至大气中。

排气中的 HC 成分十分复杂,除了饱和烃、不饱和烃和芳香烃外,还包括部分中间氧化物(如醛、酮、酸等)。燃料在燃烧过程中,要经过一连串的化学反应,才能生成最终产物 CO_2 和 H_2O。在燃烧的不同阶段存在着不同的中间产物。若这些中间产物继续氧化的条件不适宜,就可能因不完全氧化而增加 HC 的排放量。

此外,二冲程汽油机中的扫气作用使部分混合气经汽缸直接排放,因此这种汽油机的 HC 排放量可能比四冲程汽油机大几倍。

3. 氮氧化物的形成

氮氧化物(NO_x)是 NO、NO_2、N_2O、N_2O_3、N_2O_4、N_2O_5 等氮氧化物的总称。其中,NO 占绝大部分(约 99%),NO_2 所占比例较少(约 1%),其他所占比例很小。NO 排入大气后,会继续被氧化成 NO_2。

NO_x 是在高温条件下 N_2 与 O_2 反应生成的,其形成机理比较复杂。一般认为,除燃烧气体的温度和氧的浓度外,N_2 在高温条件下的停留时间也是 NO_x 生成的重要影响因素。

4. 微粒的形成

微粒通常用 PM 表示。柴油机 PM 一般要比汽油机高 30~80 倍。缸内直喷汽油机 PM 排放也比较高。柴油机排放的 PM 一般由炭烟、可溶性有机成分和硫酸盐三部分组成。

炭烟是 PM 的主要组成部分。炭烟排放的变化必然会导致微粒排放的变化,但两者升高和降低不完全成比例。柴油机在高负荷时,炭烟在 PM 中所占的比例升高;在部分负荷时,则有所降低。由于重馏分的未燃烃、硫酸盐以及水分等在炭粒上吸附凝聚,一般将炭烟视为微粒 PM。

燃料不完全燃烧产生的炭烟以碳原子为主要成分并含有 10%~30% 氢原子的碳氢化合物,具有与聚合多环碳化氢相近似的结构。

发动机燃料由于热分解生成甲烷和乙烯等低分子碳氢化合物。这些产物在温度不太高的条件下成为未燃碳氢化合物。当混合气高温燃烧时,如果氧气充足就会进行氧化反应;如果氧气不足,甲烷和乙烯会进一步进行脱氢反应,并聚合成直径为 20~30μm 的炭烟小粒子,小粒子最后会成长成直径为 50~20μm 的大粒子。

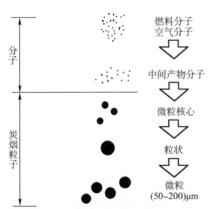

图 5-1 炭烟粒子的形成过程

炭烟粒子的形成过程如图 5-1 所示。

由于不断采取新技术措施,柴油机的炭烟排放量大幅度下降。同时,由于低硫柴油燃料的推广使用,硫酸盐排放也得到了抑制,使可溶有机成分在 PM 中所占的比例明显上升。可溶有机成分在 PM 中的比例与燃烧质量有关,也与窜入燃烧室的润滑油的量有关。随着燃烧质量的提高,窜入燃烧室的润滑油所产生 PM 的比例随之增加。对车用直喷柴油机 PM 排放的研究表明:在冷起动、自由加速工况时,约25%的有机可溶成分来自润滑油;在稳定工况时,40%~60%的有机可溶成分来自润滑油。

二、使用因素对有害气体排放的影响

1. 负荷的影响

发动机运行工况一般指负荷与速度工况,即发动机怠速和在其他转速下的小负荷、中负荷和满负荷工作状况。发动机不同负荷时所要求的混合气浓度不同,因此负荷对排气中有害气体的影响实质上是空燃比的影响。负荷与混合气浓度的关系如图5-2所示。

汽油机在正常火焰传播与燃烧时,混合气的空燃比通常为10:1~18:1;燃料完全燃烧时所需要的空燃比或燃烧效率最高时的理论空燃比为14.8:1。汽油机工作时,火焰温度T_f、输出功率N_e和燃料消耗率g_e与空燃比的关系如图5-3所示。由于混合气浓度不同,燃烧速度产生显著差异,结果产生不同的排气成分。空燃比与排气有害成分浓度的关系如图5-4所示。

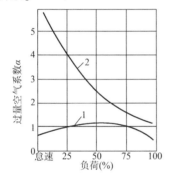

图5-2 过量空气系数与负荷的关系

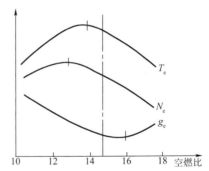

图5-3 火焰温度T_f、输出功率N_e、燃料消耗率g_e与空燃比(A/F)的关系

汽油机怠速时,由于转速低,进气流速低,汽油雾化不良,汽油与空气混合不均匀,混合气在各汽缸内的分配也不均匀;同时汽缸内压力、温度低,汽油汽化不良。为避免缺火,在怠速工况下,发动机燃用较浓混合气,从而使所排出废气中的CO 和 HC 浓度大大增加。

在节气门开度25%以下的小负荷工况下,进入汽缸的可燃混合气较少,缸内残余废气比例相对较大,不利于燃烧。因此发动机在小负荷工况下须燃用较浓混合气,使排出的废气中的CO、HC浓度较大。

中等负荷(节气门开度25%~80%)工况下,

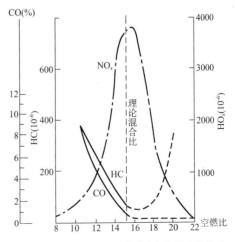

图5-4 CO、HC、NO_x 的排放浓度与空燃比的关系

发动机燃用较稀的经济混合气,废气中的 CO 和 HC 的浓度均较小。

大负荷(节气门开度 80% 以上)工况下,发动机燃用较浓的功率混合气,废气中的 CO 和 HC 浓度增大,而 NO_x 浓度有所减小。

市区行驶的汽车,由于混合交通或交通拥堵现象,必须频繁起步、停车,并长时间低速行驶,发动机经常处于怠速及小负荷的运行工况,发动机的 HC 和 CO 排放浓度较高。这是汽车造成大城市空气污染严重的重要原因之一。

汽车运行过程中,发动机在节气门全开、转速为 1800r/min 工况下的调整特性如图 5-5 所示。当发动机燃用过浓混合气时($\alpha = 0.7 \sim 0.8$),CO 的含量高达 10% ~ 12%,当 $\alpha = 0.85 \sim 0.9$ 时,CO 含量为 6%,比中等负荷高 12 倍。此时,发动机燃油经济性较差,废气中 NO_x 的生成量减少。图 5-6 所示为几种汽车在发动机转速为 2000r/min、在不同负荷的进气管真空度下、用直接取样法所得的测试结果。可见,随着发动机负荷的增大,CO 排放量降低,当进气管真空度低于 26.664kPa 时,CO 排放量开始上升。这说明发动机大负荷工作时,CO 排放量增加。随负荷增大,HC 排放量显著降低,而 NO 排放量则明显增加。这是由于大负荷时发动机燃烧状况有所改善的结果。

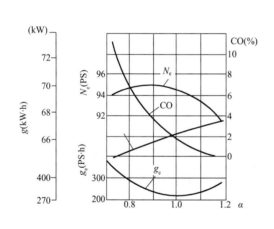

图 5-5 某型发动机在节气门全开、转速 1800r/min 时不同混合气浓度的调整特性(1PS = 735.5W)

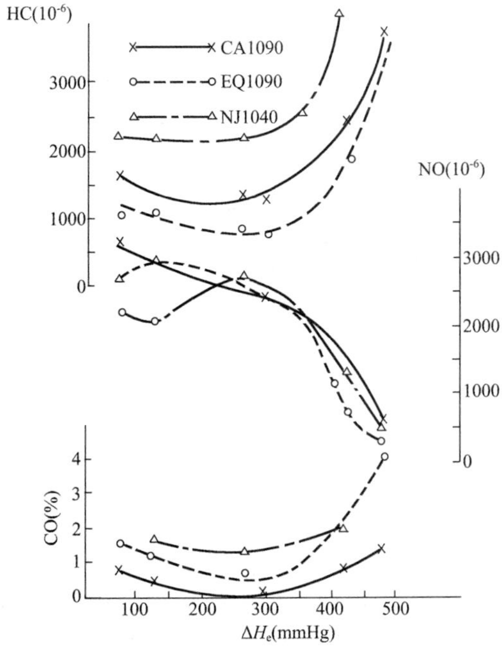

图 5-6 CA1090、EQ1090、NJ1040 型汽车发动机转速 2000r/min 时负荷与排放污染物浓度的关系

柴油机充气效率变化不大,其负荷调节由喷油量来控制。在怠速和低负荷时混合气很稀,有些过稀区域内的混合气不能着火,因此,HC 排放量相对较高,随负荷增大则喷油量增加,HC 排放量逐渐降低。CO 排放量在怠速和低负荷时较高,中等负荷时最低,在接近全负荷时因混合气浓,燃烧不完全,CO 的排放量增多;而在满负荷条件下工作时,柴油机的 CO 和 HC 排放量增加不多,但排放的 NO_x 浓度明显增大,并产生大量的炭烟。

一般柴油机的 PM 排放量远大于汽油机。虽然柴油机供给的空气量充足,但混合气是在缸内形成的,混合气形成时间短,混合不均。汽缸内的某些空间有过量的空气,局部温度很高,使 NO_x 能大量生成;在燃烧室内的局部存在混合气过浓区,会因氧气不足使烃分子发生分裂而形成炭烟。因此,汽车柴油机的主要排气污染物是炭烟和 NO_x。相比之下,汽油发动机使用的混合气浓度较为均匀,正常条件下 PM 的排放量较少。

2. 发动机转速的影响

发动机转速不直接对燃烧产物中的污染物成分产生影响,而是通过对进气过程、混合气形成及燃烧过程的作用影响有害气体的形成及排放浓度。

发动机转速增加时,燃烧室内混合气的紊流加强,改善了混合气的形成和燃烧,使排气中的 HC、CO 浓度下降。在空燃比一定的条件下,汽油机废气中的 CO 随曲轴转速增加而下降,如图 5-7 所示;在发动机高速运转时,由于燃烧时间变短,燃料燃烧不完全,HC 排放量略有增加;若气门重叠角较大,发动机低速工作时吸进汽缸内的混合气有少量未燃烧而直接排出,使排放 HC 浓度略有增加。提高怠速可使 CO、HC 排放浓度下降。这是由于进气节流减小、充气量增多、残余气体稀释程度有所减弱、使燃烧条件得到改善的缘故。当混合气较浓时,由于散热时间短,燃烧室内温度升高,NO_x 生成量增加;反之,当混合气较稀时,由于燃烧过程相对的曲轴转角增大,燃烧峰值温度反而下降,NO_x 生成量减少。在某一混合气浓度下,当转速达到最大转速的 65%~75% 时,废气中的 NO_x 浓度达到最大值。

柴油机外特性及有害气体浓度随转速的变化曲线如图 5-8 所示。废气中的三种有害气体成分随转速增大都有所下降。在最大转速时,CO 继续下降而 HC 和 NO 增加。这是由于燃烧时间短,汽缸内燃烧条件恶化,发动机工作强度大的缘故。

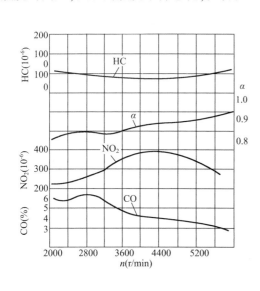

图 5-7 汽油机曲轴转速对排气有害成分的影响

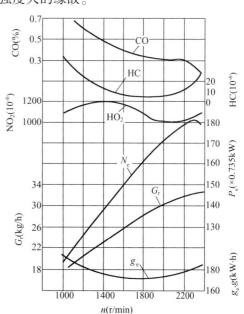

图 5-8 柴油机外特性及 CO、HC、NO_2 排放量与发动机转速 n 的关系

3. 不稳定工况的影响

汽车发动机在使用过程中的负荷和转速是随时间变化的。统计资料表明:一般市区行驶的汽车,发动机怠速和中等转速占总工作时间的 35%,加速占 22%,匀速占 29%,减速占 14%。

汽油机在怠速、减速和低转速工况下,由于混合气较浓且不均匀,废气中不完全燃烧的物质较多,HC 和 CO 排放浓度大;而柴油机由于混合气中的空气充足,HC 的浓度很小,CO 含量甚微。

在加速和高转速时。排放 NO_x 浓度明显增大。发动机加速运行时,由于要求发出较大功率,须将汽缸内燃气的温度提高。由于在短时间内供应了过量的燃料,混合气过浓,因此既会产生大量的 NO_x,又会引起燃料的不完全燃烧,导致 CO 和 HC 排放量增大。

发动机工况对排气有害成分的影响如图 5-9 所示。减速行驶时,HC 排放浓度明显增加,加速行驶阶段 NO_x 排放浓度相对较高。

4. 发动机热工况的影响

汽车发动机的热工况是汽车技术状况变化的主要因素之一。发动机冷却液的温度一般为 85~95℃。在使用过程中,工作环境温度变化很大(-40~+40℃),汽车载荷、车速及发动机负荷、转速变化很大。若发动机吸热与散热的热平衡关系受到破坏,就会产生过热或过冷现象,而热工况对发动机排出的废气中有害成分浓度有直接影响。

燃烧室温度对排气有害物浓度有重要影响。汽车在低温使用条件下,发动机在从起动到暖车的过程中,冷却液温度较低,由于燃油雾化不良、燃烧不充分和缸壁激冷作用,HC 和 CO 排放浓度高。冷却液温度提高时,缸壁温度也提高,在汽缸壁区域内的氧化反应条件得到改善,排出的 HC 浓度减少(图 5-10)。特别是使用浓混合气时更为显著。供油系统过热,发动机会产生气阻现象,由于混合气过稀而熄火,废气中 HC 浓度增加。

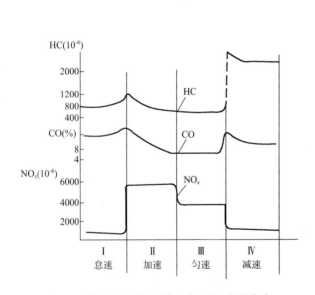

图 5-9 排气有害成分浓度与汽车运行工况的关系

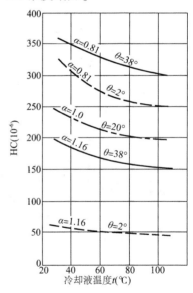

图 5-10 HC 排放量与冷却液温度的关系

NO_x 的排放量与燃烧的最高温度有关。当缸壁温度提高时,NO_x 的排放量也增加。对于汽油机来说,冷却液温度从 30℃ 提高到 80℃ 时,NO_x 排放增加 $500 \times 10^{-6} \sim 700 \times 10^{-6}$。

进气温度与废气中有害成分浓度的关系如图 5-11 所示。随着空气温度的提高,NO_x、CO 的排放量增加,HC 排放减少,在 HC 排放最低处 NO_x 排放达到最大值。

某些地区夏季气温高,但大气湿度不同。混合气中湿度增大,能使 NO 生成量减少。其主要原因是由于最高火焰温度降低所致,但对 HC 排放浓度影响不大。

5. 汽车技术状况的影响

随着行驶里程的增大,汽车技术状况有逐渐变坏的趋势,汽车燃料经济性、汽车动力性及汽车可靠性下降,同时排气污染也随之增大。HC 和 CO 排放浓度与汽车行驶里程的关系如图 5-12 所示。汽车技术状况变化引起排气污染增大的原因主要有燃油供给系统故障、汽油机点火系统故障、气门关闭不严、配气相位失常、燃烧室积炭等。

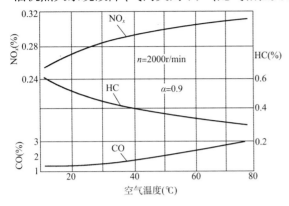

图 5-11 进气温度与废气有害成分浓度的关系　　图 5-12 HC 和 CO 排放浓度与汽车行驶里程的关系

1) 燃料供给系统技术状况

燃料供给系统技术状况在使用中发生变化,电控汽油喷射系统的喷油压力和喷油持续时间不正确或柴油机的循环供油量调节不当,使实际喷油量过大或过小,提供可燃混合气浓度偏离最优空燃比,对发动机排放特性有很大影响,如图 5-4 所示。

怠速转速对 CO、HC 排放浓度的影响如图 5-13 所示。随着发动机怠速转速的提高,混合气变稀,排气中的 CO、HC 浓度随之下降,因此汽车发动机怠速转速有提高的趋势,一般在 750~850r/min。

空气滤清器堵塞会引起混合气过浓,使废气中的 CO、HC 成分增加。

2) 点火(喷油)系统技术状况

点火提前角大时,汽缸内工作循环压力和温度提高,废气中的 NO_x 浓度随之增大;反之,NO_x 浓度降低。点火正时对排放 NO_x 浓度的影响如图 5-14 所示。

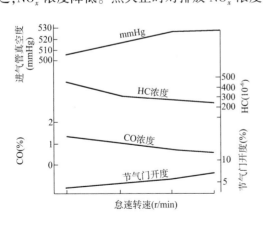
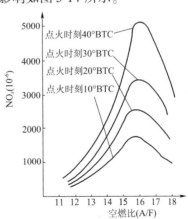

图 5-13 怠速转速与 CO、HC 浓度的关系(1mmHg = 133.324Pa)　　图 5-14 点火时刻和空燃比对 NO_x 排放浓度的影响

点火提前角对 CO 排放浓度的影响较小,对废气中的 HC 浓度有显著影响。点火滞后时,因补燃增多,排气系统温度升高,废气中的 HC 浓度有所减小,若点火过迟,因燃烧速度慢,HC 浓度又有所提高。点火滞后将会引起发动机功率下降,油耗增加。点火时刻对 CO、

HC 排放浓度的影响如图 5-15 所示。

点火系统技术状况不良造成点火能量不足时,由于燃烧缺火现象而使排放 HC 浓度增大。

柴油机燃料供给系统的循环供油量、喷油压力和喷油提前角是影响排气污染的重要因素。柴油机的废气有害成分与喷油提前角的关系($n = 1600 r/min$)如图 5-16 所示。随着喷油提前角的减小,循环最高温度降低,废气中的 NO_x 排放浓度下降,HC 排放增加,而排放 CO 浓度基本不变。

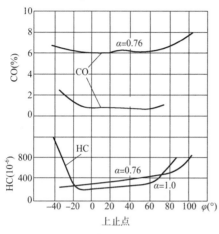 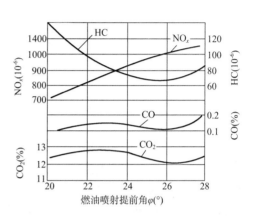

图 5-15　点火时刻对 CO、HC 排放浓度的影响　　图 5-16　柴油机废气成分与喷油提前角的关系

6. 配气相位

发动机在使用过程中出现气门关闭不严或者发动机配气相位发生变化的故障,对废气中有害气体浓度有较大影响。

进气门早开,会使残余在汽缸中的废气量增加,新鲜混合气被废气稀释,降低了燃烧温度,从而 NO_x 排放量减少。进气门早开还会使废气流入进气管,从而减少了 HC 的排放量,但开得过早反而会增加 HC 的排放量。

排气门早关,由于废气排放不完全,NO_x 的排放量减少。首先因含 HC 多的废气被残留在汽缸内而相对减少了 HC 排放,而后将因混合气变稀使燃烧情况恶化。若排气门关闭过晚时,未排出的废气被回吸入汽缸,使 HC 的排出量又略有增加。采用可变气门定时(VViT)的配气定位,会使发动机在不同工况运行都能获得良好的燃料经济性和动力性。

7. 缸内积炭

积炭是燃料和润滑油不完全燃烧的产物,多发生在燃烧室内的缸盖、缸壁、活塞顶、气环及气门等部位表面。在汽车使用过程中,发动机燃烧室及相关零部件表面上形成的积炭同样会加重废气排放污染。积炭严重时,会使活塞环卡住甚至拉缸而失去密封作用,增加了曲轴箱窜气量。火花塞积炭、气门积炭或烧蚀会使发动机或者某缸不能正常工作,排放废气中的 HC 浓度会明显增大。

三、降低汽车排气污染的主要措施

在用汽车的有害物质排放直接受新车排放水平的影响。为保证在用汽车排放达到标准规定,新车排放必须符合排放标准规定的要求。

在用汽车的排放治理措施主要包括:保持发动机良好技术状况,采用排放控制先进装置,改善燃料品质,执行 I/M 制度,合乘轿车,停放收税,停车限制,交通高峰时段通行税,按号牌限行,合理驾驶,以及智能自动驾驶等。

另外,选购新能源汽车也是治理汽车废气有害排放的重要途径。

1. 保持发动机良好技术状况

1) 保持汽缸压缩压力正常

发动机压缩压力低时,发动机起动困难,燃烧不完全,油耗增大,排气中的 CO 和 HC 浓度增大。因此,若发现汽缸压缩压力值不符合制造厂规定,应查找原因,进行调整和修复。

2) 保持燃料供给系统技术状况良好

燃料供给系统的正确调整和维护直接影响混合气浓度,因此对有害物质排放的浓度影响很大。燃料供给系统的调整和维护,应着重于混合气浓度的调节及怠速的控制。

采用单点喷射仍存在各缸分配不均匀的情况,而多点喷射的结构因喷嘴细小,使用中容易堵塞,因此要注意适时清洗维护。

柴油机燃料供给系统的循环供油量、供油压力和喷油提前角,影响柴油喷入汽缸的油量和雾化品质,应按技术规定正确调节。

若空气滤清器吸气不畅,进气阻力增大,则进入汽缸的空气量下降,混合气变浓,CO 和 HC 排放量增加。因此,应重视空气滤清器的维护和滤芯更换。

3) 保持点火系统技术状况良好

点火系统应能在各种工况下产生足够点火能量的电火花。若火花弱或某缸断火,就会使相应汽缸燃烧不良或不能着火燃烧,从而增大排气污染。

正确的点火正时对发动机的动力性、经济性及排放性能的影响极大。虽然适当推迟点火可以提高排气温度,使 HC 在排气过程中燃烧掉,减少 NO_x 排放量,但点火提前角不应过小,否则会使发动机的动力性和经济性明显下降。

火花塞间隙应符合规定标准。

4) 保持配气机构技术状况良好

发动机配气相位是否正确,对废气中有害气体的浓度有较大影响。发动机工作过程中,气门间隙由于磨损等原因而逐渐变化,正时齿形传动带(链)使用磨损或变形,都会使配气相位失准。因此应保持正确的气门间隙,保证配气正时传动机构具有良好的技术状况。

2. 采用排气净化装置

常用的排气净化装置包括催化转换装置、排气再循环和曲轴箱强制通风等。

1) 催化转换装置

催化转换装置是利用催化剂的作用将排气中的污染物(CO、HC、NO_x 和 PM)转换为对人体无害的气体的一种排气净化装置,又称催化净化转换器。金属铂、钯或铑均可作催化剂,用以促进污染物继续反应的进行。催化转换器包括氧化催化转换器(DOC)、三元催化转换器(TWC)两类。

氧化催化转换器将排气中的 CO 和 HC 进行氧化,同样在柴油机后处理中也会把 PM 中的一部分有机可溶物(SOF)氧化硫酸盐进行氧化。还有一种颗粒氧化催化器(POC),通过涂层添加贵金属,对捕集到颗粒进行氧化再生。

三元催化转换器(TWC)以排气中的 CO 和 HC 作为还原剂,把 NO_x 还原为 N_2 和 O_2,而

CO 和 HC 在被氧化为 CO_2 和 H_2O。因此,可同时减少 CO、HC 和 NO_x 排放。

选择性催化还原(SCR)系统可减少柴油机排放的氮氧化物污染物。SCR 系统的工作原理:当发现排气中 NO_x 时,从尾气处理液罐自动喷出柴油机尾气处理液,柴油机尾气处理液和 NO_x 在 SCR 催化反应罐中发生氧化还原反应,生成无污染的氮气和水蒸气排出。

2)排气再循环系统

排气再循环(EGR)指把发动机排出的废气部分回送到进气歧管,与新鲜混合气一起再次进入汽缸。废气中含有大量的 CO_2,因其不能燃烧却吸收大量的热,使汽缸中混合气的燃烧温度降低,从而使 NO_x 的生成量减少。排气再循环是净化 NO_x 的主要方法。

在新鲜混合气中掺入废气后,混合气热值降低,发动机的有效功率下降。为了做到既能减少 NO_x 的排放,又能保持发动机的动力性,必须根据发动机运转工况对再循环的废气量予以控制。NO_x 的生成量随发动机负荷的增大而增多,因此再循环的废气量也应随负荷的增大而增加。在暖机期间或怠速时,NO_x 生成量不多,为了保持发动机工作的稳定性,不进行排气再循环。在全负荷或高转速下工作时,为了使发动机有足够的动力性,也不进行排气再循环。

再循环废气量由安装在排气再循环通道上的排气再循环(EGR)阀自动控制。通道位于排气门和进气歧管之间。当 EGR 阀开启时,部分废气从排气门经排气再循环通道进入进气歧管;EGR 阀一旦关闭,排气再循环随即停止。

3)曲轴箱强制通风

使用封闭式带 PCV 阀的曲轴箱强制通风装置,可使曲轴箱窜气造成的污染得到有效控制。封闭式曲轴箱强制通风装置如图 5-17 所示,从空气滤清器吸入新鲜空气,经闭式通道进入曲轴箱,与窜气混合后,从汽缸盖罩经 PCV 阀计量后通过进气歧管进入汽缸内烧掉。

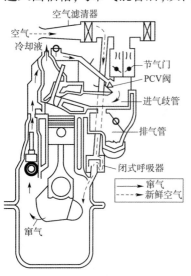

图 5-17 封闭式曲轴箱强制通风装置

高速、高负荷时,进气歧管真空度减弱,一旦窜气量过多而不能完全吸尽时,窜气会从曲轴箱倒流入空气滤清器,经进气管吸入汽缸内烧掉。

4)柴油机微粒捕集器

柴油机微粒捕集器(DPF)被公认为柴油机微粒排放后处理的主要方式。随着排放法规的日趋严格,柴油车安装微粒捕集器越来越多。微粒捕集器的关键技术是过滤材料的选择与过滤体的再生。

(1)过滤材料。目前应用的过滤材料主要有陶瓷基、金属基和复合基三大类。

①陶瓷基过滤材料。

陶瓷基过滤材料通常由氧化物或碳化物组成,具有多孔结构,在 700℃ 以上能保持热稳定,比表面积大于 $1m^2/g$,主要结构包括蜂窝陶瓷、泡沫陶瓷及陶瓷纤维毡。

蜂窝陶瓷常用热膨胀系数低、造价低廉的堇青石($2MgO \cdot 2Al_2O_3 \cdot 5SiO_2$)制成。目前,在微粒捕集器过滤体上使用较多的是壁流式蜂窝陶瓷。壁流式蜂窝陶瓷具有多孔结构,相邻两个孔道中,一个孔道入口被堵住,另一个孔道出口被堵住,如图 5-18 所示。这种结构迫使排气从入口敞开的进气孔道进入,穿过多孔的陶瓷壁面进入相邻的出口敞开的排气孔道,而微粒就被过滤在进气孔道的壁面上。这种微粒捕集器对微粒的过滤效率可达 90% 以上,可溶性有机成分 SOF(主要是高沸点 HC)也能被部分捕集。

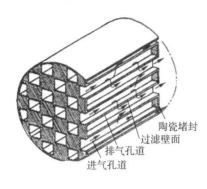
a)壁流式蜂窝陶瓷整体

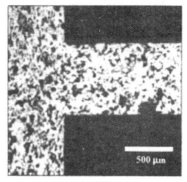
b)多孔陶瓷微观结构

图 5-18　壁流式蜂窝陶瓷

以壁流式蜂窝陶瓷作为过滤体的微粒捕集器产生的压力损失主要包括:陶瓷壁面产生的压力损失、炭烟微粒层产生的压力损失、进排气孔道内部流动摩擦引起的沿程损失、进气孔道入口处流动面积突然变小产生的局部损失和排气孔道出口处由于流动面积突然变大产生的局部损失。微粒捕集器的蜂窝陶瓷过滤体的体积一般至少等于柴油机的排量,有时用体积等于排量两倍的过滤体把阻力限制到合理的水平(约 10kPa)。

泡沫陶瓷与蜂窝陶瓷相比,可塑性强,孔隙率大(80%~90%),且孔洞曲折,如图5-19所示。泡沫陶瓷的这种结构可改善反应物的混合程度,有利于表面反应。它的热膨胀系数各向同性,具有更好的热稳定性,作为柴油机排气微粒的过滤材料,需解决捕集效率较低及烟灰吹除难等问题。泡沫陶瓷的工作原理主要是深床过滤,部分颗粒物渗入多孔结构中,有利于颗粒物与催化剂的接触。氧化锆增强的氢化铝是一种广泛研究的泡沫陶瓷材料,相对于堇青石等其他陶瓷材料,ZTA 基本上不与催化剂发生反应,因而更可取。催化剂一般为 Cs_2O、MoO_3、V_2O_5 和 Cs_2SO_4 的低熔共晶混合物,沉积在泡沫陶瓷表面,可将炭烟的起燃温度降低到 375℃,有利于过滤材料的再生。

陶瓷纤维材料不受固定尺寸的限制,给过滤体的孔形状和孔分布提供了广泛的选择余地,可通过改变各种设计参数使应用效果最佳。陶瓷纤维毡具有高度表面积化的特点,使过滤体内纤维表面全是有效过滤面积,过滤效率可高达 95%,如图 5-20 所示。但陶瓷纤维是一种脆性的耐高温材料,生产工艺较复杂且易损坏。

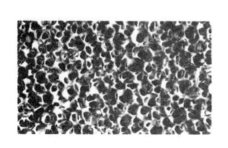

图 5-19　泡沫陶瓷的显微结构

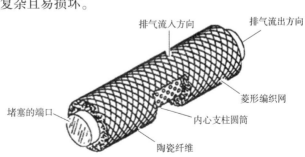

图 5-20　陶瓷纤维毡过滤体结构

②金属基过滤材料。

金属基材料在强度、韧性、导热性等方面具有陶瓷无法比拟的优势。铁铬铝(Fe-Cr-Al)是一种耐热耐蚀高性能合金,具有热容小、升温快的特点,有利于排气微粒快速起燃,且抗机械振动和高温冲击性能好。用它制造的壁流式蜂窝体,与同等尺寸的堇青石蜂窝体相比,壁厚可减小 1/3,降低了压力损失,已应用在三元催化转化器上。但构成金属蜂窝体的箔片表面平滑,不是多孔材料,过滤效率较低,在柴油机微粒捕集器方面应用较少。目前,结构形式主要是泡沫合金、金属丝网及金属纤维毡。

泡沫合金是一种具有三维网络骨架的材料。该过滤体由泡沫合金骨架焊接而成,与壁流式蜂窝陶瓷的结构相似、过滤效率相当。

泡沫合金的主要优点:具有大孔径和薄骨架结构;表面易被熔融铝液浸透并覆盖,退火处理后得到保护层;由于合金骨架的机械强度高,可明显改善过滤材料的抗振性能;应用粉末冶金技术制造泡沫合金的生产成本低。

金属丝网成本相对较低,且孔隙大小沿气流方向可任意组合,使捕获的微粒在过滤体中沿过滤厚度方向分布均匀,提高了过滤效率并延长了过滤时间。单纯金属丝网过滤体的捕集效率相对较低,只有 20%~50%。若利用金属丝网的良好导电性,在过滤体上游加电晕荷电装置,使微粒荷电,带电微粒在经过金属丝网时由于静电作用吸附在金属丝网上,可使综合过滤效率提高到 50%~70%。

金属纤维毡与陶瓷纤维毡相比,具有强度高、寿命长、容尘量大等特点;与金属丝网相比,具有过滤精度高、透气性好、比表面积大和毛细管功能等特点,尤其适用于高温、有腐蚀介质等恶劣条件下的过滤,因此是一种很有前途的柴油机微粒过滤材料。图 5-21 所示的微粒捕集器采用金属纤维毡,结合电加热再生,具有很高的捕集效率与再生效率。柴油机排气从外圈进入,由金属纤维毡过滤后从内圈排出,利用金属纤维自身的导电性采用电加热再生。采用这种结构可以根据柴油机排量增减过滤体单元的数目。

③ 复合基过滤材料。

陶瓷基过滤材料与金属基过滤材料都有缺陷,而复合基过滤材料可以解决在再生过程中因燃烧引起局部过热导致过滤材料熔融破裂或残留烟灰黏附在过滤材料上而使微粒捕集器失效的问题。

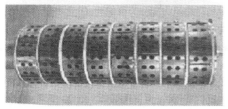

图 5-21　RYPOS TPAP 金属纤维毡过滤体结构

这种过滤体是由叠层金属纤维毡和氧化铝纤维毡组成。金属纤维毡材料是 Fe-18Cr-3Al,最高耐热温度达到 1100℃;氧化铝纤维毡材料是 $70Al_2O_3$-$30SiO_2$,最高耐热温度达到 1400℃。从排气入口到出口,叠层纤维毡的密度逐渐增大,从而保证了微粒的均匀捕获,过滤效率可达 80%~90%,同时还能起到消声器的作用。

(2) 过滤体的再生。

微粒捕集器通过物理方法降低排气微粒排放。在过滤过程中,微粒会积存在过滤器内,导致柴油机排气背压增加;当压力损失达到 20kPa 时,柴油机工作开始明显恶化,导致动力性、经济性等性能降低;此时必须及时除去沉积的微粒,微粒捕集器才能继续正常工作。消除微粒捕集器内微粒沉积的过程称为再生,这是关于柴油机微粒捕集器的关键技术。

由于柴油机排气中的微粒绝大部分为可燃物,因此定期将捕集的微粒烧掉是最简单可行的办法。柴油机排气微粒通常在 560℃ 以上时开始燃烧。即使在 650℃ 以上时,微粒的氧化也要经历 2min。实际上,柴油机排气温度一般低于 500℃,甚至在 300℃ 以下,排气流速也很高,因而在正常的条件下难以烧掉微粒。早期微粒捕集器采用脱机再生的方法,再生周期长,适用于柴油机公交车。

再生系统根据再生原理和再生能量来源的不同分为主动再生系统与被动再生系统。根据柴油机的使用特点和使用工况合理选择再生技术,对于微粒捕集器的安全有效再生具有重要的意义。

主动再生系统是,通过外加能量将气流温度提高到微粒的起燃温度使捕集到的微粒燃烧,达到再生过滤体的目的。主动再生系统通过传感器监视微粒在过滤器内的沉积量和产生的排气背压,当排气背压超过预定的限值时就启动再生系统工作。根据外加能量的方式的不同,这些再生系统主要有喷油助燃式、电加热式、微波加热式、红外加热式以及反吹式。

被动再生系统利用柴油机排气自身的能量使微粒燃烧,达到再生微粒捕集器的效果。一方面可通过改变柴油机的运行工况提高排气温度达到微粒的起燃温度使微粒燃烧;另一方面可利用化学催化方法降低微粒的反应活化能,使微粒在正常排气温度下燃烧。运用排气节流等方法可提高排气温度,使捕集到的微粒在高温下燃烧掉,但这些措施使燃油经济性恶化。较理想的被动再生方法是利用化学催化方法,一些贵金属、金属盐、金属氧化物及稀土复合金属氧化物等催化剂对降低柴油机炭烟微粒的起燃温度和转化有害气体均有很大的作用。在催化再生过程中,过滤体的热负荷较小,因此提高了过滤体的寿命及工作可靠性。催化剂的使用方法有两种:一是在燃油中加入催化剂;二是在过滤体表面浸渍催化剂。催化再生技术的研究重点在于寻找能有效促进微粒在尽可能低的温度下氧化的催化剂。

5)选择性催化还原技术

选择性催化还原技术(SCR)被认为是一种最好的烟气脱氮技术。它是在特定催化剂作用下,用氨或其他还原剂选择性地将 NO_x 还原成 N_2 和 H_2O。许多柴油车已引入 SCR 系统,以减少汽车尾气中的 NO_x 排放。

6)其他

曲轴箱储存和吸附法是控制汽油蒸发、减小 HC 污染的有效方法。曲轴箱储存法的工作原理:停车时,通过管道把燃油供给系统蒸发的汽油蒸气导入曲轴箱进行储存;运行时,经压力调节阀把汽油蒸气经进气管吸入汽缸燃烧。

吸附法是利用装在活性炭罐中的活性炭吸附汽油蒸气,并在汽车发动机运转时由新鲜空气使汽油蒸气脱离活性炭,而经进气管吸进汽缸燃烧。

3. 使用清洁燃料

对进入汽缸的燃料和空气进行无害化处理,是理想的排气净化措施,如提高燃油品质,降低铅含量、硫含量、水溶性酸碱、机械杂质等污染物质,提高燃油的氧化安定性以降低胶质物的生成等。此外,使用液体替代燃料或气体替代燃料等,都有助于减少排气污染。

4. 改善混合气形成、燃烧及排放控制

采用可变进气涡流技术、废气涡轮增压与中冷技术可改善发动机进气系统,用电子控制汽油喷射技术、电子控制柴油喷射技术可改善发动机的燃油供给系统,运用高能电子点火技术可实现稀薄混合气的燃烧。这些技术的协调运用可改善发动机可燃混合气的形成和燃烧质量有助于充分燃烧,降低有害物的排放。

另外,运用车载诊断系统(OBD)可对汽车排放进行自动监控,并据此对发动机的燃料供给系统和点火系统进行反馈控制,进一步降低排气污染。

5. 实施 I/M 制度

I/M(Inspect/Maintenance)制度是对在用车进行强制性定期检测,并对性能劣化的车辆进行强制维修的制度,从而使在用车辆符合国家规定的排放控制值。I/M 制度是以国家的排放法规为依据,并根据在用车的特点和各地具体情况加以选择和补充所制定的专门法规。其具体手段是加强在用车定期维护,同时通过由行政管理部门认定的检测站,对辖区在用车辆进行检测和监控,经检测发现排放超标车辆,则强制该车辆进入具备相应维修资质的维修企业进行车辆的维护和修理。

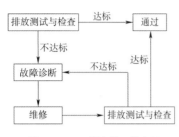

图 5-22　I/M 制度的工艺流程

I/M 制度主要包括 I/M 制度法规及规章、I/M 制度规范、检测方法、检测标准及测试设备、质量控制和保证手段、专业维修技术人员培训及设备鉴定、I/M 制度信息统计及反馈等。据美国有关部门推算,实施 I/M 制度可使车辆排放到大气中的 HC 减少 28%、CO 减少 30%、NO_x 减少 90%。英国在实施 I/M 制度后,不包括燃油蒸发排放在内,可使 HC 减少 20%、CO 减少 24%、NO_x 减少 2.7%。I/M 制度的工艺流程图如图 5-22 所示。

6. 合理驾驶

合理的驾驶技术对降低汽车有害气体的排放十分重要。驾驶车辆时,应尽量减少发动机起动次数,避免连续猛踏加速踏板,行驶时保持适当节气门开度和发动机正常热状况(冷却液温度为 80~90℃),以降低有害气体排放量。

第三节　汽车排放污染物检测

汽车排放污染物检测和控制,对于保护人类生存环境具有重要意义。同时,汽车发动机排出的污染物成分和浓度与发动机的技术状况密切相关,所以通过对发动机排气污染物的检测,可评价发动机的技术状况,特别是燃油供给系统和点火系统的技术状况。

一、检测标准

《汽油车污染物排放限值及测量方法(双怠速法及简易工况法)》(GB 18285—2018)和《柴油车污染物排放限值及测量方法(自由加速法及加载减速法)》(GB 3847—2018)规定了在用汽油车和柴油车的排放污染物限值和检测所应满足的要求。

1. 汽油车污染物排放限值

按照不同的检测工况,新车下线检验(抽测)、进口车入境检验(抽测)、注册登记检验和在用汽车检验及其他装用点燃式发动机的汽车,排气污染物排放限值分别见表 5-1~表 5-4。

按双怠速法进行检测,其检测结果应小于表 5-1 所规定的排放限值。

双怠速法检验排气污染物排放限值　　　表 5-1

类　　别	急　　速		高　怠　速	
	CO(%)	HC($\times 10^{-6}$)[①]	CO(%)	HC($\times 10^{-6}$)[①]
限值 a	0.6	80	0.3	50
限值 b	0.4	40	0.3	30

注:①对于装用以天然气为燃料点燃式发动机汽车,该项目为推荐性要求。

在用汽车排气污染物检测应符合标准规定的限值 a。对于汽车保有量达到 500 万辆以上,或机动车排放污染物为当地首要空气污染源,或按照法律法规设置低排放控制区的城市,应在充分征求社会各方面意见基础上,经省级人民政府批准和国务院生态环境主管部门备案后,可提前选用限值 b,但应设置足够的实施过渡期。

在排放检验的同时,应进行过量空气系数(λ)的测定。发动机在高怠速工况时,λ 应在 1.00 ± 0.05 或原厂规定的范围内。

按稳态工况法进行检测,其检测结果应小于表 5-2 所规定的排放限值。

稳态工况法排气污染物排放限值　　　　　　　表 5-2

类　别	ASM5025			ASM2540		
	CO(%)	HC($\times 10^{-6}$)①	NO($\times 10^{-6}$)	CO(%)	HC($\times 10^{-6}$)①	NO($\times 10^{-6}$)
限值 a	0.50	90	700	0.40	80	650
限值 b	0.35	47	420	0.30	44	390

注:①对于装用以天然气为燃料点燃式发动机汽车,该项目为推荐性要求。

按瞬态工况法进行检测,其检测结果应小于表 5-3 所规定的排放限值。

瞬态工况法排气污染物排放限值　　　　　　　表 5-3

类　别	CO(g/km)	HC + NO$_x$(g/km)
限值 a	3.5	1.5
限值 b	2.8	1.2

按简易瞬态工况法检测,其检测结果应小于表 5-4 所规定的排放限值。

简易瞬态工况法排气污染物排放限值　　　　　　　表 5-4

类　别	CO(g/km)	HC(g/km)	NO$_x$(g/km)
限值 a	8.0	1.6	1.3
限值 b	5.0	1.0	0.7

2. 压燃式发动机汽车排放限值

按照不同的检测工况,新生产汽车下线检验(抽测)、进口车入境检验(抽测)、注册登记检验和在用汽车检验及其他装用压燃式发动机的汽车,污染物排放限值见表 5-5。

在用汽车和注册登记排放检验排放限值　　　　　　　表 5-5

类　别	自由加速法 光吸收系数(m^{-1}) 或不透光度(%)	加载减速法 光吸收系数(m^{-1}) 或不透光度(%)①	氮氧化物($\times 10^{-6}$)②	林格曼黑度法 林格曼黑度(级)
限值 a	1.2(40)	1.2(40)	1500	1
限值 b	0.7(26)	0.7(26)	900	

注:①海拔高于 1500m 的地区加载减速法可按每增加 1000m 增加 $0.25m^{-1}$ 幅度调整,总调整不得超过 $0.75m^{-1}$;
②2020 年 7 月 1 日前限值 b 过渡限值为 1200×10^{-6}。

二、汽车排气污染物检测方法

1. 双怠速工况排气污染物检测

1)双怠速工况

双怠速工况是怠速工况和高怠速工况的合称。双怠速工况排气污染物检测是指在怠速和高怠速两个工况下对汽车排气污染物的检测。

怠速工况是指汽车发动机最低稳定转速工况。即离合器处于接合位置、变速器挂空挡位置(对于自动变速器的汽车应置于"停车"或"P"挡位)、加速踏板处于完全松开位置时的发动机运行工况;而高怠速工况指在怠速工况条件下,用加速踏板将发动机转速稳定控制在规定的高怠速转速下的发动机运行工况。根据《汽油车污染物排放限值即测量方法(双怠速法及简易工况法)》(GB 18285—2018):轻型汽车的高怠速转速为(2500±200)r/min,重型车的高怠速转速为(1800±200)r/min,如有特殊规定,则按照制造厂技术文件中规定的高怠速转速。

2) 检测仪器

在双怠速工况下检测废气时,CO、CO_2、HC 的测量应采用不分光红外线分析法(NDIR),O_2 的测量采用电化学电池法或其他等效方法。根据能够测量气体的种类数目,又可分为二气体、三气体、四气体和五气体排气分析仪。采用多气体排气分析仪可同时检测 CO、CO_2、HC、O_2 和 NO_x 的浓度,可用于对发动机及催化转换器的工作情况进行评价。使用的测量仪器的技术性能应满足《汽油车污染物排放限值即测量方法(双怠速法及简易工况法)》(GB 18285—2018)的有关规定。

3) 检测过程

(1) 保证被检测车辆处于规定的正常状态,发动机进气系统应装有空气滤清器,排气系统应装有排气消声器和排气后处理装置,并不得泄漏。

(2) 在进行排放测量时,发动机冷却液或润滑油的温度应不低于 80℃。

(3) 发动机从怠速状态加速至 70% 额定转速或企业规定的暖机转速,运转 30s 后降至高怠速状态;将取样探头插入排气管中,深度不少于 400mm,并固定在排气管上;维持 15s 后,由具有平均值计算功能的仪器读取 30s 内的平均值,该值即为高怠速污染物测量结果。对使用闭环控制电子燃油喷射系统和三元催化转化器的汽车,应同时计算过量空气系数(λ)的数值。

(4) 发动机从高怠速状态降至怠速状态 15s 后,由具有平均值计算功能的仪器读取 30s 内的平均值,即为怠速污染物测量结果。

(5) 在测试过程中,如果任何时刻 CO 与 CO_2 的浓度之和小于 6.0%,或者发动机熄火,应终止测试,排放测量结果无效,需重新进行测试。

(6) 对于具有多个排气管的车辆,应取各排气管测量结果的算术平均值作为测量结果。

(7) 车辆排气管长度小于测量深度时,应使用排气延长管。

2. 工况法排气污染物检测

工况法是将汽车若干常用工况和排放污染较重的工况结合在一起测量排放污染物的方法。根据《汽油车污染物排放限值即测量方法(双怠速法及简易工况法)》(GB 18285—2018)的规定,汽油车环保定期检验应采用简易工况法;对无法使用简易工况法的车辆,可采用双怠速法进行。

工况法的循环试验模式应根据汽车的排放性能、行驶特点、交通状况、道路条件、车流密度和气候地形等因素,对大量运行工况统计数据进行科学分析而制定,以最大限度地重现汽车运行时的排放特性,其检测结果能较全面评价车辆的排放水平。工况法比怠速法复杂。工况法循环试验应在汽车底盘测功机上进行,并应具有齐备的模拟汽车行驶动能的惯性飞轮和电模拟惯量复合系统,还要配备大型综合分析仪和保证汽车按试验规程运行所需的自动控制系统。世界各国对测试装置、取样方法和分析仪器的规定基本上是一致的,但循环试验工况及排放限值的差别较大。

1) 稳态工况法

(1) 检测设备。

利用稳态工况法(ASM)检测汽车排气污染物时,所需要的主要仪器设备有底盘测功机、排气取样系统、排气分析仪(系统)、发动机转速计、OBD诊断仪、冷却装置、气象站(测试温度、湿度、气压等)和自动控制系统等,检测设备应符合相关标准和计量检定规程的规定。

底盘测功机用来承载和加载测试车辆。由于需模拟一定的车速,必须施加对应于该车速的负荷,所以底盘测功机要配置功率吸收装置;此外,还应按规定配备惯性飞轮或/和电模拟惯量,以模拟汽车的加速工况和减速工况。用于轻(重)型车测试的底盘测功机,至少应能测试最大轴重为2750kg(8000kg)的车辆,最大测试车速要求不低于60km/h。

排气取样系统主要由取样管、取样探头、颗粒物过滤器和水分离器等组成。排气取样系统应具有一定的可靠性和耐久性,无泄漏并且易于维护,在设计上能保证承受在进行ASM公开测试、最长290s时间内被测车辆排出的高温气体。直接接触排气的取样管应不存留排气也不会改变被分析气体特性,取样系统在设计上应确保至少5年之内不会被腐蚀。

排气分析系统由至少能自动测量车辆排气管中排出的HC、CO、CO_2、NO、O_2五种气体浓度分析仪器组成。其中,CO、HC和CO_2采用不分光红外法(NDIR)检测,NO优先采用红外法(IR)、紫外法(UV)或化学发光法(CLD)检测,O_2采用电化学法或其他等效方法检测。

自动控制系统由主控柜、电气控制系统、工业控制计算机、计算机软件系统、打印机组成,用于测量过程的控制、测量、数据处理与分析评价。

(2)检测循环工况和检测方法。

汽车在底盘测功机上的测试运转循环由ASM5025和ASM2540两个工况组成,如图5-23所示。

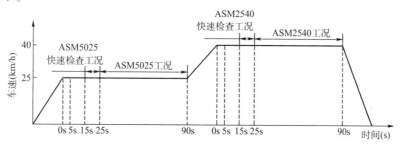

图5-23 稳态工况法(ASM)测试运转循环

检测时,将汽车驱动轮置于测功机滚筒上,把分析仪取样探头插入排气管中,深度为400mm,并固定于排气管上,对独立工作的多排气管应同时取样。

将车速控制在规定工况速度(25km/h及40km/h),由电气控制系统控制和调节功率吸收装置,使得滚筒表面加载的总吸收功率为测试工况下的给定加载值,让车辆在规定载荷下稳定运行。排放分析仪能测量车辆排出废气中各成分的含量,通过分析仪自带的环境测试单元测取温度、湿度、气压等参数,计算出稀释系数和湿度修正系数,然后计算出校正后的CO、HC、NO浓度值。

测试过程中,控制系统发出操作指令,由显示仪显示,引导检验员操作。发动机冷却风扇对发动机吹风散热。安全装置则用于保障测试时的车辆运行安全。

汽车在底盘测功机上测试车速的允许误差为±2.0km/h,加载转矩应随车速的变化做相应调整,保证加载功率不随车速改变;转矩允许误差为该工况设定转矩的±5%。

2)瞬态工况法

(1)检测循环工况。

在底盘测功机上进行的测试循环如图5-24所示。

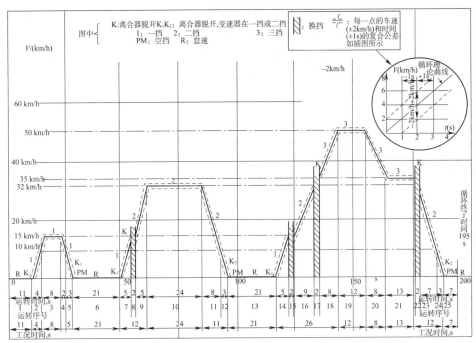

图 5-24 瞬态工况运转循环图

(2) 检测设备。

利用瞬态工况法检测点燃式发动机汽车的排放性能时,所用检测设备包括一个至少能模拟加、减速惯量和匀速载荷的底盘测功机、定容采样系统(CVS)和排气分析仪组成的排气采样和分析系统。

瞬态工况法使用的底盘测功机,应选用电力测功机,能满足最大总质量≤3500kg 的 M 类和 N 类车辆进行瞬态排放测试。底盘测功机的功率吸收单元能够模拟变工况下由于车辆惯量产生的负荷或配有机械惯量模拟装置。对于载荷曲线固定的测功机,在50km/h 时载荷设定的准确度应达到 ±5%。对于载荷曲线可调的测功机,测功机载荷对应道路载荷在50、40、30 和 20km/h 时的准确度应达到 ±5%,在 10km/h 时应达到 ±10%。底盘测功机应配备限位装置,以保证施加于驱动轮上的水平、垂直方向的作用力对车辆的排放没有明显影响,并且能在车辆任何合理的操作条件下安全限位,不对车辆产生损伤。

定容采样系统(CVS)可使用临界流文丘里系统(CFV),或者亚声速(SSV)型式。采用全流式稀释采样,将汽车排放的废气用环境空气连续稀释。测定排气与稀释空气混合气的总容积,同时对稀释排气的污染物浓度进行连续分析,根据稀释排气浓度、稀释排气流量和污染物的密度,计算污染物排放量。应使用足够的环境空气对车辆的排气进行稀释,以防止在测试过程中的任何情况下取样和测量系统中出现水冷凝,标准推荐文丘里流量为 $9\sim15m^3/min$。

排气分析系统应能对 HC、CO、CO_2、NO_x 等排气污染物自动取样、积分和记录。对分析仪器的准确度、精度、漂移、抗干扰、噪声等有关特性的要求应满足相关标准规定。THC(总碳氢化合物)分析采用 FID(火焰离子检测器)法,CO、CO_2 采用 NDIR,NO_x 采用化学发光法。

自动检测控制系统能根据数据的车辆参数自动设置加载载荷和选择排放标准。检测程序、数据采集和分析判断检测结果应由计算机控制自动进行。

(3) 测试过程。

测试前准备。将驱动轮置于滚筒上,对车辆进行可靠限位,根据需要在发动机上安装冷却液或润滑油温度传感器等测试仪器。将排气收集软管安装到车辆排气管上,并固定可靠。

排放测试。在瞬态排放测试前,发动机至少已连续运转 30s 以上。发动机保持怠速运转 40s 终了时刻开始进行排放测试循环,同时开始排气取样。排放测试期间,驾驶检验员应根据检测提示装置显示的速度—时间曲线轨迹规定的速度和换挡时刻驾驶车辆。测试过程中,应测量实际车辆运行里程,如果实际里程与理论里程之间绝对误差超过 0.08km,则测试结果无效。如果测试过程中发动机熄火,此次测试结果无效,需重新开始测试。

排放污染物的测量。在整个测试循环中,排放测量系统逐秒测量并记录稀释排气中的 HC、CO、CO_2 和 NO_x 浓度,再按照 GB 18285—2018 中的方法进行污染物计算。

每次检测完成后,使用电子表格的形式记录检测参数、环境参数、瞬态工况检测数据、测试过程数据等信息,并按规定进行报送。

3. 自由加速法

1)测试仪器

不透光烟度计应能显示两种计量单位的指示值:一种为绝对光吸收系数单位,从 0 到趋于 ∞(m^{-1});另一种为不透光度的线性分度单位,从 0 到 100%。两种计量单位的量程,均应以光全通过时为 0,全遮挡时为满量程。

2)车辆准备和试验方法

发动机应充分预热。在正式测量排放前,应采用三次自由加速过程或其他等效方法吹拂排气系统,以清扫排气系统中的残留污染物。

发动机(包括废气涡轮增压发动机)在每个自由加速循环的开始点均为怠速状态。对于重型车用发动机,将加速踏板放开后至少等待 10s。

在测量自由加速时,必须在 1s 内,将加速踏板连续完全踩到底,使供油系统在最短时间内达到最大供油量。

对每个自由加速测量,在松开加速踏板前,发动机必须达到断油转速。对于自动变速器的车辆,应达到发动机额定转速(无法达到时,不应小于额定转速的 2/3)。在测量过程中,应监测发动机转速是否符合试验要求(特殊无法测得发动机转速的车辆除外),并将发动机转速数据实时记录并上传。

取最后三次自由加速烟度测量结果的算术平均值作为检测结果。

4. 加载减速法

1)检测要求

待检车辆放在底盘测功机上,按照规定的加载减速检测程序,检测最大轮边功率和相对应的发动机转速与转鼓表面线速度(VelMaxHP),并检测 VelMaxHP 点和 80% VelMaxHP 点的排气光吸收系数 k 及 80% VelMaxHP 点的 NO_x 排放。

2)测试设备

测试设备主要包括底盘测功机、不透光烟度计、NO_x 分析仪和发动机转速传感器等,由中央控制系统集中控制。

3)试验程序

排放检测由三部分组成。第一部分是对车辆进行预检,以检查受检车辆身份与车辆行驶证是否一致,以及排放检测的安全性。第二部分是检查检测系统和车辆状况是否适合进行检测。第三部分是进行排放检测,由主控计算机系统控制自动进行排放检测,以保证检测过程的一致性和检测结果的可靠性。每条检测线至少设置三个工位：计算机操作工位、受检车辆驾驶人工位和辅助检查工位。各岗位人员均应随时注意受检车辆在检测过程中是否出现异常情况。

4）排气试验

对车辆试验前的最后检查和准备妥当后，同时做好不透光烟度计的零刻度和满刻度检查。检查完毕后，将采样探头插入受检车辆的排气管中，采样探头的插入深度不得低于400mm。不应使用尺寸太大的采样探头，以免对受检车辆的排气背压影响过大，影响输出功率。在检测过程中，应将采样气体的温度和压力控制在规定的范围内，必要时可对采样管进行适当冷却，但不得使测量室内出现冷凝现象。试验步骤如下：

(1) 正式检测开始前，检测员应按以下步骤操作，以使控制系统能够获得自动监测所需的初始数据：

起动发动机，变速器置于空挡，逐渐加大加速踏板开度直到达到最大，并保持最大开度状态，记录这时发动机的最大转速，然后松开加速踏板，使发动机回到怠速状态。

使用前进挡驱动被检车辆。选择合适的挡位，使加速踏板处于全开位置时，测功机指示的车速最接近70km/h，但不能超过100km/h。对于自动变速器的车辆，不应在超速挡进行测量，应按照加速减速的自动试验规程进行。

(2) 计算机对按上述步骤获得数据进行自动分析，判断是否继续进行后续检测，被判定为不适合检测的车辆不允许进行加载减速检测。

(3) 在确认车辆可以进行排放检测后，将底盘测功机切换到自动检测状态。

在整个检测循环中，均由计算机控制系统自动完成对测功机加载减速过程的控制。

自动控制采集两组检测数据，以判断受检车辆的排气光吸收系数 k 和 NO_x 是否达标。两组数据分别在 VelMaxHP 点和 80% VelMaxHP 点获得。

上述两组检测数据包括车轮输出功率、发动机转速、排气光吸收系数 k 和 NO_x 浓度。不同工况点的测量结果都必须与排放限值进行比较判断。

(4) 检测开始后，检测员应始终将加速踏板保持在最大开度状态，直到检测系统通知松开加速踏板为止。在试验过程中检测员应实时监控发动机冷却液温度和机油压力。

(5) 检测过程中，检测员应时刻观察受检车辆和检测系统的工作情况。

(6) 检测结束后，打印检测报告并存档。

第四节　汽车噪声

汽车是一个综合噪声源，汽车行驶产生的这种综合声辐射称为汽车噪声。环境噪声通常包括交通运输噪声、工厂设备生产噪声、建筑施工噪声及生活噪声。其中，交通运输车辆是城市的主要噪声源。因此，控制汽车的噪声污染越来越引起人们的重视。

一、汽车噪声源

汽车噪声源包括与发动机工作有关的噪声源和与汽车行驶有关的噪声源，如图5-25所示。前者主要包括进排气噪声、冷却系统风扇噪声、燃烧噪声、机械噪声等发动机噪声；后者主要包括传动噪声、轮胎噪声、车身振动及干扰空气噪声等。国产中型载货汽车车外加速行驶噪声声源分解比例如图5-26所示。噪声的强弱不但与汽车和发动机的类型及技术状况密切相关,还与车速、发动机转速、载荷以及道路状况有关。

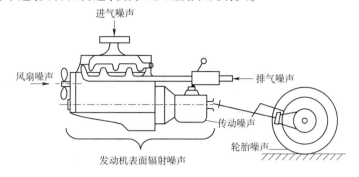

图 5-25 汽车主要噪声源

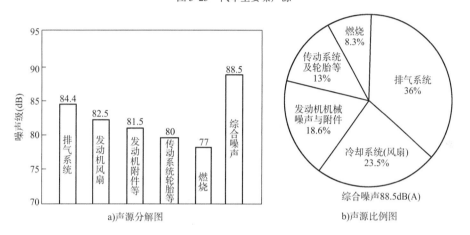

a)声源分解图　　　　　　b)声源比例图

图 5-26 国产中型载货汽车车外加速行驶噪声声源分解与比例图

二、发动机噪声

直接从发动机机体及附件向空间传播的噪声称为发动机噪声。发动机噪声随机型、运行工况的不同而有很大差异。在相同转速下,柴油机噪声较汽油机噪声高 5~10dB。发动机噪声是由各种不同性质的噪声所构成的综合噪声,主要包括燃烧噪声、机械噪声、进气噪声、排气噪声和风扇噪声等。按照噪声的辐射方式,燃烧噪声和机械噪声是通过发动机表面向外辐射的,故称为发动机表面噪声;进、排气噪声和风扇噪声是直接向大气辐射的噪声。

1. 燃烧噪声

燃烧噪声是燃料在发动机汽缸内燃烧而产生的声音,指燃烧时汽缸内压力急剧上升冲击活塞、连杆、曲轴、汽缸体及汽缸盖等引起发动机机体表面振动而辐射出来的噪声。燃烧噪声是发动机的主要噪声源。一般柴油机的燃烧噪声高于汽油机的燃烧噪声。

燃烧噪声主要出现在发动机燃烧过程的速燃期,其次是缓燃期。在速燃期内,压力增长率大,在汽缸内形成的压力高,因此产生的噪声大。

汽缸压力频谱曲线是每种频率成分的缸内压力强度大小的图形,燃烧噪声的强弱可以用汽缸内气体压力的频谱曲线表征。影响汽缸压力频谱的主要使用因素包括发动机转速及稳定性、负荷、点火、喷油时间、不正常燃烧等。

汽油机产生爆燃、表面点火及运转不平稳及不正常燃烧时,汽缸压力剧增。由于汽缸内气体的冲击作用,可听到 3~6kHz 的爆燃声——"敲缸"或 0.5~2kHz 的钝音——"粗暴"。

前者是由于发动机压缩比高、汽油品质不良和点火提前角过大等因素造成的；后者因燃烧室积炭引起表面点火所致。

汽油机的不正常燃烧会使燃烧噪声增大。图 5-27 所示为汽油机不正常燃烧时的汽缸压力频谱图。发动机爆燃时，除了在 6kHz 处噪声强度明显增大外，在 800Hz 以上强度都有所增长。表面点火时，在整个频率范围内噪声强度普遍增大。

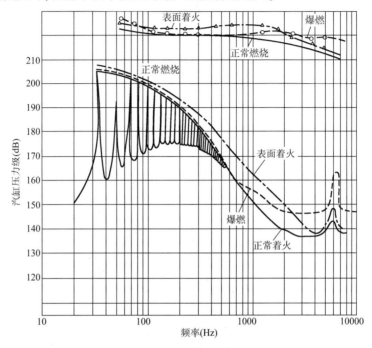

图 5-27　汽油机不正常燃烧时的汽缸压力频谱图

柴油机转速升高时，喷油压力提高；由于活塞的漏气损失和散热损失减少，使汽缸内的压缩温度和压力增大；燃烧室内空气扰动加剧，混合气的形成速度加快，从而缩短了着火延迟期；同时，使着火延迟期内形成的可燃混合气量增加。试验表明后者的影响较大，故转速增高将使最大爆发压力和压力增长率增大，燃烧噪声也随之增大，如图 5-28 所示。

负荷对柴油机汽缸压力频谱曲线的影响如图 5-29 所示。在急速或小负荷时，由于着火延迟期内喷入的燃料少，压力增长率低，相应的燃烧噪声也明显下降。

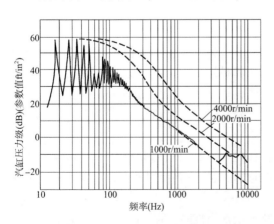

图 5-28　柴油机汽缸压力频谱曲线（1ft/in² = 6.78kPa）

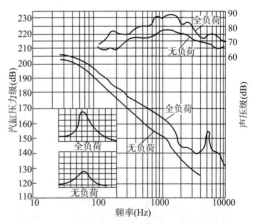

图 5-29　直喷式柴油机负荷对汽缸压力频谱曲线的影响

当喷油提前角变化时,着火延迟期、最高爆发压力、压力增长率随之变化。图 5-30 所示是一款直喷式柴油机(缸径 90mm,行程 105mm,压缩比 15.7)在转速为 1800r/min、不同喷油提前角 θ 及冷车反拖时的汽缸压力级与声压级的比较。

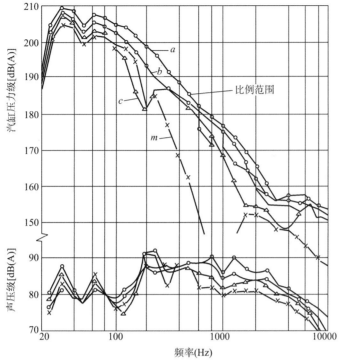

图 5-30　汽缸压力级与声压级的比较
$a\text{-}\theta = 20°$;$b\text{-}\theta = 10°$;$c\text{-}\theta = 0°$;$m\text{-}$冷拖

图 5-31 是相应的汽缸压力波形图。当喷油提前角 θ 减小时,最高压力 P_{max}、最大压力增长率 $(dP/d\varphi)_{max}$ 下降,从而使燃烧噪声减小。

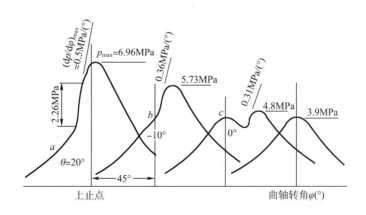

图 5-31　汽缸压力波形图

汽车加速行驶时的发动机噪声要比发动机匀速工作时要大。从图 5-32 可见,加速工况的着火延迟期明显增大,汽缸压力上升加快,因而产生较大噪声。图 5-33 所示为加速工况和匀速工况的汽缸压力频谱曲线的比较。

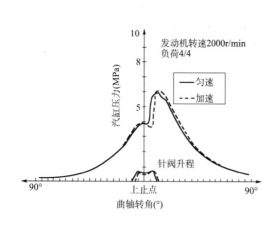

图 5-32 加速与匀速时的汽缸压力比较

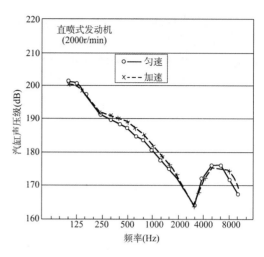

图 5-33 加速与匀速时的汽缸压力频谱曲线

2. 机械噪声

由于相互运动的零件之间存在间隙,发动机运转时零件在力的作用下产生撞击,以及周期性作用力使零件产生弹性变形导致发动机机体表面振动所引起的噪声,称为机械噪声。

机械噪声主要包括活塞对缸套的敲击声,配气机构、正时齿轮和喷油泵的工作噪声等。根据噪声的来源,发动机机械噪声分类如图 5-34 所示。

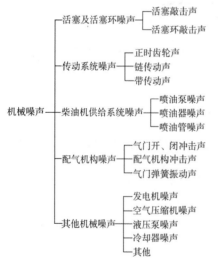

图 5-34 发动机机械噪声分类

活塞对汽缸壁的敲击,通常是发动机的最大机械噪声源。由于二者之间存在间隙,作用在活塞上的气体压力和惯性力的方向周期性变化,使活塞在往复运动过程中对汽缸壁的侧向推力方向和接触面发生周期性变化,从而形成活塞对汽缸壁的强烈冲击。冷起动时,由于活塞与缸壁之间间隙较大,噪声尤为明显。这种冲击振动一方面经汽缸壁直接传给曲轴箱和发动机机体,另一方面经连杆、曲轴、传动带轮等传播出去。

活塞的敲击声主要取决于汽缸的最大爆发压力和活塞与缸壁之间的间隙,其强弱既与混合气的燃烧有关,又与发动机的具体结构有关。在使用过程中,活塞与缸壁的间隙、发动机转速、负荷以及汽缸的润滑条件是影响活塞敲击声的主要因素。

活塞敲击声随转速的增高而增大。转速一定时,撞击能量与缸壁间隙成比例增长,如图 5-35 所示。

两者的关系式为

$$E = KC^{1.3} \tag{5-1}$$

式中:E——撞击能量,J;
K——活塞与缸壁之间的间隙,mm;
C——常数。

无负荷时,进气量少,汽缸压力低,因此活塞敲击声大幅度下降。直喷式柴油机,特别是高增压直喷式柴油机,汽缸压力随负荷提高而增大,活塞敲击声也因之增强。

润滑油有阻尼和吸声作用。因此,如果活塞与缸壁之间有足够的润滑油,可降低活塞敲击噪声。

配气机构噪声是由于气门开启和关闭时产生的撞击以及系统振动而形成的噪声。影响气门开、关噪声的主要因素是气门的运动速度,气门噪声与气门运动速度成正比,如图 5-36 所示。在高速时,气门发生不规则振动的原因主要是惯性力过大,以致超出了气门弹簧的弹力。因此,合理设计凸轮线形,提高配气机构的刚度,减轻配气机构零件的质量,减小配气机构间隙,控制惯性力所激发的振动,都能减小气门尾部的撞击声;采用液压挺柱可降低气门开启和闭合的噪声。

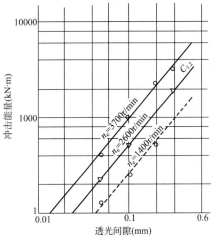

图 5-35　缸壁间隙与活塞撞击能量的关系

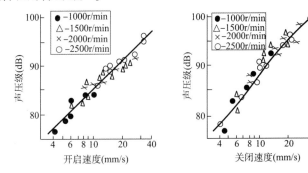

图 5-36　气门噪声与气门运动速度的关系

正时齿轮噪声产生的内因是在交变载荷作用下齿轮刚度的周期性变化,以及齿轮的制造误差和表面粗糙度;外因是由于曲轴的扭转振动引起的转速变化和由于驱动配气机构、喷油泵等引起的载荷周期性变化。外因通过内因使齿轮振动而产生噪声,同时通过轴、轴承以及缸体、传动齿轮盖,使壳体振动向外传播噪声,如图 5-37 所示。因此,影响正时齿轮噪声的因素既有齿轮本身的设计与加工问题,又与齿轮室盖的结构有关。

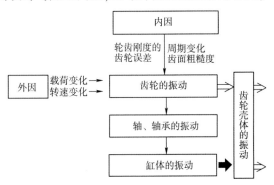

图 5-37　正时齿轮噪声的产生

柴油机喷油系统的噪声主要是由于喷油泵、喷油器和高压油管的振动引起的,可分为流体性噪声和机械噪声。流体性噪声是,油泵压力脉动所激发的噪声;空穴现象所激发的噪声和喷油系统管道的共振声。机械噪声主要是喷油泵凸轮和滚轮体之间的周期性冲击和摩擦声;凸轮轴及轴承的振动、调速机构等也会产生噪声。喷油系统噪声不是柴油机的主要噪声源,但随着发动机转速的提高,其噪声也相应增大;同时,由于其主要频率处于人耳敏感的高频区域,因此也是不可忽视的噪声源。

3. 进排气噪声

进排气噪声是由于发动机在进、排气过程中的气体压力波动和气体流动所引起的振动而产生的噪声,属于空气动力学噪声。其中,排气噪声是仅次于发动机机体噪声的噪声源,其强弱与冷却风扇的噪声相似,有时甚至比发动机机体噪声还要高 10~15dB(A)。进气噪声比排气噪声小,但其特有的低频成分可激发车身发生共振,是产生车内噪声的原因之一。

发动机进排气噪声包括:进排气管中气流流动的压力脉动所产生的低、中频噪声;气流以高速流过气门的进气截面时形成涡流而产生的高频噪声;在汽缸内气体产生压力振动的过程中,气门迅速关闭时,进排气系统也会产生气体振动,并通过表面传播噪声。

进气噪声主要频率范围为 0.05~0.5kHz,其主要成分为低频噪声。进气噪声随发动机转速的提高而增强。转速提高,吸入空气的流速提高,同时在进气管入口处空气脉动强度和频率随之提高。进气噪声随负荷增大略有增加。

排气噪声的主要频率在 0.05~5kHz 区域。自然进气发动机的排气噪声可高达 110~120dB(A)(距排气口 1m)。排气噪声与发动机排量、有效功率、有效转矩、平均有效压力、排气口面积有关。

降低进排气噪声的主要措施是使用消声效果好的消声器。由于消声器的阻抗大,会使发动机的性能恶化,因此要选用阻抗小而消声效果好的消声器。此外,在使用过程中,要注意进排气系统的紧固作业和接头的密封状况,以减小表面辐射噪声和漏气噪声。

4. 风扇噪声

风扇噪声是汽车的主要噪声源之一。近年来,由于车内普遍装设空调系统和排气净化装置等,发动机舱盖内温度升高,冷却风扇负荷加大,其噪声也相应增大。

风扇噪声主要是空气动力学噪声,由旋转噪声和涡流声所组成。此外,因风扇的机械振动也能引起噪声。

旋转噪声是由风扇旋转的叶片周期性地切割空气所引起空气的压力波动而激发的噪声,其频率为

$$f_0 = z(N/60) \tag{5-2}$$

$$f_i = if_0 \tag{5-3}$$

式中:f_0——基本频率,Hz;

f_i——各次谐波频率($i = 1,2,3,\cdots,n$);

z——风扇叶片个数;

N——风扇转速,r/min。

涡流噪声是由于风扇叶片旋转时在其周围产生空气涡流而造成的。风扇旋转时,叶片使空气发生扰动,压缩和稀疏空气,产生空气涡流,发出噪声。其频率取决于叶片与气体的相对速度。叶片的圆周速度随着距圆心的距离变化,以圆心处的速度最小,外径处速度最大,两处之间的相对速度是变化的,因此涡流噪声的频率也是连续变化的。涡流噪声的频率

f 的计算式为

$$f = S_t \frac{v}{D} i \tag{5-4}$$

式中：S_t——常数，在 0.14~0.20 之间；
v——气体与物体（叶片或其他障碍物）之间的相对速度，m/s；
D——物体正表面宽度在垂直于速度平面上的投影，m；
i——谐波次数（$i = 1, 2, 3, \cdots, n$）。

风扇的机械振动噪声是由于气流引起的风扇、导向装置（护风圈）或散热器的振动，以及其他外部振动激发的机械振动而引起的。一般情况下，机械振动噪声比风扇的空气动力学噪声要小得多。

发动机风扇噪声在低速运转时以涡流噪声为主，高速时旋转噪声较强。风扇噪声与风扇转速有关，而风扇转速与发动机转速成正比，所以噪声与发动机转速有直接关系。

为了减小高速时发动机的风扇噪声和功率消耗，汽车发动机普遍使用带有液力耦合器、不等距叶片、变扭角叶片的风扇，也可采用水温感应控制的电动离合风扇。在满足冷却条件的前提下，增大风扇直径、降低转速、合理选用风扇叶片材料，对降低噪声都有一定效果。

三、传动系统噪声

传动系统噪声包括变速器噪声、传动轴噪声以及驱动桥噪声。

变速器是传动系统噪声的主要噪声源。变速器噪声主要有齿轮振动的噪声、轴承的声响、润滑油的搅拌噪声和发动机振动传播到变速器壳体的辐射噪声。

变速器噪声的发生及传播途径如图 5-38 所示。齿轮振动噪声占变速器噪声的绝大部分。引起齿轮振动的原因：在交变载荷作用下引起轮齿刚度周期性变化和轮齿啮合误差，发动机转速变化而引起齿轮负荷变化。

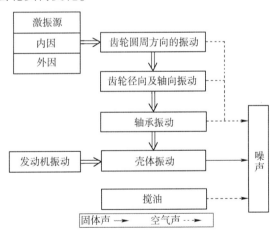

图 5-38 变速器噪声的产生及传播

齿轮在啮合传动过程中靠轮齿传递动力和运动。具有一定弹性的轮齿和轮体组成了一个振动系统。由交变负荷引起的弹性变形以及由齿轮的制造误差将引起附加冲击载荷，使轮齿发生圆周振动，齿轮因此不能平稳运转，轮齿与轮齿之间产生碰撞并产生动载荷。在这种动载荷作用下，轴和轴承产生振动，造成齿轮的径向振动；同时，由于轴的变形，还会引起齿轮的轴向振动。这些振动是齿轮噪声的成因。

齿轮噪声可直接或间接向外传播。由于齿轮箱是密封的,直接以声波向外传播的仅是很少一部分。齿轮振动主要通过轴、轴承传到壳体上,形成壳体的振动,从而辐射出噪声。

齿轮噪声包括高频噪声和低频噪声。高频噪声主要由齿轮的基本偏差所引起,是齿轮噪声的主要成分。基本偏差使得齿轮在啮合与分离时产生撞击,因此齿轮噪声的频率等于每秒啮合次数。低频噪声主要由齿轮的基节累积误差引起,齿轮每转一周产生一次撞击,因此其频率为$f=n/60$。人的听觉对低频噪声不敏感,因此低频噪声不是噪声的主要成分。此外,齿轮传动装置产生共振时,会激发出强烈的噪声。例如,齿轮的啮合频率与齿轮本身的某阶固有频率相同时,会产生共振噪声。

变速器噪声与变速器形式、挡位有关,并随着汽车行驶状态、速度、负荷的变化而变化。图 5-39 所示为装用 6 挡变速器的某重型载货汽车从发动机中等转速急加速到高转速时,变速器噪声与转速的关系曲线。转速一定时,变速器噪声与负荷的关系如图 5-40 所示。

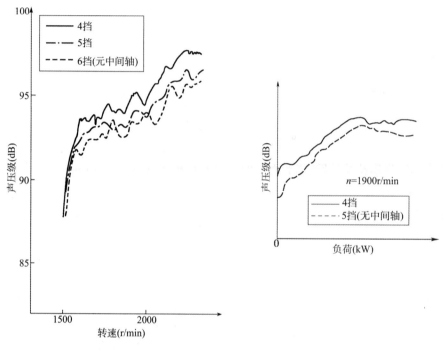

图 5-39 变速器噪声与转速的关系　　图 5-40 变速器噪声与负荷的关系

为了减小齿轮噪声,不仅要从设计、制造精度、加工方法等方面入手把因啮合而引起的撞击声和激振声降低到最低程度,还应在使用过程中注意齿轮的安装精度和啮合印迹的调整。

汽车传动轴噪声是由于发动机输出转矩波动、变速器及驱动桥等振动输入、万向节输入和输出的转速与转矩不均衡,以及传动轴本身的不平衡引起的。传动轴噪声的传播主要有两个途径:一是经传动轴的中间支撑、变速器和驱动桥传至车身及其部件的振动噪声;二是直接向外辐射噪声。传动轴噪声的能量一般较小,在传动系统噪声中不占主要地位。

四、轮胎噪声

轮胎直接发出的噪声包括轮胎花纹噪声、道路噪声、弹性振动噪声以及轮胎旋转时搅动空气引起的噪声。

1. 花纹噪声

花纹噪声在轮胎噪声中占主要地位。由于轮胎胎面有各种花纹,汽车行驶时,在胎面与地面接触的过程中胎面受到压缩、伸张,而形成泵气和吸气效应。轮胎胎面花纹槽内的空气在接地时被挤压,并有规则地排出,引起周围压力周期性变化而产生噪声。定距花纹轮胎的噪声频谱分析如图 5-41 所示。

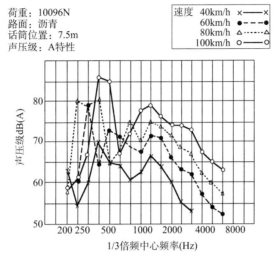

图 5-41 轮胎噪声频谱分析图

对于常见的齿形花纹轮胎,当胎面上的花纹节距相同时,花纹噪声的频率为

$$f = \frac{v_a n}{3.6 \times 2\pi R} \qquad (5\text{-}5)$$

式中:v_a——汽车行驶速度,km/h;

R——轮胎的滚动半径,m;

n——轮胎圆周上的花纹槽数。

2. 道路噪声

道路噪声是由于路面粗糙不平而产生的噪声。当汽车通过粗糙不平路面时,轮胎胎面使凹凸内的空气周期性挤压和排放,引起周围压力变化而产生噪声。

轮胎花纹噪声和道路噪声都是轮胎与路面相互作用而产生的噪声。

3. 弹性振动噪声

弹性振动噪声是由于轮胎不平衡、胎面花纹刚度变化或路面粗糙不平等原因激发轮胎振动而产生的噪声,其振动频率一般在 200Hz 以下。弹性振动噪声是轮胎本身弹性引起的,由于不在人的听觉敏感的振动频率范围内,所以影响不大。

4. 空气噪声

空气噪声是轮胎旋转时搅动周围空气而产生的噪声。车速较低时,轮胎的空气噪声可忽略。

轮胎噪声的影响因素很多。除以上因素外,车速、负荷、轮胎气压、轮胎磨损程度以及路面状况等使用因素对轮胎噪声的影响也很大。

轮胎噪声与车速具有一定的线性关系。随着车速的提高,轮胎噪声也相应地增大。其原因是:轮胎花纹内的空气容积变化速度加快,"气泵"声增大;胎面花纹承受的激振力增大,振动声也随之增大。二者之间的关系式为

$$dB(A) = A\lg v_a + B \tag{5-6}$$

式中:A——系数,一般取 30~40;

v_a——车速,km/h;

B——常数。

负荷不同时,轮胎花纹的挤压作用也产生变化。随着载荷增大,胎面花纹的变形增大,轮胎的胎肩逐渐接触地面,横向花纹轮胎容易形成"空腔的封闭"而使噪声增大,而对纵向花纹轮胎则影响不大。

轮胎气压增大,轮胎变形小;反之,则变形增大。因此,对于齿形花纹轮胎来说,轮胎充气压力高时噪声小,充气压力低时噪声大。

对于齿形花纹轮胎,胎冠尺寸增大,花纹接地状态产生变化,使噪声增大。当进一步花纹磨损时,花纹逐渐磨平,槽内空气量减少,噪声降低。

路面粗糙度和潮湿程度对轮胎噪声的影响很大。有关资料表明,由于路面粗糙度不同所引起的轮胎噪声变化为7dB左右;湿路面比干路面的噪声约增加10dB,其增大程度随路面潮湿程度而变化。潮湿路面的轮胎噪声主要是因为溅水造成的,与轮胎花纹的关系不大。

除上述噪声组成部分外,汽车噪声还包括高速行驶时产生的车身干扰空气噪声、制动噪声、储气筒放气声、喇叭声以及各种专用车辆上的动力装置噪声等。但是这些噪声不是连续性的,因此在汽车噪声中不占主要地位。

五、汽车噪声的控制措施

1. 开发低噪声车辆

常用噪声控制技术包括吸声、隔声、消声、隔振和阻尼减振,也称为无源控制技术。根据噪声产生和传播的机理,可以把噪声控制技术分为对噪声源的控制、对噪声传播途径的控制和对噪声接受者的保护。其中,对噪声源的控制是最根本、最直接的措施。

1) 降低发动机噪声

降低发动机噪声就要改造振源和声源,包括提高机体的结构刚度、采用精密配合间隙、改善燃烧工作过程、降低燃烧噪声及机械噪声。例如,在油底壳上增设加强筋和横隔板,以提高油底壳的刚度,减少振动噪声;另外,给发动机涂阻尼材料,可消耗振动能量。

2) 降低进气噪声

降低进气噪声的最有效方法是采用和改进进气消声器。常用类型有阻性消声器(吸声型)、抗性消声器(膨胀型、共振型、干涉型和多孔分散型)和复合型消声器。将其与空气滤清器结合起来(即在空气滤清器上增设共振腔和吸声材料)就成为最有效的进气降噪措施,降噪可超过20dB。

3) 降低排气系统噪声

消声器的优化设计是降低汽车噪声的重要手段之一。但是,降低排气噪声与提高动力性一般是一对矛盾,因为降低排气噪声与降低排气背压对排气管直径的设计有着相矛盾的要求。前者要求有较小的直径,而后者却相反。对此,采用并联流路的双功能消声器,在减小背压和降低气流噪声方面颇为有效。另外,对于排气歧管到消声器入口的一段管路采用柔性管,其减振、降噪效果明显,约降低7dB。

4)降低传动系统噪声

降低传动系统噪声一般采取的措施:选用低噪变速器;发动机、变速器、主减速器等总成与底盘通过橡胶垫(液力支座)进行柔性连接,从而达到隔振目的;控制转动轴的平衡度,降低扭转振动。

5)降低车身噪声和轮胎噪声

随着车速提高,车身噪声越来越大。车身噪声是空气动力学噪声,降低车身噪声的可用方案:流线型车身设计,实现光滑过渡;在车身与车架之间采用阻尼—弹性元件连接;内饰软化,如在顶篷及车身内饰使用吸声材料。另外,轮胎也是一个噪声源;轮胎的轮距越大,则噪声越大;选用合理花纹的钢丝帘布子午线轮胎是降低轮胎噪声的有效方法。

6)主动降噪措施

采用以声消声的主动控制技术,可对噪声进行控制。其原理是利用电子消声系统产生与噪声相位相反的声波,使两者的振动相互抵消,以降低噪声。

2. 道路交通管理

1)控制或限制鸣号

从降低噪声出发,应严格执行禁止鸣号区的规定,减小主动噪声。

2)限制车辆的运行路线

噪声污染的强弱与车辆行驶车速和质量密切相关。与轿车等轻型车相比,载货汽车产生的噪声强度要高得多。在市中心主干道采取限车驶入、限时通行的办法,限制大型车辆入城或规定其行驶的时间和线路,是降低噪声行之有效的措施。

3)控制车速

车速与噪声强弱有关。车速越快,噪声越大,紧急制动增多。车速提高一倍,噪声要增加 6~10dB;当车速高于 70km/h,轮胎噪声已成为汽车的主要噪声源。合理设置限速标志,控制车速,可有效地降低噪声污染。

3. 控制噪声传播

绿化植物具有吸声作用,城市绿化可有效地减少噪声污染。

随着车速提高,轮胎噪声成为汽车噪声的主体。应根据实际路面交通的情况,修建隔声墙或隔声窗,设置隔声屏障等人为减小噪声的措施。

4. 科研成果应用

开发汽车智能子系统,减少汽车振动,降低汽车噪声。同时应提高汽车零部件的可塑性和整车的可塑性。

研究汽车在多场耦合作用下,噪声产生机理,减少多场作用产生的噪声。

研究人—车—路噪声传播机理,研究低噪声路面、低噪声轮胎和隔声设备,以降低汽车噪声对人类的影响。

第五节 汽车噪声检测

汽车噪声排放性能是汽车的重要环保性能。汽车噪声排放检测指标包括驾驶人耳旁噪声、客车车内噪声、汽车加速行驶车外噪声、汽车定置噪声等。汽车噪声的强弱用声强评价,单位为 dB(A)。

一、汽车噪声检测标准

1. 驾驶人耳旁噪声

根据相关标准规定,汽车(纯电动汽车、燃料电池汽车和低速汽车除外)驾驶人耳旁噪声声级应小于或等于90dB(A)。

2. 客车车内噪声

根据相关标准规定,客车以50km/h的速度匀速行驶时,车内噪声不应大于79dB(A)。客车车内噪声的检验方法按《声学汽车车内噪声测量方法》的有关规定执行。

3. 汽车加速行驶车外噪声

《汽车加速行驶车外噪声限值及测量方法》(GB 1495—2016)既是机动车辆产品的噪声标准,也是城市机动车噪声检查的依据。各类机动车(包括汽车、摩托车、轮式拖拉机)行驶时,车外最大允许噪声级应符合表5-6的规定。对于各类变型车或改装车(消防车除外)加速行驶的车外最大允许噪声级,应符合基本车型噪声的规定。

汽车加速行驶车外噪声限值   表5-6

汽车分类		噪声限值/dB(A)
M_1		74
M_1($G \leq 3.5t$)或N_1($G \leq 3.5t$)	$G \leq 2t$	76
	$G \leq 3.5t$	77
M_2($3.5t < G \leq 5t$)或M_3($G \geq 3.5t$)	$P < 150kW$	80
	$P \geq 150kW$	83
N_2($3.5t < G \leq 12t$)或N_3($G \geq 12t$)	$P < 75kW$	81
	$75kW \leq P < 150kW$	83
	$P < 150kW$	84

注:汽车分类

1. M类(客车):至少有4个车轮的载客机动车辆;或者有三个车轮,且厂定最大总质量不超过1t的载客机动车辆。

M_1类:除驾驶人外,乘客座位数不超过8个的客车。

M_2类:除驾驶人外,乘客座位数超过8个,厂定最大总质量不超过5t的客车。

M_3类:除驾驶人外,乘客座位数超过8个,厂定最大总质量超过5t的客车。

2. N类:至少有4个车轮的载客货机动车辆,或者有三个车轮,且厂定最大总质量不超过1t的载货机动车辆。

N_1类:厂定最大总质量不超过3.5t的载货汽车。

N_2类:厂定最大总质量超过3.5t,但不超过12t的载货汽车。

N_3类:厂定最大总质量超过12t的载货汽车。

二、汽车噪声检测方法

噪声采用声级计进行检测,噪声频谱分析需采用频率分析仪。声级计是一种把声音的响度按人耳听觉近似值测定出来的仪器,由传声器、放大器、听觉修正计权网络、指示表和校准装置构成。测定噪声频谱的仪器称为频谱仪,由滤波器、测量放大器和指示表组成。

1. 驾驶人耳旁噪声检测

根据《机动车运行安全技术条件》(GB 7258—2017)的规定,测量驾驶人耳旁噪声时,汽车应空载,处于静止状态且置变速器于空挡,发动机应处于额定转速状态(当发动机正常工作状态下无法达到额定转速时,则采用可达到的最大转速进行测量,并对测量转速进行记录说明);门窗紧闭;环境噪声应低于被测噪声值至少 10dB(A);声级计置于"A"计权、"快"挡;驾驶人耳旁噪声测量点位置应符合《声学汽车车内噪声测量方法》(GB/T 18697—2002),如图 5-42 所示。

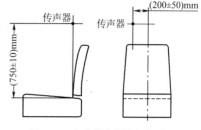

图 5-42 车内噪声测量点位置

2. 客车车内噪声检测

客车车内噪声的测量应满足测量条件、测量位置和检测方法的要求。

1)测量条件

测量跑道应有足够长度,应是平直、干燥的沥青路面或混凝土路面。测量时,相对地面的风速应不大于 3m/s。测量时,车辆门窗应关闭;车内其他辅助设备若是噪声源,测量时是否开动,应按正常使用情况而定;车内本底噪声比所测车内噪声至少低 10dB,并保证测量不被偶然的其他声源所干扰;车内除驾驶人和测量人员外,不应有其他人员。

2)测量位置

客车车内噪声测点可选择在车厢中部及最后排座位的中间位置,通常在人耳附近布置测点,传声器朝向车辆前进方向,如图 5-42 所示。

3)检测方法

检测车内噪声时,车辆以常用挡位、50km/h 车速匀速行驶;用声级计"慢"挡测量 A 计权声级;若需做车内噪声频谱分析,可用频谱分析仪进行检测,应包括中心频率为 31.5、63、125、250、500、1000、2000、4000、8000Hz 的倍频带。

3. 汽车加速行驶车外噪声检测

测量场地应平坦空旷,在测量中心半径为 50m 范围内不应有大的反射物。测量场地如图 5-43 所示。传声器置于 20m 跑道中心点的两侧,各距中心线 7.5m,距地面高度 1.2m,传声器平行于地面,其轴线垂直于车辆行驶方向。

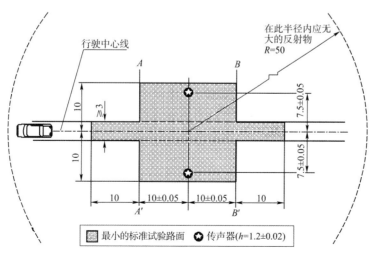

图 5-43 汽车车外噪声检测场地(单位:m)

被测汽车应空载;装用规定规格的轮胎;轮胎气压达到厂定空载状态气压;技术状况应符合该车型的技术条件;有两个或更多驱动轴时,测量时应为常用的驱动方式;如果装有带自动驱动机构的风扇,应保持其自动工作状态。

按规定选择汽车挡位和接近速度。对于装用手动变速器的 M_1 和 N_1 类汽车不多于 4 个前进挡时,应采用第二挡进行测量;对于多于 4 个前进挡的变速器时,应分别用第二挡和第三挡进行测量;其接近 AA′线时的稳定速度一般取 50km/h。汽车以规定挡位和稳定速度接近 AA′线,速度变化应控制在 ±1km/h 之内。

当汽车前端到达 AA′线时,必须尽可能地迅速将加速踏板踩到底加速行驶,汽车沿测量区中心线直线加速行驶,并保持不变,直到汽车尾端通过 BB′线时尽快松开加速踏板。

三、汽车噪声检测仪器

1. 声级计

声级计是一种能够把汽车发出的噪声和喇叭声的响度,按人耳听觉近似值测定出来的仪器,如图 5-44 所示。声级计一般由声级计传声器、放大器、听觉修正计权网络、指示表和校准装置构成。声级计传声器通常称为话筒,其作用是把声压信号转变为电信号,是声级计的传感器。电容式声级计的传声器是声学测量中比较理想的传声器,具有动态范围大、频率响应平直、灵敏度高和在一般测量环境中稳定性好等优点,因而得到广泛应用。

电容式声级计的传声器主要由金属膜片和金属电极构成,如图 5-45 所示。金属膜片与金属电极构成平板电容的两个极板,膜片受到声压作用后变形,使两极板距离发生变化,电容值发生变化,从而产生交变电压,交变电压波形与声压级波形成比例,从而也就把声压信号转变为电信号。由于电容式声级计传声器输出阻抗很高,因此需要通过前置放大器进行阻抗变换。

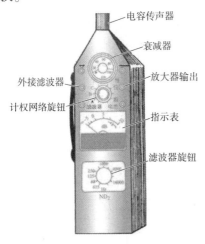

图 5-44 声级计

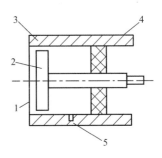

图 5-45 电容式声级计的传声器示意图
1-金属膜片;2-电极;3-壳体;4-绝缘体;5-平衡孔

从声级计传声器输出的电信号,经前置放大器放大后,输入到听觉修正计权网络。该网络是把电信号修正为与听感近似值的网络。通过计权网络测得的声压级,已不再是客观物理量的声压级,而是经过听感修正的声压级,称为计权声级。计权网络有 A、B、C 三种,A 计权网络由于其特性曲线接近于人耳的听感特性,因此在噪声测量中应用最广泛。

经听觉修正计权网络修正后的电信号,送至显示仪表,使指针偏转或以数字显示。从显示仪表上可直接读出所测噪声的声级,单位为 dB(A)。声级计的阻尼一般有"快"和"慢"两挡。"快"挡平均时间为 0.27s,接近于人耳听觉器官感知的平均时间;"慢"挡的平均时间为 1.05s。当对稳态噪声进行测量或需要记录声级变化过程时,可用"快"挡;当被测噪声波动较大时,采用"慢"挡。

声级计的模拟电路框图如图 5-46 所示。

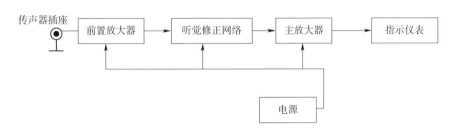

图 5-46　声级计的模拟电路框图

目前,数字式声级计的应用越来越普遍。数字式声级计由数据处理单元控制、A/D 变换器和软件将被测声信号转换成数字信号,再由数据处理单元进行数学运算,实现声信号的测量和分析,可以进行频域和时域实时信号分析。

数字式声级计的工作原理为:电容式传声器将被测声信号转换成电信号,经前置放大器阻抗变换后,经过衰减和放大,再经频率计权和滤波,再由对数有效值检波电路将交流信号转换为直流信号,经 A/D 转换和数据处理电路,一方面由数字显示器显示声压级测量结果,另一方面将测量数据送给数据存储电路。

数字式声级计的原理框图如图 5-47 所示。

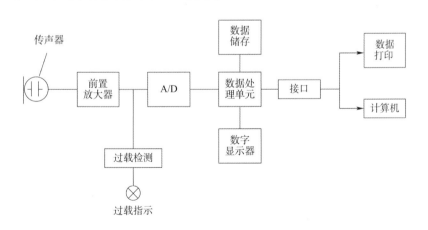

图 5-47　数字式声级计原理框图

2. 频谱分析仪

汽车噪声是由大量的不同频率的声音复合而成的,为了分析产生噪声的原因,需对噪声进行频谱分析。

频谱分析就是通过傅里叶变换将原来由时间域表征的动态参数转换为由频率域表征。利用滤波器可以将噪声信号所包含的不同频率的分量分离出来,由记录器记录测量结果。

根据噪声测量结果,以频率为横坐标,以声压级为纵坐标做出的噪声曲线称为噪声频谱图,用于描述声音强弱的频域变化规律。图 5-48 所示为频谱仪测得的几种轿车加速行驶时的噪声频谱曲线图。可见,其低、中频段噪声级较高。这是因为各声源(尤其是进排气系统)的中、低频噪声都有较高的声级。

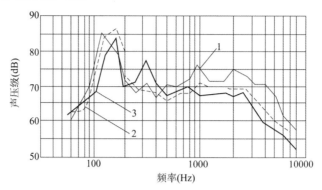

图 5-48 轿车加速行驶的噪声频谱曲线
1-排量 1.1L;2-排量 1.5L;3-排量 1.7L

用于测定噪声频谱的仪器称为频率分析仪或频谱仪。频率分析仪主要由滤波器、测量放大器和指示装置组成。检测时,噪声信号经过一组滤波器,将被测信号中的不同频率分量分离出来,并由测量放大器将其幅值放大,然后直接显示测量结果或绘制频谱图。

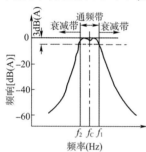

图 5-49 带通滤波响应曲线

频谱分析仪中的滤波器为带通滤波器,其特性曲线如图 5-49 所示。f_c 是带通滤波器的中心频率,f_1 和 f_2 分别是带通滤波器的频率下限和上限,$B=f_1-f_2$ 为带通滤波器的带宽或通频带,f_1 以下或 f_2 以上的频带被称为衰减带。滤波器允许通频带范围的声音通过,而将衰减带范围的声音进行衰减。为了能在一个相当宽的频率域中进行频率分析,需要许多中心频率不同的带通滤波器。带通滤波器在频率域上的位置用中心频率 f_c 表示,中心频率 f_c 为两截止频率的几何平均值,即

$$f_c = (f_1 \cdot f_2)^{\frac{1}{2}} \tag{5-7}$$

频带的上限频率 f_2 与下限频率 f_1 之间存在的关系为

$$\frac{f_2}{f_1} = 2^n \tag{5-8}$$

式中:n——倍频带的数量或倍频程的数量。

在汽车噪声测量中,常用 $n=1$ 时的倍频带和 $n=1/3$ 时的 1/3 倍频带。n 值越小,频带分得越细。1/3 倍频带是把 1 个倍频带再分为 3 份,使频带带宽更窄。

滤波器带宽决定了频率分析仪的频率分辨率。带宽越窄,将噪声信号频率成分分解得越细,分辨率也就越高。某型汽油车在相同条件下分别使用倍频带滤波器和 1/3 倍频带滤波器测得的排气噪声频谱图如图 5-50 所示。当使用倍频带时,只能大致显示出趋势;用 1/3 倍频带时,可分辨出细致的频率波峰。利用频率分析仪,可了解噪声的频率成分和各频率噪声的强弱,从而可通过噪声测量来诊断汽车故障,并做到有针对性地控制和消除噪声。

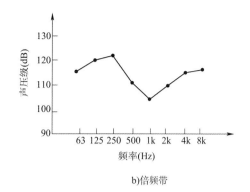

图 5-50 汽车排气噪声频谱曲线

第六节　电磁波干扰

电磁波干扰是电子元件所特有的。它是指电磁波与电子元器件作用后而产生的干扰现象。

在汽车控制系统中,电磁兼容技术变得越来越重要。为了防止电磁环境对汽车电子系统性能产生干扰,避免汽车电子系统功能的丧失,保证大量汽车电子设备能在同一个电气系统中彼此互无影响并可靠的工作,就必须确定一个合适的干扰极限,以保证电磁干扰辐射和电磁灵敏度(EMS)极限之间存在足够的安全容量限制。

某国际著名品牌汽车曾因存在突然加速现象,直接导致52起死亡事故,遭到用户的投诉。美国国家公路交通安全管理局委派的汽车电气工程师对该品牌汽车曾存在的突然加速与电子故障之间可能存在的联系进行了调查。这些调查结果表明,在过去10年中,针对该品牌汽车因突然加速问题的投诉量远高于其他品牌汽车。为此,该品牌汽车企业在全球累计召回了850万辆汽车。为了防止出现汽车突然加速等现象,目前自动挡汽车都已安装了制动优先系统。

汽车技术比较先进的国家都十分重视对汽车电磁兼容性问题,制定了相应法规。各大汽车生产商则建立汽车电磁兼容性检测机构,对汽车电子产品器件进行检查,分析交通事故的赔偿责任案例,对整车电磁环境的测试进行分析和描述,从而提出整车电气系统和汽车电子产品的电磁兼容性的技术要求。

一、汽车电磁波干扰源

在现代的汽车装备中有各种各样的由电器或者电子器件组成的系统。当带电元件工作时,会对周围环境产生电磁辐射,或者其本身受到其他磁场的辐射影响。

现代的汽车较以往具有更多的电气设备,例如卫星定位导航终端、遥控防盗系统、移动电话等。这些电气设备会对汽车内部的各种电子控制系统造成影响。

汽车加速踏板以及电子节气门控制系统由电子元器件所组成。这些元件可能会导致汽车存在电磁干扰现象。由于存在电磁干扰,所有汽车电子元件都可能会出现故障。这些都是汽车电磁干扰所带来的影响。

汽车电子带给人们的是更多舒适与便利,如采用电动升降窗、中控锁、电动调整座椅等。这些电气产品取代了以往的纯机械系统,且越来越多地扩展到与安全系统相关的应用上。

汽车电子控制系统,能提供重要的驾驶人信息、控制发动机、避撞监测及对车内环境实施智能控制等。

1. 电磁干扰分类

汽车电子设备工作在行驶环境不断变化的汽车上,环境中电磁能量构成的复杂性和多变性,意味着系统所受到的电磁干扰来源较广泛。

1) 电磁干扰源

按照电磁干扰的来源分类,可分为车外电磁干扰、车身静电干扰和车内电磁干扰。

车外电磁干扰是汽车行驶中经历各种外部电磁环境时所受的干扰。这类干扰存在于特定的空间或是特定的时间。如高压输电线、高压变电站、通信塔站和大功率无线电发射站的电磁干扰,以及雷电、太阳黑子辐射电磁干扰等。环境中其他临近汽车的电子设备工作时也会产生干扰,如行驶中相距较近的其他汽车、轨道电气车辆等。

车外电磁干扰随作用距离增大而减小,只有当其本身能量非常大,才能对相距较远的汽车电子设备产生影响。大能量的电磁效应对人体健康也存在一定程度的危害,目前已制定各种相应的电磁标准来限制这类电磁干扰,使得汽车电子设备受其的影响减小。

车身静电干扰与汽车和外部环境都有关。由于汽车行驶时车身与空气高速摩擦,在车身上形成不均匀分布的静电场。静电放电会在车身上形成干扰电流,同时产生高频辐射,对汽车电子设备形成电磁干扰。

车内电磁干扰是汽车电子设备工作时内部的相互干扰,包括电子元器件产生的电子噪声,电动机运行中换向电刷产生的电磁干扰以及各种电磁开关工作时的放电干扰,最严重的是汽车点火系统产生的高频辐射,其干扰能量最大。

车身静电干扰和车内电磁干扰,因为干扰作用距离近,干扰时间长,干扰强度相对较大。由于汽车电子设备形成以蓄电池和交流发电机为核心电源以及车身为公共搭铁的电气网络,各部分导线都会通过电源和地线彼此传导干扰,相邻导线间又有感应干扰,而不相邻导线间也因天线效应而辐射干扰。车内干扰组成较多,覆盖的干扰频率较广,是汽车电子设备受到的主要电磁干扰。解决这两种电磁干扰问题,能同时提高汽车电子设备对车外电磁干扰的抗干扰能力,从而降低电子设备工作失常或损坏的可能性。

汽车内部存在大量电磁干扰源。从一般开关电源到微处理器,从高压线圈到车载无线电。开关电源的工作基频一般为 2~500kHz。开关电源在其工作频率 1000 倍的频率处仍具有很强的电波发射干扰。这将干扰包括调频广播在内的广播通信。由 16MHz 时钟微处理器或微控制器产生的发射频谱通常会在 200MHz 甚至更高的频率超过发射极限值。目前,微处理器采用 400MHz 甚至 1GHz 以上的时钟频率,数字技术必然会对高端频谱产生干扰。之所以发生以上各种干扰现象,是因为所有导体都是天线。它们会把传输的电能转变成电磁场,然后发射到环境中。同时,它们也能把其周围的电磁场转变成传导电信号。因此,导体是信号产生辐射发射的主要原因,也是外来电场使信号受到污染的原因(敏感度和抗扰度)。

2) 电磁干扰途径

按电磁干扰途径分类,主要分为传导干扰、感应干扰和辐射干扰。

传导干扰主要通过电路的共用导体传播,典型的结构是共电源线和共地线。因此,任意一个设备的电流变化都会导致其他设备的电压变化而产生电磁干扰。

感应干扰分为电感应干扰和磁感应干扰两种。

辐射干扰式由天线发射的。通电的导线和电缆可视为等效天线,因此汽车电子设备的线束辐射干扰非常严重。

3)电磁干扰频率

汽车电磁干扰(EMI)主要有低频干扰及高频干扰。低频干扰中电动机、荧光灯以及电源线、开关电路是通常的电磁干扰源。射频干扰(RFI)是指无线频率干扰,主要是高频干扰。点火线圈、车载无线电、电视转播、测距雷达和导航雷达及其他无线通信是通常的射频干扰源。

汽车电磁干扰源有高压点火系统(点火线圈)、各种电感负载(电动机类电器部件)、各种开关类部件(继电器)、各种电子控制单元(ECU)以及各种灯具、无线电设备(手机、卫星导航终端、车载无线电、电视转播、测距雷达和导航雷达)等。

2. 汽车内部过电压干扰

1)负载突变过电压

当处于额定负载下工作的交流发电机突然与正在供电的蓄电池电路断开时,会产生瞬变过电压。汽车行驶时,交流发电机与蓄电池突然断开,其瞬变过电压值可达 75~125V,上升时间为 100μs,衰减时间为 100~200ms。这种过电压会对电子元器件形成冲击。

2)电感负载断开过电压

汽车上的各种电动机都属于电感负载,如刮水器驱动电动机、汽车起动机、暖风电动机、燃油泵、空调起动器、交流发电机等。当电感负载的电路突然被切断时,会产生反向瞬变过电压,电感线圈初始储能越大,产生的反向瞬变过电压就越高。瞬变过电压值一般为 -100~-300V,持续时间为 0.2~0.5s。这种不具有连续性的过电压干扰有时会对电子模块造成严重影响,甚至损坏。

如某款高档轿车在一次道路测试中遇到下雨,启动刮水器,在行驶中 ABS 突然失效。曾有一宽微型汽车的发电机调节器常发生被击穿损坏的现象。经查发现,当刮水器工作时这种现象就容易发生。

3)互耦式瞬态电压

捆扎的汽车线束遍及全车。无屏蔽的线束及搭铁阻抗会产生准静态电感耦合或电容耦合。当相邻导线中的电位有阶跃变化时,就会通过导线间的电感和电容产生耦合。导线的瞬变干扰会耦合到信号线或控制线,对车内电子控制器(ECU)等电子模块产生影响。

3. 无线电干扰电压

汽车上无线电干扰电压来自车外干扰源和车内干扰源两个途径。高机动性的汽车导致它可能会处于各种电磁场中,如固定的短波发射站以及移动电话电磁干扰等。

汽车内部的干扰源主要是汽车电气系统中的各种瞬变电脉冲、电器触点和火花塞间隙之间的火花、车轮与地面以及车身与空气高速摩擦产生的静电放电。这些自身产生的电磁干扰,既可能对自身的汽车电器造成干扰,也会通过电磁发射的方式对周围环境中的其他电气设备造成干扰。

4. 静电放电

静电放电是正负电荷的中和以及由此在两个存在电势差的载体间产生的电荷流动。摩擦、感应以及存储电荷转移都可使一个实体积累起静电荷。两种不同材料实体接触或经过摩擦后,电荷积累已经达到平衡;接着将它们分开,此时单个实体上保留的电荷量取决于材料或表面的导电性。表面电阻越大,通过最后的接触点中和的电荷就越少。当两个分离的速度很快时,通过最后接触点中和的电荷就很少。带等量异性电荷的两个实体构成了电容器的两个极,距离越大,电容越小,两个实体间电位差越大。某些情况下,电位差如果达到空气击穿电压(约30kV)时,就会发生击穿火花放电。

5. 典型电磁干扰源

1) 点火系统产生的电磁波干扰

电磁干扰最强的是点火线圈、高压线、火花塞。发动机工作时火花塞两电极间的空气间隙被击穿产生电火花,从而激励了其附属电路的振荡。该振荡形成电磁辐射或通过电源线传导给其他电路。这些电磁干扰电流流经电源线时,也可以通过电源辐射干扰。这种电磁辐射干扰包含高频成分,是电视广播及其他通信设备的主要干扰源。

点火系统次级电路的放电分为电容放电和电感放电两种。电容放电是次级电路即点火线圈、高压线和火花塞放电间隙形成的极间电容所储藏的能量通过火花塞放电。放电时间短,放电电流大。

电感放电是次级线圈储藏的能量逐次衰减放电。放电电压低,放电时间短,放电电流小。随着火花塞电极间的电容放电,在电极间出现了迅速增大的放电电流,然后由点火系统各组件传导电磁辐射,并以电波干扰噪声的形式从车身发射到空间去。

2) 发电机产生的电磁波干扰

汽车发电机分整流子及硅整流两种。硅整流发电机在旋转中由于滑环与电刷的接触状态不断发生变化,则两者之间产生电火花,其干扰电磁波从发电机引出线传导出去。当发电机与蓄电池联合供电工作时,这种脉冲过电压能产生极大的能量释放,对汽车上的电子元器件产生相当大的电能冲击。当点火开关断开时,点火停止,发动机熄火,激磁绕组与蓄电池脱离连接,但这时在激磁绕组上产生自感电动势。若在初级点火电路断开的同时切断点火开关,则产生较强的瞬时过电压,对汽车的仪表电路等电子元器件造成损害。

3) 起动机产生的电磁波干扰

发动机起动时,在起动机开关和起动继电器触点通断瞬间,以及起动机通电过程中电刷与整流子换向瞬间,由于电流很大和瞬间通断造成蓄电池端电压剧烈波动而引起起动开关、起动继电器触点以及起动机电刷与整流子间产生强烈电火花。由于电火花本身就是一束束断续的脉冲放电电流,因此它不仅会激起电磁波辐射干扰,而且反过来又会加剧汽车电气系统的电压波动和电流断续,进而加大了电感性电器激起的由电磁感应产生的瞬间过电压(包括负向脉冲电压)。其峰值为 $-3\sim125\text{V}$,持续时间约为200ms。

4) 电动机产生的电磁波干扰

汽车上附属装置的电动机,比如风扇电动机、刮水器电动机、暖风机电动机、ABS油泵电动机、车身高度自动调节电动机、门窗玻璃电动机等,由于它们都是带有整流器的直流永磁电动机,在运转过程中难免产生电火花,进而会产生较强的电磁波。虽然这些电动机一般都有屏蔽效果较好的封闭金属外壳,但仍可能通过电源线和搭铁线传导出干扰电磁波。

5) 电感元件产生的电磁波干扰

汽车电器中采用很多电感器件和接触开关,工作中由于开关触点、继电器触点和微特电动机电刷的接触不良以及供电导线连接或搭铁不良造成的时通时断(特别是突然断开),都会激起瞬间过电压。其瞬间过电压的脉冲峰值与导通电流值、电感量和通断速率成正比。

如果这种时通时断电流较大并引起电源电压波动，极易在电路连接点或接触面间产生电火花并加剧上述的瞬间过电压，加剧电火花。如此反复，不仅冲击工作中的汽车电器，而且还会对周围环境的电磁波造成辐射干扰。

二、电磁干扰的危害

汽车电磁干扰危害很大。汽车电子设备和汽车电子产品中产生的电磁干扰（EMI）会向四周发射电磁波，影响其他电子设备和通信设备，还能扰乱军用车辆上武器系统的无线电、雷达和计算机控制系统。另外，汽车电气系统产生的电磁干扰不但能影响外界的电子通信设备的正常工作，也会影响汽车电气系统本身的正常工作，同时外界的电磁波干扰也会影响汽车电子设备的工作。例如，手机接电话时，收音机发出干扰噪声；车载电话所产生的电磁干扰也会影响汽车的行驶安全；汽车在雷达站、机场附近行驶时，有的汽车有时会受到较强的电磁干扰，其电磁波也可能会影响军用雷达的工作；有的汽车刮水器工作时，会对收音机产生电磁干扰；一些不法人员为此专门在部分停车场所安装电磁干扰器，干扰汽车车门电子锁的工作。

1. 电磁干扰的表现

电磁干扰是指对电缆信号进行干扰，并且降低信号完整性的一种电子噪声。它通常是由电磁辐射源，如电动机或者电器产生的。由于汽车的各个控制单元利用CAN总线汇集到车载电脑上，所以各个控制单元间就会通过导线产生传导性干扰，以下为几种常见的汽车电磁干扰。

（1）在汽车经过一些电磁辐射较大的地区（如机场、雷达站附近）时，会出现车载仪表发生莫名其妙的数据变化，并且收音机的正常使用也受到干扰而出现干扰杂音。

（2）某款带有ABS（防抱死制动系统）轿车在雨中启动刮水器行驶，行驶至某一车速时ABS突然无效。

（3）某款中型客车在打开闪光灯后车门无法开启。

2. 汽车电器电磁干扰产生的原因

1）汽车电子电气元器件的电磁干扰

现代的汽车中装有大量的电子和电气设备。这些设备都由车载网络进行供电，且各系统的线束布设在狭小空间内，难免会互相干扰导致工作失常。汽车电子电器元件产生的电磁干扰的主要来源有点火系统、电源充电系统等。这些控制系统大多都要用到电动机。多数电动机都是带有整流器的直流永磁电动机，在运转过程中难免会产生电火花，向外发射较强的电磁波。

2）汽车电子电气元器件产生电磁干扰的原因

车内各个电气设备的导线常被捆扎成线束，使反馈脉冲容易从一个系统传入到相邻系统的I/O接口，进而干扰了其他元器件的工作。

车内各种电气元器件在接通或断开时，产生的干扰会以信号脉冲的方式进行传播，进而影响电控单元接收的信号，致使发出错误的指令。

任何一个具有电感和电容的闭合电路工作时都会产生振荡回路。一旦汽车上的电气设备工作产生火花，就会形成高频振荡，使振荡以电磁波的形式辐射到空中形成电磁干扰。

三、汽车电磁波干扰的预防措施

1. 单线制负极搭铁

汽车电气系统使用单线制,把汽车电源的负极与车架、车身或者发动机相连接,这是一种抑制电磁干扰的有效措施之一。在汽车电器和电子元器件共用搭铁线后,能够使整个汽车的大件结构在电气方面连成一个整体。这样可以显著降低电器元件和汽车部件因静电感应引起的电磁干扰。

2. 电火花灭弧

电火花灭弧方法在汽车电器电磁干扰防护的措施中属于常见的一种。传统点火系统中采用电容器与断电器白金触点、双金属片型传感器等并联起到灭电弧的作用。除了电容器能灭弧外,目前有些汽车的电气设备上还安装了由电阻、电磁元件以及电容组成的滤波器,用于消除电气设备,尤其是一些继电器工作时形成的电火花。通过在电源线上加装不同的电容组合(电容量在几十至几百微法之间)吸收和抑制电磁干扰,使干扰源通过导线对外界的影响降到最小。

3. 串入阻尼电阻

汽车点火系统中的高压点火放电是导致电磁干扰的主要原因之一。在点火高压电路中串入阻尼电阻是减少电磁干扰的一种常见方法。它对降低电火花的高频电磁波具有非常明显的作用。有关试验结果已证明,串入阻尼电阻的阻值越大,其抑制电磁干扰的效果越好。阻尼电阻的阻值过大会影响火花塞电极间的火花能量,所以一般串入阻尼电阻的阻值 $R \leqslant 20\mathrm{k}\Omega$,还要使高压线和点火圈合理地匹配。阻尼电阻多为碳质电阻,通常被安装在点火圈高压线引出端或火花塞上。在点火系统维护时,对高压线电阻值的检查要依据车型要求进行,检查其阻值是否符合要求,更换的高压线只能用车型专配线。

电动机在工作中的换向会形成电磁干扰源。通过加装不同规格的阻尼抑制器,补偿电动机由于延迟换向而造成的影响,提高换向时的电平衡性能,有效抑制电磁火花的产生,达到抑制电磁干扰的目的。

4. 金属屏蔽

金属屏蔽属于一种现在广泛应用的电磁干扰防护技术。

对于低频电磁干扰,选择编织屏蔽最为有效,因其具有较低的临界电阻。对于高频电磁干扰,箔层屏蔽最有效,因编织屏蔽依赖于波长的变化,其缝隙使高频信号可自由进出导体。对于高低频混合的电磁干扰场,采用具有宽带覆盖功能的箔层加编织网的组合屏蔽方式:编织屏蔽适用于低频范围,而箔层屏蔽适用于高频范围。

用电缆的屏蔽层作为信号回流路径不是最好方法。屏蔽层既传输信号的回流,又传输外部干扰电流。应用趋肤原理可使电流处于屏蔽层的不同表面,但屏蔽层仅能实心电线进行有效屏蔽。柔性编织屏蔽层不能很好地分离电流,结果回流电流会发生泄漏,同时干扰电流也会渗入进来。为了降低屏蔽电缆的成本,同时又要保证产品具有良好的电磁兼容特性,需对每一个信号和其回流采用双馈送导线(双绞线)方法。

金属屏蔽就是把汽车上容易产生电火花的电气元器件,全部用金属罩屏蔽,进行共同搭铁(接地);电路导线也用金属网或者金属管进行屏蔽,并把这些网、管进行共同搭铁;增加诸如硅瞬变电压吸收二极管(STVS)之类的快速保护元件,通过搭铁将高压电荷泄放到地;

印制电路板设计中增加保护环带,将手拔插线路板的电荷通过最短的路径泄放到地。这样就能使产生电磁干扰的高频电磁波在金属屏蔽罩、网、管内产生电涡流,让其以热能的形式消耗掉,从而使电路及电器元器件产生的电磁波不发射出去。虽然这种装置屏蔽电磁波的效果非常明显,但高压点火电路中分布的电容数量会随着这些屏蔽罩(网)的增加而增多,从而会影响发动机点火系统的点火性能。在汽车维护时,应检查金属罩与网之间,金属罩、网与车身之间的接触情况,使它们处在同一电位上,以防止因接触不良而在汽车点火系统工作时产生电火花,影响汽车电气系统的整体屏蔽效果。

思考题

1. 汽车公害包括哪些方面?发动机排放的有害气体主要有哪几种?
2. 简述发动机主要有害排放气体的形成机理和空燃比对排放浓度的影响。
3. 为什么柴油机排出的 CO 和 HC 浓度远低于汽油机?简述柴油机炭烟的形成机理。
4. 负荷和转速对发动机有害气体的排放浓度有何影响?
5. 不稳定工况和热工况对发动机有害气体的排放浓度有何影响?
6. 发动机供油系统和点火系统的故障对发动机的排放性能有何影响?
7. 发动机噪声主要包括哪些不同性质的噪声?各类噪声的产生机理什么?
8. 汽车传动系统噪声主要由哪几部分组成?其产生机理是什么?
9. 汽车轮胎噪声是如何产生的?其影响因素有哪些?
10. 简述双怠速工况和自由加速工况。
11. 与怠速法相比,用工况法检测排气污染物有何优点?
12. 简述车内噪声的检测位置。
13. 简述车外噪声检测的基本条件和场地要求。
14. 简述声级计的工作原理。
15. 简述频率分析仪的工作原理。
16. 简述汽车电磁波干扰的危害。
17. 简述汽车电磁干扰来源。
18. 简述汽车电磁干扰的预防措施。

第六章 汽车通过性和汽车平顺性

第一节 汽车通过性

在一定载质量条件下,汽车能以足够高的平均车速通过各种坏路及无路地带和克服各种障碍的能力,称为汽车通过性。坏路及无路地带是指松软土壤、沙漠、雪地、沼泽等松软地面及坎坷不平地段。各种障碍是指陡坡、侧坡、台阶、壕沟等。

汽车通过性可分为轮廓通过性和牵引支承通过性。轮廓通过性,是表征车辆通过坎坷不平路段和障碍(如陡坡、侧坡、台阶、壕沟等)的能力。牵引支承通过性,是指车辆顺利通过松软土壤、沙漠、雪地、冰面、沼泽等地面的能力。

汽车在松软地面上行驶时,驱动轮对地面施加向后的水平力,使松软地面发生剪切变形,相应的剪切变形所构成的地面水平反作用力,称为土壤推力。它常比在一般硬路面上的附着力要小得多。汽车在松软地面上行驶时也受到土壤阻力的作用。土壤阻力由压实阻力、推土阻力和弹性迟滞损耗阻力所组成。轮胎对土壤的压实作用产生压实阻力,轮胎对土壤的推移作用形成推土阻力,充气轮胎变形引起弹性迟滞损耗阻力。土壤阻力一般要比在硬路面上的滚动阻力大得多,因此土壤推力经常不能满足汽车行驶附着条件的要求。这是制约汽车在松软地面上行驶能力的主要原因。

牵引车的挂钩牵引力等于土壤最大推力与土壤阻力之差。它表征了土壤强度的储备能力,也反映了汽车通过无路地带的能力。它可用于车辆加速、上坡、克服道路不平的阻力和牵引与挂钩连接的挂车等装备。

工程车辆和军用车辆经常在农林区、矿区、工地等坏路或无路的地面上行驶,因此这些汽车应具有良好的通过性。

一、轮廓通过性

在越野行驶时,由于汽车与不规则地面的间隙不足,出现汽车被托住而无法通过的现象,称为间隙失效。间隙失效主要有顶起失效和触头失效或托尾失效两种失效形式。

顶起失效是车辆中间底部的零部件碰触到地面而被顶住的间隙失效。触头失效或托尾失效是汽车前端或尾端触及地面的间隙失效。

汽车通过性的几何参数,是与防止间隙失效有关的汽车本身的几何参数,主要包括最小离地间隙、接近角、离去角、纵向通过角等,如图6-1所示。各类汽车通过性几何参数的数值范围见表6-1。另外,汽车的最小转弯直径和内轮差、转弯通道圆及车轮半径也是汽车通过性的重要轮廓参数。

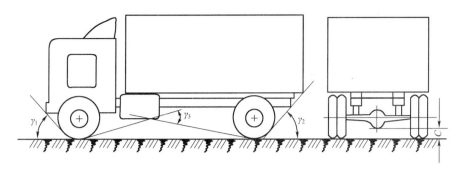

离去角和纵向
通过角的解读

图 6-1 汽车通过性的几何参数

γ_1-接近角;γ_2-离去角;γ_3-纵向通过角;C-最小离地间隙

汽车通过性的几何参数　　　　　　　　　　　表 6-1

汽车类型	驱动类型	最小离地间隙 C(mm)	接近角 γ_1(°)	离去角 γ_2(°)	最小转弯直径 D(m)
轿车	4×2	120~200	20~30	15~22	14~26
	4×4	210~370	45~50	35~40	20~30
货车	4×2	250~300	25~60	25~45	16~28
	4×4、6×6	260~350	45~60	35~45	22~42
越野车(乘用车)	4×4	210~370	45~50	35~40	20~30
大型客车	6×4、4×2	220~370	10~40	6~20	28~44

1. 最小离地间隙

最小离地间隙 C 是汽车除车轮之外的最低点与路面之间的距离。它表征了汽车无碰撞地越过石块、树桩、小丘等障碍物的能力。汽车的前桥、后桥、油底壳、飞轮壳、变速器壳、消声器等通常有较小的离地间隙。汽车前桥的离地间隙一般比飞轮壳的离地间隙还要小,以便利用前桥保护强度较弱的飞轮壳免受撞击损坏。汽车驱动桥内装有直径较大的主减速器,一般为最小离地间隙。

越野汽车应保证有较大的最小离地间隙。

2. 接近角与离去角

接近角 γ_1 和离去角 γ_2,是指自车身前、后突出点向前、后车轮引切线时,切线与路面之间的夹角,表征了汽车接近或离开障碍物(如小丘、沟凹地等)时,不发生触碰的能力。接近角 γ_1 和离地角 γ_2 越大,汽车的通过性越好。

3. 纵向通过角

纵向通过角 γ_3,是指在汽车空载且静止时,在汽车侧视图上经前、后轮外缘做切线交于车身下部较低部位所形成的最小锐角,表征了汽车可无碰撞地通过丘状障碍物的轮廓尺寸。纵向通过角 γ_3 越大,汽车抗顶起失效的通过性就越好。

4. 最小转弯直径和内轮差

汽车在转向行驶过程中,将转向盘向左或向右转到极限位置时,车辆外转向轮印迹中心在其支承面上的轨迹圆直径中的较大者,称为车辆最小转弯直径 d_H。它表征了车辆在最小面积内的回转能力和通过狭窄弯曲地带或绕过障碍物的能力。第一轴(转向轴)和末轴的内轮印迹中心在汽车支承平面上的轨迹圆之差,被称为内轮差 d,如图 6-2 所示。

5. 转弯通道圆

转向盘转至极限位置时,图 6-3 中所示的两圆为车辆转弯通道圆:车辆上所有点在车辆支承平面上的投影均位于圆外的最大内圆和包含车辆所有点在车辆支承平面上的投影均位于圆内的最小外圆。

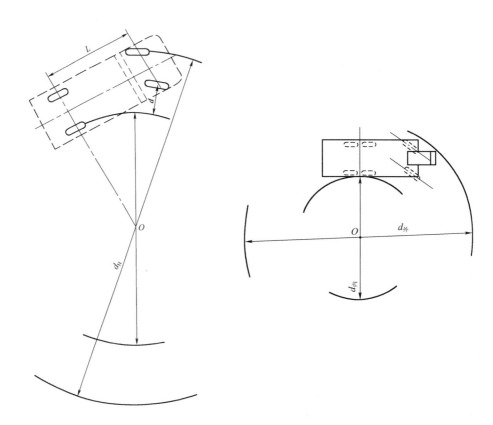

图 6-2　车辆转弯直径示意图　　　图 6-3　车辆转弯通道圆示意图

车辆有左和右转弯通道圆。转弯通道圆的最大内圆直径越大,最小外圆直径越小,车辆所需的通道宽度越窄,通过性越好。

二、牵引支承通过性

车辆牵引支承通过性的主要评价指标包括附着质量、附着系数及车辆接地比压。

1. 附着质量和附着质量系数

附着质量是指分配给轮式车辆驱动轴载质量 M_μ。车辆附着质量与总质量 M_a 之比,称为附着质量系数 K_μ。

为了满足车辆行驶对附着条件的要求,应满足的条件为

$$M_\mu g \mu_g \geq M_a g \psi \tag{6-1}$$

式中,$\psi = f_r \pm i$ 和 μ_g 同"汽车动力性"中的定义相同。

由式(6-1)得

$$K_\mu = \frac{M_\mu}{M_a} \geq \frac{\psi}{\mu_g} \tag{6-2}$$

显然，K_μ 值大有利于汽车在坏路上行驶，丧失通过性的可能性就小。为了保证车辆的牵引支承通过性，应对车辆附着质量有明确的要求。例如，意大利对 4×2 牵引车组成的汽车列车的附着质量系数规定为 0.27，英国规定为 0.263。

2. 车轮接地比压

车轮接地比压是指车轮对地面的单位压力。车辆在松软地面上行驶的滚动阻力系数和附着系数都与车轮的接地比压直接相关。车轮接地的比压越小，轮辙深度越小，车轮行驶阻力和车轮沉陷失效的概率就越小。同样，当汽车在黏性土壤和松软雪地上行驶时，增加车轮接地面积能够降低车轮接地比压，提高支撑面承受的剪切力，使轮胎不易打滑。

车轮接地比压 p 与轮胎充气压力 p_w 有关。车轮在硬路面上承受额定载荷时，其关系式为

$$p = k_w p_w \tag{6-3}$$

式中，$k_w = 1.05 \sim 1.20$，其大小取决于轮胎刚度。轮胎帘布层越多，k_w 值就越大。

三、汽车倾覆失效

1. 汽车侧向倾覆失效

越野汽车在通过过大的横坡或纵坡时会导致汽车倾覆失效，如图 6-4 所示。

汽车接地比压在不同路面的效果

汽车在横坡上直线行驶时，当横向坡度大到使汽车重力通过一侧车轮接地中心，而另一侧车轮的地面法向反作用力等于零时，汽车将发生侧翻。此时有

$$Gh_g \sin\beta = G\frac{B}{2}\cos\beta \tag{6-4}$$

$$\tan\beta = \frac{B}{2h_g} \tag{6-5}$$

式中：β——汽车不发生侧翻的极限角。

为了防止侧翻，汽车质心高度 h_g 应小一些，轮距 B 应宽一些。

汽车在良好道路上高速曲线行驶时，侧向作用的离心惯性力也会导致车辆侧翻。设车辆作等速圆周运动，汽车受力作用如图 6-5 所示。侧向惯性力 F_j 为

$$F_j = \frac{G}{12.96g} \frac{v_a^2}{R} \tag{6-6}$$

式中：R——圆周半径，m。

作用在汽车左、右车轮上的地面法向反作用力分别为

$$F_{Z1} = \frac{G}{2} + \frac{F_j h_g}{B} \tag{6-7}$$

$$F_{Z2} = \frac{G}{2} - \frac{F_j h_g}{B} \tag{6-8}$$

在汽车即将侧翻的临界状态下，$F_{Z2} = 0$，则

$$\frac{GB}{2} = F_j h_g \tag{6-9}$$

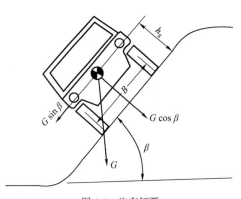
图 6-4 汽车倾覆

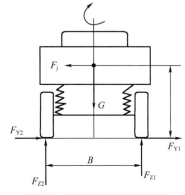
图 6-5 汽车圆周行驶受力情况

显然,汽车不发生侧翻的最大允许车速为

$$v_{a\max} = \sqrt{\frac{6.48gBR}{h_g}} \qquad (6-10)$$

因此,为了保证汽车高速行驶的横向稳定性,轿车都力求保持一定轮距 B,并尽量降低质心高度 h_g。表 6-2 给出了典型汽车侧翻阈值。

典型汽车侧翻阈值　　　　表 6-2

车辆类型	质心高度(mm)	轮距(mm)	侧翻阈值(g)
跑车	460～510	1270～1540	1.2～1.7
微型轿车	510～580	1270～1540	1.1～1.5
豪华轿车	510～610	1540～1650	1.2～1.6
轻型客货车	760～890	1650～1780	0.9～1.1
客货两用	760～1020	1650～1780	0.8～1.1
中型货车	1140～1400	1650～1900	0.6～0.8
重型货车	1540～2160	1780～1830	0.4～0.6

汽车在大横坡角 β' 的坡道上也可能发生侧滑,此时

$$\beta'\mu_g = G\sin\beta' \qquad (6-11)$$
$$\tan\beta' = \mu_1 \qquad (6-12)$$

式中:μ_1——横向附着系数或横向力系数。

当横坡角 β' 的正切值等于横向附着系数时,汽车发生整车侧滑。一般认为,与其发生汽车侧翻,不如发生汽车侧滑。所以,应满足 $\tan\beta > \tan\beta'$,即

$$\frac{B}{2h_g} > \mu_g \qquad (6-13)$$

式(6-13)中未考虑汽车悬架变形产生的侧向倾覆条件,否则汽车更容易发生侧向倾覆现象。

2. 汽车纵向倾覆失效

根据图 2-63 所示的汽车行驶一般情形,能导出汽车前轮和汽车后轮的地面法向反作用力,进而导出汽车纵向倾覆条件。即汽车下坡减速前翻条件和汽车上坡加速行驶后翻条件。

1)汽车前翻临界条件

汽车下坡制动强度较大时,汽车容易发生前翻现象。

由图 2-23 的受力分析可导出 F_{Z2} 为

$$F_{Z2} = \frac{1}{l}\left[G(l_1 - f)\cos\alpha + Gh_g\sin\alpha + F_w h_g + \delta m h_g \frac{dv}{dt}\right] \quad (6\text{-}14)$$

如果要保证汽车不前翻,则有 $F_{Z2} \geq 0$。由式(6-14)得

$$-\frac{1}{h_g}(l_1 - f)\cos\alpha - \sin\alpha - \frac{F_w}{G} \leq \frac{\delta}{g}\frac{dv}{dt} \quad (6\text{-}15)$$

由于 $l_1 \gg f, \dfrac{F_w}{G} \approx 0, \delta \approx 1$,由式(6-15)可导出

$$-\frac{1}{h_g}l_1\cos\alpha - \sin\alpha \leq \frac{1}{g}\frac{dv}{dt} \quad (6\text{-}16)$$

小坡角时,$i \approx \sin\alpha$,有

$$-\frac{1}{h_g}l_1 - i \leq \frac{1}{g}\frac{dv}{dt} \quad (6\text{-}17)$$

这是汽车下坡制动时不前翻的极限条件。汽车质心高度越大,质心距离前轴越小,坡度绝对值越大,汽车制动时就越容易前翻。

如汽车动力性很好,汽车上坡行驶也可能发生后翻现象。

汽车不前翻的极限条件

由图 2-23 的受力分析,可导出

$$F_{Z1} = \frac{\left[G(l_2 - f)\cos\alpha - Gh_g\sin\alpha - F_w h_g - \delta m h_g \dfrac{dv}{dt}\right]}{l} \quad (6\text{-}18)$$

要保证汽车不发生后翻,就要满足 $F_{Z1} \geq 0$。由式(6-18)得

$$\frac{(l_2 - f)}{h_g}\cos\alpha - \sin\alpha - \frac{F_w}{G} \geq \frac{\delta}{g}\frac{dv}{dt} \quad (6\text{-}19)$$

由于 $l_2 \gg f, \dfrac{F_w}{G} = 0, \delta \approx 1$,则由式(6-19)可导出

$$\frac{l_2}{h_g}\cos\alpha - \sin\alpha \geq \frac{1}{g}\frac{dv}{dt} \quad (6\text{-}20)$$

坡度角较小时,$i \approx \sin\alpha$,有

$$\frac{1}{h_g}l_2 - i \leq \frac{1}{g}\frac{dv}{dt} \quad (6\text{-}21)$$

这就是汽车上坡加速行驶时不后翻的极限条件。汽车质心高度越大,质心距离后轴越小,坡度绝对值越大,汽车大加速度上坡时越容易发生后翻现象。

2)汽车纵向倾覆临界条件

由式(6-17)和式(6-21)联立可知,汽车既不发生前翻也不出现后翻的条件为

$$-\frac{1}{h_g}l_1\cos\alpha - \sin\alpha \leq \frac{1}{g}\frac{dv}{dt} \leq \frac{l_2}{h_g}\cos\alpha - \sin\alpha \quad (6\text{-}22)$$

整理得

$$-\frac{1}{h_g}L_1\cos\alpha \leq \frac{1}{g}\frac{dv}{dt} + \sin\alpha \leq \frac{L_2}{h_g}\cos\alpha \quad (6\text{-}23)$$

对于平直路面,$\alpha = 0$,则汽车既不发生前翻也不出现后翻的条件为

$$-\frac{l_1}{h_g} \leq \frac{1}{g}\frac{dv}{dt} \leq \frac{l_2}{h_g} \quad (6\text{-}24)$$

显然，质心高度位置严重影响汽车行驶纵向稳定性。

3）汽车纵向稳定性的坡度约束条件

当汽车等速行驶时，坡度就成为汽车行驶的纵向主要约束条件。汽车近似等速行驶时，$\dfrac{\mathrm{d}v}{\mathrm{d}t} \approx 0$。此时，式(6-23)转变为

$$-\frac{1}{h_\mathrm{g}}l_1\cos\alpha \leq \sin\alpha \leq \frac{l_2}{h_\mathrm{g}}\cos\alpha \tag{6-25}$$

整理得

$$-\frac{l_1}{h_\mathrm{g}} \leq \tan\alpha \leq \frac{l_2}{h_\mathrm{g}} \tag{6-26}$$

这就说明，汽车等速行驶时坡度约束条件仅与汽车质心的位置有关，尤其是汽车质心高度。

四、影响汽车通过性的因素

1. 最大单位驱动力

由于汽车越野行驶的地面阻力很大，为了充分利用地面提供的挂钩牵引力，保证较高的汽车通过性，除了减少行驶阻力外，还应增加最大单位驱动力。汽车的最大单位驱动力为

汽车最低稳定行驶速度确定的两种方式

$$\frac{F_{\mathrm{Xmax}}}{G} = \left(\frac{M_\mathrm{e} i_\mathrm{g} i'_\mathrm{r} \eta_\mathrm{t}}{Gr}\right)_{\max} \tag{6-27}$$

式中：i'_r——分动器传动比。

实际上，在汽车低速行驶时，若忽略空气阻力，最大单位驱动力等于最大动力因数。为了获得足够大的单位驱动力，要求越野汽车具有较大的比功率以及较大的传动比。这些要求可通过提高发动机功率，在传动系统中增加副变速器或具有高低挡的分动器，以增加传动系统的总传动比来实现。在恶劣行驶条件下，限制越野汽车的载质量可提高单位驱动力，同时也能降低在松软地面上的滚动阻力。

2. 行驶速度

当汽车低速行驶时，土壤被剪切破坏和车轮滑转的倾向减少。因此，用低速行驶克服困难地段，可改善汽车通过性。为此，越野汽车传动系统的最大总传动比一般较大。越野汽车最低稳定车速可按表6-3选取，其值随汽车总质量而定，也可由发动机最低稳定转速求得汽车最低稳定行驶速度 $v_{\mathrm{a\,min}}$，即

$$v_{\mathrm{a\,min}} = 0.377\frac{n_{\mathrm{emin}}r}{i_\mathrm{g} i'_\mathrm{R} i'_0} \tag{6-28}$$

式中：n_{emin}——发动机最低稳定转速，r/min。

越野汽车的最低稳定车速　　　　表6-3

汽车总质量(kN)	<19.6	<63.7	<78.4	>78.4
最低稳定车速(km/h)	≤5	≤3	≤2.5	≤1

3. 汽车轮胎

汽车轮胎对汽车通过性有着决定性的影响。为了提高汽车的通过性，应正确选择轮胎

的花纹、尺寸、结构参数和气压等,使汽车行驶滚动阻力较小,附着能力较大。

1) 轮胎花纹

轮胎花纹主要对附着系数有很大影响。合理选择轮胎花纹,对提高汽车在一定类型地面上的通过性有很大作用。越野汽车的轮胎具有宽而深的花纹。当越野汽车在潮湿路面上行驶时,由于只有花纹的凸起部分与地面接触,使轮胎对地面有较高的单位压力,足以挤出水层。而汽车在松软地带上行驶时,因轮胎下陷而嵌入土壤的花纹凸起数目增加,与地面接触面积及土壤剪切面积都迅速增加,因而能保证有较好的附着性能。越野轮胎花纹的形状应具有剥脱掉自身泥泞的性能。

在表面滑溜泥泞而底层坚实的道路上,提高通过性的最简单办法是在轮胎桩上防滑链(或使用带防滑钉的轮胎)。这样就相当于在轮胎上增加了一层高而稀的花纹。防滑链能挤出路面上的水层,直接与地面坚硬部分接触,有的还会增加土壤剪切面积,从而提高附着能力。

2) 轮胎直径与宽度

增大轮胎直径和宽度都能降低轮胎的接地比压。越野汽车用增加车轮直径的方法来减小接地比压,增加接触面积以减少土壤阻力和减少滑转,要比增加车轮宽度更为有效。但增大轮胎直径会使惯性力增大,汽车质心升高,轮胎成本增加,并需要传动系采用大传动比。因此,大直径轮胎的推广使用受到了限制。

加大轮胎宽度不仅直接降低了轮胎的接地比压,而且因轮胎较宽,允许胎体有较大的变形,而不降低其使用寿命,因而轮胎气压可取低些。若将后轮的双胎换为一个断面比普通轮胎大 2~2.5 倍、气压很低(29.4~83.3kPa)的拱形轮胎时,接地面积将增大 1.5~3 倍。这可大幅度地减小接地比压,使汽车在沙漠、雪地、沼泽地上行驶时表现出特别良好通过性。但这种专用于松软地面的特种轮胎,花纹较大,气压过低,不应在硬路面上工作,否则轮胎将会过早损坏和迅速磨损。

3) 轮胎气压

汽车在松软地面上行驶时,应相应地降低轮胎气压,以增大轮胎的接地面积,降低接地比压,从而减小轮胎在松软地面的沉陷量及滚动阻力,提高土壤推力。轮胎气压降低时,虽然土壤的压实阻力和推土阻力减小,但轮胎本身的迟滞损失增加。所以,在一定的地面上有一个最小地面阻力的轮胎气压,如图 6-6 所示。实际上,轮胎气压应比该气压略高 19.2~29.4kPa。此时,地面阻力虽稍有增加,但由于在潮湿地面上的附着系数将有较大的提高,从而可改善汽车在低附着路面上行驶的通过性。

为了提高越野汽车通过松软地面的能力,而在硬路面上行驶时又不致引起大的滚动阻力和影响轮胎寿命,有的汽车装有轮胎中央充气系统,使驾驶人能根据道路情况,随时调节轮胎气压。通常,越野汽车的轮胎气压可在 49~343kPa 范围内调整。

在低压条件下工作的超低压越野轮胎,其帘线层数较少,具有薄而坚固又富有弹性的胎体,以减少因轮胎变形引起的迟滞损失,并保证轮胎的使用寿命。

4) 前轮距与后轮距

当汽车在松软地面上行驶时,各个车轮都需克服松

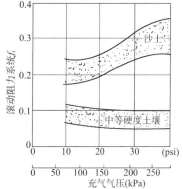

图 6-6 轮胎气压与地面阻力的关系

软地面变形的轮辙阻力（滚动阻力）。如果汽车前轮距与后轮距相等，并具有相同的轮胎宽度，则前后轮辙重合。汽车后轮就会沿着被前轮压实的轮辙行驶，使汽车的总滚动阻力减小，从而提高汽车的通过性。所以，多数越野汽车的前轮距与后轮距相等。

5）前轮与后轮的接地比压

试验结果证明，前轮距与后轮距相等的汽车在松软地面行驶时，当前轮对地面的单位压力比后轮的接地比压小 20%~30% 时，汽车滚动阻力最小。为此，除在设计汽车时，将轴荷按此要求分配于前、后轴，也可使前、后轮的轮胎气压不同，以产生不同的接地比压。

6）从动轮和驱动轮

汽车在越野行驶中常以很低的车速去克服某些障碍物，如台阶、壕沟等。这时，用静力学平衡方程式可求得障碍物与汽车轮廓参数间的关系。

图 6-7 所示为硬地面上后轮驱动汽车越过台阶时的受力情况。由图 6-7a）可知，前轮（从动轮）碰到台阶时的平衡方程式为

$$\begin{cases} F'_{Z1}\cos\alpha + f_r F'_{Z1}\sin\alpha - \mu_g F_{Z2} = 0 \\ F'_{Z1}\sin\alpha + F_{Z2} - f_r F'_{Z1}\cos\alpha - G = 0 \\ f_r F'_{Z1} r + F_{Z2} L - G L_1 - r\mu_g F_{Z2} = 0 \end{cases} \quad (6\text{-}29)$$

式中：F'_{Z1}——台阶作用于前轮（从动轮）的反作用力。

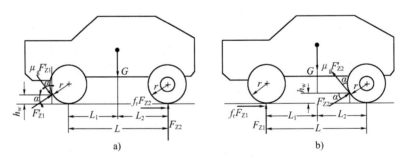

图 6-7 4×2 汽车通过台阶受力情况

将式（6-29）中的 G、F'_{Z1}、F_{Z2} 消除，可得无因次方程式为

$$\left(\frac{\mu_g + f_r}{\mu_g}\frac{L_1}{L} - \frac{f_r}{\mu_g} + \frac{f_r r}{L}\right)\sin\alpha - \left(\frac{1}{\mu_g} - \frac{1 - f_r \mu_g}{\mu_g}\frac{L_1}{L} - \frac{r}{L}\right)\cos\alpha = \frac{f_r r}{L} \quad (6\text{-}30)$$

由图 6-7 中的几何关系可知

$$\sin\alpha = \frac{r - h_W}{r} = 1 - \frac{h_W}{r} \quad (6\text{-}31)$$

将式（6-31）代入式（6-30），并设硬路面的滚动阻力系数 $f_r \approx 0$，则式（6-30）变成为

$$\left(\frac{h_W}{r}\right)_f = \left[1 - \mu_g^2\left(\frac{1}{\sqrt{1+(1-L_1/L-\mu_g r/L)^2}}\right)\right] \quad (6\text{-}32)$$

式中：$\left(\dfrac{h_W}{r}\right)_f$——前轮单位车轮半径可克服的台阶高度，表示前轮越过台阶的能力。

由式（6-32）可知，$\dfrac{L}{r}$ 越小及 $\dfrac{L_1}{L}$ 越大，$\left(\dfrac{h_W}{r}\right)_f$ 就越大，即汽车前轮可越过的台阶越高。

当后轮（驱动轮）碰到台阶时 [图 6-7b)]，其平衡方程式为

$$\begin{cases} F'_{Z2}\cos\alpha + f_r F_{Z1} - \mu_g F'_{Z2}\sin\alpha = 0 \\ F_{Z1} + F'_{Z2}\sin\alpha + \mu_g F'_{Z2}\cos\alpha - G = 0 \\ F_{Z1}L + \mu_g F'_{Z2}r - GL_2 + rf_r F_{Z1} = 0 \end{cases} \quad (6-33)$$

式中：F'_{Z2}——台阶作用于后轮（驱动轮）的作用力。

将 $\sin\alpha = 1 - h_W/r$ 及 $f_r \approx 0$ 代入式(6-33)，可解得

$$\left(\frac{h_W}{r}\right)_r = \left(1 - \frac{1}{\sqrt{1+\mu_g^2}}\right) \quad (6-34)$$

式中：$\left(\dfrac{h_W}{r}\right)_r$——后轮单位车轮半径可克服的台阶高度，表征汽车后轮越过台阶的能力。

从式(6-34)可知，后轮越过台阶的能力与汽车的结构参数无关，而受台阶和轮胎之间附着条件的影响。汽车越障能力与附着系数的关系如图6-8所示。

将不同的附着系数代入式（6-32）和式(6-34)可发现，后轮是限制汽车越过台阶的因素。

图 6-9 是 4×4 汽车在硬地面上越过台阶时

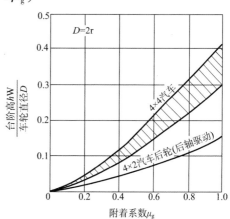

图6-8　汽车越障能力与附着系数的关系

的受力情况。按上述同样的方法，当前轮与台阶相遇时，则有

$$\left(\frac{1}{\mu_g} - \frac{1-f_r\mu_g}{\mu_g}\frac{L_1}{L} - \frac{r}{L}\right)\cos\alpha - \left(1 - \mu_g\frac{r}{L}\right)\sin\alpha - \mu_g\frac{r}{L} = 0 \quad (6-35)$$

同样，以 $\sin\alpha = 1 - \dfrac{h_W}{r}$ 代入式(6-35)，可求出 $\left(\dfrac{h_W}{r}\right)_r$。经分析计算后可知，$\left(\dfrac{h_W}{r}\right)_f$ 随 $\dfrac{L}{r}$ 的增加而降低；另外，增加 $\dfrac{L_1}{L}$ 的比值，可使 4×4 汽车前轮越过台阶的能力显著提高，甚至可使车轮爬上高度大于车轮半径的台阶。

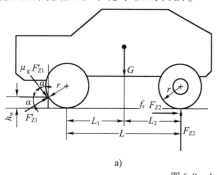
a)

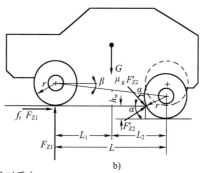
b)

图6-9　4×4汽车通过台阶时受力

当后轮遇到台阶时，有

$$\left[(\cos\beta - \mu_g\sin\beta) - \mu_g\frac{r}{L}\right]\sin\alpha - \left[\left(\frac{1+\mu_g^2}{L}\frac{L_1}{L} + \mu_g\right) - \left(\frac{1+\mu_g^2}{L}\frac{h_0}{L} + 1\right)\sin\beta - \frac{r}{L}\right]\cos\alpha -$$

$$\mu_g\frac{r}{L}[(L-L_1)\cos\beta + h_0\sin\beta] = 0 \quad (6-36)$$

式中：$\sin\alpha = 1 - \dfrac{h_W}{r}$；

h_0——汽车质心至前后轴心连线的距离。

对式(6-36)的分析可知，$\dfrac{L_1}{L}$比值的影响正好与 4×4 汽车前轮越过台阶的情况相同。长轴距、前轴负荷大的汽车$\left(即\dfrac{L_1}{L}较小\right)$，其后轮越过台阶的能力要比前轮大。不论汽车的总质量如何在轴间分配，较大的$\dfrac{L_1}{r}$比值总会改善后轮越过台阶的能力。

图 6-10 也给出了 4×4 汽车的越障能力。由图可见，4×2 汽车的越障能力要比 4×4 汽车差。4×4 汽车的越障能力与$\dfrac{L_1}{L}$的比值有关，有关数据均已包含在曲线的阴影区内。该区域的上、下限决定于被试验汽车的几何参数。由图可知，当 $\mu_g = 0.7$ 时，根据$\dfrac{L_1}{L}$的参数不同，4×4 汽车的$\dfrac{h_W}{r} = 0.18 \sim 0.26$，但是后轮驱动的 4×2 汽车越障能力比 4×4 汽车约降低 50%。

用同样的方法求解汽车越过壕沟问题时可见，沟宽与车轮直径之比值$\dfrac{L_d}{r}$，同上面求得的$\dfrac{h_W}{r}$值之间只有一个换算系数的差别。它们之间的关系为

$$\dfrac{L_d}{r} = \sqrt{\dfrac{h_W}{r} - \left(\dfrac{h_W}{r}\right)^2} \tag{6-37}$$

将式(6-37)绘成曲线，如图 6-10 所示。因此，若已知车轮越过垂直障碍的能力$\dfrac{h_W}{r}$，就能通过图 6-10 查得可越过的壕沟宽度。

如上所述，就 4×4 汽车的$\dfrac{r}{L}$与$\dfrac{L_1}{L}$比值的变化而言，前后轮在越障能力方面有不同的反映。因此，在结构设计时就要对这两个方面进行折中。这可将前后轮对不同$\dfrac{L_1}{L}$值绘制$\dfrac{h_W}{r} = F(\psi)$曲线，找出两条曲线的理想交点来求得。初步设计时，若结果不够理想，可适当地调整$\dfrac{L_1}{r}$值，以便于获得较好的越障能力。

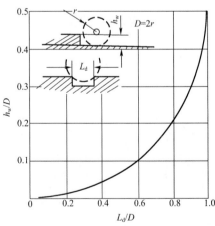

图 6-10 车轮可越台阶或壕沟尺寸换算图

驱动轮的布置形式和数目对汽车通过性的影响还反映了汽车克服坡度的能力。汽车上坡行驶时，其行驶所能克服的坡度大小与此有密切关系。

当汽车在坏路上行驶时，其行驶速度较低，故可略去空气阻力和加速阻力，则由第二章式(2-21)和式(2-22)可知，前轮驱动汽车的爬坡能力最差，全轮驱动汽车的爬坡能力最强。

此外,增加汽车驱动轮数,可提高汽车附着质量,增加驱动轮与松软地面的接触面积,是改善汽车通过性的最有效方法。因此,越野汽车都采用全轮驱动。

4. 液力传动

当汽车装有液力变矩器或液力耦合器时,能提高发动机工作的稳定性,使汽车可长时间稳定地以低速(0.5~1.5km/h)行驶,从而可减小滚动阻力和提高附着力,改善汽车的通过性。

装有普通机械式传动系统的汽车在突然起动时,驱动轮转矩急剧上升,并产生对土壤起破坏作用的振动(见图6-11虚线1b)。即使在缓慢起步时(见图6-11虚线1a),驱动转矩也比滚动阻力矩M_f大得多。汽车在松软地面上起步时,这种变化过大的驱动转矩并不能使汽车得到较大的加速度,反而使土壤被破坏,轮辙加深,起步困难;液力传动能保证驱动轮转矩逐渐而平缓地增长(图6-11实线2a、2b),从而防止土壤被破坏和车轮出现滑移。

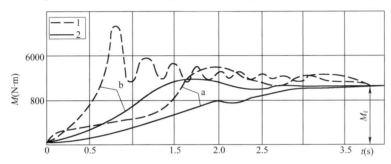

图6-11 汽车起步时驱动轮上转矩变化图
1-机械传动;2-液力传动;a-平缓起步;b-急速起步

液力传动还能消除机械传动经常发生的扭振现象。这种扭振现象会引起驱动力产生周期性冲击,减少土壤颗粒间的摩擦,增加了轮辙深度,并会减少轮胎与土壤间的附着力,因而使车轮滑转的可能性大为增加。转矩脉动所引起的土壤内摩擦力的减小,还会使汽车前轮所造成的轮辙立即展平,使后轮滚动阻力增加。

装有普通机械传动系统的汽车,在松软地面行驶时,由于车速低,汽车惯性不足以克服较大的行驶阻力,致使换挡时,因动力中断而停车。采用液力传动能消除因换挡所引起的动力传递间断的现象,因而使汽车通过性有显著提高。

5. 差速器

为了保证汽车各个驱动车轮能以不同的角速度旋转,在传动系统中都装有差速器。普通齿轮差速器具有使两侧驱动车轮之间转矩平均分配的特性。当某一侧驱动车轮陷入泥泞或冰雪路面上时,得到较小的附着力$(F_\mu)_{min}$,则与之对应的另一侧驱动车轮也只能以同样小的附着力$(F_\mu)_{min}$限制其驱动力。为了避免这种情况的发生,某些越野汽车上装有差速锁,以便必要时能锁止差速器。此时汽车可能得到的驱动力为

$$F_X = (F_Z\mu_g)_{min} + (F_Z\mu_g)_{max} \tag{6-38}$$

在实际道路条件下,各个驱动车轮上的附着力差别很小,汽车总驱动力的增加一般不超过20%~25%。长时间使用差速锁会使半轴过载引起功率循环。当驱动车轮滑转导致停车后,再挂差速锁起步,有时因车轮滑转处土壤的表面已被破坏或因全部转矩突然传至另一驱动车轮引起土壤破坏而失去效果。

差速器的内摩擦能使左右车轮传递的转矩不等。设传给差速器的转矩为M,差速器的

内摩擦力矩为 M_r，则旋转较慢和较快的驱动车轮上的转矩分别为

$$\begin{cases} M_1 = \dfrac{M + M_r}{2} \\ M_2 = \dfrac{M - M_r}{2} \end{cases} \tag{6-39}$$

这样，如果一个驱动车轮由于附着力不足而开始滑转，因其转速加快，传给它的转矩就会减小到 M_2，因而可能停止滑转，同时另一车轮的转矩增大到 M_1。结果在两个驱动车轮上的总驱动力可能达到最大数值，即

$$(F_X)_{max} = 2(F_Z \mu_g)_{min} + \dfrac{M_r}{r} \tag{6-40}$$

由此可见，差速器的内摩擦使汽车的总驱动力增加了 M_r/r。由于普通齿轮差速器的内摩擦不大，实际上驱动力仅能提高 4%～6%。为了增加差速器的内摩擦，越野汽车常采用高摩擦式差速器，如凸轮式或蜗杆式差速器等。这时，总驱动力可增加 10%～15%，因而能提高汽车的通过性。

6. 悬架

6×6 型和 8×8 型多轴驱动的越野汽车在异常坎坷不平的地面上行驶时，常会因独立悬架的结构引起某驱动车轮的垂直载荷大幅度减小，甚至离开地面而悬空，使个别驱动车轮失去与地面的附着，从而影响汽车的通过性。独立悬架和平衡式悬架允许车轮与车架间有较大的相对位移，使驱动车轮与地面保持经常接触，以保证有较好的附着性能。同时，独立悬架可显著地提高汽车的最小离地间隙，从而提高汽车的通过性。

7. 拖带挂车

牵引汽车拖带挂车后，因总质量增加，动力性降低，即汽车列车的最大动力因数将比单体汽车的最大动力因数小。因而，汽车列车的通过性也随之变差。

为了保证汽车列车有足够高的通过性，对经常拖挂车工作的牵引汽车，应该有较大的动力因数。增大传动系统的总传动比可增加汽车动力因数，但与此同时，汽车的最大行驶速度将会降低；加大发动机功率也会增大汽车动力因数，但汽车在一般道路上行驶时，由于功率利用率低，将使汽车燃料经济性变差。

汽车拖挂车后的相对附着重力 G_{cu}/G'_a 随之减少。在汽车列车总重力 G'_a 相同的条件下，因为半挂车的部分质量作用于牵引车上，则拖带半挂车时的相对附着质量比拖带全挂车时的大，因而半挂车汽车列车的通过性相对较好。

将汽车列车做成全轮驱动是提高相对附着质量的最有效方法。这可以通过在挂车上装上动力装置（动力挂车），或将牵引车的动力通过传动轴或液压管路传输到挂车的车轮上（驱动力挂车）实现。

全轮驱动汽车列车的通过性较高，这不仅因其相对附着质量最大，同时由于道路上各点的附着系数一般是不同的（如道路上有部分积水、凸凹不平等）。驱动轮数目增多后，各驱动车轮均遇到附着系数小的支承面的可能性大为减小，因而对汽车列车的通过性有利。此外，与相同质量的重型载货汽车相比，全轮驱动汽车列车的车轮数一般较多，因而车轮对地面的单位面积压力较小。另外，还可把各轴的轮距做成相等，以减少滚动阻力，提高汽车列车的通过性。

设计汽车列车时,应使挂车车轮轨迹在转弯时与牵引车后轮轨迹重合。这不仅能减小汽车列车的转弯通道宽度,提高机动性,同时也降低了汽车列车在松软地面上转弯时的滚动阻力,从而提高其通过性。

汽车列车克服障碍的能力也与牵引钩和牵引架的结构参数有关。如牵引架在垂直平面内的许可摆角为 $\alpha_\beta + \alpha_H$,对全挂汽车列车所能通过的凸起高度有很大影响,如图6-12所示。

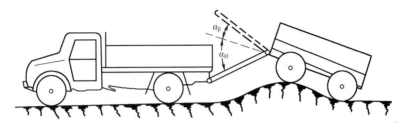

图6-12 汽车列车通过凸起障碍路面

8. 驱动防滑系统

汽车在泥泞道路或冰雪路面行驶时,因路面的附着系数小,常驱动轮会出现滑转的现象。

当驱动轮滑转时,汽车驱动轮能产生的驱动力很小。特别是当驱动轮原地空转时,汽车驱动力接近零。例如,汽车驱动轮陷入泥坑和积雪中时,汽车不能前进。即汽车驱动轮的一侧或两侧发生滑转后,汽车总驱动力不足以克服行驶阻力,使汽车通过坏路的行驶能力受到限制。汽车驱动轮胎的滑转,限制了汽车动力性的发挥,增加了轮胎的磨损,降低了轮胎的使用寿命,并使汽车抗侧向力的能力下降;当汽车遇到侧风或横向斜坡时,容易发生侧滑,影响汽车行驶的横向稳定性。

如图6-13所示,驱动防滑系统(ASR)可自动调节发动机转矩传递到驱动轮的驱动力,使驾驶人的工作强度得以减轻,汽车稳定性和操纵性得到安全的调节,驱动力的发挥得以改善。

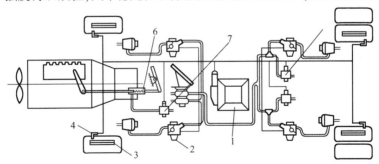

图6-13 ASR示意图
1-控制器(ECU);2-制动压力调节器;3-车轮速度传感器脉冲盘;4-车轮速度传感器;5-差速制动阀;6-发动机制动阀;7-发动机控制阀

ASR通过调节驱动轮上的驱动力矩的控制方式,包括调节发动机输出转矩、制动驱动轮以及锁止差速器,从而保持驱动轮处于最佳滑转率范围内。

发动机输出转矩控制。如果汽车在驱动过程中左、右两侧的驱动轮同时发生滑转,ASR的控制器从前、后车轮速度传感器传来的转速差很大的信息中,判断出左和右驱动轮在空转,于是对发动机控制阀(油门)发出指令,通过发动机控制阀直接操纵供油量控制杆,相应降低发动机输出转矩,使得驱动轮的转速降低,直到驱动轮停止滑转。

驱动轮制动控制。汽车行驶中若出现一侧车轮滑转率超过规定值时,控制系统向差速器制动阀和制动压力调节器发出控制指令,对滑转的车轮进行制动,使之减速;当其减速至规定值后,停止制动车轮的控制;若又开始滑转,则重复上述循环控制过程。整个过程中,既对滑转的一侧车轮施加制动,又对另一侧无滑转车轮施加正常驱动力,其效果相当于差速锁的作用,车辆在湿滑面路上的方向稳定性和起步能力均可得到改善。

发动机输出转矩调节和驱动轮制动的综合控制。当汽车在湿滑道路上转弯行驶时,如果驱动力过大,会引起驱动轮空转,使车辆在离心力的作用下发生侧滑,严重时甚至甩尾。对此,控制系统会自动控制驱动轮制动和调节发动机输出转矩,使二者同时或单独工作,保证汽车稳定行驶。

另外,在驱动轮滑转时,ASR 会自动向驾驶人发出警示,提醒驾驶人不要猛踏加速踏板,注意转向盘操作。

随着汽车电子技术的发展,汽车防抱死制动系统(ABS)已在汽车上得到普及,而 ASR 其实是 ABS 的延伸。ABS 和 ASR 分别保证汽车在制动和驱动过程中的稳定性和转向性。ASR 是保证驱动附着条件,充分发挥驱动力,保证汽车的驱动行驶稳定性的装置。一般在汽车的 ABS 中设有与 ASR 的接口电路,ASR 也可独立装车使用。

9. 驾驶方法

驾驶方法对汽车通过性的发挥具有很大影响。在通过沙地、泥泞、积雪等松软地面时,应使用低速挡,同时解除 ASR 的功能,以保证车辆有较大的驱动力和较低的行驶速度。汽车在行驶中应避免换挡和加速,并保持直线行驶,因为转弯时将引起汽车前后轮辙不重合,而增加行驶的滚动阻力,如图 6-14 所示。

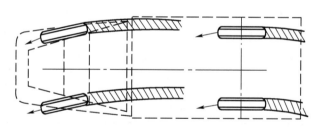

图 6-14 汽车转弯时的轮辙图

对于后轮双胎的汽车,常会在两胎之间夹杂泥石,或使轮胎表面黏附一层厚泥,使附着系数降低,增加了车轮滑转的趋势。在这种情况下,驾驶人可适当地提高车速,以甩掉轮胎上的乱泥。

当汽车传动系统装有差速锁时,驾驶人应在估计有可能使车轮滑转的地段前就将差速器锁住。因为车轮一旦发生滑移,土壤表面就会被破坏,附着系数下降,再锁住差速锁就不会起到显著作用。汽车离开坏路地段后,驾驶人应及时将差速锁脱开,避免由于功率循环现象使发动机、传动系统和轮胎磨损增加,燃料经济性和动力性变坏,以及通过性降低等不良后果。

此外,为了提高越野汽车的涉水能力,应注意发动机的火花塞、曲轴箱通风口等处的密封问题,并提高空气滤清器的位置,不得浸入水中。普通汽车一般能通过深度为 0.5~0.6m 的硬底浅水滩。

第二节　汽车行驶平顺性

汽车行驶平顺性,是指汽车在一般行驶速度范围内行驶时,能保证乘员不会因车身振动而引起不舒服和疲劳的感觉,以及保持所载运货物完整无损的性能。由于汽车行驶平顺性主要是根据乘员的舒适程度来评价,又称乘坐舒适性。

汽车作为一个复杂的多质量振动系统,其车身通过悬架的弹性元件与车桥连接,而车桥又通过弹性轮胎与路面接触,其他如发动机、驾驶室等也是以橡胶垫等弹性元件固定于车架上。在激振力作用(如道路不平而引起的冲击和加速、减速时的惯性力等作用),以及发动机振动和传动轴等振动时,系统将激发复杂的振动。这种振动对乘员的生理反应和所载运货物的完整性,均会产生不利的影响;乘员也会因为必须调整身体姿势,加剧产生疲劳的趋势。

车身振动频率较低,共振区通常在低频范围内。为了保证汽车具有良好的平顺性,应使引起车身共振的行驶速度尽可能地远离常用汽车行驶速度。在坏路上,汽车的允许行驶速度受动力性的影响不大,主要取决于汽车行驶的平顺性,而被迫降低汽车行驶速度;其次,振动产生的动载荷,会加速零部件磨损乃至引起损坏;此外,振动还会消耗能量,使燃料经济性变坏。因此,减轻汽车本身的振动,不仅关系乘坐的舒适性和所载运货物的完整无损,而且影响汽车的运输生产率、燃料经济性、使用寿命和工作可靠性等。

一、汽车行驶平顺性的评价指标

汽车行驶平顺性的评价方法,通常是根据人体对振动的生理反应及对保持货物完整性的影响来制定的,并用振动的物理量,如频率、振幅、加速度、加速度变化率等作为汽车行驶平顺性的评价指标。

目前,常用汽车车身振动的固有频率和均方根加速度评价汽车行驶平顺性。试验结果表明,为了保持汽车具有良好的行驶平顺性,车身振动的固有频率应为人体所习惯的步行时,身体上、下运动的频率。它为 $1\sim1.6Hz$,振动加速度极限值为 $0.2g\sim0.3g$。为了保证所载运货物的完整性,车身振动加速度也不宜过大。如果车身加速度达到 $1g$,未经固定的载运货物就有可能离开车厢(箱)地板。所以,车身振动加速度的极限值应低于 $0.6g\sim0.7g$。

1. 平顺性评价指标

在综合大量资料基础上,国际标准化组织(ISO)提出了 ISO 2631《人体承受全身振动的评价指南》。该标准用加速度均方根值(rms)给出了在中心频率 $1\sim80Hz$ 振动频率范围内人体对振动反应的三种不同的感觉界限。我国参照 ISO 2631 制定了国家标准《汽车平顺性随机输入行驶试验方法》和《客车平顺性评价指标及极限》。

ISO 2631 用加速度均方根值给出了人体在 $1\sim80Hz$ 振动中心频率范围内对振动反应的三个不同感觉界限:舒适—降低界限 TCD、疲劳—工效降低界限 TFD 和暴露极限。

舒适—降低界限 TCD 与保持人的舒适有关。在此极限内,人体对所暴露的振动环境主观感觉良好,并人员能顺利完成吃、读、写等动作。

疲劳—工效降低界限 TFD 与保持工作效率有关。当人体承受的振动强度在此极限内时,人员能保持正常地进行操作。

暴露极限通常作为人体可以承受振动量的上限。当人体承受的振动强度在此极限内,将保持人员的健康或安全。

三个界限只是均方根振动加速度容许值的不同。暴露极限值为疲劳—工效降低界限值的 2 倍（约增加 6dB）；舒适—降低界限值为疲劳—工效降低界限值的 1/3.15（约降低 10dB）。各个界限容许加速度值随频率的变化趋势完全相同。

图 6-15a) 和 b) 分别为在双对数坐标下的垂直和水平两个方向振动对人体影响的疲劳—工效降低界限。在一定的频率下，随着暴露（承受振动）时间加长，感觉界限容许的加速度值下降。所以，可用达到某一界限允许暴露时间来衡量人体感觉到的振动强度大小。

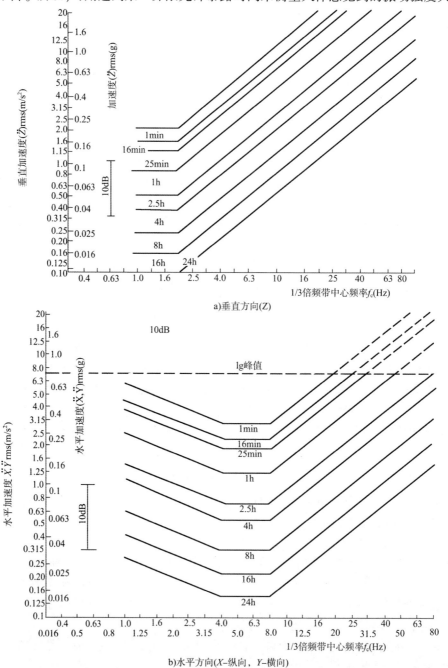

图 6-15　ISO 2631 人体对振动反应的"疲劳—降低工效界限"

由图6-15中的曲线族可知,人体最敏感的频率范围,垂直振动为4~8Hz,水平振动为0.5~2Hz。在2.8Hz以下,同样的暴露时间,水平振动加速度容许值低于垂直振动;频率在2.8Hz以上,则相反。

为了用疲劳—工效降低界限评价汽车行驶平顺性,首先要对经汽车座椅传至人体的振动进行频谱分析,得到1/3倍频带的加速度均方值谱。

ISO 2631推荐的两种评价方法是1/3倍频带分别评价法和总加速度加权均方值评价法。

2. 1/3倍频带分别评价法

直接分别评价法是把疲劳—工效降低界限及由计算或频谱分析仪处理得到的1/3倍频带的加速度均方值绘制在同一张频谱图上。然后,检查各频带的加速度均方差值是否都小于界限值。

1/3倍频带分别评价法的加权

1/3倍频带的上限频率f_u与下限频率f_b的比值为

$$\frac{f_u}{f_b} = 2^{\frac{1}{3}} \tag{6-41}$$

1/3倍频带的中心频率f_c为

$$f_c = \sqrt{\frac{f_u}{f_b}} = 2^{\frac{1}{6}} f_b \tag{6-42}$$

上限频率、下限频率与中心频率的关系为

$$\begin{cases} f_u = 1.12 f_c \\ f_b = 0.89 f_c \end{cases} \tag{6-43}$$

1/3倍频带的频率带宽Δf为

$$\Delta f = f_u - f_b \tag{6-44}$$

将振动传至人体加速度$p(f)$的功率谱密度$G_p(f)$,对所对应的1/3倍频带中心频率f_{ci}在带宽Δf_i区间积分,得到各个1/3倍频带的加速度均方值分量σ_{pi},即

$$\sigma_{pi} = \sqrt{\int_{0.89 f_{ci}}^{1.12 f_{ci}} G_p(f) \mathrm{d}f} \tag{6-45}$$

带宽加速度均方根值分量σ_{pi}的大小,不能真正反映人体感觉到的振动强度大小。为此,需引入人体对不同频率振动敏感程度的频率加权函数。将人体最敏感频率范围以外的各个1/3倍频带加速度均方根值分量σ_{pi}进行频率加权,等效于4~8Hz(垂直)、0.5~2Hz(水平)的分量数值σ'_{pi}。即按人体感觉的振动强度相等的原则,折算为最敏感的频率范围。用σ_{pi}和最敏感频率范围的允许加速度均方根值比较,确定按疲劳—工效降低界限或舒适降低界限允许的暴露时间T_{CD}和T_{FD}。加权加速度均方根值分量σ'_{pwi}的表达式为

$$\sigma'_{pwi} = W(f_{ci}) \sigma_{pi} \tag{6-46}$$

式中:f_{ci}——第i个1/3倍频带的中心频率,Hz;

$W(f_{ci})$——频率加权函数。

垂直方向振动的频率加权函数$W_N(f_{ci})$为

$$W_N(f_{ci}) = \begin{cases} 0.5\sqrt{f_{ci}} & (1 < f_{ci} \leq 4) \\ 1 & (4 < f_{ci} \leq 8) \\ \dfrac{8}{f_{ci}} & (8 < f_{ci}) \end{cases} \tag{6-47}$$

水平方向振动的频率加权函数 $W_L(f_{ci})$ 为

$$W_L(f_{ci}) = \begin{cases} 1 & (0.5 < f_{ci} \leq 2) \\ \dfrac{2}{f_{ci}} & (2 < f_{ci}) \end{cases} \quad (6\text{-}48)$$

加权加速度均方根值分量 σ_{pwi} 反映了人体对各 1/3 倍频带振动强度的感觉。1/3 倍频带分别评价法的评价指标就是 σ_{pwi} 中的最大值 $(\sigma_{pwi})_{max}$。

此方法认为,当有多个 1/3 倍频带的振动能量作用于人体时,各频带的作用无明显联系,对人体的影响主要是由单个影响最突出的 1/3 倍频带所造成。因此,要改善汽车行驶平顺性,主要避免振动能量过于集中,尤其是在人体感觉最敏感的频率范围内,不应该有突出的尖峰。

3. 总加权值评价法

在处理汽车行驶平顺性试验结果或计算设计参数对振动反应的影响时,通常还采用传至人体振动的加速度均方根值 σ_p 或车身振动的加速度均方根值 σ_z 作为评价平顺性的指标。这种方法比较简单,适用振动频率分布相似的条件下进行对比。σ_p 和 σ_z 值等于 1~80Hz 中 20 个 1/3 倍频带加速度均方根值分量 σ_{pi} 或 σ_{zi} 平方和的平方根。即

$$\sigma_{p,z} = \sqrt{\sum_{i=1}^{N} (\sigma_{pwi,zi})^2} \quad (6\text{-}49)$$

式中:N——频带数。

总加权值反映了全部振动能量的大小,而且振动加速度均值为零,所以 σ_p 和 σ_z 代表加速度幅值波动的范围。

总加权值 σ_p 还可以利用计权滤波网络,由均方根值检波器读出。在《汽车平顺性试验方法》(GB/T 4970—2009)和《客车平顺性评价指标及限值》(QC/T 474—2011)中,总加速度加权均方根值 σ_p 均被列为平顺性评价指标之一。

当各 1/3 倍频带加速度加权均方根值分量 σ_{pwi} 彼此相等时,1/3 倍频带分别评价指标 σ_{pwi} 和总加速度加权均方根值 σ_p 的关系为

$$\sigma_p = \sqrt{n}(\sigma_{pwi})_{max} \quad (6\text{-}50)$$

式中:n——总频带数。

在只有一个 1/3 倍频带有值的窄带振动条件下,即 $n=1$,能量分布都集中在该 1/3 倍频带内。总加速度加权均方根值 σ_p 显然与 1/3 频带分别评价方法的结果相同,则对人体振动影响最突出的那个频带的加速度均方值 σ_p 为

$$\sigma_p = (\sigma_{pwi})_{max} \quad (6\text{-}51)$$

只是 σ_p 值已折算到人体最敏感的频率范围,所以可将 σ_{pwi} 值与疲劳—工效降低界限上人体最敏感频率范围的容许值比较来进行评价。

汽车座椅传递给人体的振动主要是 10Hz 以下的宽带随机振动,总频带数 n 约为 10。

若各 σ_{pwi} 都相等,则有

$$\sigma_p = \sqrt{10}(\sigma_{pwi})_{max} = 3.16(\sigma_{pwi})_{max} \quad (6\text{-}52)$$

实际上,各 1/3 倍频带的 σ_{pi} 并不相等,实际测算为

$$\sigma_p = 2(\sigma_{pwi})_{max} \quad (6\text{-}53)$$

因 ISO 2631 中的界限值是针对 1/3 倍频带分别评价法给的,用总加速度加权均方根值 σ_p 进行评价时,允许界限值也要做相应的调整,即比 ISO 2631 中的允许值增大到 2 倍,否则会偏于保守。

二、影响汽车行驶平顺性的结构因素

为了便于分析,需对由多个质量组成的汽车振动系统进行简化。图 6-16 所示为简化振动模型。在分析振动时,常将汽车由一个当量系统代替,即把汽车视为由彼此相联系的悬挂质量(簧上质量)与非悬挂质量(簧下质量)所组成。

汽车的悬挂质量 M 由车身、车架及其上面的总成所构成。悬挂质量通过质心的横坐标轴 Y 的转动惯量为 I_Y,悬挂质量由减振器和悬架弹簧与车轴、车轮(含轮胎)相连。车轮、车轴构成的非悬挂质量为 m,车轮再经具有一定弹性和阻尼的轮胎支承在路面上。

悬架结构、轮胎、悬挂质量和非悬挂质量是影响汽车行驶平顺性的重要因素。

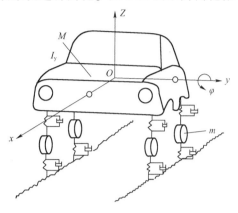

图 6-16　四轮汽车的简化振动模型

1. 悬架结构

悬架主要由弹性元件、阻尼元件和导向装置所组成。其中,弹性元件和阻尼元件的影响较大。

1) 弹性元件的刚度

将汽车车身看成一个在弹性悬架上作单自由度振动的质量时,其固有频率 f_0 为

$$f_0 = \frac{1}{2\pi}\sqrt{\frac{gC}{G}} \tag{6-54}$$

式中:C——悬架刚度,N/mm;

G——悬架(簧上)重力,N;

g——重力加速度,$g = 9810 \text{mm/s}^2$。

悬架在重力 G 作用下的静挠度 f_s 为

$$f_s = \frac{G}{C} \tag{6-55}$$

由式(6-54)可见,减少悬架刚度 C,可降低车身的固有频率 f_0。当汽车的其他结构参数不变时,要使悬架有低的固有频率,悬架就要具备很大的静挠度 f_s。静挠度 f_s 是指汽车满载时,刚度不变的悬架在静载荷作用下的变形量。对于变刚度悬架,静挠度是由汽车满载时悬架上的静载荷和与相应的瞬时刚度来确定的。汽车悬架静挠度 f_s 的变化范围,见表 6-4。

汽车悬架静挠度的变化范围(单位:mm)　　　表 6-4

车型	轿车	货车	大客车	越野车
悬架静挠度	100～300	50～110	70～150	60～130

汽车前、后悬架静挠度的匹配对行驶平顺性也有很大影响。若前、后悬架的静挠度以及振动频率都比较接近,共振的机会减少。为了减少车身纵向角振动,通常后悬架的静挠度 f_{S2} 要比前悬架 f_{S1} 的小些,一般 $f_{S2} = (0.7～0.9)f_{S1}$。对于短轴距的微型汽车,为了改善其乘坐舒适性,一般把前悬架设计得软一些,也就是使 $f_{S2} > f_{S1}$。

为了防止汽车在不平路面上行驶时经常冲击缓冲块,悬架还应有足够的动挠度 f_m(悬架平衡位置到悬架与车架相碰时的变形量)。

前、后悬架的动挠度常根据其相应的静挠度选取,其数值主要取决于车型和经常使用的路面状况。动挠度值与静挠度之间的关系为

$$f_\mathrm{m} = \begin{cases} (0.5 \sim 0.7)f_\mathrm{s} & (轿车) \\ (0.7 \sim 1.0)f_\mathrm{s} & (载货汽车、大型客车) \end{cases} \quad (6\text{-}56)$$

越野车的 f_m 可按货车范围取上限,以减少车轮悬空和击穿悬架的现象。

减少悬架刚度,即增大静挠度,可提高汽车行驶平顺性,但刚度降低会增加非悬挂质量的高频振动位移。大幅度的车轮振动有时会使车轮离开地面,前轮定位角也将发生显著变化,在紧急制动时会产生严重的汽车"点头"现象。转弯时因悬架侧倾刚度的降低,会使车身产生较大的侧倾角,增加驾驶人的不安全感。

为了防止路面对车轮的冲击而使悬架与车架(车身)相撞,应相应地增加动挠度,即要有较大的缓冲间隙。对纵置钢板弹簧,就要增加弹簧长度等,从而使悬架布置发生困难。

为了使悬架既有大的静挠度又不影响其他性能,宜采用可变刚度的非线性悬架。由于非线性悬架的刚度随动行程增大,就能在同样的动行程中,得到比线性悬架更多的动容量(指悬架从静载荷时的位置起,变形到与车架接触时的最大变形)。悬架的动容量越大,对缓冲块撞击的可能性就越小。货车后悬架采用钢板弹簧加副簧是一种最简易办法。为了使静挠度在静载荷增减时保持不变,较为理想的措施是在悬架中设置自动调节车身高度的装置。这样,悬架弹性特性曲线应如图 6-17 所示。图 6-17 给出了有代表性的三条弹性曲线。曲线 1、2 和 3 分别表示静载荷值为满载 P_M、半载 P_K 和空载 P_0 时的情况。由于有一组曲线,虽然载荷发生了变化,但静挠度 f_s 可以保持不变(静挠度 f_s 是指图 6-17 上 a—a' 点在横坐标上的投影到 O 点的距离,O 点为曲线上 a、a''、a' 诸点所作切线的交点)。

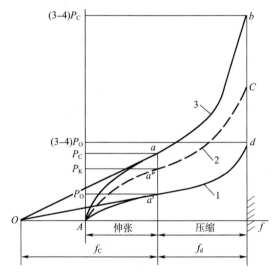

图 6-17 可变刚度悬架弹性曲线

这组曲线的另一特点是,这些曲线在悬架行程中各点的斜率也是不同的,即悬架刚度还随变形行程而变化。一般是在静载时(行程中间位置)刚度小,而在离静载荷较远的两端,如在压缩行程 b、c、d 处和伸张行程的 A 点处的刚度就较大,实现了悬架在有限动行程范围内具有足够的动容量。

变刚度悬架会明显地改善汽车行驶平顺性。例如,某货车在满载时,后悬架的载荷约为空车的 4 倍多,假定悬架刚度不变,若满载时的静挠度等于 100mm 时,则空车时的静挠度将

不到 25mm。不难算出,满载时的振动频率为 1.6Hz,而空车时的频率则为 3.2Hz。显然,空车时的振动频率过高,汽车行驶平顺性较差。如果采用变刚度悬架,使空车时的刚度比满载时的低,就会降低空车的振动频率,从而改善了汽车行驶平顺性。

2) 阻尼元件的阻尼

为了衰减车身自由振动和抑制车身、车轮的共振,以减小车身的垂直振动加速度和车轮的振幅(减小车轮对路面压力的变化,防止车轮跳离路面),悬架应具有适当的阻尼。

在悬架系统中,引起振动衰减的阻尼来源很多。例如,在有相对运动的摩擦副中,轮胎变形时橡胶分子间产生摩擦,或在系统中设减振器等。对于各种悬架结构,以钢板弹簧悬架系统的干摩擦为最大;钢板弹簧片数越多,摩擦越大。所以,有的汽车采用钢板弹簧悬架时不装备减振器;但钢板弹簧片之间的阻尼力很不稳定,弹簧钢板生锈后阻力过大,不易控制。采用其他内摩擦很小的弹性元件(如单片钢板弹簧、螺旋弹簧、扭杆弹簧等)的悬架,必须使用减振器,以吸收振动能量,使振动迅速衰减。

减振器的阻力常用相对阻尼系数 ψ 表示,即

$$\psi = \frac{r}{2\sqrt{CM}} \tag{6-57}$$

式中:r——减振器阻力系数;

M——悬架质量。

为了使减振器阻尼效果好,又不传递大的冲击力,压缩行程和伸张行程具有不同的阻尼值。在弹性元件的压缩行程,为了减少减振器传递的路面冲击力,选择较小的相对阻尼系数 ψ_c;在伸张行程,为迅速衰减振动,选择较大的相对阻尼系数 ψ_e。一般减振器的 ψ_c 与 ψ_e 之间的关系为

$$\psi_c = (0.25 \sim 0.5)\psi_e \tag{6-58}$$

对于不同的悬架结构类型和使用条件,满足平顺性要求的相对阻尼系数的大小有所不同,通常取压缩行程和伸张行程相对阻尼系数的平均值。

对于无内摩擦的弹性元件(如螺旋弹簧)悬架,$\psi_e = 0.25 \sim 0.35$。对于有内摩擦的钢板弹簧悬架,相对阻尼系数较小。如解放牌中型载货汽车前悬架的相对阻尼系数 $\psi = 0.13$;其中 $\psi_e = 0.174$,$\psi_c = 0.086$。后悬架的 ψ 取稍大值。对于越野汽车或行驶路面条件较差的汽车取值较大,一般 $\psi > 0.3$。为避免悬架碰到车架,ψ_e 可加大,取 0.54。

减振器可提高汽车行驶平顺性,还可增加悬架的角刚度,改善车轮与道路的接触条件,防止车轮离开路面,因而可改善汽车操纵稳定性,提高汽车行驶的安全性。改进减振器的性能,对提高汽车在不平道路上的行驶速度有很大的作用。

悬架系统的干摩擦可使悬架的弹性元件部分被约束住,使汽车车身只在轮胎上发生振动,因而增加振动频率,且使路面的冲击容易传给车身。因此,为了减少钢板弹簧之间的摩擦,应减少片数,采用少片甚至单片;正确计算各片在自由状态时的曲率半径,将各片端部切成梯形或半圆形,以保证各片间接触压力分布均匀;在各片间加润滑脂或减摩衬垫等方法减少干摩擦。

2. 轮胎

轮胎对行驶平顺性的影响取决于轮胎的径向刚度、轮胎的展平能力,以及轮胎内摩擦所引起的阻尼作用。减少轮胎径向刚度,可使悬架换算刚度减小 10% ~ 15%。当汽车行驶于不平道路时,由于轮胎的弹性作用,轮胎位移曲线较道路断面轮廓要圆滑,其长度较道路坎

坷不平处的实际长度大,而曲线的高度则较道路不平的实际高度要小,即所谓的轮胎展平能力。它可使汽车在高频的共振振幅减小。由于轮胎内摩擦所引起的阻尼作用,对于轿车轮胎的相对阻尼系数ψ可达 0.05~0.106。

为了提高汽车行驶平顺性,轮胎径向刚度应尽量减小。在悬架足够软的情况下,在相当大的行驶速度范围内,可完全消除低频共振现象的发生。但轮胎刚度过低,会增加车轮的侧向偏离,影响汽车操纵稳定性;同时,还会使滚动阻力增加,轮胎寿命降低。

3. 悬挂质量

车身振动主要是以自振频率进行的振动,即由于车身偏离平衡位置时积蓄的能量而产生的振动。为了研究汽车在纵向垂直平面内的自由振动,将汽车的悬挂质量M分解为由无质量的刚性杆互相连接的三个集中质量(图 6-18),即前轴上的质量M_1、后轴上的质量M_2以及质心C上的质量M_3。它们的大小由下述三个条件决定。

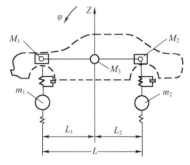

图 6-18 双轴汽车简化平面模型

总质量保持不变,即

$$M = M_1 + M_2 + M_3 \tag{6-59}$$

质心位置不变,即

$$M_1 L_1 - M_2 L_2 = 0 \tag{6-60}$$

转动惯性I_y的值保持不变,则

$$I_y = M \rho_y^2 = M_1 L_1^2 + M_2 L_2^2 \tag{6-61}$$

解式(6-59)、式(6-60)和式(6-61)可得出三个集中质量的值分别为

$$M_1 = M \frac{\rho_y^2}{L_1 L} \tag{6-62}$$

$$M_2 = M \frac{\rho_y^2}{L_2 L} \tag{6-63}$$

$$M_3 = M \left(1 - \frac{\rho_y^2}{L_1 L_2}\right) \tag{6-64}$$

式中:ρ_y——绕横轴 y 的回转半径;
　L_1、L_2——车身质心至前、后轴的距离;
　　L——轴距。

由式(6-62)~式(6-64)可见,当$\rho = 1$时,$M_3 = 0$。此时,前、后轴上的集中质量M_1、M_2的垂直方向运动相互独立。即,当前轮遇到路面平面度而引起振动时,质量M_1运动,而质量M_2不动;反之亦然。

为了维持这个条件,应保证ρ_y相应数值。例如,把质量分配到汽车的两端(发动机前移,行李舱后移等);或者改变汽车质心的位置,但这有时难以实现。

减少公共汽车和载货汽车的悬挂质量。由于车身振动的低频和加速度增加,会降低汽车行驶平顺性。在此情况下,为了保持汽车的良好行驶平顺性,应采用等挠度悬架,使悬架刚度随悬挂质量的减小而减小。

座位的布置对汽车行驶平顺性也具有很大影响。实际感受和试验表明:座位接近车身的中部,其振动最小。座位位置常由它与汽车质心间的距离来确定,用座位到汽车质心距离与汽车质心到前(后)轴的距离之比评价座位的舒适性。该比值越小,车身振动对乘客的影响越小。

对载货汽车和公共汽车,座位在高度上的布置也是重要的。为了减小水平纵向振动的振幅,座位在高度方面与汽车质心间的距离应尽量小。

座椅刚度的选择要适当,防止因乘员在座位上的振动频率与车身的振动频率重合而发生共振。对于具有较硬悬架的汽车,可采用较软的坐垫。对于具有较软悬架的汽车,可采用较硬的坐垫。

4. 非悬挂质量

减小非悬挂质量可降低车身的振动频率,增高车轮的振动频率。这样就使低频共振与高频共振区域的振动减小,而将高频共振移向更高的行驶速度,对汽车行驶平顺性有利。

其次,减小非悬挂质量,使高频振动的相对阻尼系数增加($\psi = 0.5r \sqrt{CM}$),因而减振器所吸收的能量减少,工作条件可获得改善。非悬挂质量可因悬架导向装置形式而改变,采用独立悬架,可使非悬挂质量减小。

常用非悬挂质量与悬挂质量之比 m/M 评价非悬挂质量对行驶平顺性的影响。比值越小,汽车行驶平顺性越好。对于轿车, $m/M = 10.5\% \sim 14.5\%$,可保证汽车具有良好的行驶平顺性。

总之,影响汽车行驶平顺性的结构因素很多,且其关系复杂,需要对这些因素进行综合分析,以便正确选择结构参数,提高汽车行驶平顺性。

乘坐舒适性在很大程度上还取决座位的结构、尺寸、布置方式和车身(或载货汽车驾驶室)的密封性(防尘、防雨、防止废气进入车身)、通风保暖、照明、隔声等效能,以及是否设有其他提高乘客舒适的设备(钟表、音响、烟灰盒、点烟器等)。

大客车尤其是旅行客车座位都充分考虑乘坐舒适性。如旅游客车因乘客乘坐时间长,座椅一般都是半躺式或可调式。座椅的布置尽可能使乘客面朝行驶前方,并设有阅读专用灯、空调、洗漱室和播放设备,以适应长途旅行的需要。

大客车多采用后置式发动机,以利于隔绝噪声和方便维修。大客车的车身一般采用承载式结构、空气悬架,以减轻振动和噪声。市内公共汽车因需经常起步、加速、换挡、停车,传动系统多采用机械自动变速器或液力自动变速器,以实现自动换挡和无级变速,减轻驾驶人的工作强度,改善发动机功率的利用。

思考题

1. 汽车通过性几何参数有哪些?
2. 简述:汽车接近角;汽车离去角;汽车最小离地间隙;汽车纵向通过角。
3. 简述轮边减速器对汽车通过性的影响。
4. 汽车在横坡不发生侧翻的极限角度是多少?
5. 汽车在横坡不发生侧滑的极限坡角是什么?
6. 保证汽车在横坡上先滑后翻的条件是什么?
7. 试确定汽车在水平道路上,轮距为 B,重心高度为 h_g,以半径为 R 作等速圆周运动,汽车不发生侧翻的极限车速是多少?该车不发生侧滑的极限车速又是多少?

8. 已知汽车的轮距 $B=1.8$m,质心高度 $h_g=1.15$m,横坡度角为 $10°$,圆形跑道半径 $R=22$m,求汽车在此圆形跑道上行驶,不发生侧翻的最大车速是多少(设附着系数足够大)?

9. 汽车行驶平顺性的评价指标有哪些?

10. 汽车行驶平顺性的评价方法有哪些?

11. 画出汽车简化为 7 自由度的振动模型。

12. 画出汽车简化为单自由度振动模型,并说明它主要用于哪种评价项目?

13. 画出汽车简化为两自由度振动模型,并说明它主要用于哪种评价项目?

14. 试分析汽车简化为车身—车轮两自由度振动系统中,相对阻尼系数 ψ、质量比系数 μ、固有圆频率 ω 和刚度比 γ 的变化对行驶平顺性的影响。

15. 简述汽车乘坐舒适性评价方法。

16. 简述 1/3 倍频分别评价法。

17. 简述总加速度评价法。

18. 分析汽车质量(空载和满载)对其固有振动频率和振幅的影响,并列出表达式。

19. 某汽车总质量 $M=20100$kg,$L=3.2$m,静态时前轴荷占 55%,后轴荷占 45%,求若 $k_1=-47820$N/rad,$k_2=-38300$N/rad,求该车的稳态转向特性。

20. 已知道汽车轮距 $B=1.7$m,质心高度 $h_g=1.15$m,在横向坡度角 $\beta=12°$、半径 $R=22$m 的圆形高速跑道上等速行驶,试求不发生横向翻车的最大车速。

21. 结合汽车使用的实际,分析汽车侧向力 F_y 与侧偏角 α 之间的关系。

22. 已知汽车仅受纵向力(切向力)作用时纵向附着系数 $\varphi_{x0}=0.75$,而仅受横向力(侧向力)作用时横向力系数 $\varphi_{y0}=0.40$。请问汽车以等速圆周行驶时,纵向和横向附着系数是如何变化的?

23. 分析汽车高速行驶变更车道对汽车转向轮回正力矩的影响(侧偏力、侧偏角和回正力矩)。

24. 什么是附着(椭)圆,请写出其表达式。

25. 写出稳态转向灵敏度表达式,并分析不同稳定性因素时汽车转向稳定性。

26. 某条道路的设计车速为 80km/h,由于周围环境的限制(比如古迹、文物、重要建筑物),其转弯半径为最小转弯半径的 80%,请回答应采取的道路设计和管理措施。

27. 写出稳定性因数 $K=0$ 时汽车的转向灵敏度表达式,并绘图说明。

28. 写出稳定性因数 $K<0$ 时汽车的转向灵敏度表达式,并绘图说明。

29. 写出稳定性因数 $K>0$ 时汽车的转向灵敏度表达式,并绘图说明。

30. 绘制汽车稳定性因数 $K=0$ 时汽车的转向半径变化轨迹(假设 $u=$ const)。

31. 绘制汽车稳定性因数 $K>0$ 时汽车的转向半径变化轨迹(假设 $u=$ const)。

32. 绘制汽车稳定性因数 $K<0$ 时汽车的转向半径变化轨迹(假设 $u=$ const)。

33. 用图描述汽车稳定性因数 K 与汽车前后轮侧偏角之差 $\tan\beta'=\mu_1$ 的对应关系,并加以说明。

34. 用图描述汽车侧向加速度 a_y 与前后轮侧偏角之差 $\alpha_1-\alpha_2$ 的对应关系,并加以说明。

35. 说明汽车稳定性因数 K 与汽车前后轮侧偏角之差 $\alpha_1-\alpha_2$ 的对应关系,并绘图说明。

36. 说明汽车转向半径 R 与汽车前后轮侧偏角之差 $\alpha_1-\alpha_2$ 的对应关系,并绘图说明。

37. 说明汽车转向半径比 $\dfrac{R}{R_0}$ 与汽车纵向(切向)速度 u 或 u^2 的对应关系,并绘图说明。

38. 简述侧偏角与侧偏力。

39. 写出由 $K = \dfrac{\alpha_1 - \alpha_2}{a_y L}$ 导出 $K = \dfrac{1}{a_y L}\left(\dfrac{F_{Y2}}{k_2} - \dfrac{F_{Y1}}{k_1}\right)$ 的详细过程。

40. 写出由 $\dfrac{\omega_2}{\delta} = \dfrac{u}{L(1+Ku^2)}$ 导出 $R = \dfrac{L}{\delta - (\alpha_1 - \alpha_2)}$ 的详细过程。

41. 写出由 $\dfrac{\omega_2}{\delta} = \dfrac{u}{L(1+Ku^2)}$ 导出 $\dfrac{R}{R_0} = 1 + Ku^2$ 的详细过程$\left(\text{其中 } R_0 = \dfrac{L}{\delta}\right)$。

42. 写出转向灵敏度表达式。

43. 分析不同汽车稳定性因素时转向灵敏度变化特性。

第七章 汽车在特殊条件下的使用

汽车在不同气候条件下、在不同海拔的高原和山区复杂道路条件下,以及在走合期阶段使用时,其工作状况和使用性能会发生显著变化。因而,根据这些特殊使用条件或阶段的特点,必须采取相应的技术措施。

第一节 汽车的走合期及合理使用

一、汽车走合期及其作用

新车或大修竣工的汽车在投入使用的初期称为汽车的走合期。汽车的使用寿命、行驶可靠性、动力性和燃料经济性与汽车工作初期的使用情况有很大关系。

新车或大修竣工的汽车,尽管经过了生产磨合,但一些零件的加工表面仍存在微观和宏观的几何形状偏差(表面粗糙度、圆度、圆柱度、直线度等)。此外,总成及零部件的装配也有一定的允许误差。这些误差使新配合件表面的实际接触面积比计算面积小得多,新配合件表面的实际单位压力要比理论计算值大得多。此时,汽车若以全负荷运行,零件摩擦表面的单位压力会很大,将导致润滑油膜遭受破坏和局部温度升高,使零件迅速磨损和破坏。

汽车走合期实际上是为了使汽车向正常使用阶段过渡,而在使用中对相互配合的摩擦表面进行磨合加工,改善零件摩擦表面的几何形状和表面层物理性能、力学性能的工艺过程。汽车经过走合期的使用后,零件表面不平部分被磨去,逐渐形成了光滑、耐磨而可靠的工作表面,以承受正常工作负荷。同时,由于走合期内暴露出的生产或修理中的缺陷得以排除,减小了汽车正常使用阶段的故障率。

二、汽车在走合期及不同阶段的使用特点

1. 汽车在走合期的使用特点

1)零件表面磨损速度快

在使用过程中,磨损使配合零件的配合间隙 Δab 随着汽车工作时间或行驶里程的增加而增大。这个阶段零件表面摩擦剧烈,磨损速度快。其磨损过程分为初期磨损阶段 A、正常工作阶段 B 和逐渐加剧磨损阶段 C,如图 7-1 所示。

初期磨损阶段的磨损特点是磨损较快。新配合件配合间隙小,表面较粗糙且单位压力大,因此在相对运动中产生很大摩擦力;同时,零部件之间配合间隙小、摩擦发热多,使润滑条件差;金属磨屑进入或残留于摩擦表面之间,易形成磨料磨损;当摩擦副配合良好后,磨损

量增长速度开始减慢。配合零件在磨合终了时刻的间隙为 Δcd。

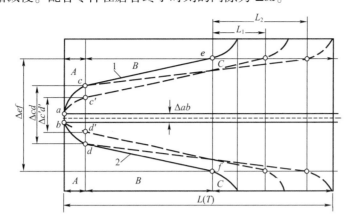

图 7-1 配合零件的磨损规律
L-里程(km)；T-汽车工作时间(h)

正常工作阶段的磨损量随着汽车行驶里程的增加而缓慢地增长。由于配合零件通常以不同的强度进行磨损，所以在 B 阶段磨损曲线 1、2 的斜率是不一样的。

逐渐加剧磨损阶段是超过配合零件极限间隙 Δef 后的零件磨损期。在这个阶段磨损速率加快，故障增加（出现异响、漏气、漏油、漏水等现象），工作能力急剧下降，并迅速损坏。

从配合零件的磨损规律可见，减小磨合终了的间隙 Δcd 可延长正常磨损阶段 B。如把磨合终了的间隙 Δcd 减小到 $\Delta c'd'$，则正常磨损阶段 B 得以延长，这样就提高了配合零件的使用寿命。

2）润滑油变质快

由于零件表面磨损快，金属磨屑生成量大，同时零件表面和润滑油温度很高，因此润滑油易于被污染或氧化而变质。

3）行驶故障多

零件配合表面的几何形状偏差、装配误差、紧固件松动、润滑条件差、使用不当等均会使汽车在走合期的故障增多。例如，汽车走合时，工作表面摩擦剧烈，润滑条件差，发动机易过热，常易发生拉缸、烧瓦等故障。

2. 汽车走合期不同阶段的使用特点

配合副零件磨合阶段的磨损量与零件表面加工质量及磨合规范有关。在这个阶段如果使用不当，未正确地执行磨合规范（包括清洁作业、合理选用专门润滑油等），将影响配合件的工作期限。汽车走合期分为以下三个阶段：

(1) 第一阶段，即在走合期的前 2~3h 内，因为零件加工表面粗糙，形状和装配位置都存在一定偏差，配合间隙较小，因此零件磨损和机械损失大，零件表面和润滑油的温度也很高。

(2) 第二阶段，即走合 5~8h 时，零件开始形成了较为光滑的工作表面，消耗在摩擦上的机械损失和产生的热量逐渐减少。

(3) 第三阶段，零件工作表面的磨合过程逐渐结束，并形成了一层防止配合表面金属直接接触的氧化膜，进入了氧化磨耗过程。

制定汽车的走合规范和汽车在走合期的技术措施时,应考虑汽车在走合期及其不同阶段的使用特点。

三、汽车走合期应采取的技术措施

1. 执行规定走合里程

汽车走合里程取决于零件表面加工精度、装配质量、润滑油的品质、运行条件和驾驶技术等。通常为1000~1500km,有的车型为2000~3000km。汽车的走合里程应符合制造商的规定。几种常见车型的走合里程见表7-1。

几种车型的走合里程　　　　　表7-1

车型	CA1091	EQ1090	奥迪100	桑塔纳	切诺基	依维柯
走合里程(km)	1000	1500~2500	1500	1500	2000	1500

由于汽车制造技术的不断进步,许多汽车已不再有所谓的"走合期"。一般来说,新车在5000km里程前,都属于走合期。大多数车型走合期最应受到重视的还是前3000km。有的车限定5000km或者三个月,有的车限定10000km或者12个月。

2. 减载

在走合期内,应选择较好的道路并减载运行。走合期第一阶段应空载;整个走合期内,载货汽车应减载20%~25%,并禁止拖带挂车;半挂车应减载25%~50%。

3. 限速

在载质量一定的情况下,车速越高,则发动机和传动系统承受的负荷越大。因此,在走合期内发动机转速不应过高,尤其前3000km,重型货车的最高行驶速度一般不超过60~70km/h,轿车类乘用车最高行驶速度一般不超过100km/h。限速行驶指各挡都要限速,通常各挡位的最大车速应下降25%~30%。不同类型的汽车,可根据其使用说明书的要求,确定最高走合速度。

4. 正确驾驶

在走合期内,驾驶人必须严格执行驾驶操作规程。起动时,预热温度应升至50~60℃;行驶中,冷却系统冷却液温度不应低于80℃;起步、加速应平稳;换挡应平稳、及时;行驶中应注意选择路面,在保证安全的前提下尽量不在凹凸不平的路面上行驶,以减轻振动和冲击;注意变速器、驱动桥、轮毂、制动鼓(盘)、轮胎的工作温度;避免急促、长时间持续使用行车制动。

5. 选择优质燃料和润滑油

汽车在走合期使用时,应选择抗爆性好的优质燃油,以防汽油机爆燃;同时应选择黏度较低的优质润滑油或专用润滑油。润滑油的加注量应略多于规定量,并应按走合期维护的规定及时更换。

6. 加强维护

走合期维护的重点是检查、紧固、调整和润滑。

在日常维护中,要经常检查、紧固各部外露螺栓、螺母,注意各总成在运行中的声响和温度变化,及时调整。

汽车走合前,应裸视检查汽车外部各种螺栓、螺母和锁销的紧固情况,检查润滑油、制动液的加注情况和轮胎气压,检查蓄电池放电情况和汽车制动效能,以防止汽车在走合期出现事故和损坏。汽车走合至1500km时,应检查有关紧固件的紧固程度和汽车传动系统、行驶系统的温度状况,并消除漏水、漏油、漏气等现象。汽车走合至约6000km时,清洗发动机润滑系统和底盘传动系统壳体,更换润滑油,对汽车上技术状况开始变化的总成、部件进行维护。走合期满后,应进行一次走合维护,对汽车进行全面的检查、紧固、调整和润滑作业。

第二节　汽车在低温条件下的使用

低温条件即指气温在 -15 ~ -10℃以下的车辆使用条件。在寒冷季节,我国大多数地区的最低气温在零度以下,北方地区的最低气温一般可达 -25 ~ -15℃,而西北、东北及其北部边疆严寒地区最低气温可降至 -40 ~ -35℃。汽车在低温条件下使用时,汽车性能显著变坏,必须采取相应措施保证汽车的技术状况,保障车辆的正常工作。

一、低温条件对汽车使用性能的影响

汽车在低温条件下使用时,其主要问题是,发动机起动困难;总成磨损严重;燃料、润滑油消耗增大;机件易损坏、腐蚀;冷起动排气污染严重等。

低温条件汽车起动困难的原因

1. 发动机低温起动困难

发动机的起动性能与发动机的类型、燃烧室形式和设计制造水平有关。一般来说,当气温在 -15 ~ -10℃时,发动机冷车起动就会有一定的困难,尤其是一些配用蓄电池容量较小的汽车;而当外界气温在 -30℃以下时,没有冷起动装置的汽车,不经预热则无法起动。汽车使用过程中,发动机低温起动困难的主要原因有:曲轴旋转阻力矩大,燃料蒸发性差,压缩终了汽缸内压力和温度低,蓄电池工作能力降低。

1) 曲轴旋转阻力矩大

发动机的起动性能通常用发动机在低温下的最低起动转速表示,并用发动机的最低起动温度表示其低温起动性能。随着环境温度的降低,发动机的最低起动转速升高,而起动时起动机驱动发动机曲轴旋转的起动转速却大幅度下降。最低起动转速曲线与起动转速曲线的交点所对应的温度即为发动机的最低起动温度,如图7-2所示。

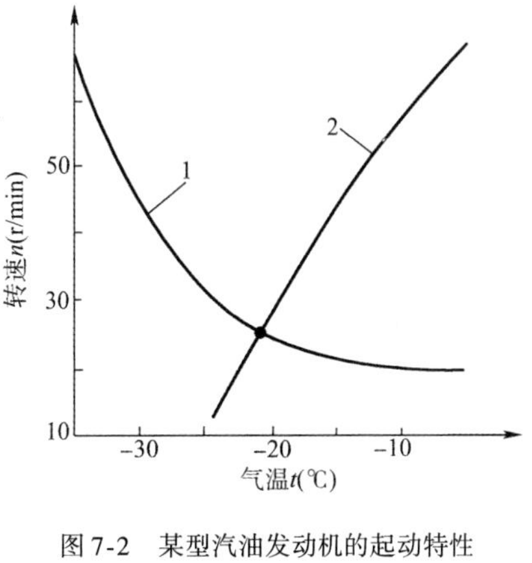

发动机起动转速主要受起动阻力矩的影响。发动机起动时,曲轴的旋转阻力包括汽缸内被压缩的可燃性混合气(或空气)的反作用力、运动部件的惯性力、各摩擦副的摩擦阻力等。起动转矩 M_C(N·m)可表示为

$$M_C = M_K + M_J + M_R \tag{7-1}$$

图7-2　某型汽油发动机的起动特性
1-最低起动转速；2-发动机起动转速

式中:M_K——压缩气体阻力矩,N·m;

M_J——运动部件惯阻力矩,N·m;
M_R——摩擦阻力矩,N·m。

对于结构一定的发动机,M_K 和 M_J 在温度降低时变化不大。在低温条件下,摩擦阻力矩 M_R 主要取决于润滑油的黏度。即发动机曲轴旋转阻力矩和起动转速在低温条件下主要受润滑油黏度的影响。在摩擦阻力中,活塞与汽缸、曲轴各轴承的摩擦力占主要,占起动摩擦力的 60% 以上。

发动机起动的基本前提是曲轴必须达到一定的转速。随着发动机机体温度的降低,润滑油黏度增大,内摩擦力增加,曲轴旋转阻力矩增大,发动机起动所需功率增大,从而使发动机起动转速下降而难以起动。润滑油黏度、起动温度与发动机起动功率之间的关系如图 7-3 所示,使用低黏度润滑油时所需要的起动功率相对增幅较小。例如,在 -23.3℃温度下,使用牌号为 SAE10W 的润滑油只需 3.7kW 的起动功率,使用 SAE20W 润滑油则需 7.4kW,而使用 SAE30 润滑油竟增加到 11.8kW。其原因是 SAE10W 润滑油比其他两种润滑油的低温黏度小。在 -18℃时,SAE10W 润滑油的动力黏度为 2500mPa·s,而 SAE20W 润滑油的动力黏度却高达 1000mPa·s。

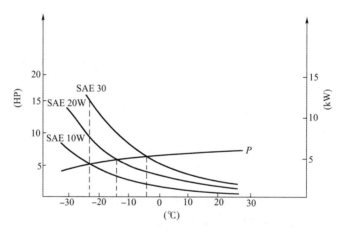

图 7-3 发动机润滑油黏度、温度与起动功率的关系

2) 燃料蒸发性降低

温度的降低会使燃油的黏度和密度增大,流动性变差,表面张力增大,从而不能完全雾化。同时,低温时燃油难以吸热蒸发,部分燃油以液态进入汽缸,实际混合气过稀而不易起动。试验表明:发动机起动时流速一般不超过 3~4m/s,气温在 0~12℃时,只有 4%~10% 的燃油汽化。

燃油的蒸发性影响发动机起动性能。汽油的蒸发性用馏分温度表示,其中 10% 的馏分温度影响发动机的起动性。10% 馏分温度越低,起动性能越好。随着温度的降低,汽油的黏度和相对密度增大,汽油流动性变坏,雾化和蒸发困难。从 +40℃ 到 -10℃,汽油的黏度提高 76%,相对密度提高 6%,如图 7-4 所示。90、93、97 号车用汽油的 10% 馏分温度均不高于 70℃,在气温不低于 -20℃ 时,可满足发动机直接起动的要求。

低温条件下使用的柴油机,要求柴油具有良好的流动性和较低的黏度。然而,夏季牌号的柴油在温度降低到 -18~-20℃ 时,黏度开始明显增大。由于黏度增大,柴油雾化不良,使燃烧过程变坏。当温度进一步降低,则因燃料中的含蜡沉淀物析出,使燃料的流动性逐渐丧失。

3）汽缸压缩终了的压力和温度下降

低温条件下,发动机起动转速下降,不仅使流经发动机进气道的气流速度下降,影响了汽油的雾化和蒸发,而且使压缩终了的汽缸压力和温度下降,混合气更难以点火燃烧。图 7-5 所示为汽缸压缩压力与发动机曲轴转速的关系曲线。当起动机带动发动机在较低转速范围内运转时,即使有一个较小的转速差 Δn,也能使汽缸压缩压力发生较大的变化 Δp。只有当发动机曲轴转速超过某一值时,压缩压力受转速的影响才会较小。

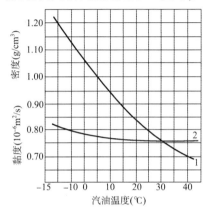
图 7-4　汽油的黏度、相对密度(比重)与温度的关系
1-黏度曲线;2-相对密度曲线

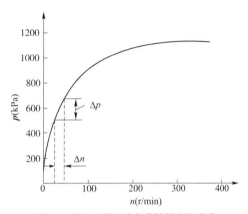
图 7-5　汽缸压缩压力与曲轴转速的关系

4）蓄电池工作能力下降

在起动过程中,蓄电池主要影响起动机的起动转矩和火花塞的跳火能量。蓄电池电压为

$$U = E - IR \tag{7-2}$$

式中:U——蓄电池电压,V;
　　E——蓄电池电动势,V;
　　R——蓄电池内电阻,Ω;
　　I——蓄电池输出电流,A。

在低温条件下,蓄电池的电动势 E 变化不大。即环境温度有较大变化时,蓄电池的单格电压下降并不多。但是,随着环境温度的下降,蓄电池的电解液黏度增大,电解液向极板的渗透能力下降,内电阻增加;同时,起动时的电流增大,从而使蓄电池的端电压明显下降。

蓄电池端电压的降低对发动机低温起动性能的影响表现在两个方面。首先,低温起动时需要的起动功率大,而蓄电池输出功率反而下降,导致起动机无力拖动发动机曲轴旋转或不能达到最低起动转速,如图 7-6 所示;其次,蓄电池端电压降低时火花塞的点火能量小,发动机起动困难。此外,在低温条件下,点火能量降低的原因还有:可燃混合气密度增大使电极间电阻增大,火花塞电极间有油、水及氧化物等。

2.汽车总成磨损强度增大

汽车在低温条件下使用时,各主要总成的磨损强度都变大。由于工作条件的不同,汽车发动机和底盘传动系统磨损强度增加的原因有所不同。

1）发动机磨损强度增大的主要原因

在发动机的使用周期中,50%的汽缸磨损发生在起动过程,其中冬季起动磨损占总起动磨损的60%~70%。某发动机的试验表明,在气温为-18℃时,发动机起动一次的磨损量相当于汽车正常行驶210km的磨损量。其主要磨损部位是汽缸壁和活塞环、轴和轴瓦、传动系统各总成。

(1)汽缸壁磨损的原因。

某型汽车发动机的汽缸壁温度对缸壁和活塞环磨损的影响,如图7-7所示。

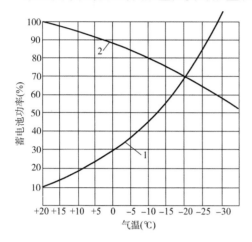

图7-6 气温对起动功率、蓄电池输出功率的影响
1-起动功率(蓄电池功率百分数);2-蓄电池输出功率

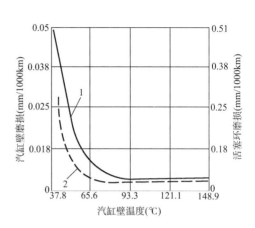

图7-7 发动机汽缸壁磨损、活塞环磨损
与汽缸壁温度的关系
1-汽缸壁;2-第一道活塞环

低温起动时,发动机缸壁磨损严重的主要原因为:

①在发动机起动过程中,润滑油因黏度大、流动性差而不能及时到达缸壁表面,缸壁润滑条件差。

②少量未蒸发的液态燃油进入汽缸,冲刷掉缸壁上润滑油膜,甚至沿缸壁流入曲轴箱,稀释润滑油使其油性减退。

③在低温条件下,燃烧过程形成的水蒸气部分凝结在缸壁上;同时,汽油中的硫在燃烧过程中产生硫氧化物(SO_x)。二者化合成酸性物引起腐蚀磨损,使缸壁的磨损加剧。为此,在低温条件下使用的汽油含硫量不应大于0.1%。汽油含硫量与缸壁磨损的关系如图7-8所示。

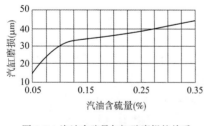

图7-8 汽油含硫量与缸壁磨损的关系

(2)曲轴和曲轴轴承磨损严重的原因。

低温起动时,润滑油黏度低、流动性差,机油泵不能及时将润滑油输送到曲轴颈的工作表面,使润滑条件恶化。

未燃燃料及燃料不完全燃烧形成的燃烧产物窜入曲轴箱稀释和污染润滑油。

曲轴轴承用巴氏合金材料制成,轴承的基体材料与曲轴轴颈材料的膨胀系数不同,在低温条件下的配合间隙变小且不均匀,加速了轴颈与轴瓦的磨损。

2)传动系统总成磨损强度大的原因

(1)低温润滑条件差。

传动系统总成(变速器、主减速器和差速器等)的正常工作温度由零件摩擦和搅油产生的热量维持,温升速度较慢。例如,某型汽车传动系统总成中的油温为-10℃时,行驶6km

后油温才能升到 10~15℃。低温时，齿轮和轴承得不到充分的润滑，零件磨损大。有关研究表明，与润滑油温 35℃时的磨损强度相比，润滑油温 -5℃时，汽车主减速器齿轮和轴承的磨损强度增大 10~12 倍。

(2) 低温运动阻力大。

低温时，汽车传动系统润滑油黏度增大，运动阻力也相应增大；在起步后的一段时间内，各总成的负荷较大，加剧了传动零件的磨损。

3. 燃料消耗增大

汽车在低温条件下使用时，油耗增大的主要原因是：

(1) 发动机暖车时间长。

(2) 发动机工作温度低，燃料蒸发、汽化不良，燃烧不完全。

(3) 润滑油黏度大，摩擦损失大，发动机输出功率下降，传动系统的机械传动效率下降，汽车行驶阻力增加。

据试验，当汽油发动机的冷却液温度由 80℃降至 60℃时，油耗增加 3%；降至 40℃时，油耗增加 12%。

4. 零部件易损坏

在低温条件下，材料的物理、力学性能将变差。在 -30℃以下时，碳钢的冲击韧性急剧下降，铸件变脆，塑料、橡胶变硬、变脆，从而使由这些材料制成的零部件在载荷作用下易于发生损坏。另外，在低温条件下，蓄电池电解液易冰冻而不能正常工作；甚至冷却液结冰，导致散热器和缸体冻坏。

5. 冷起动排气污染严重

冷起动一般指发动机从冷态起动到暖车前的这一段过程。发动机在冷起动阶段 HC 和 CO 排气污染严重，在低温条件下更为突出。其原因是空气温度低，燃油雾化不好。

据测算，汽油机 HC 排放量的 80% 是在冷起动阶段排出的。汽车发动机目前采用闭环电子喷射技术并装配三元催化转换器（TWC），可有效地降低有害物的排放。

汽油机的冷起动工况有其特殊性。冷起动过程持续时间短，不确定性因素多。电子控制燃油喷射汽油机，在起动初期的一、二个循环，喷油量往往是实际燃烧需求量的 5~6 倍，以使发动机能够尽快点火。这时，进气道空气流速较慢，管壁温度较低，燃油的蒸发条件相对较差，因而部分燃油以油膜的形式停留在进气道壁面上、进气门处或进入汽缸。这些油膜在后续的暖机工况，以致正常工况将随着周围温度的升高而蒸发出来，从而对这段时间内汽缸的实际空燃比产生很大的影响。

另外，在这一段时间里氧传感器不起作用，无法提供反馈信号以对燃油量进行有效控制。这是电控喷射汽油机冷起动排放污染大的另一个重要原因。典型三元催化剂的起燃温度一般在 250~300℃，所以在冷起动期间燃烧所产生的废气不能被催化转换器所转化而直接排出。在起动后的前 60s 期间，多数 HC 都未被转化；而在 60s 后，只有少量 HC 从排气管中排出，绝大多数 HC 被转化。这说明催化转换器在冷起动期间，需要一定的起燃时间才能工作，如图 7-9 所示。

在低温条件下，柴油机冷起动和怠速工况时通常会排出白烟。白烟是直径 $1\mu m$ 以上的微粒。在冷起动程中，因汽缸中温度较低，发火不良，燃油不能完全燃烧而以液滴微粒状态排出而形成白烟，主要是有机可溶成分。待暖车过程结束，发动机正常工作后，白烟即刻消失。

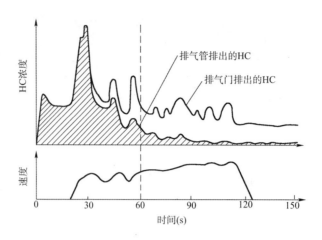

图 7-9 冷起动时催化转换器的工作特性

6. 行车条件差

在低温条件下,道路常被冰雪覆盖,致使轮胎与路面间的附着系数显著下降,使制动距离延长且车辆极易发生侧滑。在同等条件下,冰雪路面的制动距离比干燥路面的制动距离长 2~4 倍。汽车加速上坡时,驱动轮也易于滑转。

在特别严寒的情况下,橡胶轮胎逐渐变硬、变脆,受到冲击载荷时容易发生破裂。因此,在冬季行车时,在汽车起步后应先以低速行驶,并要平稳起步和越过障碍物。

二、汽车在低温条件下使用时应采取的主要技术措施

根据汽车在低温条件下的使用特点,应采取以下措施提高汽车的低温使用性能。

1. 加强技术维护

在季节转换之际,应结合汽车定期维护作业,进行附加作业项目,以提高汽车在低温、寒冷条件下的适应能力,避免发生交通意外事故。

冬季维护的主要附加作业项目有:

(1) 安装或维护发动机保温及起动预热装置;
(2) 检查调整冷却散热装置(节温器、风扇离合器、风扇传动带等);
(3) 更换冬季润滑油(脂)及防冻液;
(4) 检查调整供油系统、点火系统;
(5) 采取防滑保护措施等。

2. 预热

发动机起动前预热的目的是,提高燃油的雾化性和蒸发性,改善混合气的形成条件,降低发动机的起动阻力,以利于发动机在低温条件下顺利起动。常用的预热方法有热水预热、蒸汽预热、电热器及红外辐射加热等。

热水预热和蒸汽预热是过去应用最广泛的预热方式。

热水预热时,将热水加热至 90~95℃,从散热器加水口注入冷却系统,注满后把防水阀打开,使之边注边流,待流出的冷却液温度达到 30~40℃后,关闭放水阀;若把热水直接注入汽缸体水套,使其完全充满后再流入散热器,可充分利用热水的热能,迅速提高发动机温度。

蒸汽预热是预热发动机的有效方法。预热时,蒸汽通过蒸汽管导入散热器的下水管,进

入发动机冷却系统,或直接引入发动机的冷却水套。蒸汽直接引入冷却水套时加热迅速,蒸汽浪费小,但需在缸体和缸盖上加装蒸汽阀。预热开始时,因发动机温度低,蒸汽进入冷却系统后会被冷凝,需打开放水开关排出积水;当缸体温度升高到一定程度时,放水阀处便排出蒸汽;预热温度升高到50~60℃时,可起动发动机并往发动机冷却系统加入热水。若在曲轴箱内加装蒸汽管或散热容器,可预热润滑油,降低润滑油的黏度,使发动机更易于起动。

电加热方法是把加热器插入冷却系统或机油内的一种加热方式,可方便地对发动机进行加热。管式冷却液电极加热器利用内、外电极间冷却液的电阻进行加热,如图7-10所示。

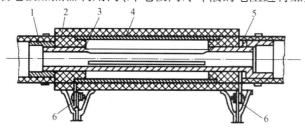

图7-10 管式电极加热器
1-接头;2-绝缘体;3-内电极;4-外电极;5-软管;6-接线柱

由于汽车发动机缸套内现在加注的是防冻液,加之使用多级润滑油,因此绝大多数发动机无需预热。

3. 保温

汽车在严寒地区使用时,应适当对发动机和蓄电池采取保温措施。其目的是使汽车在一定热工况下工作,并随时可以出车。气温很低时,或对于承担某些特殊任务的车辆,还应对燃油箱和驾驶室进行保温。

采用百叶窗或用改变风扇参数(叶片数目或角度)的方法可以对发动机保温,也可以用降低风扇转速或用断开风扇离合器的方法保温。后一种方法不但减少了热量耗散,而且还能减少发动机的功率损失;关闭百叶窗可减小流经散热器的空气流,但由于气流阻力大,风扇消耗的功率略大。

采用发动机舱盖保温套是保持发动机温度状况的重要措施。采用该措施的发动机在-30℃的气温下工作时,发动机舱盖内温度可保持在20~35℃;停车后,汽车发动机主要部位的冷却速度也比无保温套时降低近6倍。保温材料可是棉质或毡质,前者保温性能较好。用薄乙烯基带密封发动机舱盖有良好保温效果。

采用双层油底壳对油底壳本身及润滑油有良好的保温效果,也可在油底壳的内表面用一层玻璃纤维密封。

提高蓄电池在低温条件下输出功率的方法有两种:一是使用低温型蓄电池;二是蓄电池保温。低温蓄电池使用薄极板,并加入活性添加剂。由于蓄电池的极板片数增加,与电解液的接触面积增大,使蓄电池容量增加,降低了内电阻,提高了蓄电池输出功率。

蓄电池保温的目的是保持蓄电池的温度或减缓蓄电池温度下降速率,以使其容量、内电阻变化不大。蓄电池在低温下工作时,电解液温度每降低1℃,容量便减少1%~1.5%。温度过低时,电解液有冻结以致冻坏蓄电池的危险。蓄电池保温的常用方法是把其放在具有夹层的玻璃钢制箱内,夹层中充有导热系数很低的保温材料。保温材料一般是聚氨醋泡沫塑料。在特别严寒地区,可采用加热装置对蓄电池进行保温。蓄电池加热保温箱的夹层内设有电加热器。电加热器有加热板和加热筒两种。前者设在蓄电池底部;后者敷设于在保温箱的内壁。为了对加热温度进行控制,蓄电池加热保温箱还必须具备自动恒温控制与自动断电两项功能。

4. 合理选用燃料和润滑油

为便于发动机低温起动并减轻磨损,低温条件下使用的燃料应具有良好的蒸发性、流动性、低硫量。

燃料蒸发性对发动机起动性能有很大影响。蒸发性用馏分温度表示,其中10%的馏分温度影响发动机的起动性。10%馏分温度越低,起动性能越好。随着温度降低,汽油的黏度和相对密度增大,汽油流动性变坏,雾化和汽化困难。从+40℃到-10℃,汽油的黏度提高76%,相对密度提高6%。90、93、97号车用汽油的10%馏分温度均不高于70℃,在气温不低于-15℃时,能满足发动机直接起动的要求。

低温条件下使用的柴油机,要求柴油具有良好的流动性和较低的黏度。然而,温度降低时,柴油黏度增大,柴油雾化不良,使燃烧过程变坏。当温度进一步降低,则因燃料中的含蜡沉淀物析出,使燃料的流动性逐渐丧失。柴油的牌号是以凝点划分的,在低温条件下,所选用柴油牌号的冷凝点应至少比环境温度低5℃。

汽车在低温条件下使用时,应选用黏温特性好的低黏度润滑油,以降低起动阻力并改善零部件的润滑条件。进入冬季前,有的发动机、变速器、主传动器等总成应换用冬季润滑油。因冬季润滑油具有良好的黏温特性,黏度随温度下降不显著,可改善零部件的润滑条件和降低起动阻力。

5. 起动液的使用

在低温条件下,为了保证发动机直接起动(冷起动),需要采用专门的起动燃料——起动液。起动液应具备下列特点:

(1) 容易点燃(或压燃),以保证发动机可靠起动。

(2) 发动机起动后,运转应稳定柔和。

(3) 在起动过程中,发动机磨损要小。

起动液中的主要成分是乙醚($C_2H_5OC_2H_5$),其沸点仅为34.5℃,因此具有很好的挥发性。

加注起动液时,应根据发动机进气系统的结构,尽可能将起动液呈雾状均匀地分配到各汽缸中。另设有起动装置的发动机,其起动装置以起动液为燃料,起动时可以将其呈雾状喷入进气管,与从空气滤清器吸入的空气(柴油机)和可燃混合气(汽油机)混合后进入各个汽缸。由于起动液易燃,保证了起动可靠,并促进了基本燃料的燃烧。没有起动装置的汽车,可以采用起动液压力喷射罐直接把起动液喷入进气管内,但应注意控制喷入量。喷入量过大时,会引起发动机起动粗暴。

采用起动液进行冷起动时,可使发动机在-40℃或更低的气温下起动。这种起动方法应与稠化机油和低温蓄电池相配合,以便使起动机能把发动机驱动到起动转速。

6. 正确使用防冻液

在冬季,汽车发动机冷却系统可使用防冻液,防止冻裂机件,并可避免每天加水、放水,以减轻劳动强度并缩短起动前的准备时间。

防冻液的使用性能用凝固点、沸点、传热性和热容量表示。为了保证防冻液在冷却系统中的流动性,要求其黏度要低。防冻液还不应引起金属腐蚀、橡胶溶胀,并应具有一定的化学稳定性。常用的防冻液是乙二醇—水型防冻液,其牌号以防冻液的冰点划分。乙二醇—水型防冻液温度、密度、冻结温度及浓度见表7-2。

乙二醇—水型防冻液温度与密度、冻结温度、浓度的关系 表7-2

防冻液水温(℃)与密度(g/m³)					冻结温度	安全使用温度	防冻液浓度
10℃	20℃	30℃	40℃	50℃	(℃)	(℃)	(%)
1.054	1.050	1.046	1.042	1.036	-16	-11	30
1.063	1.058	1.054	1.049	1.044	-20	-15	35
1.071	1.067	1.062	1.057	1.052	-25	-20	40
1.079	1.074	1.069	1.064	1.058	-30	-25	45
1.087	1.083	1.076	1.070	1.064	-36	-31	50
1.095	1.090	1.084	1.077	1.070	-42	-37	55
1.103	1.098	1.092	1.076	1.076	-50	-47	60

防冻液在使用过程中要注意:

(1)防冻液的冰点应比使用地区的最低温度低5~10℃;

(2)防冻液的表面张力小,因而容易泄漏,加注前应检查冷却系统的密封性;

(3)防冻液膨胀系数大,一般只应加到冷却系统总容量的95%,以免升温膨胀后溢出;

(4)常用密度计检查防冻液成分,掌握防冻液的冰点。若防冻液冰点不满足要求时,应更换或重新配制。

7.其他应注意的问题

在低温条件下,制动液、减振液的黏度增大,甚至出现结晶,影响汽车行驶的安全性与平顺性。因此,在严寒地区应选用适于在低温条件下使用的制动液和减振液。减振器在必要时应拆下避振杆。

在特别寒冷的情况下,轮胎橡胶硬化、变脆,受冲击载荷的作用时易破裂。因此,在冬季行驶时,为了减轻冲击,汽车起步后在初始几千米内应低速行驶,要缓慢起步及越过障碍物。

第三节 汽车在高温条件下的使用

高温条件即指气温在35~40℃以上的车辆使用条件。高温条件对汽车使用性能有不利影响,应采取相应措施,保证汽车的技术状况和正常运行。

一、高温条件对汽车使用的影响

汽车发动机散热器的散热量Q可表示为

$$Q = ks\Delta T \tag{7-3}$$

式中:k——传热系数;

　　s——散热器的散热面积;

　　ΔT——散热器内外温差。

当散热器的结构和冷却液一定时,k和s的数值为常数,散热量Q主要取决于温差ΔT。因此,汽车在高温条件下使用时,冷却系统的散热温差ΔT降低,使冷却系统散热量减小,发动机易过热。由此容易导致发动机充气能力下降、燃烧不正常、润滑性能变差、供油系气阻等现象,使发动机的动力性、燃料经济性和可靠性变坏。

此外,汽车在高温条件下的行驶过程中,由于散热能力差,驱动桥齿轮油温度可达120℃,轮毂轴承、轮胎和制动液的最高工作温度可超过130℃,对汽车传动系统和行驶系统的使用性能有不利影响。由于工作温度高,汽车电子电气设备故障也会增多。

1. 发动机充气能力下降

每个工作循环进入汽缸工作容积的新鲜工质量多,则发动机功率和转矩增大、动力性能好。充气系数 η_v 和每个循环充气量 Δm 是评价发动机进气过程完善程度的重要指标,其关系为

$$\Delta m = \eta_v \Delta m_0 = \eta_v V_h \rho_0 \tag{7-4}$$

式中: Δm ——实际进入汽缸新鲜充气量的质量,kg;

Δm_0 ——进气状态下充满汽缸工作容积的新鲜充量的质量,kg;

V_h ——汽缸工作容积,m^3;

ρ_0 ——进气状态下空气密度,kg/m^3。

进气温度提高后,其与缸壁的温差减小。尽管充气系数变化不大,但由于高温条件下发动机舱盖内温度高,空气密度下降,发动机的实际充气量 Δm 减少,从而导致发动机输出的功率和转矩降低。大气温度越高,发动机舱盖内温度越高,空气密度越小,充气能力越低,发动机的动力性下降越显著。试验表明,当大气温度从15℃升高到40℃时,发动机功率下降5%~8%;气温25℃时,由发动机舱盖外吸气可使发动机最大功率提高10%。

2. 燃烧不正常

汽车在高温条件下使用时,易产生发动机爆燃和早燃等不正常燃烧情况。

发动机爆燃与很多因素有关。大气温度高,进入汽缸的混合气温度也高,发动机整个工作循环的温度上升;同时,由于冷却系统散热能力下降,导致发动机过热。发动机汽缸壁、燃烧室壁温度升高,燃烧室内末端混合气吸收热量多,加剧了混合气的燃前反应,使发动机在爆燃敏感的条件下运转,容易产生爆燃。另外,过热的发动机使积存在活塞顶、燃烧室壁、气门顶及火花塞上的积炭增多并在此形成了炽热点,易造成混合气的早燃。

不正常燃烧使发动机零件的热负荷和机械负荷上升,容易导致零件的热变形甚至裂纹,并加剧磨损。

3. 燃料消耗量增大

随着进气气温上升,空气密度减小,混合气变浓(图7-11);同时,在高温条件下,易发生不正常燃烧现象;另外,由于动力不足,汽车经常以低挡大负荷行驶;这都会使汽车的燃料经济性降低。试验表明:当气温高于28℃时,汽车运行燃料消耗量将增大2%以上。

4. 润滑油易变质

发动机过热使燃烧室、活塞、活塞环和油底壳等易引起润滑油变质的主要区域的温度升高。发动机润滑油在高温、高压下工作时,其抗氧化安定性变差,加剧了热分解、氧化和聚合的过程。不正常燃烧所形成的不完全燃烧产物窜入曲轴箱,既污染了润滑油,又使其温度升高。

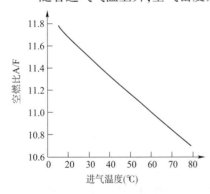

图7-11 进气温度与空燃比(A/F)的关系

由于润滑油温度高,因而黏度下降,油性变差。因此,发动机温度越高,润滑油变质越快。

在我国西北高原,夏季炎热而干燥,空气中的灰尘很多。而湿热的南方地区,空气中的水蒸

气浓度大。这些灰尘和水蒸气通过进气系统或曲轴箱通风口等处进入发动机而污染润滑油。

5. 零件磨损加剧

对于高温条件下使用的汽车,发动机在起动后达到正常工作温度前,发动机和传动系统各总成的磨损率逐渐减少。但由于温度高,润滑油黏度下降,油性变差,润滑油污染后品质变差,使汽车在长时间行驶过程中,特别是重型载货汽车在超载爬坡或高速行驶的大负荷使用过程中,或在不正常燃烧而形成的高温高压条件下,其零件磨损加剧。

6. 燃油供给系统气阻

燃油供给系统受热后,部分汽油蒸发成气态,形成气泡存在于油管及汽油泵中;由于气体的可压缩性,使之随着汽油泵供油所产生的脉动压力,不断地被压缩和膨胀,从而破坏了汽油泵吸油行程所产生的真空度,使发动机供油不足甚至中断。这种现象称为供油系统气阻。在炎热地区,特别是当汽车满载上坡或长时间低速行驶时,供油系统气阻时有发生。

影响气阻现象发生的因素如下:

(1)汽油的品质(挥发性)。其挥发性越好,汽油的挥发量越大,越易于产生气阻。

(2)供油系统在发动机上的布置。汽油管路和汽油泵越靠近热源,越易产生气阻。

(3)汽油泵的使用性能。结构不同的汽油泵,尽管泵油量相同,但抗气阻的能力差别很大。泵油压力高时,其抗气阻能力也强。

(4)发动机舱盖内温度。气温越高或通风不良时,发动机舱盖内温度越高,越易于产生气阻。

(5)大气压力。大气压力对供油供给系统气阻的影响很大。气压越低,汽油越容易挥发,产生气阻的趋势增大。

7. 制动效能下降

汽车在高温条件下行驶时,制动器制动产生的热量不能及时扩散,使制动摩擦副(制动鼓和蹄片或者制动盘和摩擦衬块)的工作温度上升,摩擦系数下降,使汽车的制动效能下降。液压制动的汽车,制动液在高温时可能发生气阻现象,同时可能导致制动皮碗膨胀,从而致使制动效能下降,影响行车安全。

8. 排放污染加剧

大气温度通过空气密度、空燃比和燃料蒸发等因素对发动机排气污染物产生复杂的影响。当环境温度变化时,排气中 CO 实际浓度的变化情况如图 7-12 所示。

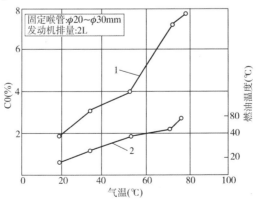

图 7-12 CO 浓度与气温变化的关系
1—CO 浓度;2—燃油温度

HC、NO_x 的浓度也随气温升高引起的混合气浓度变化所支配。气温升高,混合气变浓,HC 浓度增大;而 NO_x 的浓度则在某一空燃比时达到最大值。

9. 其他

在高温行车条件下,蓄电池电解液蒸发快,蓄电池电化学反应加快,极板易损坏,同时易产生过充电现象,影响蓄电池的使用寿命。

汽车在高温环境中行驶时,因点火线圈过热而使高压火花减弱,容易产生发动机高速断火现象。

外界温度高时,轮胎散热慢,胎内温度升高而使气压增大;同时,橡胶老化速度加快、强度降低,因而容易引起轮胎爆裂。

二、改善高温条件下汽车使用性能的主要措施

1. 提高发动机冷却系统的冷却强度

高温条件下,在结构方面增大冷却系统冷却强度的主要措施是:增加风扇叶片数、直径或叶片角度;提高风扇转速;采用形状过渡圆滑的护风圈等;尽量使气流畅流、分布均匀、阻力小、消除热风回流现象,并避免散热器正面无风区;增大风扇对散热器的覆盖面积;采用通风良好的发动机舱盖、发动机舱盖外吸气、供油系统冷却等办法减小吸入空气及燃料的温度变化。

2. 加强发动机技术维护

在夏季日常维护中,要特别注意冷却系统的检查。例如,冷却系统的密封情况,散热器盖上的通气孔是否畅通,冷却液温度表及温度传感器是否正常,冷却风扇的技术状况,冷却液液面高度等。

为了使发动机正常运行,在夏季前对汽车进行一次检查和调整,应对汽车冷却系统、燃油供给系统、点火系统进行检查和调整,并适时更换润滑油(脂)。

1)冷却系统维护

为保证冷却系统的散热能力,在技术维护过程中,应检查和调整冷却风扇传动带的松紧程度,检查节温器的工作状况,清除散热器和缸体水套内的水垢。水垢对冷却系统散热能力的影响很大。

试验表明:水垢的导热率比铸铁小十几倍,比铝小 10~20 倍。

2)润滑系统维护

为了保证汽车各总成在高温条件下润滑可靠,在技术维护过程中,要检查润滑油液面高度,适当缩短换油周期。应选用优质润滑油作为发动机夏季用油;在大负荷连续上坡时,大型载货汽车、大型客车的变速器和差速器的润滑油温度随行驶距离增长而升高(图7-13);汽车在炎热季节高负荷连续行驶时,其发动机润滑油温度最高超过120℃,因此应加装润滑油散热器;高温将使传动系润滑油早期变质、黏度降低,应适时更换齿轮油;轮毂轴承应换用滴点较高的润滑脂,并按规定周期进行检查和维护。

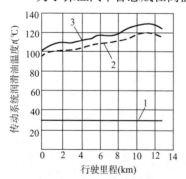

图7-13 连续上坡时传动系润滑油的温度变化

3)燃油供给系统维护

对于在灰尘大的地区使用的汽车,应加强空气滤清器的维护。

对采用电子控制汽油喷射系统的发动机,可适当调整发动机的匹配参数,用以提高发动机的充气效率,保证混合气的质量和正常燃烧。由于高温条件下空气密度低,应调整发动机供油系统,防止混合气过浓。

4)电源及点火系统维护

高温时,混合气燃烧速率快,可适当减小点火提前角;夏季蓄电池电解液蒸发快,电解液的密度应稍小,应经常检查蓄电池技术条件;夏季汽车用电量小,应调小发电机调节器充电电流,以避免蓄电池过充电,极板损坏。

3. 防止气阻

防止燃油供给系统气阻的措施是改善发动机的散热和通风条件,以及隔开具有供给系统的受热部位。具体措施如下。

高温条件下的气阻现象

(1)行车中注意冷却汽油泵。

(2)装用电动汽油泵。电动汽油泵具有结构简单、工作可靠、不受安装位置限制的优点。

(3)改变汽油泵的安装位置。现代汽车汽油泵安装在燃油箱内,增大了供油并增设了回油管路,可有效防止供油系统气阻。

(4)制动系统管路中的制动液在高温下可能产生气阻。为了保证汽车在高温条件下的行车安全,应采用沸点高的合成型制动液,并适时更换。

4. 防止爆燃

发动机爆燃与进气温度有很大关系,可通过改进进气方式和降低进气温度来防止爆燃。例如:在夏季高温条件下,某型汽车满载拖挂行驶时,发动机舱盖下温度可达60℃。如果改成前吸式空气滤清器,使进气不受发动机热辐射的影响,则在汽车满载拖挂(汽车列车总质量为14t)上坡行驶(坡度8%)时,进气温度下降近10℃,从而减少了爆燃倾向。

防止爆燃的措施还有:选用辛烷值较高的高牌号优质汽油;适当推迟点火时间,并调整点火系统使火花塞产生较强点火能量的火花;及时清除燃烧室内的积炭。

5. 防止爆胎

环境温度高时,轮胎散热差,特别是在高速公路行驶的汽车,由于车速高,轮胎发热后温度升高,轮胎承载能力下降,容易爆胎。

轮胎的工作速度见表7-3。子午线轮胎胎侧注有速度符号,使用中不应超速行驶。

轮胎速度符号表　　　　　　表7-3

符号	C	D	E	F	G	J	K	L	M	N	P	Q	R	S	T	U	H	V
行驶速度(km/h)	60	65	70	80	90	100	110	120	130	140	150	160	170	180	190	200	210	240

汽车超载也是爆胎的重要原因。在炎热的夏季,地面温度高,轮胎因此升温;如果超载行驶,轮胎变形增大,行驶时产生的热量多,又因此时轮胎散热差,致使轮胎温度进一步升高。轮胎的橡胶材料和帘线在升温后承载能力下降,同时大载荷下产生的轮胎变形容易产生胎面脱胶,从而使轮胎承载能力进一步下降。因此,汽车超载使轮胎承受的载荷增大时,极易导致胎体爆破。轮胎的负荷能力是以速度为基础的,行驶速度提高,负荷能力应相应减少。轮胎负荷也用胎侧的相应标记标明。例如,某型轿车的轮胎规格为195/60R14 85H;其

中，H 为速度符号，表示最高工作速度为 210km/h，负荷指数为 85，表示承载能力为 515kg。

轮胎的规定气压是常温下的轮胎气压，也用胎侧符号注明。轮胎气压与环境温度有关，在汽车行驶过程中，轮胎气压随轮胎温度提高而相应增高。检查轮胎气压时应在停驶后胎内空气温度与环境温度达到平衡时进行。显然，轮胎气压过高，容易爆胎。

轮胎气压严重不足也容易引起爆胎。特别是在炎热条件下高速行车，轮胎胎体不断受到弯折变形，使得轮胎胎体迅速升温过热，造成橡胶从帘线层上脱落，严重时引起胎冠脱落式爆胎。

6. 注意车身维护

汽车在湿热带地区进行的漆层和电镀层的试验结果表明：漆层的主要损坏是老化、褪色、失光、粉化、开裂和起泡等；电镀层的主要损坏是锈斑、脱皮、锈蚀等。高温条件大大加快了漆层和电镀层的损坏过程。因此，汽车在夏季使用和维修过程中，应加强外表养护作业，注意喷漆前的除锈并采用耐腐蚀、耐磨性高的涂层。

高温、强烈的阳光、多尘和多雨均影响驾驶人的劳动强度、行车安全和乘坐舒适性。应加装空调设备、遮阳板；或加强驾驶室、车厢的通风，并密封防雨。

第四节　汽车在高原和山区条件下的使用

高原和山区条件指高海拔地区和山区复杂道路条件。高原山区条件对汽车的使用性能有不利影响，应采取相应措施，保证汽车的技术状况和正常运行。

一、高原和山区条件对汽车使用的影响

汽车在高原和山区条件下行驶时，由于海拔高、气压低、空气稀薄，使发动机动力性和燃料经济性下降；重载载货汽车低挡上长大坡时，发动机易过热；同时，在山区复杂道路条件下行驶时，换挡、制动和转弯的次数多，底盘特别是行驶系统的载荷大，轮胎磨损大，其制动系统的负荷也增大。

1. 海拔对发动机动力性的影响

随着海拔升高，气压逐渐降低，空气密度减小（表 7-4）。海拔每升高 1000m，大气压力下降约 11.5%，空气密度约减小 9%。海拔升高致使发动机的进气量减少，平均指示压力下降。

海拔、大气压力、密度及温度的关系　　表 7-4

海拔(m)	大气压力(kPa)	气压比例	空气温度(℃)	空气密度(kg/m³)	相对密度
0	101.3	1	15.0	1.2225	1
1000	89.9	0.8870	8.5	1.1120	0.9074
2000	79.5	0.7845	2.0	1.0060	0.8315
3000	70.1	0.6918	-4.5	0.9094	0.7421
4000	61.3	0.6042	-11.0	0.8193	0.6685
5000	54.0	0.5330	17.5	0.7063	0.6008

对于四冲程发动机，平均指示压力与发动机功率成正比，即

$$P_i = \frac{p_i V_h n}{120} \times 10^{-3} \qquad (7-5)$$

式中：P_i——发动机指示功率，kW；

　　　V_h——发动机总工作容积，L；

　　　p_i——平均指示压力，kPa；

　　　n——曲轴转速，r/min。

平均指示压力随海拔升高而下降，同样发动机功率也随着海拔升高而下降。海拔每升高 1000m，发动机功率和转矩分别下降 12% 和 11% 左右，如图 7-14 所示。其主要原因如下：

（1）由于气压降低，外界与缸内的压差减小；又因空气密度小，使发动机充气量下降；

（2）大气压力降低，使进气管真空度相应减小，点火推迟；

（3）压缩终了的压力和温度降低，混合气的燃烧速度缓慢，充气量下降和燃烧速率降低均会使发动机动力性降低。

海拔对柴油机性能的影响与之相似。实际使用情况表明：海拔每增高 1000m，自然吸气柴油机的功率下降约 10%，柴油机性能随海拔的增加迅速恶化。

图 7-15 所示是某型直喷式自然吸气柴油机在三种大气压力下的外特性曲线。大气压为 100kPa 时的最大转矩为 199.4N·m，转矩储备系数为 12.7%；大气压力为 90kPa 的最大转矩为 174N·m，转矩储备系数为 12.3%；而大气压力为 80kPa 时的最大转矩为 155N·m，转矩储备系数为 12.3%。因此，大气压力低时，柴油机的外特性指标都相应下降。

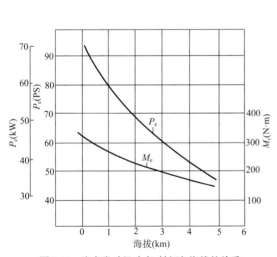

图 7-14　汽车发动机功率、转矩与海拔的关系

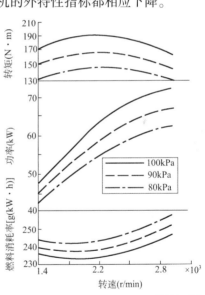

图 7-15　三种大气压力下柴油机的外特性曲线

2. 海拔对发动机运转稳定性的影响

随着海拔的增加，大气压力降低，空气稀薄，混合气变浓，严重时会由于混合气过浓而不能稳定运转或产生喘振现象；进气管真空度下降，在原怠速节气门开度下则进气量不足，使发动机的怠速转速下降。从图 7-16 可见，海拔每增高 1km，怠速转速降低 50r/min；同时，由于混合气过浓，发动机怠速稳定性差。

3. 海拔对燃料经济性的影响

随着海拔增高，汽车燃料的消耗量增大，如图 7-17 所示。其主要原因如下：

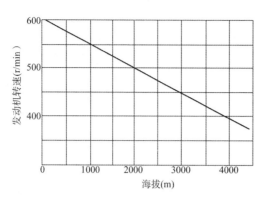

图 7-16 海拔与发动机怠速转速的关系　　图 7-17 海拔对汽车行驶油耗的影响

(1) 空气密度下降,充气量降低,若燃油供给系统未经调整或校正,则空燃比变小,混合气变浓;

(2) 在高原山区道路上,汽车行驶阻力大;

(3) 发动机动力不足,且高原山区坡度陡而大,道路复杂,经常低挡大负荷行驶,油耗增大;

(4) 发动机大负荷工作时间增多,易过热并引起不正常燃烧,油耗增大;

(5) 气压降低,燃料挥发性提高,易产生气阻和渗漏,油耗增大,大气压力从 101kPa 降至 80kPa(海拔约 2000m)对燃料蒸气压力、蒸馏特性的影响,与外界气温上升 8～10℃ 所造成的影响相当。

另外,汽车在高原地区运行,发动机与传动系统的匹配情况发生改变,其综合性能指标必然下降。图 7-18 所示为两种大气压力下发动机万有特性的对比图。可见,大气压力降低时,其最经济有效燃油消耗区以及相适应的经济功率区明显向下偏移,等有效燃油消耗区明显变窄。大气压力为 80kPa 时,万有特性封闭区域的经济燃油消耗率比大气压力为 100kPa 时的高。在中小负荷转速范围内,大气压力较低时,达到较低燃油消耗率的功率范围缩小。因此,大气压力变化后,由于发动机的最佳工作范围发生变化,使汽车传动系统与发动机的匹配情况发生了不利变化。

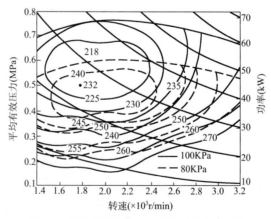

图 7-18 两种大气压力下柴油机万有特性对比图

4. 汽车制动系统在高原山区条件下负荷增加

汽车在山区行驶,常需要制动减速,制动系统使用频繁,致使制动器的摩擦蹄片和制动鼓(或者制动摩擦块和制动盘)经常处于发热状态。特别是下长大坡时,制动蹄的摩擦衬片温度高达400℃。在这种情况下,摩擦衬片的摩擦系数急剧下降,严重时可能出现制动失效。此外,由于持续高温,摩擦衬片磨损加剧并容易碎裂。

此外,汽车在山区行驶的制动安全性还存在两个问题:前轮失去转向能力、后轴侧滑。前者容易发生在坡道、湿路面和超载的情况下;后者容易发生在平路、干路面和空载的情况下。这两个问题造成了汽车前后轴制动力分配比例上的突出矛盾:第一种情况需防止前轮制动抱死;而第二种情况需防止后轮抱死或提前抱死。此外,路面附着特性的变化(山区公路常见现象),道路曲率的变化等也会对汽车制动稳定性产生较大的影响。

气压制动的汽车在高原山区使用时,因空气稀薄,空气压缩机的生产率下降,供气压力不足;同时,由于制动次数多,耗气量大,常不能保证汽车,特别是汽车列车制动的可靠性。

液压制动的汽车在山区公路上行驶时,使用制动频繁,制动器摩擦副因摩擦而生热,易使液压制动系统温度升高。若使用的制动液沸点低,制动液易于蒸发而产生气阻,引发紧急制动失灵。

5. 汽车在高原、山区条件下使用的其他问题

海拔对排气污染物的形成也有影响。海拔影响发动机的空燃比,空燃比的变化又导致排气成分浓度的改变,从而影响有害物质的排放量。图7-19所示为海拔与发动机排气中的CO、HC和NO_x的关系。可见,CO、HC的排放浓度随海拔增高而增大,而NO_x浓度有所下降。

高原行车时,由于发动机功率下降,且高原山区道路复杂,上坡行驶阻力大,因此发动机大负荷工作的时间比例增大,发动机易过热。发动机工作温度升高,使润滑油黏度变小,氧化速度加快;同时,过浓的混合气不能完全燃烧,液体燃油窜入曲轴箱后,会稀释润滑油而加快润滑油变质。润滑油品质变差使发动机润滑不良,磨损加剧。

在山区复杂道路条件下行驶时,换挡、制动、转弯次数多,汽车行驶系统及轮胎所受动载荷和摩擦增大,行驶系统的零部件和轮胎受力变形大,轮胎磨损剧烈。

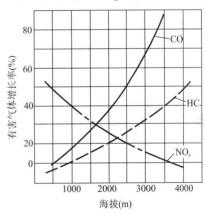

图7-19 海拔与排气中有害气体浓度的关系

二、汽车在高原山区使用时改善发动机性能的主要措施

在高原山区使用时,发动机功率下降,油耗增多,磨损加剧。改善发动机性能的主要措施有提高压缩比、调整油电路、采用增压设备、采用含氧燃料、改善润滑条件以及加强维护等。

1. 汽车选购

若汽车需经常在高原地区使用时,应选购汽车制造厂为高原地区专门设计、制造的,适合在高原山区条件下使用的汽车。

2. 提高发动机的压缩比

随着海拔的增高,发动机的实际充气量下降,压缩行程终了时汽缸内压力及温度相

应降低。提高压缩比不仅可提高压缩终了的温度与压力,增大膨胀比,加快燃烧速率,改善燃烧过程,减少热损失,而且可采用较稀的混合气,从而提高了发动机的动力性和燃料经济性。同时,压缩终了时汽缸内的压力及温度降低后,爆燃倾向减小,具有提高压缩比的有利条件。

压缩比的选定与汽油的辛烷值有直接关系。汽油的辛烷值越高,爆燃倾向越小,压缩比就可以相应地选大一些。图7-20所示为燃料辛烷值与压缩比的关系。

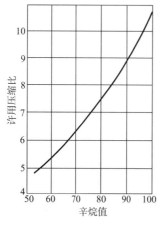

图 7-20 燃料辛烷值与压缩比的关系

不同海拔时,发动机压缩比的经验计算式为

$$\varepsilon_z = \frac{\varepsilon}{(1-0.00002257z)^{3.8}} \quad (7\text{-}6)$$

或

$$\varepsilon_z = \varepsilon + \varepsilon\left(1-\frac{\gamma_z}{\gamma_0}\right) \quad (7\text{-}7)$$

式中:ε——设计压缩比;
　　　z——海拔,m;
　　　ε_z——海拔为z时的使用压缩比;
　　　γ_0——零海拔、气压101.3kPa、气温15℃时的空气密度,kg/m³;
　　　γ_z——海拔为z时的空气密度,kg/m³。

除这些使用因素外,设计压缩比还与大气温度、汽车负荷、发动机热状态等因素有关。因此,提高发动机压缩比时,应根据汽车的具体使用条件,合理选择压缩比。

3. 合理选择配气相位

合理选择配气相位可以提高发动机的充气系数,改善发动机的动力性和燃料经济性。配气相位的确定,应与发动机的实际转速范围相适应。发动机的转速不同,进、排气门开、闭角对气流惯性的影响也不同,因而进、排气门开闭的最有利的角度应随之变化。在进、排气门开、闭的四个时期中,进气迟关角和排气提前角的影响最大。

合理的进气迟关角可利用气流惯性提高充气系数,在一定的气流惯性下,对应着一个最佳迟关角。减小进气迟关角能提高低转速下的充气系数,改善发动机低速范围的动力性与燃料经济性;反之,增大进气迟关角,对经常处于高速运转的发动机有利。

排气提前角主要影响做功行程中膨胀功损失P_W和排气行程中排气功损失P_X。排气提前角增大,P_W增加,P_X减小;排气提前角减小则P_W减小,而P_X增加。最佳的排气提前角可使(P_W+P_X)值最小。试验表明,随着发动机转速的提高,排气提前角也应增大。

4. 调整油电路

随着海拔增高,充气量减小,若燃油供给系统不进行调整,则混合气变浓,燃料燃烧不完全。为此,应按海拔调整燃料供给量,并适当增大空气量,以改善混合气的形成,提高发动机的动力性和燃料经济性。图7-21所示为某型发动机供油系统调整前后的功率、油耗与海拔的关系。

随着海拔的升高,发动机压缩终了的压力降低,火焰的传播速度减慢;压缩终了时缸内压力低,火焰传播速度减慢。因此,可将点火提前角略为提前1°~2°;也可适当调整火花塞触点间隙,以使火花塞产生较强的火花。

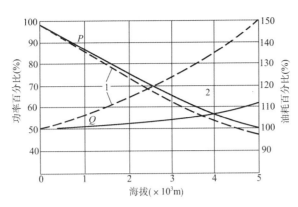

图 7-21　某型汽车发动机燃油供给系统调整前后的功率、油耗与海拔的关系
1—调整前；2—调整后；P—功率；Q—油耗

在柴油机外特性的试验过程中，以标准大气压力确定的高压油泵的供油特性不能适应不同大气压力下的外特性要求。因此，应根据不同大气压力下对外特性的要求调整油泵的供油特性。除对柴油机供油量进行调整以减少循环供油量外，还因柴油喷入汽缸后着火落后期延长，燃烧速率慢，需适当使喷油前。

5．采用增压设备

增压设备的作用是提高进气压力，增加进入汽缸的充气量。常采用的增压设备为废气涡轮增压器。增压器涡轮室内的涡轮一般利用发动机排出的废气能量推动，涡轮又带动同轴的叶轮旋转，压缩来自空气滤清器的空气使之增压后进入汽缸。发动机加快运转时，废气排出速度与涡轮转速也同步加快，叶轮使更多的空气压缩后进入汽缸，空气的压力和密度因此增大。

柴油机的工作过程无爆燃限制，使用涡轮增压器可增大充气量，压缩终点时的压力和温度也相应地得以提高，从而改善了发动机的动力性和燃料经济性。由于发动机的工况复杂，以及发动机舱盖下空间的限制，要求增压器结构紧凑，涡轮等旋转零件的转动惯量小，反应敏感。在使用中还应适当调整柴油机的供油量及喷油提前角。此外，由于增压系统的工作能力受增压器涡轮入口温度和增压器涡轮转速的制约，因此在任何海拔下增压器都不应发生超温、超速现象。

同样，汽油机采用废气涡轮增压技术已较为成熟，对在高原地区使用的汽车而言，也是恢复发动机功率的一种方法。

6．其他技术措施

使用含氧燃料。含氧燃料就是在汽油中掺入乙醇、丙酮及其他含氧化合物的燃料。由于掺入的这些含氧燃料的分子中都含有氧，在燃料过程中，理论上所需的空气量减少，从而补偿了因气压低而产生的充气量不足的问题。试验表明，使用含氧较高的燃料时，其相对效能随海拔的增高而提高。

加强蓄电池维护。汽车在高原山区使用时，应经常检查蓄电池电解液，补充蒸馏水调整其密度，以保证蓄电池的技术状况，提高点火系统的点火能量。

选用免维护密封式蓄电池。免维护蓄电池电解液的消耗量非常小，在蓄电池使用寿命内基本不需要补充蒸馏水。大多数免维护蓄电池在盖上设有一个孔形液体（温度补偿型）密度计。它会根据电解液密度的变化而改变颜色，指示蓄电池的存放电状态和电解液液位的高度。当密度计显示绿色时,表明充电已足,蓄电池正常;当显示绿点或黑点,表明蓄电池需要充电;当显示淡黄色,表明蓄电池内部有故障,需要修理或进行更换。

改善润滑条件。在高原山区使用的汽车,所使用的发动机润滑油应具有良好的黏度、温度特性,以保证发动机在低温时起动性能良好和高温时润滑性能良好。为防止润滑油变质,应保持良好的曲轴箱通风,并采用机油散热器散热。

加强维护。由于高原山区空气稀薄,发动机冷却强度有时显得不相适应;低挡爬坡时,发动机易过热;停车时,发动机又很快冷却;因此,发动机应采取良好的冷却和保温措施。

三、汽车在高原山区使用时改善安全性能的主要措施

高原山区地形复杂,坡大、路窄、弯多,必须采取相应技术措施以改善汽车行驶安全性,特别是改善其制动性能。主要措施有采用防抱死制动系统、耐高温制动摩擦衬片、辅助制动器、制动系统防气阻、制动鼓降温、防爆轮胎等。

1. 采用防抱死制动系统

防抱死制动系统(ABS)可防止汽车在制动过程中车轮抱死,既可获得最大制动效能,又可防止制动侧滑,提高汽车的制动方向稳定性。采用 ABS 是提高汽车在山路上行驶安全性的重要途径。

2. 采用辅助制动器

辅助制动器有电涡流、液体涡流和发动机排气式三种。前两种由于体积较大,结构复杂,多用于山区或矿用重型汽车上,又被称为电力或液力下坡缓行器。发动机排气制动是一种有效和结构简单的措施。排气制动是在一般发动机制动的基础上,在发动机排气管内增设排气节流阀而形成的。当使用排气制动时,切断发动机的燃料供给,关闭排气节流阀,达到降低汽车车速的目的。排气制动属于缓行制动装置,多用在重型汽车上。排气制动可保证各车轮制动均匀,制动功率可达发动机有效功率的 80%~90%。但重型汽车在冰雪道路上,尤其在下坡冰雪路上行驶时,不宜使用辅助制动器制动,以防汽车发生侧滑甚至甩尾的问题。

3. 采用大范围可调制动比例阀

前后轴制动力固定比值的比例阀,一般用于防止后轴制动抱死,不能解决前轮制动抱死问题。而一些矿用车的前轮制动减压阀,又只能用于防止前轮抱死。因而都不适用于制动工况变化很大的山区情况。汽车在山区复杂道路上行驶时,应采用从前轮制动减压到后轮制动减压的大范围可调比例阀。

4. 采用耐高温制动摩擦衬片

汽车下长坡连续制动或高速制动时,制动器温度会很快上升,产生制动热衰退现象,制动力矩会显著下降。汽车制动器的抗热衰退性能与其摩擦副材料及结构有关。因此,采用耐高温制动摩擦衬片是改善汽车在高原山区条件下制动性能的主要方法。耐高温制动摩擦衬片采用环氧树脂、三聚氰胺树脂等改性酚醛树脂作为黏合剂或采用无机黏合剂,把摩擦材料黏结、固化成形而制成。摩擦材料中常加有金属添加剂,即使制动摩擦衬片温度高达 400℃ 以上,也可产生足够的制动力矩,可适应高原山区条件下行车制动的需要。

5. 防止液压制动系统气阻

防止制动系统气阻的有效方法是采用不易挥发的合成型制动液。评价制动液高温抗气阻性能的指标是平衡回流沸点。平衡回流沸点是指制动液在测定条件下开始沸腾的温度。平衡回流沸点越高,越不易产生气阻。合成型汽车制动液一般是由溶剂(二乙二醇醚、三乙二醇醚等)、润滑剂(蓖麻油、聚乙二醇等)和一些添加剂组成。根据《机动车辆制动液》(GB 12981—2012),JG3 级合成制动液平衡回流沸点不低于 205℃,JG4 级不低于 230℃,JG5 级则不低于 260℃。

6. 其他技术措施

为了满足气压制动的供气压力要求,可采用供气量大的双缸空气压缩机。

制动鼓降温。为防止制动器过热,在汽车下长大坡前,可开始对制动鼓外圆淋水冷却降温;一般在制动过程中,不断地对制动鼓淋水降温,以防制动器温度过高使摩擦副烧蚀。

防止轮胎爆胎。海拔升高时,轮胎相对气压也会升高。在海拔为 4km 时,轮胎相对气压比在海平面时增加约 50kPa;同时,轮胎传递动力较大或速度过高时,轮胎表面温度较高,橡胶强度变差。因此,在高原山区行车时易爆胎而引发事故,需注意保持轮胎压力不超过规定值,同时注意轮胎的工作温度。

注意检查和维护汽车转向机构,使之转向灵活、可靠。

由于山区弯多、路窄,前照灯应保持良好的技术状况。

第五节　汽车在拖挂运输条件下的使用

合理组织拖挂运输,增大载质量,充分利用汽车动力,是提高运输生产率,降低运输成本的有效措施。但是,拖挂不合理,会对汽车列车的使用性能和使用寿命产生不利影响。

一、拖挂运输的条件

在良好道路及额定载荷下,一般营运车辆用直接挡(包括超速挡)以经济车速行驶时,其节气门开度为 30%~40%,仅利用了相应转速下发动机最大功率的 40%~50%,为发动机最大功率的 20% 左右。合理拖挂运输,可以提高发动机功率的利用率,汽车完成单位运输工作量的燃油消耗量(L/100t·km)降低。

拖挂能力取决于汽车的剩余功率。剩余功率越大,汽车加速和爬坡能力越好,拖挂能力越强。如以 P_k 表示发动机节气门全开、变速器挂直接挡时驱动轮的输出功率,$\sum P$ 表示行驶阻力功率,P'_k 是节气门部分开启时驱动轮的输出功率。则汽车以某一车速 v_1 等速行驶时,负荷率为 ab/ac,剩余功率用 bc 所示,如图 7-22 所示。

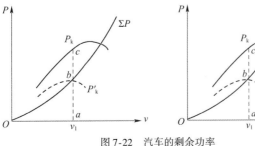

图 7-22　汽车的剩余功率

二、确定拖挂质量的原则

确定汽车列车的最大总质量时,应遵循的原则如下:
(1) 平均技术速度不低于单车的 70%,最高车速不低于单车的经济车速。
(2) 在所遇最大坡道上用 1 挡起步,2 挡通过;直接挡使用时间不低于 60%。
(3) 起步加速时间不高于单车的 1 倍;在平路上以直接挡中速行驶时,发动机负荷不大于 70%。
(4) 燃油消耗量不超过单车的 150%。
(5) 比功率不小于 4.8kW/t,驱动力足够,且驱动轮不发生打滑现象。

三、拖挂运输对有关总成使用寿命的影响

汽车在拖挂运输条件下,发动机输出的功率和转矩增大,传动系统传递的功率和转矩相应增大,起步加速时间增长,行驶中由冲击、摇摆、振动所引起的交变载荷大。因此,汽车各总成的磨损强度增大,使用寿命缩短。

1. 对发动机使用寿命的影响

汽车拖挂后,发动机功率利用率提高,汽缸内混合气燃烧压力大。同时,负荷增大后工作温度升高,润滑条件下降。汽车以低挡运行时间长,发动机转速高,单位行驶里程转数增多,有关配合副磨损次数和有关部件(如火花塞、点火线圈等)的工作次数增多,发动机汽缸、曲柄连杆机构和其他有关部件的磨损强度增大,从而发动机使用寿命下降。

2. 对传动系统寿命的影响

拖挂运输时,汽车起步和行驶阻力增大,传动系统传递的功率和转矩增大。起步时,离合器接合延续时间是单车的 2~3 倍,离合器摩擦片磨损加剧甚至烧蚀;变速器、传动轴、主减速器作用力增大且冲击剧烈,磨损增大甚至造成直接损坏。

3. 对行驶系统寿命的影响

汽车拖挂后,汽车起步、换挡、急加速及在不平道路行驶时,均增大了作用于牵引机构上的交变载荷,产生冲击力,易使车架产生变形、裂纹和松动。由于驱动力增大,驱动轮磨损加快,缩短了轮胎使用寿命。

4. 对制动系统寿命的影响

汽车总质量增大后,制动惯性力相应增大,制动距离延长,制动次数增多,制动强度增大,使制动器的摩擦副的磨损加剧,使制动系统使用寿命缩短。

四、汽车拖挂运输的运行特点

汽车拖挂后,总质量增加和外部尺寸变化,导致起步和行驶阻力增大。汽车列车的加速能力、爬坡能力、制动能力及机动性、稳定性等较单车都有所下降。
(1) 汽车拖挂后,起步阻力增大,起步时间增长;由于负荷增大,在起步时的低温重负荷条件下,发动机燃油消耗增大。
(2) 汽车拖挂后,剩余功率降低,加速时间和加速距离加长,同时爬坡能力下降。
(3) 汽车列车下坡时,行驶惯性较大,挂车对牵引车的冲击较大。
(4) 汽车拖挂后机动性降低。弯道行驶时,挂车的行驶轨迹产生向心偏移,通道宽度加

大,挂车易掉沟或刮碰路旁物体;汽车列车会车时,挂车易摆动而引起刮擦、碰撞事故;倒车时容易出现牵引车与挂车折叠现象。

(5)汽车列车总质量大,其运动惯性大,制动距离较长。同时,牵引车与挂车制动时的同步性较差,牵引机构易产生撞击。

五、拖挂运输条件下应采取的技术措施

1. 拖挂运输注意事项

组织拖挂运输时,首先应选择合理的拖挂质量。此外,还应注意以下问题:
(1)牵引车的核定载质量应在4t以上,轻型汽车不得组织拖挂运输。
(2)拖挂质量不得超过最大允许载质量。
(3)技术状况不良、处于走合期或走合后1000km以内的汽车不应拖挂运输。
(4)驾驶操作不熟练的驾驶人不宜驾驶带挂车的汽车。
(5)路况较差时不宜组织拖挂。
(6)主车空载时,不得拖带重载挂车。
(7)一车一挂,具有较大牵引力的汽车可拖挂大吨位挂车。

2. 加强技术维护

拖挂运输时,发动机负荷大,发动机及传动系统各机构承受的作用力和交变负荷增大,工作温度上升,润滑不良,各总成机件磨损强度增大,使用寿命缩短。因此,要加强汽车维护并注意合理使用,应缩短大修间隔里程。

3. 合理驾驶

冬季起步前,要对发动机预热升温。起步时缓抬离合器踏板,使驱动力逐渐增大,切忌起步过猛。

汽车列车的加速性能下降,加速时不能急躁。

汽车列车上坡前,应根据汽车的爬坡能力、拖挂质量、坡度大小及长度等情况,提前挂入适当挡位,避免途中换挡、停车。

下坡时,应保持上坡挡位,合理利用发动机制动或排气制动,控制车速,缓慢下坡。车速过大时,再用行车制动器控制车速,保障安全。不可长时间使用行车制动器,以免制动鼓(盘)和制动摩擦衬片过热;应避免紧急制动,防止挂车冲击。

转弯前应提前减速,其行驶轨迹中心应靠向弯道中心外侧。转弯时,牵引全挂汽车列车的牵引车与挂车保持拉紧状态,以免挂车摆动;同时避免在弯道制动,防止挂车对牵引汽车的冲击。

会车时,应首先判断有无会车、让车的道路条件,提前降低车速、选择会车地点、适当加大会车的间距。

掉头时,尽量选择合适地点采用原地掉头方式。倒车时,全挂车应将挂车转盘锁止。因长度大,视线条件差,倒车应有专人指挥。倒车时如出现折叠现象,应停止倒车,并前行拉直后重新倒驶。

为保障汽车列车的制动性能,挂车应有制动装置。行驶时,尽量少用制动。必须使用时,应均匀制动,尽量避免紧急制动。为保持制动稳定性,制动初期应采用连续间歇制动,而后根据车速变化逐渐加大制动强度。

第六节 汽车在坏路和无路条件下的使用

坏路或恶劣道路是指泥泞的土路、冰雪道路和覆盖沙土的道路等；无路是指松软土路、耕地、草地和沼泽地等。汽车在坏路和无路条件下行驶时，汽车难以通过，平均技术速度和装载质量明显下降。

一、汽车在坏路和无路条件下的使用特点

汽车在坏路和无路条件下的使用特点是，驱动轮与路面的附着力减小，车轮的滚动阻力增大，突出的障碍物也会影响汽车的行驶通过。这些问题都会使汽车的驱动—附着条件恶化。

汽车在松软土路上行驶时，支承路面出现残余变形，形成车辙，滚动阻力增大。汽车在泥泞而松软的土路上行驶时，因附着系数低，易引起驱动轮打滑，使汽车无法通过。

土路的滚动阻力系数与土壤强度有关。土壤强度可以通过贯入仪（图7-23）测定。测试时，贯入仪垂直放在测点上，一手握住手柄，另一手提起落锤至手柄下部，让落锤自由落下锤击击垫，贯入杆钻入土层。反复锤击直到击垫底部与土层接触。锤击次数不同，土壤的密实度或强度也不同，路面对车轮的滚动阻力也不同。锤击次数越多，土壤强度越大，滚动阻力系数越小，如图7-24所示。

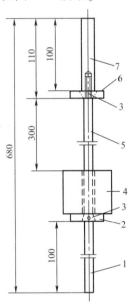
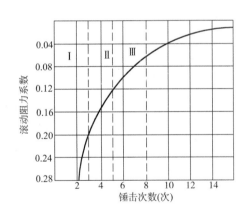

图7-23 贯入仪简图
1-贯入杆；2-击垫；3-销钉；4-落锤；
5-导杆；6-圆盘；7-手柄

图7-24 滚动阻力系数与土壤强度的关系
Ⅰ-不适宜通过；Ⅱ-可以通过；Ⅲ-通过性好

例如，对于9.00-20型汽车轮胎而言，在锤击次数大于5的土路上，土壤处于硬的或硬塑性状态，车辙不深，滚动阻力系数不超过0.10～0.12；如果锤击次数为3～5次，表明土壤是硬塑性状态，车辙较深，滚动阻力系数在0.12～0.22范围内，某些越野性能好的汽车可以通过；当锤击数小于3时，土壤呈塑性状态，车辙很深，滚动阻力系数高于0.22，这种路面不适宜汽车通过。

汽车在土路上的附着系数与土壤的性能和状况、轮胎花纹和气压、汽车驱动轴上的负荷及汽车的行驶速度有关。

附着条件主要取决于轮胎与路面的接触处在变形后的相互摩擦情况。在干燥平坦的土路上,附着系数为0.5~0.6;在不平整道路上,由于轮胎与路面的接触面积减少,附着系数下降;而当路面潮湿或泥泞时,其表面坑洼都被泥浆填满,阻碍了轮胎与路面间的接触,致使附着系数降低到0.3~0.4,甚至更低。

轮胎花纹和轮胎气压对附着系数的影响较大。在坏路和无路条件下行驶的车辆,适宜采用越野花纹轮胎,以提高轮胎与路面间的附着系数。采用低压、超低压轮胎或降低轮胎气压后,轮胎与路面的接触面积大,单位压力减小,相应地增大了轮胎与路面的附着能力。

有关试验结果表明,在坏路和无路地带行驶时,轮胎花纹和气压对汽车最大牵引力有极大的影响,见表7-5。

不同花纹的9.00-20轮胎最大牵引力对比试验结果　　表7-5

路面	硬质泥土路		草地		沙地	
气压(kPa)	350	350	350	550	350	550
越野花纹轮胎最大牵引力(N)	25000	23000	17000	15000	8000	6000
普通花纹轮胎最大牵引力(N)	21500	20000	14000	11000	6000	5000
两者相差值(N)	3500	3000	3000	4000	2000	1000
越野轮胎最大牵引力的提高(%)	16.3	15.0	21.4	36.1	33.3	20.0

轮胎对路面的单位压力下降,在软土路上行驶的滚动阻力也下降。低压胎在软土路上的附着系数、滚动阻力随轮胎气压不同的变化情况,如图7-25所示。降低轮胎气压时,附着系数上升,滚动阻力系数下降;但当气压过低时,由于轮胎变形显著增大,滚动阻力略有增加。

沙路的特点是表面松散,受压后变形大。轮胎花纹嵌入沙土后,因沙土的抗剪切能力差,附着力小,附着系数降低;同时,车轮的滚动阻力增大。干沙路和流沙地容易使汽车打滑。在流沙地上,汽车的滚动阻力系数可达0.15~0.30或更大,驱动轮因附着系数小而易发生空转现象,影响汽车的通过性能。

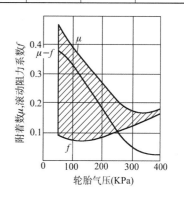

图7-25　轮胎气压不同时附着系数μ、滚动阻力系数f及二者差值的变化

雪路对汽车通过性的影响主要取决于雪的特性,即雪层的密度和硬度。雪层的密度越大,所能承受的压力也越大。雪层的密度与气温和雪的压实程度有关,气温越低,雪层密度越小。雪层的硬度也与气温有关,气温低,雪层干而硬;气温高,雪层软而松。气温在-15~-10℃时,雪路的特性见表7-6。可见,随着雪的密度下降,车轮的滚动阻力增加,车轮的附着系数显著下降。因此,雪层的密度越小,汽车的行驶条件越差。

-15~-10℃时雪路的特性　　表7-6

雪的状态	密度(g/cm³)	车轮滚动阻力系数	车轮附着系数
中等密度	0.25~0.35	0.1	0.1
密实	0.35~0.45	0.05	0.2
非常密实	0.5~0.6	0.03	0.3

雪层的厚度对汽车行驶也有一定影响。在公路上,厚度为 7~10cm 的经车轮压实的平坦而密实雪层,对汽车的正常通过的影响不大;当雪层、特别是松软雪层加厚时,汽车的通过性将明显下降。使用经验表明:雪层的厚度大于汽车最小离地间隙的 1.5 倍、雪的密度低于 0.45g/cm³ 时,汽车便不能通过。

冰面上行驶的汽车,车轮与冰面间的附着系数非常低。在冬季有冰的道路上,附着系数可降低到 0.1 以下;但与刚性路面相比,滚动阻力的差别不大或略有增大。为了保证行车安全,汽车在冰路上行驶时的车速要低,行车间隔要大。特别是通过河流或湖泊的冰面时,还要检查冰层厚度和坚实情况(裂缝、气泡或雪的夹层等)。

冰层除了表面有一层冰雪外,主要由混浊的上层和透明的下层两部分组成。在检查冰层厚度时,每隔 15~25m 测量一次这两部分冰层的厚度,并观察冰层的状况。在气温低于 0℃ 的情况下,汽车通过冰封的渡口时,冰层的最小厚度参见表 7-7。

冰层的承载能力　　　　表 7-7

汽车(汽车列车)总质量(t)	冰层厚度(cm) (气温 -20~-1℃)	从渡口到对岸的最大距离(m)	
		海冰	河冰
≤3.5	25~34	16	19
≥10	42~46	34	26
≥40	80~100	38	38

二、汽车在坏路和无路条件下使用时应采取的主要措施

汽车在坏路和无路条件下使用时,改善驱动轮与路面之间的附着条件,提高附着系数,减小滚动阻力,可提高汽车的通过性。

1. 合理使用轮胎

轮胎花纹和轮胎气压对附着系数的影响较大。

1) 轮胎胎面花纹

轮胎胎面花纹可分为普通花纹、越野花纹和混合花纹。越野花纹轮胎的特点是花纹横向排列、花纹沟槽深、凸出面积小、地面附着力大、抗扎和耐磨性好。在坏路和无路条件下行驶的车辆,适宜采用越野花纹轮胎,以提高轮胎与路面间的附着系数。

2) 轮胎类型和气压

采用低压、超低压轮胎或降低轮胎气压后,轮胎与路面的接触面积大,单位压力减小,可增大轮胎与路面的附着能力。同时,轮胎对路面的单位压力下降后,在软土路上行驶时的滚动阻力也下降。但轮胎气压降低后,轮胎变形加大,使用寿命降低,因此不能使轮胎长期低气压工作。

采用外径与普通轮胎大致相同而断面宽的特种轮胎,如拱形轮胎和宽断面轮胎,可提高汽车通过性。特种轮胎断面宽度显著增大、气压低,因此在地面上的接触面积大,压强小,形成的车辙浅,在松软路面上有很高的附着能力,同时滚动阻力小,可以大大提高汽车在松软路面上的通过性。

汽车装用调压轮胎时,驾驶人可以根据路面状况调节轮胎气压,使之在松软路面上行驶时,附着能力增大,滚动阻力降低;同时,在好路上行驶时,滚动阻力不至于过大。

3）轮胎磨损情况

在使用中，要注意轮胎的磨损情况，轮胎花纹的剩余深度应符合标准要求，不应低于轮胎生产厂标在胎侧的磨损限度标志。磨损大的轮胎附着力小而且容易爆胎，不适合在坏路上使用。轮胎磨损大的汽车也不适于在泥泞和冰雪等路面上行驶，否则轮胎容易出现打滑、侧滑现象。

2. 使用防滑链

在汽车驱动轮上装防滑链是提高车轮与路面间附着系数的有效措施。防滑链的形式主要取决于路面状况和汽车行驶系统的结构。常用的防滑链有普通防滑链和履带式防滑链两类。

普通防滑链是带齿的（圆形、V形或刀形）链条，由专门的锁环装在轮胎上，在冰雪路面和松软层不厚的土路上有良好通过性，而在松软层厚的土路上效果明显下降。

履带链能保证汽车在坏路上行驶时，甚至驱动轮陷入土壤或雪内时仍可以通过，菱形履带还具有防侧滑能力。

防滑链的缺点是链条较重，拆装不方便；更重要的是装有防滑链的汽车，其动力性和燃料经济性均下降；在硬路面上行驶的冲击大，使轮胎和驱动桥磨损增大。因此，仅在克服困难道路时，才应该装用防滑链。克服难以通过但较短的道路时，宜使用容易拆装的防滑块或防滑带。

3. 采用他救和自救措施

汽车克服局部障碍或陷住时，可根据具体情况，采用他救或自救措施。他救指其他车辆、拖拉机等，拖出不能自行通过的汽车。常用自救方法是去掉松软泥土或雪层，在驱动轮前要驶出的路面上撒沙、铺石块或木板等，然后将汽车开出；也可以用缆索绑在树干（或木桩）和驱动轮上，如同纹盘那样驶出汽车。

4. 提高在坏路和无路条件下的驾驶技术

此外，驾驶方法对提高汽车的通过性也有很大作用。例如，汽车通过沙地、泥泞土路和雪地等松软路面时，应降低车速（低速挡），以保证有较大的牵引力，同时可降低车轮对土壤的剪切和车轮陷入程度，提高附着力。还应避免换挡和加速，并尽量保持直线行驶，因为转弯会使前后轮辙不重合而增大滚动阻力。

为了保证行车安全，汽车在低附着系数路面上行驶时，应采用较低车速，并应增大行车间距。

思考题

1. 什么是汽车的走合期？在走合期有哪些使用特点，应采取哪些技术措施？
2. 汽车在低温条件下使用的主要问题有哪些？
3. 发动机低温起动困难的原因是什么？
4. 汽车在低温条件下使用时总成磨损大的原因是什么？
5. 改善汽车低温使用性能的主要措施有哪些？
6. 汽车在高温条件下有哪些使用特点？应采取哪些技术措施？

7. 高温条件下汽车的技术维护应注意哪些方面？
8. 高温条件下燃油供给系统和液压制动系统的气阻现象是怎样形成的？应采取什么措施预防？
9. 汽车高温条件下行驶时容易爆胎的原因是什么？应采取哪些措施防止爆胎？
10. 海拔对发动机的动力性和燃料经济性有何影响？
11. 在高原地区改善发动机使用性能的主要措施有哪些？
12. 汽车制动系统在高原及山区条件下有哪些使用特点？应采取哪些措施？
13. 简述拖挂运输对有关总成使用寿命影响有哪些。
14. 简述汽车拖挂运输的运行特点有哪些？
15. 汽车在坏路和无路条件下的使用特点是什么？应采取哪些措施？
16. 汽车轮胎在土路上的附着系数与哪些因素有关？提高附着系数的主要措施是什么？

第八章 汽车技术状况的变化

第一节 汽车技术状况与汽车运用性能的变化

一、汽车技术状况

汽车技术状况是指定量测得的,表征某一时刻汽车的外观和性能的参数值的总和。汽车在使用过程中,其外观和性能是随着行驶里程或使用时间的增加而不断变化的,其变化规律与汽车本身结构和使用条件有关。

汽车是一个复杂的机、电、液系统,其基本组成单元是零部件(元器件)。现代汽车的种类繁多,零部件(元器件)各异,特别是微电子技术,如防抱死制动系统(ABS)、驱动防滑系统(ASR)、电子稳定性控制系统(ESP)、电子控制燃油喷射(EFI)系统、乘员辅助约束系统(SRS)、电子控制自动变速器(ECT、DSG)等在汽车上的广泛应用,更体现了汽车零部件的差异性和多样性。因此,零部件技术状况对汽车来说至关重要,是决定汽车技术状况的关键因素。

汽车在使用过程中不可避免地要与外界环境(阳光、空气、风沙和雨雪等)相接触,汽车本身内部零部件之间也存在相互作用。这些都会引起零部件发热、磨损、腐蚀及老化等变化,导致零件尺寸变化、零件装配位置变化及配合间隙改变等。例如,发动机汽缸活塞组件、曲柄连杆机构和行车制动系统中制动蹄(钳)摩擦衬片(块)的尺寸以及对应摩擦副的间隙等都要发生变化;因而,汽车整车技术状况的变化取决于组成汽车的零部件综合技术特性的变化。

表征汽车整车或总成技术性能的参数,有静态参数(如装载质量、轴距、车轮外倾角等)和动态参数(如发动机功率、汽车制动距离等),有过程参数(如发热、振动、机油内所含杂质等),也有几何(结构)参数以及位置参数(如间隙和行程)等。汽车的大部分机构或总成不便于局部或全部拆卸以进行零件变化的直接测量,因此必须借助一些与直接测量参数相关的间接诊断参数来确定汽车技术状况的变化。例如,通过发动机的功率、机油消耗量、汽缸压缩压力或机油中所含杂质成分等来评价发动机技术状况的变化情况。

汽车在工作过程中,表示零部件技术状况的参数 Y 由初始值(名义值)Y_h 逐渐变到极限值 Y_m 时,与其对应的诊断参数值由 S_h 变到 S_m。例如,鼓式汽车制动器经长期使用后,制动鼓与制动蹄摩擦衬片的间隙值(技术状况参数)Y 增大,引起汽车制动距离(诊断参数)S_T 增大,如图 8-1 所示。汽车最大制动距离是由国家技术标准强制规定的。当汽车行驶里程达到 l_p,制动系统摩擦副极限间隙值增大(或最小厚度减少)到极限间隙 Y_m 时,与 Y_m 对应的制动距离增长为 S_m。

汽车工作能力(或称汽车寿命)是指,汽车按技术文件规定的使用性能指标,执行规定

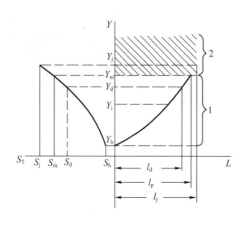

图 8-1 汽车技术状况参数的变化过程
1-汽车无故障工作区;2-汽车故障工作区;
Y_h、Y_d、Y_m-汽车技术状况参数的初始值、允许值、极限值;S_h、S_d、S_m-诊断参数的初始值、允许值、极限值;l_d-汽车最佳工作周期的行驶里程;l_p-汽车工作到技术状况参数达到极限值的行驶里程

功能的能力,其大小可用汽车使用时间或行驶里程来计算。汽车工作能力也可以认为是汽车工作到技术状况参数达到了最大许可状态时的行驶里程,如图 8-1 中的 l_p。汽车无故障工作里程 l_i 应该满足 $0 \leq l_i \leq l_p$。小于 l_p 的行驶里程为汽车无故障工作区。其中,当汽车行驶里程达到 l_d 时汽车达到最佳工作周期;超过 l_p 行驶里程后,汽车进入故障工作区,如图 8-1 所示的阴影区。

汽车行驶里程超过最大极限 l_p 后,如果继续使用,则汽车在故障区工作,此时已超出了汽车的工作能力。

汽车无故障工作时,表示汽车工作能力的技术状况参数 Y_i 应满足 $Y_h \leq Y_i \leq Y_m$ 汽车在故障区工作时,其技术状况参数将是 $Y_i > Y_m$。汽车发生故障后必然影响其工作能力,并导致其运输能力的下降。当汽车技术状况偏离了标准规定时就应进行维修。

二、汽车运用性能的变化

汽车的运用性能已由汽车设计和制造工艺所确定。这些性能包括装载质量、装载容积、动力性、燃料经济性、舒适性、安全性、排放性能和可靠性等。每个性能都有一个或几个参数(物理量)来表明其特征,这些参数可作为评价汽车工作能力的指标。评价汽车工作能力的指标,如动力性、燃料经济性、安全性和舒适性等,主要取决于原车产品质量。在汽车工作过程中,汽车的这些性能也将会发生变化。

例如,一辆技术状况完好的载货汽车,投入运输生产使用一定时间后,其运用性能指标将下降,表现为运输生产率的下降和维修工作量的增加。假设技术状况完好的一辆新车,将第一年的运输生产率、维修工作量以及运输成本作为100%,则该车技术状况的逐年变化情况见表 8-1。

汽车技术状况变化　　　　　　　　　表 8-1

汽车使用年限	运输生产率(%)	维修工作量(%)	运输成本(%)
第1年	100	100	100
第4年	75~80	160~170	130~150
第8年	55~60	200~215	150~170
第12年	45~50	280~300	170~200

在汽车运用工程的范围内,不但要注意汽车开始使用时的各项运用性能指标,更要注意和研究在汽车整个运用过程中各项运用性能指标的动态变化过程。汽车各种运用性能的变化,一般可按汽车使用时间或行驶里程表示为

$$A_k(t) = A_{k1} e^{-k(t-1)} \tag{8-1}$$

式中:$A_k(t)$——在用车的运用性能;

A_{k1}——新车初始运用性能;

t——汽车工作时间或行驶里程,年或 km;

k——随汽车工作强度变化的系数。

式(8-1)说明,汽车使用时间越长,运用性能下降越多。因此,在预测汽车运用性能时,必须考虑汽车的使用时间。在用车的实际运用性能,是由汽车总使用时间或总行驶里程所确定的平均质量指标,可表达为

$$A_k(t) = \frac{A_{k1}e^k}{t}\sum_{t=1}^{t}e^{-kt} \qquad (8-2)$$

如图 8-2 所示,汽车实际运用性能 3 是从汽车初始运用性能 1 开始,随着使用时间 t(使用强度)而变化的。汽车初始运用性能一般在汽车制造时就已确定,而车辆制造的依据是根据其运用性能要求而决定的。汽车的工作期限(寿命)取决于其本身的结构、制造工艺、运用条件以及运输工作情况等多方面因素;同时,汽车运用性能也因运输生产情况和运用条件而变化。

在汽车制造方面,可通过改进汽车结构设计和完善制造工艺来改善汽车运用性能,如提高零件强度、增加零件耐磨性和提高材料质量等。在汽车运用方面,可通过车辆的合理运用来改善汽车技术性能,具体影响如图 8-2 中曲线 4 所示。如果汽车运用合理,汽车实际运用性能可得到提高,如图 8-2 中曲线 2 所示。汽车的合理运用需要依靠专业人员来对汽车技术状况的管理采取有效技术措施,进而保证汽车工作能力。其中,汽车技术状况的管理工作,就是在汽车运用过程中按照使用时间或行驶里程来对汽车运用性能指标进行不同程度的测量,同时记录汽车运用性能指标的变化情况,并根据汽车技术状况的变化及时采取相应的技术措施。

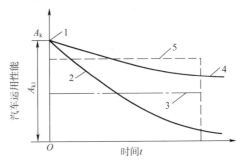

图 8-2 汽车运用性能随时间的变化情况
1-初始运用性能;2-运用性能随时间的变化;3-实际运用性能;4-合理运用对性能的影响;5-合理运用可提高的实际运用性能

可靠性指标适用于对任何产品的评价。汽车运用性能的评价需要用到汽车可靠性指标。汽车可靠性是指在用汽车在运用期限内,其运用性能达到规定指标范围的情况。汽车可靠运用范围的指标可根据相应技术文件(标准、规则、技术条件等)并结合实际使用试验(经验)来制定。汽车可靠性一般用在规定的运用条件下汽车运用性能变化的程度进行定性和定量评价。因此,汽车可靠性不仅与设计制造有关,而且还与汽车运用条件有关,合理运用汽车(如正确驾驶操作、合理装载等)有利于保证汽车可靠性。

第二节 汽车技术状况变化的原因与影响因素

在运用汽车过程中,其技术状况会随着使用时间发生变化,并受到诸多因素的影响。本节将讨论汽车技术状况变化的原因和影响因素。

一、汽车技术状况变化的基本原因

在运用汽车过程中,汽车技术状况变化的影响因素,有汽车本身方面的,也有外界运用条件或偶然因素的。偶然因素是指某个零件制造时有隐蔽缺陷,或汽车有超载、超速等不正

常运用情况。在这些影响因素中,汽车零件、机构或总成技术状态的改变,是引起汽车技术状况变化的基本原因。例如,自然损坏、塑性变形、疲劳损坏、腐蚀以及零件或材料方面的其他变化等,都将直接影响汽车技术状况。在某种特定使用条件下,各种汽车零件损坏所占比例情况见表8-2。

某种特定使用条件下零件各种损坏所占比例(%) 表8-2

零件损坏特征		载货汽车	大型载货汽车和公共汽车
磨损		40	37
塑性变形与损坏	折断、破裂、脱离、剪断	20	19
	拉伸、弯曲、压缩	6	10
疲劳损坏	裂纹	12	7
	断裂	5	8
	剥落	1	1
高温损坏	烧毁	5	7
	烧损	4	3
	炭化	3	1
其他		4	7
总计		100	100

汽车零件损坏主要可分为磨损、疲劳损坏、塑性变形与损坏、腐蚀和老化等形式。

1. 磨损

磨损是指相互接触的物体在相对运动中表层材料不断磨耗的过程,是伴随摩擦而产生的必然结果。影响汽车技术状况变化的零件磨损形式主要有磨料磨损、分子—机械磨损和腐蚀磨损等。

磨料磨损是相互摩擦表面之间有坚硬微粒作用的结果;分子—机械磨损(也称黏附磨损)是在相互摩擦的零件表面靠得太近和承受压力极大并且缺少润滑油的情况下,由于相互摩擦表面分子的吸引作用而黏结在一起造成的一种损坏形式(如曲轴与轴瓦的黏附等);腐蚀磨损发生在摩擦表面有氧化物、酸、碱等有害物质的情况下,零件表面既受腐蚀作用又有机械磨损(如汽缸筒、气门和气门座等的磨损),其磨损速度比单纯磨损要快得多。

2. 疲劳损坏

疲劳损坏是指零件在交变载荷作用下,材料承受超过耐疲劳极限的循环应力而发生的破坏现象。通常,易于产生疲劳损坏的零件是承受交变载荷较大的零件,如汽车的钢板弹簧折断等。在交变载荷的作业下,零件表面产生疲劳裂纹,裂纹不断积累、加深、扩展而产生零件的疲劳损坏。

3. 塑性变形与损坏

塑性变形与损坏是指零件所受载荷超过了材料的弹性变形极限。通常,这是由于零件原设计计算的错误或违反使用规定所造成的。例如,汽车超载引起的车轴、车架的变形或断裂。

4. 腐蚀

腐蚀是指零件在有腐蚀性的环境里工作产生的材料损坏。例如,氧化作用可以使材料坚固性下降,并导致零件外观形状变化。

5. 老化

老化是指零件材料受物理、化学和温度变化的影响,而引起缓慢损坏的一种形式。一些橡胶制品(如轮胎、油封、膜片等)和电器元件(如电容器、晶体管等),长期受环境和温度的影响,会逐渐老化,失去原有性能。例如,温度的冷热交替作用、油类及液体的化学作用及太阳光的辐射作用等都会使橡胶制品逐渐失去弹性并出现表面龟裂。

汽车在使用过程中,润滑油等液体的品质也将逐渐变坏,因而会引起被润滑零件的损坏。为此,一般在润滑油中加入抗油品老化变质的添加剂。汽车零件与运行材料性能的改变,不仅在汽车使用过程中,而且在储存过程中,也同样发生变化。例如,长时间的储存后,橡胶制品会失去弹性和坚固性;燃料、润滑油、制动液等液体会发生氧化变质与沉淀;金属零件会产生锈蚀等。

掌握零件损坏的原因,是为了改进汽车设计和改善使用条件,以便在汽车运用过程中,减少零件的损坏,防止故障的发生,保证汽车技术状况的完好。

二、汽车技术状况变化的影响因素

影响汽车技术状况的因素是多种多样的,可分为内在因素和外在因素两个方面。

内在因素主要是指构成汽车的零部件结构、材料和表面性质以及零件的加工和装配质量。内在因素多是汽车本身的质量水平,这是在汽车设计和生产制造时决定的,与汽车使用者的关系不大。

外在因素主要是指汽车运用条件。汽车在运用过程中技术状况变化速度的快慢,在很大程度上受运用条件的影响。

影响汽车技术状况变化的外在因素有运行条件、燃料和润滑油的品质、汽车运用的合理性等。

1. 汽车运行条件

汽车运行条件主要包括道路条件、交通状况、运输条件和气候条件。

1) 道路条件

道路条件的好坏,直接影响汽车的运用状况。道路条件是汽车工作条件的主要部分,其技术性能指标主要包括道路等级、路面覆盖层的状况与等级、路面附着系数及道路的构成情况(道路宽度、路线的曲率半径、路面的纵向与横向最大坡度等)。其中,路面覆盖层状况(路况)对汽车各总成的工作影响很大,见表 8-3。

路面覆盖层对汽车工作的影响　　　　表 8-3

指　　标	混凝土与沥青路面	沥青矿渣混合路面	碎石路面	卵石路面	天然路面
滚动阻力系数	0.014	0.020	0.032	0.040	0.080
平均技术速度(km/h)	66	56	36	27	20
每千米行程发动机曲轴平均转速(r/min)	2228	2561	2628	311985	4822
转向轮转角偏差(市区行驶)	8	9.5	12	15	18
每千米行程离合器使用次数	0.35	0.37	0.49	0.64	1.52

续上表

指 标	混凝土与沥青路面	沥青矿渣混合路面	碎石路面	卵石路面	天然路面
每千米行程制动器使用次数	0.24	0.25	0.34	0.42	0.90
每千米行程变速器使用次数	0.52	0.62	1.24	2.10	3.20
百千米行程内垂直振幅大于30mm的振动次数	68	128	214	352	625

从表 8-3 中可知,道路状况和其断面形状决定了汽车总成的工况(载荷和速度、曲轴转矩、曲轴转速、换挡次数以及道路不平所引起的动载荷等),从而影响汽车零件、总成的使用寿命,引起汽车技术状况的改变。

路面覆盖层共分为如下 5 个等级:

1 级——混凝土路面(连续路面或块状路面)、沥青路面、由条石或石块铺成的路面;

2 级——由沥青矿渣和碎石铺成的路面;

3 级——由碎石和沥青紧密结合构成的路面;

4 级——由碎石或卵石铺成的路面;

5 级——天然路面、由夯实黏土或就地取材构建的路面。

按地形划分,道路又可分为平原道路 P_1、微丘道路 P_2、丘陵道路 P_3 山地道路 P_4 和高山道路 P_5 5 类。

道路条件好,汽车的运用条件就好;反之,道路条件差,汽车的运用条件也随之变差。按地形和路面覆盖层的不同来划分的汽车运用条件,可分为 I~V 类,具体见表 8-4。

汽车运用条件的类别 表 8-4

运行条件		地 形	道路等级(路面覆盖层)				
			1级	2级	3级	4级	5级
郊区行驶		P_1	I 类	II 类			IV 类
		P_2					
		P_3					
		P_4					
		P_5					
市区行驶	10 万人口以下城市	P_1	II 类		III 类		V 类
		P_2					
		P_3					
		P_4					
		P_5					
	10 万人口以上城市	P_1				IV 类	
		P_2					
		P_3					
		P_4					
		P_5					

从表8-4中可看出,在划分汽车运用条件的类别时,除考虑了道路等级(路面覆盖层)和道路地形条件外,还要考虑运行条件(影响行驶速度的条件)的影响。

此外,路面质量决定了发动机运行工况。显然,在运行里程相同的条件下,发动机曲轴转速越快,运行工况就越恶劣,各机构和零件的磨损量就越大。

图8-3所示为某中型汽油载货汽车发动机磨损量与曲轴转速和平均有效压力的关系。当发动机曲轴转速一定时,发动机磨损随平均有效压力成比例增大。当平均有效压力一定时,发动机磨损按指数关系随曲轴转速增加。汽车以第一挡运行时的磨损最大,直接挡运行时的磨损最小。每一挡都相应有一个磨损量最小的运行速度,第一挡为7~9km/h,第二挡为10~13km/h,第三挡为20~25km/h,第四挡为30~35km/h,第五挡为50~60km/h。

图8-4所示为道路条件对汽车运行速度的影响。

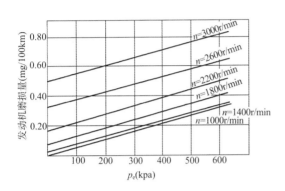

图8-3 发动机磨损量与曲轴转速和平均有效压力的关系

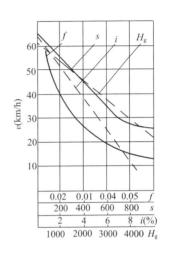

图8-4 道路条件对汽车运行速度的影响
f-滚动阻力系数;s-路面平面度(cm/km);
i-道路纵向坡度(%);H_g-海拔(m)

水平速度方面,轮胎滚动阻力系数从0.014增至0.05后,汽车运行速度几乎降低4倍。垂直速度方面,当汽车高速行驶、偶然通过个别不平路面时,车身垂直加速度可达$2g$~$3g$。若道路的平面度值很大时,燃料消耗将增加50%,轮胎消耗几乎增大两倍。汽车在山区和丘陵地带道路上运行时,平均速度要降低20%~23%,油耗要增加15%~25%。不仅如此,砂石土路上的沙尘对汽车零部件起着非常有害的作用。研究表明,汽车在沥青公路上运行时大气中含尘量仅为$1.5mg/m^3$;而汽车在细沙土路上运行时,贴近路面的空气中含尘量高达$5.9mg/m^3$,离路面1.8~$2.4m$的空气中含尘量达1.2~$19mg/m^3$。在这种运行条件下,受道路尘土的影响,汽车零部件的磨损是非常显著的。

2) 交通状况

交通状况的好坏对汽车技术状况的变化有很大影响。在路面质量和交通状况良好的道路上行驶时,汽车能够经常采用高挡在经济工况下运行,操纵次数减少,因而汽车运行平稳,所承受的冲击载荷大大减轻;而在不良交通状况下运行时,如在城市混合交通状况下,常因车多路窄、交通流量大、交叉路口多而不能以最佳工况运行。据统计,在同样路面条件下,载货汽车在市区的行驶速度较郊区降低50%左右,换挡次数增加2~2.5倍,制动消耗的能量增加7~7.5倍。显然,汽车在交通状况不良的道路上行驶时,汽车技术状况的恶化进程加剧。

3) 运输条件

除运行速度外,运距、行程利用系数、装载质量利用系数、挂车利用系数、运输货物的种类以及运输货物装载情况等汽车运输条件,都是汽车技术状况发生变化的影响因素。

4) 气候条件

气候条件包括环境温度、湿度、风力、风向和阳光辐射强度等。气候条件通过影响汽车总成的工作温度,改变其技术性能和工作可靠性。

汽车故障率与环境温度的相关性,如图 8-5 所示,存在一个汽车故障率最低的大气环境温度区。环境温度高于或低于这个温度都导致汽车故障率增加。汽车各总成一般都有一个最佳热工况区,如发动机最佳热工况的冷却液温度为 80～90℃。发动机以最佳热工况运行时,零件磨损最小,如图 8-6 所示;环境温度每变动 1℃,将使发动机缸体水套温度变化 0.9～2.5℃。润滑油与燃油黏度均随冷却液温度降低而增大,润滑油黏度增加使流动性变差,会恶化动配合副的润滑条件。当润滑油黏度大于 2Pa·s 时,就不能保证发动机正常润滑,必然会使零件磨损迅速增大,也明显地加大了发动机的摩擦损失。低温导致润滑油黏度增大后,可使曲轴和底盘传动系统的传动阻力增大 1.0～1.5 倍,汽车输出功率将明显降低,使油耗增加。

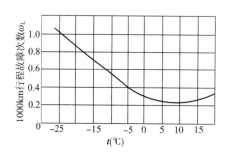

图 8-5　汽车故障率与环境温度的关系

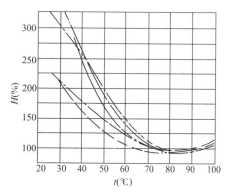

图 8-6　发动机汽缸磨损 H 与冷却液温度 t 的关系

除了发动机外,蓄电池容量随环境温度的降低而减小。环境温度从 18℃ 降至 -20℃ 时,温度每下降 1℃,蓄电池容量就减小约 1%。若在低温条件下蓄电池过度放电,就会导致电解液冻结,损坏蓄电池壳体。而且,在低温条件下,由于蓄电池容量降低、进气温度低、燃润料黏度增大,多种因素造成了发动机起动困难,并增加了发动机起动升温期间的磨损,如图 8-7 所示。

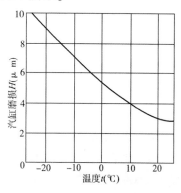

图 8-7　冷起动时汽缸磨损 H 与温度 t 的关系

环境温度太高同样会恶化汽车总成的工况,降低发动机输出功率,增加燃油消耗,并恶化驾驶人工作条件。高温及阳光辐射热还会加速橡胶件老化。

环境湿度和风力主要是季节变化的反映。我国南方地区,冬天和春天多雨,空气湿度大,砂石土路面容易损坏;北方春天化冻时,道路易出现翻浆,恶化汽车运行条件。空气湿度大,潮湿泥土会黏附到汽车零件上,加速汽车零件的腐蚀。湿度低,气候干燥,道路尘土多,会恶化汽车零件工作条件,增加零件磨损。

此外,季节条件是影响汽车技术状况变化的附加条件。季节交替会引起环境温度的改变和道路情况的变化。例如,夏季炎热、干燥、灰尘多;春季、冬季雨雪多,气候湿冷,道路泥泞。因此,不同季节汽车零件的磨损强度也不相同。

2. 燃料和润滑油的品质

1) 燃料的品质

汽油的蒸发性、馏分温度、辛烷值和含硫量是与汽车技术状况的变化有直接联系的指标。馏分温度越高,说明汽油中不易挥发、雾化和燃烧的重馏分越多。重质馏分易以液滴状态进入汽缸,冲刷缸壁润滑油膜,窜入曲轴箱,稀释润滑油,从而使润滑条件变差,磨损加剧。若所用汽油的辛烷值与发动机的压缩比不相适应,易于发生爆燃,使发动机承受的机械负荷和热负荷增大,同时破坏缸壁上的润滑油膜,使磨损加剧,还会引起气门烧蚀、连杆变形、火花塞绝缘体损坏等故障。燃料中的含硫量决定了发动机腐蚀磨损的强弱。

柴油的蒸发性、十六烷值、黏度、含硫量对发动机工作过程有很大影响。

柴油中重馏分过多,会使燃烧不完全而形成炭粒,排放烟度增大,汽缸磨损增加,还易堵塞喷油器喷孔。

十六烷值高低对发动机工作的平稳性影响很大。柴油十六烷值选择不当,柴油机工作粗暴,所承受的载荷增大;或因其蒸发性差、低温流动性不良,发动机起动困难,从而加剧零件磨损。

柴油的黏度应适宜。黏度大,则柴油的低温流动性和雾化性差,燃烧不完全,积炭和黑烟排放多。黏度小,则柴油对于喷油泵柱塞偶件的润滑作用下降,磨损加剧。

柴油中含硫量从 0.1% 增加到 0.5% 时,柴油机汽缸和活塞环的磨损量将增加 20%~50%。

2) 润滑油的品质

润滑油的黏度和抗氧化安定性是对汽车技术状况影响较大的性能指标。润滑油的黏度应与发动机转速、磨损状况和气候条件相适应。黏度大,则润滑油流动性差,低温时润滑条件差,磨损加剧。黏度小,则润滑流动性好,但油性差,润滑油吸附金属表面的能力差,易使工作表面出现摩擦或半干摩擦状态,也会使发动机的磨损增加。如果润滑油的氧化安定性不良,则易于在空气中的氧和热的作用下形成胶质沉淀物,使润滑油的润滑性能下降;同时会因胶质物在油管、油道和机油滤清器中的沉积而影响润滑系统的正常工作,从而加剧零件的磨损。

3. 汽车的合理运用

驾驶技术、装载情况和行驶速度等因素对汽车技术状况的变化有很大影响。

1) 驾驶技术

在同样的运用条件下,驾驶人的技术水平对汽车运用状况也有一定影响,见表 8-5。驾驶技术水平高的驾驶人,如表 8-5 中 A 组驾驶人,不但可提高公共汽车的技术速度,为乘客提供良好的运输服务,而且还能使汽车的总成及零件少受损失。

驾驶人技术水平对汽车运用的影响　　　　表 8-5

驾驶人技术水平	行驶车速(km/h)	单位行程曲轴转速(r/km)	单位行程制动器使用次数(1/km)	制动行程占总行程的比例(%)	因故障停歇总次数(%)	总成使用寿命(%)
A 组(好)	35.3	1780	1.7	2.1	100	100
B 组(差)	33.6	2220	2.6	3.8	140	40~70

只有在确定了运用条件对汽车技术状况的影响后,才可设法改善汽车运用条件,合理运

用汽车,以便减少汽车运用中的故障停歇时间,提高汽车技术状况的完好率,延长汽车、总成和零件的使用寿命。

2)装载情况

在超载状态下,汽车各总成承受的负荷增加,发动机工作不稳定、低速挡使用时间比例增多,发动机的冷却系统和润滑系统的工作温度升高,从而导致发动机和其他总成的磨损增大,汽车使用寿命缩短。

3)行驶速度

汽车行驶车速过高,发动机处于高转速下运转,活塞在汽缸内平均移动速度增高,汽缸磨损相应加剧。高速行驶时,汽车底盘特别是行驶机构受到的冲击载荷增大,使汽车前桥、后桥发生永久变形;同时,制动使用更为频繁,汽车制动器磨损加剧。因此,汽车经常高速行驶对汽车使用寿命有一定影响。汽车行驶车速过低时,低挡行驶时间的比例增多,汽车行驶相同里程的发动机平均运转次数增多;同时,由于润滑条件变差,其磨损强度较大。

三、汽车故障

汽车故障是指汽车部分或完全丧失工作能力的现象。汽车在运用过程中,由于技术状况的变坏,将会出现各种故障。汽车故障可根据丧失工作能力的范围和程度、故障产生的原因、故障出现的周期等进行分类。

1. 按汽车丧失工作能力的范围分类

按汽车丧失工作能力的范围分类,汽车故障可分为完全故障与局部故障两类。

完全故障是指汽车完全丧失工作能力而不能行驶的故障。此类故障是由于汽车或其零部件在正常工作状态下突然丧失功能造成的,例如,高压线掉线、转向节臂折断、半轴折断等。制动管路爆裂等零部件故障,会导致整车或子系统突然丧失功能而形成完全故障。

局部故障是指汽车部分丧失工作能力,即降低了汽车使用性能的故障。汽车或其子系统的工作特性随着时间的延长而逐渐降低,当达不到规定的功能时即形成故障。例如,摩擦副磨损、弹性件硬化、油料变质等都会使汽车性能或部分性能下降。

2. 按汽车丧失工作能力的程度分类

按汽车丧失工作能力的程度分类,汽车故障可分为致命故障、严重故障、一般故障和轻微故障四类,见表8-6。

汽车故障分类　　　　　表8-6

故障分类		分类原则
1	致命故障	涉及人身安全,可能导致人身伤亡;引起主要总成报废,造成重大经济损失;不符合制动、排放、噪声等法规要求
2	严重故障	导致整车主要性能显著下降;造成主要零件损坏,且不能用随车工具和已损备件在短时间(约30min)内修复
3	一般故障	造成停驶,但不会导致主要零部件损坏,并可用随车工具和易损备件或价值很低的零件在短时间(约30min)内修复;虽未造成停驶,但已影响正常使用,需调整和修复
4	轻微故障	不会导致停驶,尚不影响正常使用,亦不需要更换零部件,可用随车工具在短时间(约30min)内轻易排除

致命故障是指导致汽车、总成重大损坏的故障。此类故障危及汽车行驶安全,导致人身伤亡,引起汽车主要总成报废;对周围环境有严重破坏,造成重大经济损失。例如,发动机报废、转向节臂断裂、制动管路破裂、转向操纵失灵等。

严重故障是指汽车运行中无法排除的故障。此类故障可能导致主要零部件、总成的严重损坏,或影响行车安全;且不能用易损备件和随车工具在较短时间内排除。例如,发动机汽缸拉缸、后桥壳裂纹、转向轮摆振、曲轴断裂、制动严重跑偏等均属于严重故障。

一般故障是指汽车运行中能及时排除的故障或不能排除的局部故障。此类故障使汽车停驶或性能下降,但一般不会导致主要零部件或总成严重损坏,并可用更换易损件和随车工具在较短时间内排除。例如,风扇传动带断裂使发动机冷却系统停止工作,从而使汽车停驶。刮水器在雨天损坏使汽车在雨天难以工作,发电机突然不发电等故障均属于一般故障。

轻微故障是指一般不会导致汽车停驶或性能下降,不需要更换零件,用随车工具能轻易排除的故障。例如,点火系统高压线掉线,气门芯慢渗气,车轮个别螺母松动,离合器因调整原因分离不彻底,变速器渗油等属于轻微故障。

3. 按故障发展过程分类

按故障发展过程分类,可分为突变性故障和渐发性故障。

突变性故障是指在发生故障之前没有任何迹象突然发生的故障。突变性故障的特点是技术性能参数产生跃变,突变性故障在任何时候都可发生。例如,汽车超载而引起的零件突然损坏。

渐发性故障是指汽车或机构由正常使用状况逐渐转化为故障状况。渐变性故障发展平稳、缓慢。汽车上的一般间隙配合零件都是按这种规律出现故障和发生损坏的,如图8-8a)所示。对于渐发性故障,汽车(或总成、零件)技术状况的变化是一个连续的过程,由初始状况(完好的技术状况)变到故障状况,要经过一系列的中间过程,如图8-8b)所示。渐发性故障之所以发展平稳、缓慢,是由于人们对汽车进行及时维护的结果。在全部的汽车故障中,有40%~70%属于渐发性故障。

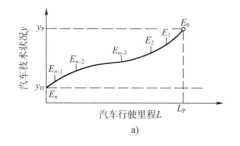
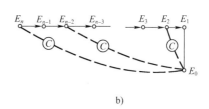

图 8-8 故障发展过程分类

$E_n, E_{n-1}, E_{n-2}, \cdots E_2, E_1$-汽车工作能力情况;$E_0$-故障情况;$E_n$-初始状况

4. 按故障产生原因分类

按故障产生的原因分类,可分为设计原因引起的故障和使用原因引起的故障。

设计原因包括结构设计欠合理、加工工艺不完善等。例如,由于汽车前悬架结构设计不合理造成汽车在制动过程中跑偏。

使用原因主要是违反行车规定,如汽车超载、使用不符合标准的燃料和润滑油,以及没有按规定维护等。例如,由于两前轮轮胎气压不等造成的制动跑偏。

5. 按故障出现的周期分类

按故障出现的周期分类，可分为短周期故障、中周期故障和长周期故障。短周期故障一般 $L<4000\text{km}$ 发生一次；中周期故障一般 $4000\text{km} \leqslant L < 16000\text{km}$ 发生一次；长周期故障一般 $L \geqslant 16000\text{km}$ 发生一次。

6. 按故障影响汽车工作时间分类

按故障影响汽车工作时间分类，可分为影响汽车工作时间的故障和不影响汽车工作时间的故障。对于不影响汽车工作时间的故障，可暂不排除，待维护时排除或在汽车非工作时间排除，从而不占用汽车工作时间。而影响汽车工作时间的故障，则必须占用汽车工作时间来排除。

第三节 汽车技术状况变化的规律

汽车技术状况在使用过程中逐渐发生变化。本节将介绍汽车技术状况变化规律的分类、汽车技术状况的渐发性变化过程和偶发性变化过程。

一、汽车技术状况变化规律的分类

汽车技术状况变化的规律，按变化过程不同分类，可分为渐发性变化过程(第一种变化规律)和偶发性变化过程(第二种变化规律)。

渐发性变化过程的特点是，汽车技术状况的变化与固定的变量(如汽车使用时间或行驶里程)之间有严格的对应关系。偶发性变化过程的特点是，汽车技术状况的变化受很多随机因素的影响，它们之间没有严格的对应关系。

如果汽车运用合理，其主要技术状况的变化均属第一种变化规律。汽车运行中出现的故障多是偶发性的，它与很多因素有关，诸如零部件本身的品质、零部件工作表面的尺寸精度与表面粗糙度、汽车及总成的装配质量、汽车按计划执行维修的情况、汽车运用条件和汽车维修人员的技术水平等。尽管这些因素都与故障有关，但却没有严格的对应关系。

二、汽车技术状况的渐发性变化过程

汽车技术状况的变化，大多是按照汽车使用时间或行驶里程而逐渐发生平缓变化，具体变化形式多为图8-9所示的几种情况。

实际经验和研究结果表明，汽车技术状况 y 与汽车使用时间或行驶里程 L 之间的函数关系，可用多项式方程表示为

$$y = a_0 + a_1 L + a_2 L^2 + a_3 L^3 + \cdots\cdots a_n L^n \quad (8\text{-}3)$$

式中： y ——汽车技术状况参数值；
a_0 ——汽车技术状况的初始值；
L ——汽车使用时间或行驶里程；
$a_1, a_2, a_3, \cdots, a_n$ ——待定系数，用于表征 y 与 L 的关系。

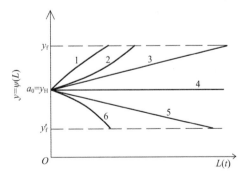

图8-9 汽车技术状况按汽车使用时间或行驶里程变化的几种形式

1、2、3-汽车运用过程中逐渐变大的技术参数；4-汽车运用过程中稳定不变的技术参数；5、6-汽车运用过程中逐渐变小的技术参数；y_f、y_f'-各种技术参数变化的范围

实际使用式(8-3)进行计算时,取前四项计算一般就可满足精度要求。

汽车技术状况 y 与汽车使用时间或行驶里程 L 也可以用指数方程表示为

$$y = a_0 + a_1 L^b \tag{8-4}$$

式中:a_0——汽车技术状况的初始值;

a_1、b——确定汽车工作强度和技术状况变化程度的系数。

若已知 $y = \psi(L)$ 的函数关系和汽车技术状况参数 y_n,可用方程 $L = f(y)$ 确定出汽车的平均技术寿命。在有足够多的有规律变化的技术参数(如制动蹄与鼓的间隙、离合器自由行程等)的情况下,汽车技术状况 y 可写成

$$y = a_0 + a_i L \tag{8-5}$$

式中:a_0——汽车技术状况的初始值;

a_i——汽车技术状况参数变化的强度,因汽车结构与运用条件而变;

L——汽车使用时间或行驶里程。

载货汽车在运用过程中,一些技术状况参数的变化情况见表 8-7。

汽车运用过程中汽车技术状况参数的变化情况 表 8-7

汽车技术状况参数	变化范围	汽车技术状况参数	变化范围
离合器自由行程(mm/1000km)	$(4 \sim 6) \times 10^{-1}$	前轮前束(mm/1000km)	$(1 \sim 3) \times 10^{-1}$
制动器自由行程(mm/1000km)	$(6 \sim 9) \times 10^{-1}$	风扇传动带挠度(mm/km)	$(3 \sim 6) \times 10^{-1}$
前轮制动间隙(mm/1000km)	$(4 \sim 6) \times 10^{-2}$	传动轴角间隙(°)	$(1 \sim 3) \times 10^{-2}$
后轮制动间隙(mm/1000km)	$(6 \sim 9) \times 10^{-2}$	后桥主传动角间隙(°)	$(2 \sim 3) \times 10^{-1}$

三、汽车技术状况的偶发性变化

在汽车运用过程中,能够影响汽车技术状况发生变化的条件、驾驶人水平以及汽车本身性能,都是不尽相同的。因此,当确定了某项汽车运用性能的水准,如图 8-10a)所示,并将汽车技术状况的极限(即汽车使用寿命)定为 y_d,各种不同汽车工作到极限状态 y_d 的行驶里程分别为 $L_{p1}, L_{p2}, L_{p3}, \cdots, L_{pn}$。也就是说,各种汽车工作到使用极限的情况是有很大差别的。因此,在这种情况下,不易预测出汽车的维护时刻。另外,如果把汽车工作到需要维护时的行驶里程定为 L_0[图 8-10b)],则汽车工作到这种状态下的技术状况将是 $y_i (i = 1, 2, 3, \cdots, n)$,此时汽车技术状况恶化,达到了技术状况需要恢复的阶段。也就是说,这就是汽车应该进行维护的时机。因此,解决这个问题需要涉及很多随机因素。假如各种随机因素为 x,则它们对汽车技术状况影响所起到的平均作用为

$$\bar{x} = \frac{x_1 + x_2 + x_3 + \cdots + x_n}{n} = \frac{1}{n}\sum_{i=1}^{n} x_i \tag{8-6}$$

衡量随机因素离散程度的标准差为

$$\sigma = \sqrt{\frac{1}{n}\sum_{i=1}^{n}(x_i - \bar{x})^2} \tag{8-7}$$

区分各种随机因素离散程度显著性的标准差变异系数为

$$v = \frac{\sigma}{\bar{x}} \tag{8-8}$$

当 $v \leq 0.1$ 时,表明离散程度显著性(偶然性)小;当 $0.1 < v \leq 0.33$ 时,离散程度显著性中等;当 $v > 0.33$ 时,离散程度显著性大。

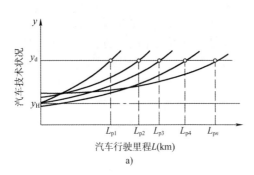
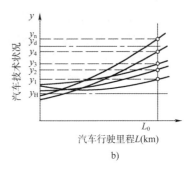

图 8-10 汽车技术状况的随机变化

此外,还有一个重要的特性就是个别随机因素对汽车技术状况影响的概率。汽车连续工作可靠性的概率 $R(x)$ 与汽车工作中产生的故障次数有关,其表达式为

$$R(x) = \frac{n - m(x)}{n} = 1 - \frac{m(x)}{n} \tag{8-9}$$

式中:$m(x)$——汽车工作期 x 时所出现的故障次数。

汽车工作过程中的故障频率 $F(x)$ 与汽车连续工作可靠性概率 $R(x)$ 的含义相反,可表达为

$$F(x) = 1 - R(x) = \frac{m(x)}{n} \tag{8-10}$$

式中:x——汽车工作到出现故障时的行驶里程,10^3km。

汽车可靠性概率 $R(x)$ 与故障频率 $F(x)$ 的关系,如图 8-11 所示。

随机因素对汽车技术状况的影响也可用故障概率密度函数 $f(x)$ 评价。若汽车无故障工作可靠性概率 $R(x) = 1 - \frac{m(x)}{n}$,$n$ 为常数,对 $R(x)$ 微分,得故障概率密度函数 $f(x)$ 为

$$f(x) = \frac{dR}{dx} = -\frac{1}{n}\frac{dm}{dx} \tag{8-11}$$

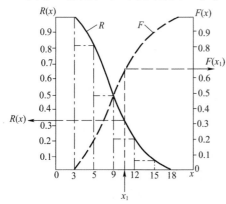

图 8-11 汽车可靠性概率与故障频率的关系
x-汽车工作到出现故障时的行驶里程(10^3km)

式中:$\frac{dm}{dx}$——基本概率,即在汽车不更换总成和零件情况下工作发生故障的概率。

由式(8-10),得

$$\begin{cases} f(x) = F'(x) \\ F(x) = \int_{-\infty}^{x} f(x) dx \end{cases} \tag{8-12}$$

$F(x)$ 称为概率分布函数,如图 8-12a)所示;$f(x)$ 称为概率密度分布函数,如图 8-12b)所示。

将式(8-12)代入式(8-10),则有

$$R(x) = \int_{x}^{+\infty} f(x) dx \tag{8-13}$$

$F(x)$ 与 $f(x)$ 的关系可以用于评价汽车的可靠性。就是说,可确定出汽车故障概率和求出连续工作到出现故障的平均周期为

$$\bar{x} = \int_{-\infty}^{+\infty} x f(x) \, dx \tag{8-14}$$

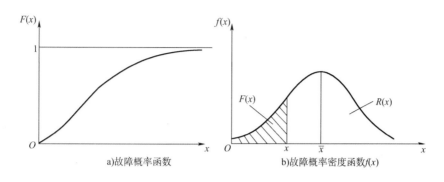

a) 故障概率函数　　　　b) 故障概率密度函数 $f(x)$

图 8-12　积分分布函数和微分分布函数

已知随机变量的分布规律后,就可确定汽车的维护时期与维护工作量,计算出各个时期所需备件的数量和决定其他的工艺组织问题。

汽车在运用过程中,汽车技术状况的变化要受到汽车运用条件的影响,而汽车运用条件(如行驶速度)在汽车运行过程中有着一定的随机性,因而汽车技术状况的变化也具有随机性。事实上,各种随机现象既有其偶然性,也有其必然性。这种必然性表现为大量试验中的随机事件出现的频率具有稳定性,即一个随机事件出现的频率常在某固定值附近波动。这种规律性就是统计的规律性。

通常,汽车技术状况(或汽车运用条件)变化具有两种典型规律。

汽车运用过程中,很多运用条件变化的概率分布都属于正态分布。正态分布的概率密度函数 $f(x)$、可靠性概率 $R(x)$ 和故障频率 $F(x)$ 分别为：

$$f(x) = \frac{1}{\sigma \sqrt{2\pi}} e^{-\frac{(x-\bar{x})^2}{2\sigma^2}} \tag{8-15}$$

$$R(x) = \frac{1}{\sigma \sqrt{2\pi}} \int_{x}^{\infty} e^{-\frac{(x-\bar{x})^2}{2\sigma^2}} dx \tag{8-16}$$

$$F(x) = \frac{1}{\sigma \sqrt{2\pi}} \int_{-\infty}^{x} e^{-\frac{(x-\bar{x})^2}{2\sigma^2}} dx \tag{8-17}$$

取新的随机变量为 $z = \dfrac{x - \bar{x}}{\sigma}, x = \bar{x} + z\sigma$,则有标准正态分布函数 $\Phi(z)$ 为

$$\Phi(z) = \frac{1}{\sigma \sqrt{2\pi}} \int_{-\infty}^{\bar{x}+z\sigma} e^{-\frac{z^2}{2}} d(\bar{x} + z\sigma) = \int_{-\infty}^{z} e^{-\frac{z^2}{2}} dz \tag{8-18}$$

汽车在行驶里程为 $x_1 \sim x_2$ 时的故障率为

$$P(x_1 < \bar{x} < x_2) = P(x_2) - P(x_1) = \Phi(z_2) - \Phi(z_1) \tag{8-19}$$

一个由若干个零件组成的系统中,任何一个零件发生故障或损坏,就将导致整个系统发生故障,则该系统可靠性的概率分布就属于威布尔分布。也就是说,一个系统中某一个薄弱环节发生故障,就会引起整个系统可靠性概率分布的变化,因此也称"薄弱环节"的概率分布。汽车使用寿命的变化情况,就属于威布尔分布,因为汽车技术状况就是由一系列零件所组成的链来决定的。

故障分布属于这种系统的状况,受系统中独立环节 x_i(如汽车使用中的里程或时间等)作用的影响。这些最小独立环节为 $x_c = \min(x_1, x_2, x_3, \cdots, x_n)$,其分布函数可写成

$$F_n(x) = P(x_c < x) = 1 - P(x_1 \geq x, x_2 \geq x, \cdots, x_n \geq x) \tag{8-20}$$

第四节 汽车技术状况的分级

一、汽车技术状况的等级划分与标准

汽车技术状况在汽车运用过程中将随行驶里程(或行驶时间)、运行条件、使用强度和维修质量等因素而改变。掌握不同运用阶段的汽车技术状况,就可根据车辆技术状况组织运输生产,从而合理地使用车辆和科学地安排汽车维修计划。

汽车技术状况等级是根据《道路运输车辆技术等级划分和评定要求》(JT/T 198—2016)进行分级。该标准规定了道路运输车辆的技术等级划分、评定项目、评定要求以及评定规则,它适用于申请从事道路运输经营的车辆和正在从事道路运输经营的车辆。

道路运输车辆技术等级划分为一级和二级。达不到二级的车辆属于不合格车辆,应予以停驶或报废。

二、汽车技术状况等级的评定

道路运输车辆技术状况等级评定项目包括"核查评定项目"和"技术评定项目"。其中,"技术评定项目"分为"关键项""一般项"和"分级项"。"关键项"为评价车辆技术状况的重要指标,可能直接或间接影响道路交通安全或对环境有严重影响的评定项目;"一般项"为评价车辆技术状况的一般指标,对道路交通安全或环境无严重影响的评定项目。

"核查评定项目"包括防抱死制动装置、盘式制动器、缓速器或其他辅助制动装置、制动间隙自动调整装置、压缩空气干燥或油水分离装置、子午线轮胎、安全带、限速功能或限速装置、超速报警功能、卫星定位系统车载终端、发动机舱自动灭火装置等 10 项,见表 8-8。

核查评定项目和评定要求　　　　表 8-8

序号	评定项目	客车评定要求		货车及挂车评定要求	
1	防抱死制动装置	一级	二级	一级	二级
2	盘式制动器	M_2、M_3 类客车、N_2 和不超过四轴的 N_3 类货车、危险货物运输车、O_3 和 O_4 类挂车以及乘用车应安装符合 GB/T 13594 规定的防抱死制动装置,并配备防抱死制动装置失效时用于报警的信号装置			
		车长大于 9m 的客车(按名义尺寸,以下同)和危险货物运输车,其前轮应装有盘式制动器			
3	缓速器或其他辅助制动装置	车长大于 9m 的客车、N_3 类货车(含危险货物运输车)应装有缓速器或其他辅助制动装置		不参与评级项	
4	制动间隙自动调整装置	M_2、M_3 类客车、N_2 和 N_3 类货车、O_3 和 O_4 类半挂车、乘用车以及危险货物运输车,其所有的行车制动器应装有制动间隙自动调整装置			

续上表

序号	评定项目	客车评定要求	货车及挂车评定要求
5	压缩空气干燥或油水分离装置	采用气压制动的车辆应装有气压显示装置、限压装置,并可实现报警功能。气压制动系统应安装保持压缩空气干燥或油水分离的装置	
6	子午线轮胎	车长大于9m的客车和危险货物运输车应装用子午线轮胎,卧铺客车应装用无内胎子午线轮胎	
7	安全带	客车、货车及乘用车的所有座椅均应装备符合GB 14166要求的安全带,其固定点应符合GB 14167的要求	不参与评级项
8	限速功能或限速装置、超速报警功能	客车和危险货物运输车应具有限速功能,否则应配备符合GB/T 24545要求的限速装置。三轴及三轴以上的货车应具有超速报警功能(具有限速功能和限速装置且符合规定的除外),能通过视觉或声觉信号报警。限速功能、限速装置和超速报警调定的最大速度应符合有关规定	不参与评级项
9	卫星定位系统车载终端	旅游客车、包车客车、三类及以上班线客车、危险货物运输车辆、N_3类载货汽车和半挂牵引应装有具有行驶记录功能并符合GB/T 19056和JT/T 794规定的卫星定位系统车载终端	
10	发动机舱自动灭火装置	发动机后置的客车,其发动机舱内应装备自动灭火装置(电动汽车除外)。灭火装置启动时应能通过声觉信号向驾驶人报警	不参与评级项

"技术评定项目"包括唯一性认定、电子控制系统、发动机、制动系统、转向系统、行驶系统、传动系统、照明、信号装置和标识、电气线路及仪表、车身、附属设备、安全防护、动力性、燃料经济性、制动性、排放性、转向操纵性、悬架特性、前照灯、车速表、车轮阻滞率、喇叭等22大项,63小项,其中"关键项"37项,"一般项"15项,见表8-9。

技术评定项目和评定要求　　　　　　　　　　表8-9

序号	评定项目	评定内容	项目属性	评定要求
1	唯一性认定	号牌号码、车辆类型、品牌型号、车身颜色、发动机号、底盘号、VIN号、挂车架号、中重型货车及挂车外廓尺寸、货车及挂车车厢栏板高度、客车的座(铺)位数	★	(1)在用道路运输车辆的号牌号码、类型、品牌型号、燃料类别、车身颜色、发动机号、底盘号或VIN号、挂车架号、重中型货车及挂车的外廓尺寸、车厢栏板高度应与行驶证、机动车登记证、道路运输证记载的内容及其他相关资料相符。其中,外廓尺寸的允许误差为±2%或±100mm,车厢栏板高度的允许误差为±2%或±50mm。汽车列车的外廓尺寸不得超过GB 1589规定的最大限值。(2)客车的座(铺)位数应与道路运输证核定的数量一致
2	电子控制系统	与发动机排放控制系统、防抱死制动装置和电动助力转向系统及其他与行车安全相关的故障信息	★	装有车载诊断系统(OBD)的车辆不应有与发动机排放控制系统、防抱死制动装置(ABS)和电动助力转向系统(EPS)及其他与行车安全相关的故障信息

续上表

序号	评定项目	评定内容		项目属性	评定要求
3	发动机	工作性能	起动性能	■	发动机起动性能良好。在正常工作温度状态下,发动机起动3次,成功起动次数不少于2次
			柴油发动机停机装置	★	柴油发动机停机装置功能有效。在正常工作温度状态下,发动机连续起动/停机3次,3次停机均应有效
			发动机运转	■	发动机低、中、高速运转稳定、无异响
		密封性	发动机缸体、油底壳、冷却液道边盖、放水阀、散热器	■	发动机缸体、油底壳、冷却液道边盖、放水阀、散热器等不得有油、液滴漏现象
		传动带	助力转向传动带	★	助力转向传动带和空气压缩机传动带无裂痕、油污和过量磨损,运转良好。空气压缩机传动带的松紧度符合规定。对于采用齿轮传动的空气压缩机,其齿轮箱无异响和漏油现象
			空气压缩机/齿轮箱	★	
		燃料供给	输料管、燃料箱及燃料管路、燃料箱盖、燃料箱改动或加装	★	(1)燃料管路不得有泄漏现象,与其他部件无碰擦,软管无老化现象。 (2)燃料箱及燃料管路应稳固牢靠。 (3)燃料箱盖应齐全,并能有效地防止燃料泄漏。 (4)不得随意改动或加装燃料箱
4	制动系统	行车制动	制动管路、制动缸及气(油)路、制动报警装置、缓速器、储气筒、制动踏板	★	(1)制动管路稳固,转向及行驶时,金属管路及软管不应与车身或底盘产生运动干涉。 (2)制动主缸、轮缸、各类阀门及制动管路无漏气、漏油现象;制动金属管及软管无弯折、磨损、凸起和扁平等现象,接头连接可靠;液压制动助力系统的真空软管不应有磨损、折痕和破裂,接头连接可靠。 (3)气压制动系统的低气压报警装置工作正常,制动系统故障报警装置无报警信号输出。 (4)缓速器连接可靠,电涡流缓速器外表、定子与转子间应清洁、无油污,液压缓速器不应有漏油现象。 (5)储气筒安装稳固,不应有锈蚀、变形等损伤,储气筒排污(水)阀畅通。 (6)制动踏板无破裂或损坏,防滑面无磨光现象
			气压制动弹簧储能装置	■	装有弹簧储能制动器的气压制动车辆,弹簧气室气压低时,弹簧储能制动器自锁装置应有效
			驻车制动	★	驻车制动装置机件齐全完好,操纵灵活有效,拉杆无过度摇晃现象

续上表

序号	评定项目	评定内容	项目属性	评定要求	
5	转向系统	部件连接、部件技术状况、转向助力装置	★	(1)转向机构各部件应连接紧固,各连杆无松旷,锁止、限位正常,转向时无卡阻和运动干涉。 (2)转向节、臂、横直拉杆、平衡杆、转向器摇臂和球销总成应无变形、裂纹及拼焊,转向器摇臂、球销总成及各连杆的连接部位不松旷,转向器壳体和侧盖无裂损、渗油、漏油现象。 (3)转向助力装置工作正常,不应有传动带打滑和漏油现象	
		转向盘最大自由转动量	●	最高设计车速大于或等于100km/h的车辆不大于10°,其他车辆不大于20°	最高设计车速不小于100km/h的道路运输车辆,其转向盘的最大自由转动量不大于15°,其他道路运输车辆不大于25°
6	行驶系统	车架	★	全承载式结构的车身,以及非全承载式结构的车架纵梁、横梁不应有开裂和变形等损伤,铆钉、螺栓齐全有效	
		车桥 裂纹及变形	★	车桥的桥壳无可视的裂纹及变形	
		车桥 车桥密封性	●	车桥密封良好,无漏油现象	允许有轻微渗油,不得滴漏
		拉杆和导杆、车轮及螺栓、螺母	★	(1)车桥与悬架之间的拉杆和导杆无松旷、移位及可视的变形和裂纹。 (2)各车轮的轮辋应无裂纹,车轮及半轴的螺栓、螺母应齐全、完好,连接可靠。车轮安装的装饰罩和装饰帽不得有碍于检查螺栓、螺母技术状况	
		轮胎外观、同轴轮胎的规格和花纹、轮胎的速度级别、充气压力、翻新轮胎、轮胎类型、备用轮胎	★	(1)同轴轮胎的规格和花纹应相同,规格符合整车制造厂的规定。 (2)装用轮胎的速度级别应不低于车辆最高设计车速的要求。 (3)轮胎的充气压力应符合规定值。 (4)客车和危险货物运输车的所有车轮不得装用翻新的轮胎,其他车辆的转向轮不得装用翻新的轮胎,其余车轮使用翻新的轮胎应符合相关标准的规定。 (5)车长大于9m的客车和危险货物运输车应装用子午线轮胎,卧铺客车应装用无内胎子午线轮胎。 (6)随车配备备用轮胎并固定牢固	

续上表

序号	评定项目	评定内容	项目属性	评定要求
6	行驶系统	轮胎 / 胎冠花纹深度	●	(1) 具有磨损标志的轮胎,胎冠的磨损不得触及磨损标志; (2) 无磨损标志或标志不清的轮胎,乘用车和挂车的胎冠花纹深度应不小于1.6mm; (3) 其他车型的转向轮的胎冠花纹深度应不小于3.2mm,其余轮胎胎纹深度应不小于1.6mm。 乘用车和挂车不小于2.5mm,其他车辆转向轮不小于3.8mm,其余轮胎不小于2.5mm
6	行驶系统	悬架 / 弹性元件、部件连接	★	(1) 悬架的弹性元件,如钢板弹簧、螺旋弹簧、扭杆弹簧、橡胶减振垫等弹性元件应安装牢固,不应有裂纹、缺片、加片、断裂、塑性变形和功能失效等现象,空气弹簧不应有泄漏现象。 (2) 悬架的弹性元件总成、减振器、导向杆(若装配)等部件应连接可靠,钢板弹簧的U形螺栓、螺母等应齐全、紧固,吊耳销(套)无松旷和断裂,锁销齐全有效
6	行驶系统	减振器	■	减振器稳固有效,无漏油现象
7	传动系统	离合器	●	离合器接合平稳、分离彻底、操作轻便,工作时无异响、打滑、抖动和沉重等现象
7	传动系统	变速器	■	变速器操纵轻便、挡位准确,无异响和滴漏油现象
7	传动系统	传动件异响	■	运转时,传动轴、主减速器和差速器不应有异响
7	传动系统	万向节与轴承	★	万向节、中间轴承无松旷,无裂损
8	照明、信号装置和标识	外部照明和信号装置、前照灯远/近光光束变换功能、反射器与侧标志灯、货车车身反光标识和尾部标志板	★	(1) 前照灯、转向灯、示廓灯、危险报警闪光灯和雾灯等信号装置应齐全、完好、有效。 (2) 前照灯的远、近光束变换功能正常。 (3) 车辆的后反射器、侧反射器和侧标志灯应齐全,无损毁。 (4) 货车车身反光标识和尾部标志板货车、挂车侧面及后部的车身反光标识和尾部标志板的适用车型要求、性能、尺寸、位置应符合GB 7258的相关要求,且完好、无污损
9	电气线路及仪表	导线 / 导线绝缘层/线束固定、导线及连接蓄电池接头/绝缘套、金属孔绝缘护套	★	发动机舱内线束以及其他部位线束的导线绝缘层无老化、皲裂和破损,导体无外露,线束固定可靠;电缆线及连接蓄电池的接头应牢固,并有绝缘套;线束穿过金属孔时应设绝缘护套

续上表

序号	评定项目		评定内容	项目属性	评定要求
9	电气线路及仪表		仪表与指示器、卫星定位系统车载终端	★	(1)车速、里程、冷却液温度、机油压力、电流或电压或充电、燃油、气压等信号指示装置应工作正常。 (2)装有卫星定位系统车载终端的车辆,终端应工作正常
10	车身	门窗及照明	车门应急控制器、应急门和安全顶窗、应急窗和玻璃破碎装置	★	(1)采用动力启闭车门的客车,车门应急控制器机件齐全完好,应急控制器标志及操作说明无损毁。 (2)应急门和安全顶窗机件齐全完好。 (3)应急窗易于开启,封闭式客车的每个应急窗邻近处应有玻璃破碎装置,且状态完好。采用安全手锤时,应在规定的位置放置
			门、窗玻璃	●	玻璃齐全完好	所有门、窗的玻璃应齐全,不得有长度超过25mm且易导致破碎的裂纹和穿孔,密封良好
			客车的车厢灯和门灯	■	客车的车厢灯和门灯工作正常
			车身与驾驶室	●	车身、驾驶室完好	(1)车身与驾驶室基本完好。 (2)客车的车身和货车的驾驶室不得有超过3处的轻微开裂、锈蚀和明显变形,缺陷部位不影响安全性和密封性
			车身两侧对称部位的高度差	●	对称部位的高度差≤20mm	车身应周正,货车、客车及挂车车轴上方的车身两侧对称部位的高度差不大于40mm
			车身外部和内部的尖锐凸起物	★	车身外部和内部不应有任何可能使人致伤的尖锐凸起物
			车身表面涂装	●	客车车身和货车驾驶室涂装无缺损,补漆颜色与原色基本一致	客车车身和货车驾驶室的表面涂装无明显的缺损(允许有轻微划伤),补漆颜色与原色基本一致

续上表

序号	评定项目	评定内容		项目属性	评定要求
10	车身	门窗及照明	货车的货箱(厢)、车门、栏板、底板、栏板锁止机构	★	货车货箱、车门、栏板和底板应无变形和破损,栏板锁止机构作用可靠
			驾驶室车窗玻璃附加物及镜面反光遮阳膜	★	驾驶室车窗玻璃不应张贴妨碍驾驶人视野的附加物及镜面反光遮阳膜
11	附属设备	后视镜和下视镜		★	车辆的左、右后视镜、内后视镜、下视镜应完好、无损毁,并能有效保持其位置。N_2、N_3类货车的内后视镜不做要求
		风窗刮水器、风窗洗涤器		■	前风窗玻璃刮水器、洗涤器应能正常工作,刮水器关闭时刮水片应能自动返回初始位置
		防眩目装置、除雾/除霜装置		★	(1)驾驶室内的防止阳光直射而使驾驶人产生炫目的装置完整有效。 (2)前风窗玻璃的除雾、除霜装置工作正常
		排气管和消声器		■	排气管、消声器应完好有效,稳固可靠
12	安全防护	安全带、侧面防护装置、后部防护装置		★	(1)客车的所有座椅、货车驾驶人座椅和前排乘员座椅应配备安全带,且配件齐全有效,无破损。 (2)N_2、N_3类货车(半挂牵引车除外)、O_3、O_4类挂车两侧以及牵引车与挂车之间两侧装备的侧面防护装置应完好、稳固、有效。 (3)除牵引车和长货挂车以外的N_2、N_3类货车和O_3、O_4类挂车的后下部防护装置应完好、稳固、有效
		保险杠		■	乘用车、车长小于6m的客车的前、后保险杠,货车的前保险杠应无损毁并稳固
		牵引装置和安全锁止机构	汽车列车牵引装置的连接和安全锁止机构	★	汽车列车牵引装置的连接和安全锁止机构锁止可靠
			集装箱运输车固定集装箱箱体的锁止机构		集装箱运输车固定集装箱箱体的锁止机构应工作可靠、无损坏
		安全架与隔离装置		★	货车车厢前部安装的安全架、驾驶人和货物同在车厢内的厢式车隔离装置应完好、稳固

续上表

序号	评定项目	评定内容	项目属性	评定要求
12	安全防护	灭火器材、警示牌和停车楔	★	(1)随车配备与车辆类型相适应的灭火器,灭火器应在有效期内,并安装牢靠和便于取用。对于客车,仅有一个灭火器时,应设置在驾驶人附近。当有多个灭火器时,应在客厢内按前、后或前、中、后分布,其中一个应靠近驾驶人座椅。 (2)随车配备三角警告牌,并妥善放置。 (3)随车配备停车楔,数量不少于两只,并妥善放置
		危险货物运输车辆安全装置与标识	★	(1)运送易燃易爆货物的车辆应符合以下要求:应备有灭火器材,其数量、放置位置及固定应符合 GB 20300 的相关规定。排气管应装在罐体(箱体)前端面之前,不高于车辆纵梁上平面的区域。隔热和熄灭火星的装置完好;电路系统应有切断总电源和隔离电火花的装置,该装置应安装在驾驶室内;车辆尾部的导静电拖地带完整有效,无破损。 (2)危险货物运输车辆的标志和标识应符合 4.1.12 的要求,且应齐全、完整、清晰、无污损,安放位置应符合规定。 (3)装运大型气瓶、可移动罐(槽)等的车辆,应设置有效的紧固装置,不得松动
		装运危险货物的罐(槽)式车辆罐体的检验合格证明或报告		装运危险货物的罐(槽)式车辆,其罐体应具备由符合资质的有关机构出具的有效检验合格证明或报告,并在有效期内
13	动力性[a]	驱动轮轮边稳定车速	●	(1)车辆动力性以 GB/T 18276 中规定的驱动轮轮边稳定车速进行评价。 (2)额定功率工况下,驱动轮轮边稳定车速 v_w 应不小于额定功率车速 v_e,车速单位为 km/h。 (3)额定转矩工况下,驱动轮轮边稳定车速 v_w 应不小于额定转矩车速 v_m。车速单位为 km/h
				$\eta = 0.82$ 时: $v_w \geq v_e$ 或 $v_w \geq v_m$
14	燃料经济性[b]	燃料消耗量	★	燃用柴油或汽油、总质量大于 3500kg 的在用车辆,其燃料消耗量限值及评价方法应符合 GB/T 18565 的规定

续上表

序号	评定项目	评定内容	项目属性	评定要求
15	制动性	整车制动率、轴制动率	★	整车制动率、轴制动率应符合 GB/T 18565 中表 2 的要求
		制动不平衡率	●	前轴制动不平衡率≤20%,后轴制动不平衡率≤24%(当后轴制动力小于后轴轴荷的60%时,制动不平衡率≤后轴轴荷的8%) 制动不平衡率应符合 GB/T 18565 中表 2 的要求
		汽车列车制动时序、制动协调时间、牵引车与挂车制动力分配	//	(1)汽车列车的制动时序应满足:挂车各轴的制动动作应不滞后于牵引车各轴的制动动作,汽车列车的制动协调时间不大于 0.80s。(2)汽车列车制动力的分配应满足:牵引车(挂车)整车制动力与汽车列车整车制动力的比值不应小于牵引车(挂车)质量与汽车列车质量比值的 90%,即牵引车(挂车)的整车制动率不应小于汽车列车整车制动率的 90%
		驻车制动	★	(1)驻车制动应能使车辆在任何装载条件和没有驾驶人的情况下保持原位。驾驶人应在座位上就可实现驻车制动。若挂车与牵引车脱离,3500kg 以上的挂车应能产生驻车制动,挂车的驻车制动装置应能由站在地面上的人实施操纵。(2)台架检验时,在空载状态下,乘坐一名驾驶人,驻车制动力的总和不应小于测取的整车质量的 20%,总质量为整备质量 1.2 倍以下的车辆应不小于 15%,对于由牵引车和挂车组成的汽车列车也应符合此要求。或者,路试检验时,在空载状态下,驻车制动装置应能保证车辆在坡度为 20%(对总质量为整备质量的 1.2 倍以下的车辆为 15%)的坡道上行和下行两个方向保持静止不动,时间不应少于 5min
16	排放性[c]	排气污染物	★	(1)点燃式发动机:采用双怠速法检测的排气污染物应符合 GB 18285 的要求。采用简易工况法检测的排气污染物应符合各行政区域的限值要求。(2)压燃式发动机:采用自由加速法检测的排气烟度应符合 GB 3847 要求;采用加载减速法检测的排气可见污染物应符合各行政区域的限值要求

续上表

序号	评定项目	评定内容	项目属性	评定要求
17	转向操纵性	转向轮横向侧滑量	★	转向桥采用非独立悬架的车辆,其转向轮(含双转向桥的转向轮)的横向侧滑量应在±5m/km范围内
18	悬架特性	悬架吸收率	★	设计车速不小于100km/h,轴质量不大于1500kg的载客汽车,其轮胎在激励振动条件下测得的悬架吸收率应不小于40%,同轴左、右轮悬架吸收率之差不得大于15%
19	前照灯	远光发光强度	★	最大设计车速≥70km/h车辆的前照灯远光光束发光强度的最小限值;二灯制≥15000cd,四灯制≥12000cd
		光束垂直偏移	■	前照灯照射在距离10m的屏幕上时的位置应符合GB 18565—2016表6的要求
20	车速表	示值误差	■	车速表指示车速 v_1(km/h)与实际车速 v_2(km/h)之差应满足:$0 \leq v_1 - v_2 \leq (v_2/10)+4$
21	车轮阻滞率	各车轮的阻滞力	★	各车轮的阻滞力不大于静态轴荷的3.5%
22	喇叭	喇叭声级	★	喇叭应能发出连续、均匀的声响,声压级应为90～115dB(A)

注:项目属性栏标记为"★"为关键项,标记为"■"为一般项,标记为"●"为分级项,标记为"//"的项目暂不做评定。

a. 注册日期在三个月以内的车辆(按机动车行驶证的注册日期核定,以下同),动力性视为一级;纯电动汽车不做评定。

b. 注册日期在三个月以内的车辆,燃料经济性视为合格;以汽油或者柴油为单一燃料且最大设计总质量超过3500kg的在用道路运输车辆应进行燃料经济性评定,其他车辆不做评定。

c. 注册日期在三个月以内的车辆,排放性视为合格。

申请从事道路运输经营的车辆需要按照核查评定项目和技术评定项目进行评定,在用道路运输车辆按照技术评定项目进行评定。

道路运输车辆技术等级的评定规则:

(1) 一级车的要求:"核查评定项目"(表8-8)达到一级;"技术评定项目"(表8-9)的"关键项"均为合格,"一般项"不合格项数不超过3项,"分级项"达到一级。

(2) 二级车的要求:"核查评定项目"(表8-8)达到二级;"技术评定项目"(表8-9)的"关键项"均为合格,"一般项"不合格项数不超过6项,"分级项"至少达到二级。

三、营运车辆平均技术等级和新度系数

营运车辆平均技术等级是综合体现汽车运输企业技术管理水平、技术装备素质和企业发展潜力的主要技术经济指标之一,标志着汽车运输企业所有车辆的平均技术状况。每辆车技术等级评定后,企业所有车辆的平均技术等级计算式为

$$T = \frac{N_1 + 2N_2}{N} \tag{8-21}$$

式中：T——企业全部营运车辆的平均技术等级；

N_1——企业一级车的数量，辆；

N_2——企业二级车的数量，辆；

N——企业车辆总数，辆。

车辆新度系数 ρ_x 是综合评价运输单位车辆新旧程度的指标，车辆新度系数 ρ_x 的计算式为

$$\rho_x = \frac{C_e}{C_0} \tag{8-22}$$

式中：C_e——年末单位全部运输车辆固定资产净值；

C_0——年末单位全部运输车辆固定资产原值。

思考题

1. 简述汽车工作能力。
2. 影响汽车技术状况的因素有哪些？
3. 汽车零件的主要损坏形式有哪些？
4. 汽车技术状况变化的两种典型规律是什么？
5. 磨损是指什么？
6. 磨料磨损是指什么？
7. 疲劳损坏是指什么？
8. 塑性变形损坏是指什么？
9. 腐蚀是指什么？
10. 老化是指什么？
11. 汽车故障率与环境温度有什么关系？
12. 完全故障是指什么？
13. 局部故障是指什么？
14. 致命故障是指什么？
15. 严重故障是指什么？
16. 一般故障是指什么？
17. 突变性故障是指什么？
18. 渐发性故障是指什么？
19. 什么是劳伦茨曲线？
20. 汽车可靠性概率 $R(x)$ 与故障概率 $F(x)$ 的关系是什么？
21. 威布尔分布是指什么？

第九章 汽车使用寿命

第一节 概 述

汽车使用寿命表示汽车从开始使用到不能使用之间的整个时期,一般用累计使用年数或累计行驶里程数表示。

一、汽车报废标准

在我国,汽车报废年限是随着汽车技术和社会发展而规定的。

1991年,原交通部规定了汽车报废条件:累积行驶70万km或使用年限14年及虽未超过以上使用年限,但经过两次大修,技术状况下降,失去使用价值的均应予以报废。

1992年国家规定,汽车累积使用年限应在12~14年报废。1997年国家发布的《汽车报废标准》规定,按车型和用途规定汽车报废里程为30万~50万km,更新报废年限为8~10年;经修理和调整后仍达不到国家标准《机动车安全运行技术条件》(GB 7258—2017)要求的,应予以报废;但按标准规定已到报废行驶里程和使用年限,而技术条件尚好的一些车辆,经严格检验,性能符合国家有关规定的可延缓报废,但不得超过报废年限的一半。

2000年,国家有关部门将非营运载客汽车和旅游载客汽车的使用年限及办理延缓的报废标准调整为:9座(含9座)以下非营运载客汽车(包括轿车、含越野型)使用15年;旅游载客汽车和9座以上非营运载客汽车使用10年;但旅游载客汽车和9座以上非营运载客汽车可延长使用年限最长不超过10年。

国家相关部委于2013年发布《机动车强制报废标准规定》,对各类机动车使用年限规定:小、微型出租客运汽车使用8年,中型出租客运汽车使用10年,大型出租客运汽车使用12年;租赁载客汽车使用15年;小型教练载客汽车使用10年,中型教练载客汽车使用12年,大型教练载客汽车使用15年;公交客运汽车使用13年;其他小、微型营运载客汽车使用10年,大、中型营运载客汽车使用15年;专用校车使用15年;大、中型非营运载客汽车(大型轿车除外)使用20年;三轮汽车、装用单缸发动机的低速货车使用9年,装用多缸发动机的低速货车以及微型载货汽车使用12年,危险品运输载货汽车使用10年,其他载货汽车(包括半挂牵引车和全挂牵引车)使用15年;有载货功能的专项作业车使用15年,无载货功能的专项作业使用30年;全挂车、危险品运输半挂车使用10年,集装箱半挂车20年,其他半挂车使用15年;正三轮摩托车使用12年,其他摩托车使用13年。对于达到使用年限的汽车,经修理和调整仍不符合机动车安全技术国家标准对在用车有关要求的;或者经修理、调整、控制技术后排放污染物或噪声仍不符合国家标准对在用车有关要求的;或者在检验有效期届满后连续 3 个机动车检验周期内未取得机动车检验合格标志的;要进行强制报废。

2020 年,最新标准修订规定:取消了非营运的轿车(5 座轿车以及 7 座 SUV)、小微型汽车行驶年限的规定,非营运轿车报废行驶里程限制为 60 万 km,6 年内免检,6~15 年每年检一次,15 年以上每年检两次,只要年检能通过就能继续上路行驶,检验不通过的,强制报废。

对于营运车辆,出租车和网约车使用年限 8 年,轻、中、重型载货汽车使用年限是 15 年,中型出租客运汽车使用年限是 10 年,半挂牵引车使用年限是 15 年,微型载货汽车使用年限是 12 年。

据统计,主要工业发达国家汽车的平均使用寿命一般为 7~12 年。

二、汽车折旧

交通运输行业过去实行汽车折旧制度。一般规定在汽车达到折旧期后,需经技术鉴定,车辆方可报废。由于折旧率低,车辆难以得到及时更新,汽车运输行业的老旧车比重增加,使企业的各项技术经济指标降低。以某地区调查数据(表 9-1)为例,汽车行驶里程在 60 万~65 万 km 区段比行驶里程在 30 万~35 万 km 区段,燃油费用上升 18.8%,维修费上升 22.13%,运输周转量下降 11.6%,运输成本上升 5.7%。

某地统计汽车行驶里程与技术经济指标　　　　表 9-1

行驶里程区段 (10^4 km)	期内换算周转量 (t·km)	维修费用 [元/(1000t·km)]	燃料费用 [元/(1000t·km)]	运输成本 [元/(1000t·km)]	利润 [元/(1000t·km)]
5~10	305751.4	22.91	46.23	146.04	43.77
30~35	486093.4	23.05	41.47	139.39	44.91
60~65	430572.3	28.15	49.26	147.26	33.65
75~80	450480.8	22.58	44.85	135.04	62.94
90~100	512877.4	30.09	44.50	146.57	35.22

我国曾对主要国产车型的经济使用寿命进行调研。采用按车辆累计行驶里程分组抽样的方法,对 6000 多辆汽车进行调查统计,结果列于表 9-2。

国产汽车经济使用寿命　　　　表 9-2

车型	解放牌		黄河牌	
	客车	货车	客车	货车
使用年限(年)	9	9	10	9
行驶里程(10^4 km)	45	40	50	40

表 9-2 中,使用年限是按全国年平均行驶里程(即货车为 4.5 万 km/年,客车为 5 万 km/年)计算的。我国地域辽阔,汽车的使用条件不同,车辆的使用强度差异很大,因而各地的汽车经济使用寿命也必然不同。若全国专业运输车辆平均水平定为 1.0,各地可按表 9-3 中的修正系数修对表 9-2 中的年限或里程进行调整。

中型载货汽车使用寿命修正系数　　　　　　表 9-3

车　型		道路条件		特殊使用条件	城市运输
		良好	差		
解放	客车	1.1～1.3	0.85～0.95	0.80～0.90	
	货车				0.9
黄河	客车				
	货车				0.9

表 9-3 中,良好道路是指国家道路等级中的一、二、三级道路,且好路率在 50% 以上;中等道路是指符合国家道路等级的四级道路,好路率在 35%～50%;差路是指国家等级外的道路,好路率在 30% 以下。特殊使用条件指在一些特殊自然条件下使用的车辆,包括寒冷区、沿海区、风沙区和山区等。

汽车运输企业适时地更新车辆,不仅可促进我国汽车工业技术进步,而且汽车运输企业自身也可从中获得明显的经济效益。例如,国产某型汽车在 80 万 km 的行驶里程期限内,更新周期为 40 万 km 的车辆比更新周期为 80 万 km 的车辆可多得利润 10521 元,节约燃料 6.2t。

汽车运输企业推行按经济使用寿命更新车辆,还需认真解决下述问题:

(1)车辆更新周期的确定。汽车更新应依据经济分析和比较,对汽车的自然寿命和经济寿命进行分析计算,确定最佳汽车更新周期。

(2)车辆更新资金。应适当提高折旧率并将折旧费积累后用作更新资金。

(3)车辆更新的车型选择。由于各地使用条件差异较大,运输的货物种类不同,所以汽车运输企业在更新车辆时,应根据最佳技术经济合理的原则,选择适用车型。

(4)废旧车的处理。应建立和完善报废车回收使用制度,在满足汽车安全和技术性能要求的前提下,允许使用再制造零部件或报废车辆上的可用零部件。

第二节　汽车使用寿命评价

车辆等机电设备的寿命是从投入生产开始,经过有形和无形磨损,直到在技术上或经济上不宜继续使用,需要更新所经历的时间长度。其中包括物理寿命、技术寿命、经济寿命和折旧寿命。

一、汽车物理寿命

汽车物理寿命,又称自然寿命,系指汽车从全新状态投入使用开始,直到在技术上不能按原有用途继续使用为止的年限。它与汽车的制造质量、运行材料品质、使用条件、驾驶操作技术及维修质量等因素有关。通过对车辆的恢复性修理,延长车辆的物理寿命。

二、汽车技术寿命

汽车技术寿命是指汽车从全新状态投入使用后,由于科学技术进步,使原有车辆丧失其使用价值所经历的年限。车辆不能通过修理的方法恢复其主要使用性能的使用期限。科学技术进步越快,汽车技术寿命也就越短。

三、汽车经济寿命

汽车经济寿命是指汽车从全新状态投入使用开始,到年平均总费用最低的使用年限。超过这个年限,汽车在技术上仍可继续使用,但年平均总费用上升,在经济上不宜继续使用。

年平均费用是车辆在所使用年限内每年平均折旧费用与该汽车发生的经营总费用。汽车使用时间越长,每年分摊的折旧费越少。随着汽车使用年限的增加,汽车有形磨损的增加,汽车技术性能逐渐下降,使汽车使用所需要的运行材料(特别是燃料和润滑料)费用、工时费用、维修费用随之增加。延长使用年限使折旧费用的下降,会被经营费用的增加逐渐抵消。年均总费用是使用时间的函数。汽车使用至一定年限就会达到年均总费用的最低值,如图9-1所示。

决定年均总费用最低的横坐标上标示的年限,就是汽车经济寿命,即

$$T_0 = \sqrt{\frac{2K_0}{\lambda}} \tag{9-1}$$

式中:T_0——汽车经济使用寿命;
　　　K_0——汽车购置费用;
　　　λ——汽车经营费用的年增长值。

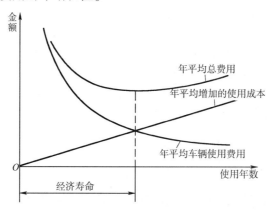

图9-1　汽车年均总费用曲线

四、汽车折旧寿命

汽车折旧寿命是指按国家规定或企业自行规定的折旧率,把汽车总值扣除残值后的余额,折旧到接近于零所经历的年限或里程。汽车折旧寿命,一般介于技术寿命或经济寿命与物理寿命之间,由国家或企业所采取的技术政策而定。

第三节　更新理论

在汽车等机电设备管理工程中,更新问题普遍划分为效率不变型机电设备的更新和效率递减型设备的更新两大类。

汽车使用效率随行驶里程的增加而降低,属于效率递减型机电设备。在整个工作期限内,汽车使用性能及经济指标均在明显下降,这种现象被称为"劣化"。因而由"劣化理论"作为汽车类机电设备更新的理论依据,通过大量的在用车辆调查,可看出汽车经济寿命的劣

化过程,主要受车辆有形磨损和无形磨损的影响。

一、有形磨损

汽车经过一段时间的使用而产生故障导致性能下降,是可以看到或者测到的。例如,汽车动力下降、油耗增加、振动加大等,都是有形磨损的具体表现形式。

有形磨损主要发生在汽车使用过程中,称为第一种磨损。它产生的原因主要是机件配合副的机械磨损、基础零件的变形、零件的疲劳破坏等。这类有形磨损发展到一定程度,汽车就会出现故障,使维修费用、运行材料费用增高,运输效率下降。若汽车继续使用下去,在经济上将是不合算的。

汽车在闲置过程中发生的有形磨损,称为第二种磨损。如零部件长期不用而锈蚀,日晒、雨淋使车身漆面及橡胶件老化,或因其他管理措施不善和缺乏正确的管理措施而引起的其他损失。这类磨损所造成的损失一般很大。

第一种有形磨损与使用时间和使用强度成正比,第二种有形磨损在一定程度上与闲置时间成正比。

按汽车能否被修复,汽车的有形磨损又可以分为两类。

第一类,通过相应的维修措施可以周期性地消除,如汽车通过各级维护作业、小修可以消除各种因失调或损伤而造成的运行故障,通过大修可恢复各总成及整车的使用性能。

第二类,不能通过同样的方法消除,如一些零部件的老化和疲劳。

前者称为能消除的有形磨损,后者称为不能消除的有形磨损。

在有形磨损增加到车辆的技术状况变坏,而不能继续作为运输工具使用时,就认为车辆已到了完全磨损的程度。这就需要用同样用途的新车替代旧车。

有形磨损反映了汽车使用价值的降低。当采用修理方法消除这种磨损时,相应地又要支出一定的费用。通常,修理费用不应超过一定的限度。

车辆的有形磨损发展到完全磨损的期限,受到很多因素影响。

科学技术进步可推迟有形磨损的期限。这是因为材料的抗磨性、零部件加工精度的提高和表面粗糙度的降低,以及车辆结构的改善,可使车辆的耐久性得到提高,同时采用正确的预防维护与计划修理可避免零件出现过度磨损。

与现代科学技术有关的一系列措施,又会加快有形磨损的速度,提早发展到完全磨损的期限。这是因为车辆采用高度自动化管理系统、机械化装卸设备,都将减少车辆的停歇时间,提高行程利用率。在提高车辆使用效率的同时,车辆的使用强度加大,从而促使车辆的有形磨损加快。

二、无形磨损

汽车的无形磨损,是指在科学技术进步的影响下,不断出现结构更加完善、效率更高的车辆,从而使在用车辆的原有价值降低,或者是使该种车型的价值降低。车辆的价值并不取决于最初的生产成本,而是再生产所用的生产耗费。在科学技术进步的同时,这种耗费也是不断下降的。

无形磨损又可分为两种形式。因相同结构(同型)车辆再生产价值的降低,而发生现有车辆价值的贬值,称为第一种无形磨损。因不断出现结构更完善、效率更高的车辆(新车型),而使现有车辆贬值,称为第二种无形磨损。

第一种无形磨损,是指汽车的结构、动力性和燃料经济性等使用性能不变,但受科学技术进步的影响,使汽车的原始价值遭到损失。在汽车生产制造过程中,由于制造工艺不断改进,使汽车制造成本不断降低,劳动生产率不断提高。这样一来,生产车辆的社会劳动耗费降低,从而使车辆贬值。

由于科学技术进步既影响汽车生产制造企业,也影响汽车维修企业,但对前者的影响常大于后者,汽车本身价值降低的速度比维修后价值降低的速度快。因此,有可能出现费用超过合理限度的情况,从而使汽车的使用寿命缩短。

第二种无形磨损,是指新车型的出现使原有车型落后。如果继续使用原车型的车辆,就会降低运输生产的经济效果。第二种无形磨损发展到完全磨损之前,就出现用新车型代替比较陈旧的在用汽车的必要性,即产生汽车是否更换问题。但是,这种更换的经济合理性不取决于出现相同技术用途的新型车辆的事实,而是决定于在用车型的贬值程度,以及在运输生产中继续使用旧型汽车时其经济效果下降的程度。

三、综合磨损

综合磨损,是指车辆设备在有效使用期内发生的有形磨损和无形磨损的综合。

研究车辆更新时,首先是分析有形磨损期和无形磨损期的长短及其相互关系。

有形磨损和无形磨损都会引起车辆设备原始价值的降低;而车辆有形磨损严重时,常常在修复之前车辆就不能正常运行而被迫停驶,但任何形式的无形磨损,均不影响车辆的正常运行。

推迟有形磨损,对提高车辆耐久性具有重要经济效果。增加耐久性是有经济界限的。这个界限取决于车辆无形磨损期的长短。这通常会出现三种情形。

(1)"无维修设计"方案。通过优化车辆设计,使有形磨损期与无形磨损期相接近,即当车辆达到应该大修的时刻,也同时达到了应该更换的时刻。这种理想方案可称为"无维修设计",只是技术性的理想目标,实际上难以做到。

(2)车辆已遭受完全有形磨损,而无形磨损期未到来。这时只需研究对该车辆进行大修是否合理,否则宜将同车型用新车更换。

(3)无形磨损期早于有形磨损期。这时,人们面临应继续使用原有车辆,还是用更先进的新型车更新尚未折旧完的在用车辆。这个具体问题还需将经济性和可行性相结合进行分析,才能得出正确决策。

车辆综合磨损的补偿方式有局部补偿和全部补偿两种。有形磨损的局部补偿是通过维修来实现的,无形磨损的局部补偿是现代化改装。后者因汽车技术的进步速度加快,目前除了运动车之外已基本消失。

有形磨损和无形磨损的全部补偿就是更换或者更新车辆。

第四节 汽车更新时刻

汽车更新时刻的四种确定方法详解

车辆更新时刻,是汽车运输企业及各级经济组织管理决策中的重要问题之一。

当一辆汽车已磨损到不能使用且不宜大修时,换用一辆性能相同的车辆,是一种简单的替换。这种替换没有以明确的技术经济分析作为依据,无所谓"最佳更新时机"。只有在技术进步高速发展的条件下,企业应更多地以效能更高、结构更加完善的先进车型,代替物理上不能使用或经济上不宜继续使用的陈旧车辆。更换的规模越大,时间越快,企业的生产率提高程度也就越大。但是,为了在提高运输生产率的同时取得最大的使用经济效率,就要研究车辆"最佳更新时机"的确定方法,并以此制定更新方案。

汽车使用寿命和更新时刻采用的计量单位通常有使用年限和使用里程。汽车使用年限是按年平均行驶里程折算的汽车使用年限。汽车使用里程是车辆开始投入使用到更新时刻的累计行驶里程数。营运车辆在以年限作为计量指标的同时,常把使用里程作为参考指标。

按使用年限或使用里程计量的汽车最佳更新时机确定方法的核心是计算汽车经济使用寿命,主要有低劣化数值法、应用现值及资本回收系数估算法、面值法以及最低计算费用法(判定大修与更新界限法)等。

一、低劣化数值法

低劣化数值法的目标是保证设备一次性投资和各年经营费用总和为最小。

假定汽车已使用里程 L,该车原价 K_n,轮胎购置费为 C_t,汽车残值为 C_z。若令 $K_0 = K_n - C_t - C_z$,则按里程计算的折旧率为 K_0/L。

随着汽车行驶里程的延长,单位里程折旧费不断减少。但由于车辆有形磨损和无形磨损的加剧,而使车辆经营(维修、燃料、润滑材料)费用增加,称为车辆低劣化。设 b 为车辆低劣化的增加强度,则在使用里程 L 内的平均低劣化数值为 $bL/2$。

图9-2所示为车辆使用费用与使用里程之间关系曲线。其中,使用费用计算式为

$$y = \frac{bL}{2} + \frac{K_0}{L} + C_0 \tag{9-2}$$

式中:y——车辆使用费用;
$\quad L$——汽车行驶里程;
$\quad C_0$——固定费用(指汽车运输成本中与行驶里程无关的费用)。

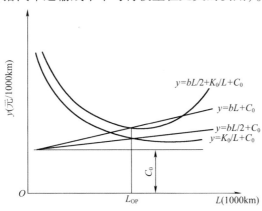

图9-2 车辆使用费用与行驶里程的关系

若要使车辆按里程计算的平均使用费用最小,只需 $\dfrac{dy}{dL}=0$,求得汽车经济寿命为

$$L_G = \sqrt{\frac{2K_0}{b}} \tag{9-3}$$

换算成以年计算的经济寿命为

$$T_G = \frac{L_G}{L}(年) \tag{9-4}$$

式中：L——年平均行驶里程，一般取单位为 1000km。

表示汽车劣化程度的 b 值，可通过将营运（燃料 + 维修 + 大修均摊）费用与汽车行驶里程进行回归计算后求得。由于回归计算所用的数据，是通过一个样本推断总体，所以应采用区间估计法推算出 b 值的置信区间，再由式(9-2)确定汽车经济使用寿命的变化范围。

对于数理统计中一元线性函数的表达式为

$$y = bx + a \tag{9-5}$$

若回归系数 b 是独立正态变量 $y_1, y_2, \cdots, y_n$ 的线性组合，则 y 仍为正态随机变量。回归值 b 的方差为

$$\sigma^2 = \sum_{i=1}^{n}(x_i - \bar{x})^2 \tag{9-6}$$

方差 σ^2 的无偏估计 $\hat{\sigma}^2$ 为

$$\hat{\sigma}^2 = \frac{\sum_{i=1}^{n}(y_i - \tilde{y}_i)^2}{n-2} \tag{9-7}$$

式中：y_1——对应 x_i 的回归值。

若线性回归的效果显著，则 b 值的置信区间为

$$\frac{\hat{b} \pm t_{\alpha/2}(n-2)\hat{\sigma}}{\sqrt{\sum_{i=1}^{n}(x_i - \bar{x})^2}} \tag{9-8}$$

式中：$t_{\alpha/2}(n-2)$——自由度为 $(n-2)$ 的 t 分布；
　　　α——置信水平；
　　　n——样本数；
　　　$\bar{x}$——平均数。

以某型汽车使用数据进行统计分析为例，见表 9-4，将里程与总费用进行回归后，得到回归方程式为

$$y = 0.21L + 249.77$$

某地汽车运输公司对某型汽车使用成本的统计　　　　表 9-4

里程区段 D (10^4km)	平均累计里程 $\bar{x}$ (10^3km)	维修费 y_1 (元/10^3km)	大修费 y_0 (元/10^3km)	燃料费 y_2 (元/kt·km)	燃料费折算系数 $C(t)$	总费用 $y = y_1 + y_0 + y_2 + C$(元/km)
0~10	90	91.77	0	49.5105	3.33	256.4
10~15	117.65	91.79	0	48.7808	3.33	254.3
20~25	244.11	94.20	47.15	51.8829	3.33	314.4
25~30	268.76	97.34	47.15	53.2102	3.33	321.8
30~35	340.88	105.42	52.16	56.1802	3.33	344.6
45~50	486.67	115.66	58.13	52.3003	3.33	347.5
50~55	529.33	127.33	60.46	55.3093	3.33	371.7
55~60	575.55	128.06	60.46	58.5105	3.33	383.6
60~65	625.69	124.24	68.15	60.7087	3.33	394.5
65~70	676.37	123.19	68.15	59.5886	3.33	389.7

续上表

里程区段 D (10^4 km)	平均累计里程 $\bar{x}$ (10^3 km)	维修费 y_1 (元/10^3 km)	大修费 y_0 (元/10^3 km)	燃料费 y_2 (元/kt·km)	燃料费折算系数 $C(t)$	总费用 $y = y_1 + y_0 + y_2 + C$(元/km)
70~75	726.59	128.67	73.48	60.2703	3.33	402.5
75~80	776.29	130.27	73.48	60.9009	3.33	406.5
$\sum x$	5457.89	$\sum y$	4187.50			
$\sum x^2$	3097781.6	$\sum y^2$	1492372.150			

注：燃料费的折算系数是把1000t·km燃料费折算成1000车·km燃料费，C = (主车标记吨位 + 挂车标记吨位×拖挂率) × 实载率。

低劣化强度的增长强度 $b = 0.218$ 元/$(1000\text{km})^2$。设 $K_0 = 10500$ 元，由式（9-2）得到经济寿命里程 L_G 为

$$L_G = \sqrt{\frac{2 \times 10500}{0.218}} = 31 \times 10^4 (\text{km})$$

在年平均行驶里程 $L = 3.4 \times 10^4$ km 时，经济寿命年限 T_G 为

$$T_G = \frac{31}{3.4} = 9.12 \approx 9(\text{年})$$

已知 $\hat{b} = 0.218$, $n = 12$, 则

$$\sum_{i=1}^{n}(x_i - \bar{x})^2 = \sum_{i=1}^{n} x_i^2 - \frac{1}{n}\left(\sum_{i=1}^{n} x_i\right)^2 = 615400.443$$

$$\sum_{i=1}^{n}(y_i - \tilde{y})^2 = \sum_{i=1}^{n} y_i^2 - \frac{1}{n}\left(\sum_{i=1}^{n} y_i\right)^2 = 31109.236$$

$$\hat{\sigma}^2 = \frac{\sum_{i=1}^{n}(y_i - \tilde{y}_i)^2}{n-2} = \frac{\sum_{i=1}^{n}(y_i - \bar{y})^2 - \hat{b}^2 \sum_{i=1}^{n}(x_i - \bar{x})^2}{n-2} = 186.295$$

取置信水平 $\alpha = 0.05$，由 t 分布表，查得

$$t_{\alpha/2}(n-2) = t_{0.025}(10) = 2.2281$$

二、应用现值及投资回收系数估算法

在计算汽车经济寿命时，若考虑到利率对年使用费用的影响，就应把已发生的费用或预期将要发生的费用做现值计算。这样，就可在同一时间基点上，将所涉及的各项费用按现在的价值折算出总的费用，称为年使用现值。其折算公式为

$$P = \frac{S}{(1+i)^T} \tag{9-9}$$

式中：P——现值；

S——未来值，即第 T 年付出的费用；

i——利率；

$1/(1+i)^T$——现值系数。

设汽车使用过程中，平均每年陆续付出的费用的 R（称为年当量使用费用），每年陆续

付出费用的总和为 P(以现在的费用值表示,故称为现值)。则 R 与 P 之间的关系为

$$P = \frac{R}{(1+i)} + \frac{R}{(1+i)^2} + \cdots + \frac{R}{(1+i)^{T-1}} + \frac{R}{(1+i)^T}$$

$$= \frac{R}{(1+i)^T}[(1+i)^{T-1} + \cdots + (1+i) + 1]$$

$$= \frac{R}{(1+i)^T} \frac{(1+i)^{T}-1}{i} \tag{9-10}$$

$$R = P \frac{i(1+i)^T}{(1+i)^{T}-1} \tag{9-11}$$

其中,$\frac{i(1+i)^T}{(1+i)^{T}-1}$ 为投资回收系数。

年当量使用费用 R,是为了使支出的现值可与每年由更新而获得的效益进行比较而提出的。当列表计算后,选出与年当量使用费用 R 最小的使用年限 T,即为经济寿命年限。

以表 9-4 中的数据为例,取利率 $i = 10\%$,$b = 0.218$,$K_0 = 10500$ 元,按式(9-10)列表计算,结果见表 9-5。当利率为 10% 时,经济寿命为 11 年。因此,考虑利率时汽车经济寿命计算值将比不考虑利率影响时稍有增加。

汽车经济寿命计算表 表 9-5

年限①	年使用费用② (元)	现值系数③	年使用费用现值 ④ = ② × ③(元)	现金合计 ⑤ = K_0 + ④(元)	资本回收 系数⑥	年当量使用费用 ⑦ = ⑤ × ⑥(元)
1	8752	0.909	7955.57	18455.57	1.100	20301.13
2	9004	0.826	7437.30	25892.87	0.576	14914.29
3	9256	0.751	6591.26	32844.13	0.402	13203.34
4	9508	0.683	6493.96	39338.09	0.316	12430.84
5	9760	0.621	6060.96	45399.05	0.264	11985.35
6	10012	0.565	5656.78	51055.83	0.230	11742.84
7	10264	0.513	5265.43	56321.26	0.205	11545.86
8	10516	0.467	4910.97	61232.23	0.187	11450.43
9	10768	0.424	4565.63	65797.86	0.174	11448.83
10	11020	0.386	4253.72	70051.58	0.163	11418.41
11	11272	0.351	3956.47	74008.05	0.154	11397.24
12	11524	0.319	3676.16	77684.21	0.147	11419.58

三、面值法

面值法是一种仅以账面数据作为分析基础的经济分析法。与低劣化数值相比,面值法可避免数据统计困难,容易为企业所理解和接受,适用于在实际中分析和预测本企业车辆的经济使用寿命。

假定以 30000 元购入一辆新车,其价值将随着使用年限的增加而降低,而运行成本则增加。将这些有关的数据列表,并计算其总使用成本和在使用期间的每年平均使用成本,则可

以得到年平均使用成本最低的使用年限,见表9-6。

汽车年总使用成本 表9-6

使用年限①	汽车残值②(元)	年折旧③=(K_0-②)/①(元)	运行成本④(元)	累计运行成本⑤=Σ④(元)	总使用成本⑥=③+⑤(元)	年均使用成本⑦=⑥/①(元)
1	25000	5000	3200	3200	8200	8200
2	20000	5000	3850	7050	12050	6025
3	15000	5000	4300	11350	16350	5450
4	10000	5000	4700	16050	21050	5263
5	8000	4400	5200	21250	25650	5113
6	6000	4000	5600	26850	30850	5142
7	4000	3714	6100	32950	36664	5238
8	3000	3375	6500	39450	42825	5353
9	2000	3111	7000	46450	49561	5507
10	1000	2900	7200	53650	56550	5655

面值法通常列表进行分析。由表9-6中数据可知,第5年末为最经济的寿命期。因为与其他几年比较,这年的年平均使用成本为最低。

四、判定大修与更新界限计算法

汽车在使用一定时期后,人们需要在更新或者大修两种方案之间作出判断。可修而不修,过早更新,会损失因未达到折旧期而造成未折旧完的部分价值。应更新而未更新,过多地依靠修理使车辆重新工作,则将增加维修费用,并使运输生产效率降低。因此,对一辆汽车,需要在修理与更新两个方案之间进行判别分析后,再行决策。

为了更合理地选择大修或更新,常采用的判别式为

$$R_i + S_e < K_n \alpha \beta + S_a \tag{9-12}$$

式中:R_i——车辆第 i 次大修的费用;

S_e——使用成本的损失,其大小等于大修后车辆与新购车辆的运输成本差值乘以至下次大修期间的运输生产量,即经营损失;

K_n——新车的原始价值;

α——反映大修后车辆运输生产率与新车辆至第一次大修之间运输生产率的比例关系;

β——反映大修后车辆至下次大修前的行驶里程与新车第一次大修前行驶里程间的比例关系;

S_a——因更新而引起旧车未折旧完的损失之和时,更新是合理的。

若令更新与大修两方案耗费之差为 B,则

$$B = (K_n \alpha \beta + S_a) - (R_i + S_e) \tag{9-13}$$

设 E_τ 为大修耗费效果系数,即

$$E_\tau = \frac{B}{K_n \alpha \beta + S_a} = 1 - \frac{R_i + S_e}{K_n \alpha \beta + S_a} \tag{9-14}$$

当 $E_\tau > 0$ 时,说明更新在经济上是合理的。

以某公司数据为例,见表 9-7。

汽车大修次数与间隔里程、费用以及完好率的关系　　　　表 9-7

大 修 次 数	间隔里程(1000km)	费用(元)	间隔里程内的平均成本 [元/(1000t·km)]	间隔里程内的平均完好率(%)
0	159.5	89		
1	180	3000		
2	100	4000		
3	100	5000	180.6	
4	80	183.1	74.18	
5	80			

注:1. 新车折价 $K_n = 14500$ 元。

　　2. 汽车残值为 500 元。

　　3. 单车折算吨位为 3.33t(考虑到实载率、里程利用率、拖挂率等因素,由统计数据求出)。

1. 先判定是否需要进行第二次大修

已知条件可由表 9-7 直接或间接得到,即

$$R_1 = R_2 = 4000 \text{ 元}$$

$$K_n = 14500 \text{ 元}$$

$$S_e = (180.61 - 159.49) \times 3.33 \times 100 = 7032.96 (\text{元})$$

$$\alpha = \frac{82}{89} = 0.9213$$

$$\beta = \frac{10}{18} = 0.56$$

$$S_a = 14500 - \frac{14500}{800} \times 380 - 500 = 7112.5 (\text{元})$$

其中:800 为折旧里程,10^3km。

大修费用效果系数 E_τ 为

$$E_\tau = 1 - \frac{R_i + S_e}{K_n \alpha \beta + S_a} = 1 - \frac{4000 + 7032.96}{14500 \times 0.56 \times 0.92 + 7112.5} = 0.2434$$

由于 $E_\tau > 0$,汽车进行第二次大修在经济上是合理的。

2. 再判断是否需要进行第三次大修

计算过程同前,即

$$R_1 = R_2 = 5000 (\text{元})$$

$$K_n = 14500 (\text{元})$$

$$S_e = (183.1 - 159.49) \times 3.33 \times 80 = 6289.7 (\text{元})$$

$$\alpha = \frac{74.18}{88.9} = 0.83$$

$$\beta = \frac{8}{18} = 0.44$$

$$S_a = 14500 - \frac{14500}{800} \times 460 - 500 = 5662.5 (\text{元})$$

大修耗费系数 E_τ 的计算结果为
$$E_\tau = -0.03$$

由于 $E_\tau<0$,所以汽车进行第三次大修是不经济的,应在运行到第三次大修里程时刻进行更新。

思考题

1. 简述汽车使用寿命。
2. 简述汽车更新周期。
3. 简述汽车物理寿命。
4. 简述汽车技术使用寿命。
5. 简述汽车经济使用寿命。
6. 简述汽车折旧寿命。
7. 什么是汽车有形磨损?
8. 什么是汽车无形磨损?
9. 什么是汽车综合磨损?
10. 汽车使用寿命的计量单位是哪些?
11. 汽车经济使用寿命的主要计算方法有哪些?
12. 用面值法分析和预估车辆的经济使用寿命。

参 考 文 献

[1] 何光里.汽车运用工程师手册[M].北京:人民交通出版社,1993.
[2] 高延龄.汽车运用工程[M].北京:人民交通出版社,2004.
[3] 许洪国.汽车运用工程[M].4版.北京:人民交通出版社,2009.
[4] 许洪国.汽车运用工程[M].5版.北京:人民交通出版社,2014.
[5] 余志生.汽车理论[M].5版.北京:清华大学出版社,2010.
[6] 李岳林.汽车排放与噪声控制[M].北京:人民交通出版社股份有限公司,2017.
[7] 陈焕江.汽车运用基础[M].北京:机械工业出版社,2013.
[8] 曲达柯夫 Е.А.汽车理论[M].丁珂,等,译.上海:龙门联合书局,1954.
[9] А.И.格里什凯维奇.电子计算机在汽车设计中的应用[M].桑杰,等,译.北京:人民交通出版社,1988.
[10] Mitschke M.,Wallentowitz H..汽车动力学[M].5版.陈荫三,余强,译.北京:清华大学出版社,2019.
[11] 编委会.汽车工程手册——试验篇[M].北京:人民交通出版社,2001.
[12] 庄继德.汽车轮胎学[M].北京:北京理工大学出版社,1996.
[13] 朱崇基,等.汽车环境保护学[M].杭州:浙江大学出版社,2001.
[14] 杨松涛.汽车安全性能[M].长春:吉林科学技术出版社,1991.
[15] 肖盛云,徐中明.汽车运用工程基础[M].重庆:重庆大学出版社,1994.
[16] 靳晓雄,等.汽车振动分析[M].上海:同济大学出版社,2002.
[17] 喻凡,林逸.汽车系统动力学[M].北京:机械工业出版社,2005.
[18] 李婕.汽车检测技术[M].2版.北京:机械工业出版社,2013.
[19] 许洪国.汽车运用工程基础[M].北京:清华大学出版社,2004.
[20] 中华人民共和国国家标准.机动车运行安全技术条件:GB 7258—2017[S].北京:中国标准出版社,2016.